国家出版基金项目
NATIONAL PUBLICATION FOUNDATION

高校马克思主义理论教学与研究文库

邓小平与
中国特色社会主义

田克勤　李婧◎著

DENG XIAOPING YU
ZHONGGUO TESE SHEHUI ZHUYI

中国人民大学出版社
·北京·

总　序

高校承担着学习、研究、宣传马克思主义，培育和弘扬社会主义核心价值观，为实现中华民族伟大复兴的中国梦提供人才保障和智力支持的重要任务。为推动高校马克思主义理论教学研究人员围绕重大理论和现实问题以及学生关心的热点问题开展研究，提升马克思主义理论学科发展中基础性、导向性和战略性重要问题的研究水平，教育部社科司精心策划，组织相关领域知名专家编写出版“高校马克思主义理论教学与研究文库”，集中推出了一批高质量的研究成果。

本套丛书在已有相关研究成果的基础上，着眼于马克思主义理论的运用，着眼于对实际问题的理论思考，着眼于帮助大学生解决思想认识问题和理论困惑，着眼于新的实践和新的发展，从马克思主义经典著作研究、马克思主义理论学科基础理论研究、中国特色社会主义重大理论和现实问题研究、思想政治理论课理论和现实问题研究、大学生高度关注的热点难点研究等方面，开展了全面深入的研究，提出了具有较强创新性和重要学术价值的观点。

本套丛书从编委会到每卷作者，体现了国内相关学科领域老、中、青三代的结合，既有相关领域的权威作者，也有近几年成长起来的中青年学者；既有国内著名的马克思主义理论专家，也有具有丰富一线教学经验的名师。队伍齐整，阵容强大。

希望本套丛书的出版，可以从理论和实践两个方面更好地助力和推进高校马克思主义理论教学与研究工作，从而促进马克思主义理论学科建设与发展，扎实推进高校宣传思想工作，促进高校马克思主义理论教师素质提升，提高学生对思想政治理论课的认同度和满意度。希望本套丛书成为推动马克思主义中国化、大众化、时代化，坚定中国特色社会主义道路自信、理论自信和制度自信的重要的理论成果。

目　录

导论　邓小平与邓小平理论的历史地位

党的十八大在回顾近代以来中国波澜壮阔的历史、展望中华民族充满希望的未来的基础上，明确提出，全面建成小康社会，加快推进社会主义现代化，实现中华民族伟大复兴，必须坚定不移走中国特色社会主义道路，并强调指出："以邓小平同志为核心的党的第二代中央领导集体带领全党全国各族人民深刻总结我国社会主义建设正反两方面经验，借鉴世界社会主义历史经验，作出把党和国家工作中心转移到经济建设上来、实行改革开放的历史性决策，深刻揭示社会主义本质，确立社会主义初级阶段基本路线，明确提出走自己的路、建设中国特色社会主义，科学回答了建设中国特色社会主义的一系列基本问题，成功开创了中国特色社会主义。"这就从中国特色社会主义事业发展全局的高度，对邓小平与邓小平理论的历史贡献作出了科学评价和概括，为我们深入研究邓小平与中国特色社会主义的关系提供了新的思路。

一、邓小平的历史地位

邓小平是全党全军全国各族人民公认的享有崇高威望的卓越领导人，伟大的马克思主义者，伟大的无产阶级革命家、政治家、军事家、外交家，久经考验的共产主义战士，中国社会主义改革开放和现代化建设的总设计师。他作为人民共和国的开国元勋之一，党的第一代中央领导集体的重要成员和党的第二代中央领导集体的核心，为中国新民主主义革命的胜利和新中国的成立，为中国社会主义制度的创建和巩固，为中国特色社会主义的开创和推进，作出了不可磨灭的贡献。

（一）人民共和国的开国元勋之一

1904年8月22日，邓小平出生在四川省广安县协兴乡牌坊村，原名邓先圣，学名邓希贤。邓小平的童年、少年时期正值中国大变革、大动乱的年代。军阀混战、四分五裂、民不聊生的状况，以及由此而引发的中国人民轰轰烈烈的反抗斗争，给邓小平留下了强烈的印象。1919年五四运动爆发后，邓小平受民主、科学思想的影响，逐渐产生了科学救国、工业救国的爱国思想。他认识到中国要富强必须靠科学。只要每个青年都掌握一门科学知识，立志改变国家现状，中国就会成为一个不怕帝国主义欺辱的国家。正是带着这一美好的愿望，邓小平在父亲的支持下，于1919年9月考入重庆勤工俭学留法预备学校。1920年7月，邓小平在勤工俭学留法预备学校毕业后便和几十名同学远渡重洋，去法国勤工俭学。从此，邓小平开始了寻求救国真理的人生历程。

邓小平到法国后，因生活所迫，只在中学学习了几个月，就先后到几个工厂做工。他亲身体验到生活的艰辛，体验到资本家对工人的剥削，思想发生了很大的变化，过去所怀抱的理想在冷酷的现实面前渐渐破灭了，开始冷静地思考和进一步探索新的出路。邓小平自己回忆道："一到法国，听先到法国勤工俭学学生的介绍，知道那时已在第一次世界大战后的两年，所需劳动力已不似大战期间（即创办勤工俭学期间）那样紧迫，找工作已不大容易，工资也不高，用勤工方法来俭学，已不可能。随着我们自己的切身体验，也证明了确是这样，做工所得，糊口都困难，哪还能读书进学堂呢。于是，那些'工业救国'、'学点本事'等等幻想，变成了泡影。"①

① 毛毛：《我的父亲邓小平》上卷，82页，北京，中央文献出版社，1993。

1922 年 6 月，在法国勤工俭学学生中的优秀分子，组织了旅欧中国少年共产党（后改为中国社会主义青年团旅欧支部）。18 岁的邓小平加入了这个组织，成为一名青年团员，并于 1924 年转为中国共产党党员。从此，邓小平走上了无产阶级职业革命家的道路，成为一名共产主义战士。他担任青年团旅欧总支部的领导成员和中共党组织里昂区的特派员，还做过青年团机关刊物《赤光》杂志的编辑。

1926 年初，邓小平离开法国去苏联，先后在莫斯科东方大学、中山大学学习。在苏联学习期间，他比较全面、系统地学习了马列主义的基本原理和其他方面的知识，这无疑为他回国以后进行革命斗争以至在漫长的未来斗争中经受考验奠定了理论的基础。1927 年春，邓小平受党的派遣从苏联回国，投身国民革命斗争中。他回国后第一次接受党的任务，是到西安冯玉祥国民军联军担任中山军事学校政治处处长兼政治教官，并任该校中共党组织的书记。邓小平在冯玉祥军队里待了不过三四个月的时间，就因“四一二”政变后国内政治形势的变化而离开西安，于 7 月间到武汉担任中共中央秘书工作，为适应秘密工作环境，从此改名为邓小平。

1927 年 8 月 7 日，中共中央紧急会议（即八七会议）在汉口召开，邓小平作为中央秘书参与会议筹备工作并参加了会议。会议纠正和清算了陈独秀的右倾投降主义，确定了实行土地革命和武装反抗国民党反动派的总方针。八七会议后，中共中央机关于年底秘密迁至上海，邓小平也随中央一同迁往上海。1928 年至 1929 年，邓小平任中央秘书长。1928 年中国共产党在莫斯科召开第六次全国代表大会，他协助留在国内的中央领导人处理中央的日常工作。

大革命失败以后，中国共产党为挽救革命，先后发动了南昌起义、秋收起义和广州起义，并相继建立了井冈山、湘赣、鄂豫皖、湘鄂西、赣南闽西等农村革命根据地。1929 年 3 月间，国民党新军阀蒋介石与桂系之间的战争爆发，李宗仁、黄绍竑、白崇禧为首的桂系战败，被驱逐出广西，由俞作柏、李明瑞回广西主政。俞、李掌握广西军政大权后，酝酿反蒋，并表示愿与中共合作，希望中共能派干部去广西。中共中央得知这一信息后，立刻进行了研究，决定利用这一机会派一批干部进广西，到俞、李政府和部队工作，为建立党掌握的武装力量作准备。当时年仅 25 岁的邓小平经中央批准，作为中共中央的代表，于当年 7 月初到达广西南宁，领导广西党的工作，并准备、组织武装起义。邓小平到达南宁后，化名邓斌，同俞作柏、李明瑞接洽，开展统战工作，发展革命力量。10 月，俞、李公开反蒋失败，邓小平和张云逸把中共已经掌握的三支武装部队拉出南宁，转移到左右江地区，准备武装起义。月底，邓小平被任命为中共广西前敌委员会书记。12 月 11 日，在广州起义两周年的这个日子，邓小平、张云逸等领导发动了百色起义，成立了红军第七军和右江苏维埃政府，邓小平任红七军政委和前委书记，由此创建了右江根据地。次年 2 月，邓小平等又领导发动了龙州起义，建立了红军第八军和左江根据地。后来，红八军在敌人优势力量的进攻下遭受很大损失，退入右江与红七军合并。在邓小平等人的领导下，右江革命根据地得以巩固和发展。党发动人民群众，打土豪，分田地，进行土地革命，建立各级革命政权，使红军发展到 7 000 人，红色区域扩展到 20 多个县，拥有 100 多万人口，成为当时较大的革命根据地之一。

随着全国革命形势的好转，党内的“左”倾情绪又开始滋长。1930 年 6 月，“左”倾冒险主义者基于对中国革命形势、性质和任务的错误认识，制定了立即组织全国中心城市武装起义和集中全国红军进攻中心城市的冒险计划，使各地红军和根据地都遭到了不同程度的损失。10 月 2 日，在红七军召开的前委会上，由中共中央和广东省委派来的代表传达了“左”倾中央的指示，命令红七军离开右江地区，向东发展，打下柳州、桂林，在小北江地区建立革命根据地，阻止粤桂军阀北进，保证以武汉为中心的一省和几省的首先胜利，最后夺取广州，以完成南中国的革命。在“左”倾冒险主义的影响下，部队作战连连受挫，不得不转战 7 000 里，到江西中央革命根据地同中央红军会合。邓小平对“左”的错误指挥提出过不同意见，但未被采纳。1931 年 2 月，邓小平受前委的委派，到上海向中央汇报工作。到达上海后，他向党中央汇报了红七军、红八军的发展历程，以及左右江根据地的状况，并于 1931 年 4 月 29 日给中共中央写出了近两万字的《七军工作报告》，从红七军、红八军的发展经过，到左右江地区党组织的状况及土地革命等情况，详细地作了汇报，客观地分析了左右江根据地的发展情况和红七军、红八军经受“左”倾机会主义影响而遭到的挫折，同时对红七军撤出右江根据地后行军作战中产生的错误作了详细的回顾，实事求是地总结了起义前后的经验教训。

1931年夏，邓小平到江西中央革命根据地工作，担任瑞金县委书记。他到任后，首先进行调查研究，迅速而坚决地纠正了瑞金县发生的肃反扩大化的错误，为蒙受冤屈的大批干部群众平反昭雪，并建立健全了司法、裁判等各级组织机构，使全县局面大为改观。当时毛泽东担任苏区中央局代书记和红一方面军总政治委员，正筹备中华苏维埃第一次全国工农兵代表大会的召开。邓小平作为苏区首府瑞金县县委书记，也积极参与了筹备工作。1931年9月28日，毛泽东、朱德等到达瑞金叶坪村，同中共苏区中央局会合，为第一次全国工农兵代表大会的召开作最后的准备，并把领导机关迁驻在这里。作为县委书记，邓小平和江西省的领导人一起迎接毛泽东、朱德等人的到来，并向他们汇报了瑞金县的情况。1931年11月7日，中华苏维埃第一次全国工农兵代表大会如期在瑞金叶坪村胜利召开，选举和成立了中华苏维埃共和国临时中央政府。瑞金县城成为中华苏维埃共和国的首都，更名为“瑞京”，瑞金县划为中央直属县，27岁的邓小平继续担任该直属县县委书记。1932年5月，邓小平又调往刚解放的会昌城，去开辟新区工作，随之担任了会昌中心县县委书记。

1933年初，推行王明“左”倾冒险主义的中共临时中央从上海迁入中央革命根据地。邓小平和毛泽东的弟弟，曾任苏区中央局秘书长、永丰中心县县委书记的毛泽覃，以及曾任赣西南特委委员、中共赣东特委书记、江西省第二军分区司令员兼独立第五师师长的谢唯俊，和曾任寻乌县县委书记、县苏维埃政府主席、红一方面军前委秘书长的古柏一起，向“左”倾教条主义发出质疑。他们反对“城市中心论”，主张向敌人力量薄弱的广大农村发展；反对军事冒险主义，主张诱敌深入；反对用削弱地方武装的办法来扩大主力红军，主张两种武装力量都要发展；反对“左”的土地分配政策。邓、毛、谢、古的这些正确意见和鲜明态度，为“左”倾的临时中央所不容。临时中央开展了反对邓、毛、谢、古的斗争。3月，邓小平被调离会昌，到江西省委任宣传部长。两个月后，他被当作“江西罗明路线”的主要代表，受到“左”倾领导者的“残酷斗争、无情打击”，被撤销省委宣传部长的职务，受到“党内最后严重警告”的处分，被下放到中央苏区边远的乐安县所属南村区委当巡视员。这是他在党内政治生活中受到的第一次错误处分。后来，在军委政治部主任王稼祥等人的支持下，邓小平被调到总政治部担任秘书长。不久，负责主编总政治部机关报《红星报》。

1934 年 10 月，邓小平随中共中央和红一方面军主力长征，年底任中央秘书长。1935 年 1 月，中共中央在红军长征途中召开了具有伟大历史意义的遵义会议，邓小平以中央秘书长的身份参加了这次会议。遵义会议在历史的紧要关头结束了王明“左”倾冒险主义在党中央的统治，实际上确立了以毛泽东为代表的新的中央的正确领导，从此挽救了党、挽救了红军、挽救了中国革命。遵义会议后，邓小平跟随毛泽东等中央领导一起四渡赤水，巧渡金沙江，飞夺泸定桥，翻越雪山，历尽了千辛万苦。1935 年 6 月，红一方面军和红四方面军在懋功会师后，毛泽东、王稼祥把邓小平从秘书长的岗位上调往前方，担任红一军团政治部的宣传部长。此后，邓小平在前线和红军战士一起拼杀前进，于 8 月下旬跨过荒无人烟的茫茫草地。9 月 9 日，张国焘拒绝执行中央北上方针，毛泽东和党中央决定率领红一、三军团先行北上。邓小平和所在部队跟随毛泽东和党中央，突破天险腊子口，翻过岷山千里雪，占领哈达铺后改编为陕甘支队，于 10 月 19 日抵达陕北吴起镇，红一方面军至此结束了两万五千里长征。

1937 年 7 月卢沟桥事变后，国共两党实现了第二次合作。为适应这一形势，1937 年 8 月 25 日，中共中央革命军事委员会发出改编命令，宣布中国工农红军第一、第二、第四方面军和陕北红军改编为国民革命军第八路军。红军前敌指挥部改为第八路军总指挥部，朱德为总指挥，彭德怀为副总指挥，叶剑英为参谋长，左权为副参谋长，任弼时为政治部主任，邓小平为政治部副主任。据许多与邓小平一起工作过的老同志回忆，由于任弼时在延安，八路军总部在山西省辽县西河头村，所以八路军政治部的日常工作主要是由邓小平主持的。他为八路军初上抗日战场，开创抗日新局面，做了卓有成效的工作。

1938年1月，八路军总部任命邓小平为一二九师政治委员。邓小平到一二九师上任后，就与刘伯承师长一起，立即投入了繁忙紧张而又艰苦卓绝的抗日战争。在刘、邓的率领下，一二九师深入日本侵略军占领区的后方，以太行山为中心，依托山区，并向平原发展，他们开展抗日游击战争，分兵发动群众，组织抗日武装，建立抗日民主政权，创建了晋冀豫抗日根据地。随后，刘、邓又率部越过平汉铁路，东进冀南平原，开辟了冀南抗日根据地；还先后建立了太岳和由鲁西等根据地合并而成的冀鲁豫抗日根据地。到1938年底，一二九师在山西、河北、河南、山东四省交错的华北广大地区获得了很大发展。

1938年10月，抗日战争由战略防御阶段进入了战略相持阶段。相持阶段到来后，亲英美的蒋介石集团在日本诱降及英法劝降下，开始改变其抗日政策，采取消极抗日、积极反共的方针。1939年12月，国民党顽固派掀起了第一次反共高潮，国民党第九十七军朱怀冰等部向八路军总部和一二九师所在地太行地区发动大规模军事进攻。1940年3月，刘、邓指挥部队，在晋察冀军区部队的配合下，奋起反击，一举全歼入侵的朱怀冰部及其他游杂武装1万余人。为粉碎日军对华北抗日根据地的“扫荡”，打击日军的“囚笼政策”，从1940年8月起，八路军向华北日军占领的交通线和据点发动大规模的破袭战役，即“百团大战”。刘、邓率领所部38个团参加，进行大小战斗500余次，给日、伪军以很大打击，鼓舞了全国人民的抗战信心。

从1941年开始，华北敌后抗战进入最艰苦的阶段。日本侵略军把侵华重点转到敌后，对八路军根据地进行频繁的“扫荡”。加上连年天灾，使太行山根据地面临严重困难。1942年9月，邓小平兼任中共中央太行分局书记。八路军副总指挥彭德怀和师长刘伯承回延安参加整风后，邓小平于1943年10月又代理中共中央北方局书记，并主持八路军总部的工作，在艰苦的条件下，担负起领导华北敌后抗日根据地党政军的全面工作。他本着面向敌占区、面向交通线、敌进我进的方针，积极主动地开展游击战争，指挥部队粉碎日、伪军一次又一次的残酷“扫荡”，并领导全区进行建党、建军、建政活动，进行整风、精兵简政、减租减息和大生产运动，取得很大成绩。邓小平从实际情况出发，发表了《党与抗日民主政权》、《一二九师文化工作的方针任务及其努力方向》、《五年来对敌斗争的概略总结》、《太行区的经济建设》等文章和讲话。他提出了对敌斗争的一系列具体的政策和策略，提出了从各方面积蓄力量、为战略反攻和战后建国作准备的方针。1943 年 11 月 10 日，邓小平在北方局党校整风动员会上的讲话中，提出了毛泽东思想即中国化的马克思列宁主义、党的事业要以毛泽东思想作指导的观点。这一认识与当时许多无产阶级革命家的认识是一致的。

1945 年 4 月 23 日至 6 月 11 日，中国共产党第七次全国代表大会在延安举行。邓小平因在太行山前方主持工作，没有出席大会，但他和刘伯承等一起当选为中共中央委员。6 月 19 日，邓小平以中共中央委员的身份参加了党的七届一中全会。从此，邓小平进入了以毛泽东为核心的中央领导集体。

1945 年 8 月 15 日，日本宣布无条件投降，中国抗日战争取得了伟大胜利。在八年抗战中，一二九师在刘伯承和邓小平的领导下，共歼灭敌人 42 万余人，解放县城 109 座，创建了有 18 万平方公里土地、2 400 万人口的地跨四省的晋冀鲁豫解放区。部队由出师时的 9 100 余人发展到近 30 万人，成为党的强大主力武装力量之一。同月，中共中央决定成立晋冀鲁豫中央局和晋冀鲁豫军区，邓小平任中央局书记和军区政治委员，刘伯承任军区司令员。

抗日战争胜利以后，国民党在与共产党进行和平谈判的同时，不断挑起局部战争。从 1945 年 8 月重庆谈判开始至 9 月中旬，国民党调动 36 个军、73 个师，向解放区进兵，企图尽快控制华北和华东的战略要地，打开进入东北的通道并抢占东北，以强大的军事压力逼迫中共在谈判中屈服。由于刘、邓领导的晋冀鲁豫解放区横亘中原，正堵住国民党军队向华北、东北解放区进攻的通道，是军事上的战略要地，国民党军队的进攻矛头首先就指向这个地区。8 月中旬，国民党阎锡山部开始侵入太行山腹地的上党地区。为消灭进犯上党之敌，刘、邓集中太行、太岳、冀南三区主力及地方军团一部，共3万余人，于9月10日至10月12日进行了著名的上党战役，歼敌3.5万人，巩固了晋冀鲁豫解放区。接着，刘、邓又移师东进，阻击沿平汉路北犯的国民党军队，歼敌4万余人，取得了邯郸战役的胜利。这两次战役的胜利，有力地遏制了国民党军队对解放区的进攻，大大加强了中国共产党在重庆谈判中的地位，对停战协定的达成，起了重要的作用。

1946年6月，国民党悍然撕毁停战协定和政协决议，以围攻中原解放区为起点，发动了全国规模的内战。战争一开始，国民党妄图依仗优势的兵力和装备，在3～6个月内消灭人民解放军。各解放区军民以中共中央和中央军委制定的集中优势兵力，各个歼灭敌人，以消灭敌军有生力量为主要目标，不计较一城一地的得失等军事原则，很快就抑制住了国民党军全面进攻的势头。此间，刘伯承和邓小平统率的晋冀鲁豫野战军主力，根据毛泽东和中央军委的统一部署，在陇海铁路南北开展运动战，大踏步进退，连续进行了陇海、定陶、巨野等较大规模的战役，大量歼灭国民党军队的有生力量。到1947年春夏之交，人民解放军经过近一年的作战，极大改变了敌我双方的力量对比。为了发展人民解放军已经取得的有利形势，中共中央和中央军委及时规定人民解放军第二年作战的基本任务是：举行全国性的反攻，以主力打到外线去，将战争引向国民党区域，由战略防御转入战略进攻。人民解放军战略进攻的首攻方向选择在地处中原的大别山区。为适应进击中原的需要，5月16日，经党中央批准，成立了中共中央中原局，邓小平任中原局书记。

1947年6月30日夜，刘伯承、邓小平遵照中共中央的战略部署，率晋冀鲁豫野战军主力12万人强渡黄河天险，实施中间突破，揭开了中国人民解放战争战略进攻的序幕。在鲁西南地区，经过28天连续作战，歼敌5.6万人，打开了南下的通道。8月初，刘邓大军以迅雷不及掩耳之势，从几十万敌军前堵后追中杀开一条血路，千里跃进大别山。这是一种特殊方式的进攻，是在无后方依托的情况下，以跳跃式的长驱直进，一下子插入敌人战略纵深处的大进军。而敌人根本摸不清刘邓大军的意图，甚至还以为“刘邓北渡不成而向南逃窜”，开始只投入10个师的兵力，分三个部分：一部在沙河布防，一部尾随刘、邓，一部侧击，企图在黄泛区决战。而刘邓大军根本不与之纠缠，以惊人的毅力越过遍地淤泥、积水没膝的黄泛区，先于敌人渡过了沙河。接着，刘、邓又决定把重武器和车辆等辎重物资，或掩埋或炸毁，部队轻装前进。全军在刘、邓的号召和指挥下，迅猛地越涡河，过洪河，涉汝河，跨淮河，于8月底胜利进入大别山区，完成了千里跃进的任务。

刘邓大军进入大别山地区后，对国民党在长江以南的广大统治区形成了直接威胁。蒋介石在发现刘、邓的意图后，惊慌失措，急调主力回援，企图在刘、邓立足未稳之时，把我军歼灭或“困死”在大别山。当时，围困大别山的国民党军队增加到约20万人，斗争极端艰苦。在优势敌人的进攻面前，在无后方依托和山高路窄、地形不熟、后勤供应得不到保障、伤病员无法安置等严重困难条件下，我军广大指战员发扬了英勇顽强，不怕牺牲，不怕疲劳的作风。邓小平激励部队说：我们在大别山背重些，其他部队和地区就能大量歼灭敌人和深入开展工作，这对全局极为有利，我们再削弱再吃苦也要坚持住。刘、邓领导大别山根据地军民，积极、灵活地打击敌人，不断粉碎国民党军队对大别山地区的重兵轮番“进剿”，终于在大别山区站稳了脚跟。刘邓大军挺进大别山，同相继南下的另外两支野战大军在中原地区布成“品”字形阵势，纵横驰骋于江、河、淮、汉之间，牵制和吸引了敌军南线160多个旅中的90个旅的兵力；把战线由黄河南北推进到长江北岸，使中原地区由国民党军队进攻解放区的重要后方变成了人民解放军夺取全国胜利的前进阵地。毛泽东在《目前形势和我们的任务》这篇著作中，高度评价了以刘邓大军千里跃进大别山开始的战略进攻。他说：“一九四七年七月至九月间，人民解放军即已转入了全国规模的进攻，破坏了蒋介石将战争继续引向解放区、企图彻底破坏解放区的反革命计划……人民解放军的主力已经打到国民党统治区域里去了。中国人民解放军已经在中国这一块土地上扭转了美国帝国主义及其走狗蒋介石匪帮的反革命车轮，使之走向覆灭的道路，推进了自己的革命车轮，使之走向胜利的道路。这是一个历史的转折点。这是蒋介石的二十年反革命统治由发展到消灭的转折点。这是一百多年以来帝国主义在中国的统治由发展到消灭的转折点。”①

1948 年 5 月，邓小平任辖区扩大了的中共中央中原局第一书记及中原军区和中原野战军政治委员。在开辟中原新解放区的过程中，发表了《跃进中原的胜利形势与今后的政策策略》、《贯彻执行中共中央关于土改与整党工作的指示》、《关于今后进入新区的几点意见》等讲话和指示，根据中共中央的方针，从中原新解放区的实际情况出发，对整党、土改和工商业政策等问题，提出许多重要意见，受到中共中央和毛泽东的肯定和称赞。从 1948 年春起，中原野战军与华东野战军协同作战，相继发起洛阳、皖西、皖东、豫东、襄樊等战役，粉碎了中原国民党军队的防御体系。1948 年 9 月至 1949 年 1 月，人民解放军按照中共中央和中央军委的战略部署，进行了具有战略决战性质的辽沈、淮海、平津三大战役，基本上消灭了蒋介石赖以维持其反动统治的主要军事力量。

1948 年 11 月，淮海战役开始。中共中央和中央军委决定，由刘伯承、陈毅、邓小平、粟裕、谭震林组成总前委，邓小平任书记，统一指挥中原野战军（后改称第二野战军）和华东野战军（后改称第三野战军）。淮海战役中，蒋介石先后集结近 80 万军队，而人民解放军参战部队只有 60 万人，在武器装备上国民党军队更是占有巨大的优势。总前委执行集中优势兵力、各个歼灭敌人的方针，经过 66 天的作战，共歼敌 55.5 万人，取得了淮海战役的完全胜利。

1949 年 3 月，中共中央在河北省平山县西柏坡村召开了具有重大历史意义的七届二中全会，邓小平出席了这次会议，受命兼任华东局第一书记。4 月 21 日，遵照毛泽东主席、朱德总司令发布的向全国进军的命令，以邓小平为书记的总前委统率第二、第三野战军发起京沪杭战役，一举突破国民党军队的长江防线，浩浩荡荡渡过长江，解放了南京、上海及苏、皖、浙、赣等省广大地区。南京的解放，宣告了国民党反动统治的覆灭。

1949 年 9 月，中华人民共和国成立的前夕，邓小平在中国人民政治协

① 《毛泽东选集》，2 版，第 4 卷，1243～1244 页，北京，人民出版社，1991。

商会议第一届全体会议上，被选为中央人民政府委员。10月1日，在中央人民政府委员会第一次会议上，邓小平又当选为军委委员。同日下午3时，首都30万军民齐集天安门广场举行开国大典，作为开国元勋之一的邓小平跟随毛泽东、周恩来、刘少奇、朱德等党和国家领导人，一起登上天安门城楼，在雄壮有力的《义勇军进行曲》的鸣奏声中，注视着广场上冉冉升起的五星红旗，以庄严而自豪的心情迎来了新中国的诞生。

（二）党的第一代中央领导集体的重要成员

中华人民共和国成立后，邓小平作为以毛泽东为核心的中国共产党第一代领导集体的重要成员，在党和国家一系列重大决策中发挥了重要作用，为巩固新生的人民共和国在各方面做了大量工作，为社会主义制度在我国的建立和发展作出了重大贡献。

1949年10月新中国成立之初，人民解放战争还没有结束，国民党还有上百万军队在西南、华南和沿海岛屿负隅顽抗。蒋介石正积极筹划在大西南聚积力量，伺机反攻。为了全部、干净、彻底地歼灭中国大地上的国民党军队，中央军委对四个野战军和华北军区作出了统一部署，决定刘邓大军进军大西南。10月，参加完开国大典的邓小平征尘未洗，就和刘伯承、贺龙率部进军大西南，开始了新的战斗。按照中共中央的战略部署，邓小平与刘伯承等制定了以大迂回、大包围解放西南的战略方针。从1949年11月至1950年3月，先后解放了贵阳、重庆、成都和西昌等地，彻底消灭了盘踞在云、贵、川三省的90多万国民党反动武装，把国民党反动统治势力最后逐出中国大陆。在西南期间，邓小平任中共中央西南局第一书记、西南军政委员会副主席、西南军区政治委员。他和刘伯承、贺龙在指挥部队清剿土匪顽敌的同时，注意团结一切可能团结的人，分化争取敌人营垒中一切可能争取的人，调动各方面的积极因素；谨慎稳妥地消除历史遗留的民族隔阂，促成各民族的团结；发动和依靠群众，顺利完成土地改革和其他社会改革，加强各级政权建设；迅速恢复工农业生产，兴修成渝铁路等等。很快改变了那里的混乱面貌，开创了西南地区稳定、发展的新局面。邓小平在西南地区卓有成效的工作，受到毛泽东的高度评价。毛泽东称赞说："无论是政治，还是军事，论文论武，邓小平都是一把好手。"①

从1950年至1951年，邓小平还参加领导了进军西藏和西藏和平解放的工作。1950年5月，邓小平和他领导的西南局按照党中央关于和平解决西藏问题的方针，组织得力人员，研究和草拟了解决西藏问题的四条方针政策，作为与西藏地方当局谈判的基础。后根据中央的指示，邓小平又亲自主持起草了和平解放西藏的10项政策。这10项政策充分考虑到了西藏社会的现实，照顾到了各阶层的利益，非常符合西藏的实际情况，受到党中央和毛泽东的充分肯定和高度赞扬。后来中央人民政府同西藏地方政府签订的和平解放西藏办法17条协议，就是以这10项政策为基础，在这个大的框架上发展起来的。1951年5月25日，毛泽东主席发布进军西藏的训令，10月底，刘、邓所部经过艰难的长途跋涉，终于进入西藏首府拉萨，胜利完成进军西藏的任务，实现了祖国大陆的完全解放。

1952年7月，邓小平奉调到中央工作，被任命为政务院副总理兼财政经济委员会副主任，后又兼任政务院交通办公室主任和财政部部长。1954年6月，邓小平向中央人民政府所作的《关于1954年国家预算草案的报告》中，提出"必须把国家预算建立在可靠的、稳妥的基础上"，并且执行的结果要力争"达到收多于支和有相当的后备力量"。同时，还传达了毛泽东主席"增产、节约、多留后备力量，是巩固国家预算的可靠的三道防线"的指示。这一年，国家预算执行的结果是，总收入为262.37亿元，超过预算的13.15％，总支出为246.32亿元，完成预算的98.74％，收支相抵，结余16.05亿元。人民银行把财政结余贷给工商企业特别是商业，补充了流动资金，缓解了1953年资金紧张的局面。

邓小平到中央工作不久，就参与了粉碎高岗、饶漱石反党分裂集团阴谋的斗争。在这场斗争中，他始终紧紧站在党中央一边，经受住了严峻的考验。

新中国成立后，在完成了经济恢复和土改、镇反等民主改革任务后，为适应大规模经济建设的需要，中央决定将各中央局和大区行政委员会的主要负责人和一批工作人员调到北京，并调整、增设中央和国家机关的部

① 汪东林：《梁漱溟与毛泽东》，18页，长春，吉林人民出版社，1989。

分机构，加强中央的集中统一领导。于是，在邓小平来京工作后不久，高岗、饶漱石也于 1952 年底和 1953 年初先后从东北和华东党政最高负责人的岗位调到中央工作，高岗任国家计划委员会主席，饶漱石任中共中央组织部部长。这时，党中央正酝酿召开第一届全国人民代表大会和党的第八次全国代表大会。个人野心急剧膨胀的高岗和饶漱石窥测形势，以为他们篡夺党和国家最高领导权的机会已经成熟，在 1953 年夏的全国财经会议上，高岗和他的极少数追随者发表种种无原则的言论，制造党内纠纷。会外，他们散播流言，诬蔑中央有所谓的“圈圈”和“摊摊”，破坏中央威信，特别是攻击中央领导核心中的刘少奇和周恩来，吹嘘高岗自己。在同年秋的全国组织工作会议上，饶漱石配合行动，也进行反对刘少奇的活动。全国财经会议后，高岗到南方，在华东和中南进行挑拨活动，企图在一些高级干部中煽起对中央的不满情绪。他散布所谓“军党论”，将中国共产党分为“根据地和军队的党”与“白区的党”两部分，说“党是军队创造的”，并且自封为“根据地和军队的党”的代表人物。他提出，党中央和国家领导机关现在掌握在以刘少奇为首的“白区的党”手里，因此，应当改组中央和政务院。他们企图拉拢中央各大区的负责人，先是拉拢中南军政委员会负责人林彪。接着，高岗来找邓小平，企图挑拨邓小平与中央其他负责人的关系，以高官厚禄相利诱，取得他的支持。在这大是大非的问题面前，邓小平毫不犹豫地拒绝了高岗的拉拢，明确表示态度，说刘少奇在党内的地位是历史形成的，从总的方面讲，刘少奇是好的，改变这样一种历史形成的地位不恰当。并且在事后与陈云一起，把情况向毛泽东做了汇报。毛泽东在听了邓小平和陈云的汇报后，引起高度警惕，密切注视形势的发展，同时开始削弱高、饶的权力。1953 年 12 月，中央政治局会议揭露了高岗、饶漱石的反党分裂活动。1954 年 2 月，党的七届四中全会进一步揭发批判高岗、饶漱石，一致通过《关于增强党的团结的决议》。1955 年 3 月，在党的全国代表会议上通过决议开除高岗、饶漱石的党籍，撤销他们所担任的一切职务。

在反对高、饶反党分裂活动的斗争中，邓小平坚持原则、立场坚定，表现出了对党的高度忠诚，发挥了重要作用。1954 年 4 月，邓小平担任党中央秘书长，并接替饶漱石任中央组织部部长，主管党中央的日常工作和组织事务。1955 年 4 月，在中共七届五中全会上，邓小平被增选为中央政治局委员。

1956 年 9 月，在我国生产资料私有制的社会主义改造基本完成之际，中国共产党在北京召开第八次全国代表大会。大会集中全党的智慧，提出了党在全面建设社会主义历史新时期所面临的主要矛盾和根本任务，正确地制定了党的路线、方针和政策。邓小平在会上作了关于修改党的章程的报告，提出和深刻论述了执政党加强自身建设的任务。他指出，党面临新的考验，必须经常警惕脱离实际和脱离群众的危险，要求全党坚持群众路线和民主集中制，健全各级党组织的集体领导，避免个人专断和个人决定重大问题。邓小平在报告中提出的关于执政党建设的原则和主张，对党的建设具有重大和长远的指导意义。

由于在中央的领导工作卓有成效，在中共八届一中全会上，邓小平当选为中央政治局常委、中央委员会总书记，成为以毛泽东为核心的中国共产党第一代领导集体的重要成员。毛泽东在推荐邓小平当总书记时，说他比较顾全大局，比较有才干，比较周到和公道，是个厚道人。1959 年，邓小平又担任中共中央军委常委。

邓小平主持中央书记处的工作，长达 10 年。这 10 年，是我国开始全面建设社会主义的 10 年，是中国共产党领导全国人民在社会主义经济建设和文化建设中取得很大的成就，积累了重要的经验，在曲折中前进的 10 年，也是邓小平工作最繁忙的 10 年。他一直处在中央领导工作的第一线，参加党和国家的重要决策，在许多方面提出过重要的正确主张。他积极贯彻八大的路线，主张应把党的工作重心转到社会主义建设上来。1957 年 4 月 8 日，邓小平在西安干部会上所作的报告中指出：“我们前一个阶段做的事情是干革命。从去年农业、手工业和资本主义工商业的社会主义改造基本完成时起，革命的任务也就基本上完成了。今后的任务是什么呢？革命的任务还有一部分，但是不多了。今后的主要任务是搞建设。”① 在党的建

① 《邓小平文选》，2 版，第 1 卷，261 页，北京，人民出版社，1994。

设问题上，邓小平认为，执政党要实行政治领导，接受人民群众的监督。他要求克服“党员高于一切”，以党代政的错误思想。1958 年“大跃进”和人民公社化运动发动起来以后，“左”的错误严重泛滥开来，接着我国进入了三年国民经济困难时期。为了总结经验教训，恢复国民经济的正常发展，1961 年 1 月，中共中央召开八届九中全会，通过了对国民经济实行“调整、巩固、充实、提高”的八字方针。毛泽东在全会上讲话呼吁“大兴调查研究之风”，一切从实际出发，使 1961 年成为调查研究年，实事求是年。会后，邓小平按照毛泽东的号召和会议精神，于 4 月到北京市顺义县深入城镇农村进行调查。在半个月的时间里，邓小平听取了县委领导关于全县自然情况、农业合作化、农村各业发展变化以及当前工作等情况的汇报；在县委、北小营、牛山、前桑园村召开有公社、管理区、大队、生产队干部参加的座谈会，听取和调查十几个社队的情况；两次去牛山公社，视察白庙村的公共食堂，参观张庄村的扬水站，调查芦正卷村农业生产和群众生活问题。在调查中，邓小平对发现的问题提出了一系列纠正错误的意见和主张。针对农民反映强烈的公共食堂问题，邓小平在桑园村召开的社队干部会上明确表态说：“吃食堂是社会主义，不吃食堂也是社会主义。以前不管是中央哪个文件上说的，也不管是哪个领导说的，都以我现在说的为准。根据群众的意见，决定食堂的去留。”① 此后不久，中央根据邓小平等人所反映的意见，对“农业六十条”中关于公共食堂的规定作了修改，提出“生产队办不办食堂，完全由社员讨论决定”，使持续了两年多的公共食堂，在农民群众的要求下终于解散了，这对于全国纠正农村“吃大锅饭”的平均主义错误，起到了重要作用。在分配问题上，邓小平指出：“要认真执行‘按劳分配，多劳多得’的分配原则。承包单位之间、社员之间无论如何不能拉平，要克服分配上的平均主义，这样才能调动起社员的劳动积极性。”并且强调：“一定要实行定额包工，多劳多得是天经地义的事，是社会主义的分配原则。”② 在调查中，邓小平还强调要发展商品生产，搞好集市贸易，繁荣市场经济。他说：“不是国家统购统销的商

① 刘金田：《邓小平的历程》，98 页，北京，解放军文艺出版社，1994。

② 同上书，16 页。

品都可以拿到自由市场上来卖，把集市贸易繁荣起来。市场上的物品增多，市场也就活跃了，社员生活也就方便多了。农民的收入增加，对国家的贡献也大了。自由市场上商品价格一稳定，人心也就安定，政治影响也好。”① 邓小平提出的这些思想，代表了20世纪50至60年代我国社会主义建设事业的正确趋向，迄今仍不失其指导意义。此外，作为党的总书记，邓小平还亲自主持制定了《国营工业企业工作条例（草案）》和《教育部直属高等学校暂行工作条例（草案）》，这些条例对于纠正“大跃进”以来各方面出现的“左”的错误起了重要作用。

1962年2月，为了总结经验，统一认识，加强团结，进一步纠正“大跃进”以来工作中的错误，中共中央召开了有7 000人参加的扩大的中央工作会议。邓小平在大会上发表讲话强调，要坚持民主集中制，健全党的民主生活，恢复和发扬党的优良传统。同年4月，中央书记处在邓小平主持下，制定和发出《关于加速进行党员、干部甄别工作的通知》，全面展开对在“反右倾”等运动中受到错误处理的干部和党员的甄别平反工作。随后，邓小平又根据军队的经验，建议对全国县以下的干部，来个一揽子解决，就是对过去搞错了或者基本搞错了的干部，统统平反，除个别有问题的外，不要“留尾巴”。这样，到1962年8月，全国有600多万名干部、党员和群众得到平反。由于“大跃进”和人民公社化运动使农村集体经济遭到严重破坏，1962年，许多农村的干部和群众要求实行包产到户。到1962年7月，全国已有不止20%的农村实行了各种形式的“包产到户”，效果大都较好，很受农民群众和基层干部的欢迎。针对这种情况，邓小平1962年7月在接见共青团干部的时候指出：“生产关系究竟以什么形式为最好，恐怕要采取这样一种态度，就是哪种形式在哪个地方能够比较容易比较快地恢复和发展农业生产，就采取哪种形式；群众愿意采取哪种形式，就应该采取哪种形式，不合法的使它合法起来。”② 并且引用了刘伯承常说的那个著名的民间谚语：“黄猫、黑猫，只要捉住老鼠就是好猫。”

邓小平担任总书记期间，国际共产主义运动和中苏关系发生了巨大变

---

① 刘金田：《邓小平的历程》，99页，北京，解放军文艺出版社，1994。

② 《邓小平文选》，2版，第1卷，323页，北京，人民出版社，1994。

化。作为党的总书记，他以很大的精力协助毛泽东主席处理国际共运特别是中苏关系的问题，同苏联大国大党沙文主义和霸权主义进行了坚决的斗争，维护了中国共产党独立自主的原则立场。

中苏两党的分歧，从1956年2月苏共二十大就开始了。邓小平和朱德等代表中共中央应邀参加了这次大会。

毛泽东和中共中央对苏共二十大批判斯大林的个人崇拜，在原则上是赞成的。邓小平代表中央在八大上所作关于修改党章的报告中，即表明了这种态度。邓小平指出："苏联共产党第二十次代表大会的一个重要的功绩，就是告诉我们，把个人神化会造成多么严重的恶果。"① 但是，中共又认为斯大林的功绩是第一位的，应"三七开"，不同意赫鲁晓夫对斯大林"一棍子打死"和全盘否定。中共的这种立场在邓小平的报告中也讲明了。他说："马克思主义在承认历史是人民群众所创造的时候，从来没有否认杰出的个人在历史上所起的作用"，"马克思主义也从来没有否认领袖人物对于政党的作用"。领袖们的"威信、影响和经验乃是党、阶级和人民的宝贵的财富"②。1956年12月，中共中央根据国际共产主义运动出现的问题，在同年4月发表《关于无产阶级专政的历史经验》一文之后，又发表了《再论无产阶级专政的历史经验》一文，这两篇文章全面阐述了中共关于斯大林问题和国际共运的其他问题的立场和观点。

20世纪五六十年代之交，中苏分歧进一步加剧。1960年，在莫斯科、布加勒斯特先后召开的华沙条约国会议与各国共产党和工人党代表会议上，赫鲁晓夫发动了对中国共产党的恶意攻击。同年7月，苏联把意识形态的分歧扩大到国家关系上，单方面决定一个月内撤走全部在华工作的1 390名苏联专家，撕毁了两国签订的经济技术方面340个合同和257个协定。同时，还逼迫中国归还经济援助和抗美援朝战争中欠下的债务。9月，为筹备第二次各国共产党和工人党代表会议，邓小平率中共代表团再赴莫斯科。在中苏两党会谈中，邓小平作了长篇发言，历数了苏共领导违背马列主义、背信弃义、推行大党大国沙文主义的种种劣迹。邓小平指出，苏

① 《邓小平文选》，2版，第1卷，235页，北京，人民出版社，1994。
② 同上书，234页。

共的背信弃义给我国人民造成了困难，但中国人民是有志气的，决心用自己的双手，把苏共给我们造成的损失夺回来。邓小平有胆量、有气魄、义正词严的发言，令苏共代表十分震惊。中苏会谈之后，邓小平又参加了 26 国党会议，起草即将举行的 81 国共产党、工人党代表会议文件。11 月，刘少奇也到了莫斯科，和邓小平一起率领中共代表团参加 81 国共产党、工人党代表会议。这次会议通过了《莫斯科声明》，使激化的中苏矛盾暂时得以缓和。毛泽东对刘少奇、邓小平的工作非常满意，12 月 9 日亲自到机场迎接归来的代表团。在 1961 年 1 月中共八届九中全会上，邓小平报告了中共代表团参加莫斯科会议的情况，得到全会的肯定。

1961 年 10 月苏共二十二大以后，刚刚缓和的中苏关系再度紧张起来。先后发生了苏共在自己的党代会上攻击兄弟党的事件，以及支持中国塔城和伊犁地区暴乱、在中印边境冲突中袒护印方、指使东欧一些社会主义国家攻击中国等等一系列事件。1963 年 7 月，邓小平率中共代表团第三次赴莫斯科，进行中苏两党会谈。邓小平在会谈中与苏方代表进行有理有节的斗争，回击了苏共领导集团对中国共产党的攻击和污蔑，从而得到了全国人民的支持，也赢得了世界人民的同情与尊重。随后，为了回击苏共的攻击，中共又连续发表九篇评论文章，批驳苏共的言行。

从 1966 年至 1976 年，在毛泽东发动和领导的十年“文化大革命”的动乱中，邓小平两次受到错误的批判和斗争，并被撤销一切职务，经历了他革命生涯中最艰难、最曲折的时期。“文革”开始后不久，邓小平就被打成“党内第二号最大的走资派”，遭到错误的批判。其家属也受到牵连。1969 年 10 月，邓小平及其家属被下放到江西省新建县。他每天到县拖拉机修造厂劳动半天，做钳工活。在这期间，他读了大量的马列原著，读了“二十四史”以及古今中外的其他书籍。同时，作为中国人民的儿子，邓小平也在时刻思考着国家、人民的前途和命运。后来到江西父母身边的小女儿毛毛曾这样描述她对父亲当时的印象：“在江西的这一段时间里，父亲有一个习惯，每天黄昏落日之前，总是十分规律地围着我们那个小小的院子散步。他沉思不语，步伐很快，就这样一圈一圈地走着。日复一日、月复一月、年复一年，那红色的砂石地上，已经被他踏出了一条白色的小路。我时常看着父亲，看着他永远那样认真、永远那样沉静的神情，看着他向前迈出的快速而稳健的步伐。我想，就在这一步一步之中，他的思想、他的信念、他的意志，随着前进的每一步而更加明确，更加坚定起来。这些思想的孕育成熟，是否已为日后更加激烈的斗争做好了最充分的准备呢?”① 历史随后就作出了说明，正是在江西的这些日子里，一个治党治国的新思路在邓小平的头脑中萌生了。

1971 年 9 月 13 日，林彪叛国摔死在蒙古温都尔汗，其反革命阴谋集团随之灭亡。“九一三事件”后，毛泽东有意让邓小平出来工作，在周恩来的支持和努力下，1973 年 2 月，邓小平终于结束了 3 年多的放逐生活，由江西回到北京。3 月 10 日，中共中央作出决定，恢复邓小平的党的组织生活和国务院副总理的职务。在同年 8 月党的第十次全国代表大会上，邓小平被选为中央委员。1973 年 12 月，中共中央又根据毛泽东的提议，决定邓小平为中央政治局委员，参加中央领导工作，待十届二中全会追认；同时决定邓小平为中央军委委员，参加军委领导工作。这样，复出后的邓小平身兼党、政、军数项领导职务，重新进入了中央领导核心。1974 年四届全国人大筹备期间，毛泽东及时发现并制止了“四人帮”的“组阁”阴谋。在筹备四届人大和酝酿国务院领导人选时，毛泽东评价邓小平“人才难得、政治思想强”。1975 年 1 月 5 日，根据毛泽东的提议，中共中央发出文件，任命邓小平为中共中央军委副主席兼中国人民解放军总参谋长。在 1 月上旬召开的党的十届二中全会上，邓小平的中央政治局委员职务得到追认，并被选为中共中央副主席、中央政治局常务委员。在此期间，毛泽东还指定邓小平负责为病重的周恩来起草在四届人大一次会议上的《政府工作报告》，邓小平出色地完成了任务。

1975 年 1 月 13 日至 17 日，第四届全国人民代表大会第一次会议在北京举行。大会决定了周恩来继续任总理、邓小平任第一副总理的国务院领导人选，并重申在本世纪末实现四个现代化的宏伟目标，给全国人民以巨大鼓舞。

---

① 周明：《历史在这里沉思》，第 1 册，98～99 页，北京，华夏出版社，1987。

四届人大一次会议闭幕后，周恩来病情更加沉重。邓小平在毛泽东支持下，主持中央和国务院的日常工作。当时，在“四人帮”的干扰破坏下，全国各方面工作都陷入严重混乱状态。邓小平受命于危难之际，他不顾刚刚出来工作、困难重重的处境，以高屋建瓴、势如破竹的革命魄力，以运筹帷幄、决胜千里的领导才能，很快扭转了局势。他根据毛泽东提出的要安定团结，把国民经济搞上去的指示，在主持召开的各种类型的会议上，明确、坚定地提出要进行全面整顿的指导思想。他强调指出：全国各个方面工作都要整顿。工业、农业、商业、财贸、文教、科技、军队都要整顿，核心是党的整顿，关键是领导班子。经过整顿要建立一个强有力的、“敢”字当头的领导班子。要搞好安定团结，发展社会主义经济。要加强党的领导，发扬党的优良作风。要坚决同派性作斗争。那些闹派性的人有大小野心，争权夺利，要阴谋诡计，弄得不得安宁。对派性要寸土必争、寸步不让。要注意落实政策，比如对老、中、青干部，对劳动模范、老工人，对知识分子的政策都要落实，以调动多方面的积极性。他还提出科学技术是生产力的马克思主义的重要观点，要求一定要搞好科学技术工作，等等。他的这些讲话，促使人们从长期“左”的思潮的影响下醒悟过来，精神为之大振。在邓小平领导下，有叶剑英、李先念等一批先后恢复工作、担任领导职务的老同志同心协力的配合，对各方面工作的整顿便大刀阔斧地开展起来，并且迅速收到显著的效果。

由于闹派性、打派仗，造成徐州、南京、南昌等铁路局的运输长期堵塞，阻碍津浦、京广、陇海、浙赣四条铁路干线的畅通，并影响其他铁路干线的运输，严重危及工业生产和一些城市的人民生活。这是阻碍局势好转的一个关键。在邓小平主持下，党中央于 2 月下旬召开全国主管工业的书记会议，3 月 5 日作出决定，着重解决铁路运输问题，并派出工作组，会同有关地方党委，对一些问题严重的路局进行重点整顿。工作组发动群众批判派性，撤换一批捣乱的派性严重的坏头头，平反错案，坚决调整领导班子，恢复和健全规章制度。这些有力措施深得广大铁路职工的拥护，铁路运输状况迅速好转。在这期间，对于军队、农业、科技、文化教育等方面也都大力进行整顿，分别取得明显的成绩。

在邓小平主持下各个领域所作的整顿，从一开始就遭到“四人帮”的顽固阻挠和反对。他们先是以反“经验主义”为名，把整顿工作中提出的各种措施诬蔑为“经验主义”；后又在全国报刊上掀起一个所谓评《水浒》的宣传运动。江青公然制造“《水浒》的要害是排斥晁盖，架空晁盖”的邪说，诬陷周恩来、邓小平要“架空毛主席”。虽然毛泽东对“四人帮”多次提出批评，在一定程度上抑制了他们的嚣张气焰，但是，对各个领域的工作进行整顿，势必要触及“文化大革命”中实行的许多“左”的政策和理论，并逐渐发展到对这些错误政策和理论的系统的纠正。这就有从根本上否定“文化大革命”的趋势。这种情况，既遭到“四人帮”的猖狂反对，也引起毛泽东的不满。1975 年 11 月，毛泽东听信了“四人帮”的诬告，动摇了对邓小平的信任，决定停止他的大部分工作。不久，“四人帮”又以邓小平向毛泽东转交了清华大学党委副书记刘冰写的两封信（信上反映了“四人帮”两个亲信人物的问题）为借口，硬说邓小平偏袒和支持刘冰，而刘冰的信的矛头是对着毛泽东的。这样，毛泽东就决定发动一场所谓“反击右倾翻案风”的运动。这一运动破坏了刚刚出现的比较稳定的局面，使全国再度陷入混乱。1976 年 1 月 8 日，党和国家的重要领导人周恩来逝世，全党全军和全国各族人民沉浸在巨大的悲痛之中。十里长街万人落泪的悲痛的送殡场面，反映了人民在党和国家处于危难的时候，对于失去这位领导人的极度痛苦的心情，以及对于如何才能摆脱灾难争取国家前途的无比忧虑的心情。但是，在为周恩来治丧期间，“四人帮”却发出种种禁令，竭力阻挠和诬蔑群众性的悼念活动，这更激起了广大干部和群众的愤怒。人们心中长期郁积而又迅速发展起来的对“四人帮”的不满和愤恨情绪，终于像火山一样迸发出来。4 月间，在全国范围内掀起了以“天安门事件”为代表的悼念周恩来、反对“四人帮”的强大抗议运动。这个运动实质上是拥护以邓小平为代表的党的正确领导，它为后来粉碎“四人帮”反革命集团奠定了伟大的群众基础。当时，中共中央政治局和毛泽东对天安门事件的性质作出了错误的判断，并错误地撤销了邓小平的党内外一切职务。9 月 9 日，在党和国家的命运处于危难之际，毛泽东主席逝世。此后“四人帮”加紧了夺取党和国家最高领导权的阴谋活动。10 月上旬，中共中央政治局在华国锋、叶剑英、李先念等主持下，执行党和人民的意志，毅然粉碎“四人帮”反革命集团，从而结束了历时十年之久的“文化大革命”的灾难。

在邓小平的政治生涯中，一个新的、更加辉煌的历程，即将开始了。

（三）党的第二代中央领导集体的核心

粉碎“四人帮”反革命集团的胜利，结束了导致十年内乱的“文化大革命”，从危难中挽救了党和国家，使我国社会主义建设有可能进入一个新的发展时期。然而，当时我们党面临的形势又是十分严峻的。由于“文革”十年动乱的影响和破坏，整个国家问题成堆，亟待解决，全国各条战线各个领域都面临着拨乱反正、纠正“文化大革命”中极端泛滥的“左”倾错误的繁重任务。当时党内外越来越多的干部群众，特别是老一辈革命家要求突破原来的禁锢，全面系统地纠正“文化大革命”的“左”倾错误，恢复党在八大前后制定的正确路线、方针和党的优良传统。但是，当时担任中共中央主席、在粉碎“四人帮”的斗争中起过重要作用的华国锋，却坚持肃清“四人帮”的流毒和影响不能动摇毛泽东生前所作的决策和指示。华国锋的思想集中表现为两句话：“凡是毛主席作出的决策，我们都坚决维护；凡是毛主席的指示，我们都始终不渝地遵循。”这实际上就是不能触及“文化大革命”的错误理论和政策。由于当时中央主要负责人坚持“两个凡是”的错误方针，长期以来形成的思想僵化、半僵化状态未能得到根本改变，党的十一大和五届人大一次会议没能纠正、反而继续肯定了“文化大革命”的错误理论、政策和口号。这种情况，使拨乱反正的工作进行得十分缓慢，造成了各项工作徘徊前进的局面。

在未来的岁月中，中国应该走怎样的一条路，这是亿万人民十分关切的重大问题。邓小平由于他在长期革命斗争中建立的历史功勋，由于他对“四人帮”的坚决斗争和在动乱中主持全面整顿取得的显著成效，在党和人民中享有很高的威望。在叶剑英、陈云等的积极推动下，1977 年 7 月，中共十届三中全会决定恢复邓小平的中共中央副主席、国务院副总理、中央军委副主席、中国人民解放军总参谋长的职务。在 1977 年 8 月召开的中国共产党第十一次全国代表大会上，他当选为中共中央副主席。1978 年 3 月，他当选为第五届全国政协主席。邓小平一出来工作，立即表现出作为战略家的远见卓识。他在千头万绪中抓住具有决定意义的环节，首先推动思想路线的拨乱反正，领导和支持开展真理标准问题的讨论。他在全军政治工作会议上的讲话及《高举毛泽东思想旗帜，坚持实事求是的原则》等谈话中，反对“两个凡是”的错误方针，提出必须完整地准确地理解毛泽东思想，把实事求是作为毛泽东思想的出发点和根本点。他批评一些人“天天讲毛泽东思想，却往往忘记、抛弃甚至反对毛泽东同志的实事求是、一切从实际出发、理论与实践相结合的这样一个马克思主义的根本观点，根本方法”。认为，如果反对实事求是，那就说不上是马克思列宁主义、毛泽东思想，就只能把我们引导到唯心主义和形而上学，引导到工作的损失和革命的失败。据此，他主张，“一定要肃清林彪、‘四人帮’的流毒，拨乱反正，打破精神枷锁，使我们的思想来个大解放”①。在邓小平和其他在中央工作的老同志的带领下，关于真理标准问题的讨论迅速发展成为全国规模的马克思主义教育运动。这场讨论冲破个人崇拜和“两个凡是”的束缚，重新确立了解放思想、实事求是的思想路线，从而有力地推动了各条战线拨乱反正工作的深入发展，为党和国家的工作实现历史性的转折奠定了思想基础。

1978 年 12 月召开的中共十一届三中全会，是建国以来党和国家历史上具有深远意义的伟大转折，开创了社会主义事业发展的新时期。邓小平在三中全会前召开的中央工作会议上所作的《解放思想，实事求是，团结一致向前看》的讲话中，明确提出解放思想是当前的一个重大政治问题，强调“一个党，一个国家，一个民族，如果一切从本本出发，思想僵化，迷信盛行，那它就不能前进，它的生机就停止了，就要亡党亡国”。强调民主是解放思想的重要条件，必须使民主制度化、法律化。强调要研究新情况，解决新问题。认为“如果现在再不实行改革，我们的现代化事业和社会主义事业就会被葬送”②。他还提出应该允许一部分地区、一部分人先

① 《邓小平文选》，2 版，第 2 卷，114、119 页，北京，人民出版社，1994。

② 同上书，143、150 页。

富起来，带动其他地区、其他人，这样就会使整个国民经济不断地波浪式地向前发展，使全国各族人民都能比较快地富裕起来。这是一个大政策。这个讲话实际上是十一届三中全会的主题报告。三中全会重新确立了解放思想、实事求是的思想路线，果断地停止使用“以阶级斗争为纲”的错误口号，把党和国家工作重点转移到社会主义现代化建设上来，并作出实行改革开放的战略决策。经过这次全会，形成了以邓小平为核心的党的第二代中央领导集体。

邓小平非常重视解决组织路线的问题。他在多次讲话中提出，思想路线、政治路线的实现要靠组织路线来保证。他采取一系列措施，解决干部的革命化、年轻化、知识化、专业化的问题，改变领导职务终身制，实行新老干部的合作和交替。

十一届三中全会后，各条战线的全面拨乱反正和改革开放的推进，使全国广大干部和群众从过去长期盛行的个人崇拜与教条主义的精神枷锁中解脱出来，党内外思想活跃，出现了努力研究新情况解决新问题的生动景象，这是当时的主流。但同时也出现了一些值得注意的现象。一方面，一些同志由于仍然受到“左”倾思想的束缚，对于三中全会以来的党的路线和政策表现出某种程度的不理解甚至抵触情绪；另一方面，极少数人利用党进行拨乱反正的时机，打着“社会改革”的幌子，曲解“解放思想”的口号，企图否定党的领导，否定社会主义制度，他们甚至提出“反饥饿”、“要人权”等口号，煽动一部分人闹事。在党内、在理论界，也有些人在思想政治上发生动摇。针对这种情况，邓小平受中央委托，于1979年3月在中共中央召开的理论工作务虚会上作了《坚持四项基本原则》的讲话，旗帜鲜明地提出在中国要实现四个现代化，必须坚持社会主义道路、坚持无产阶级专政即人民民主专政、坚持共产党的领导、坚持马列主义毛泽东思想。这四项基本原则“是实现四个现代化的根本前提”。如果动摇了这四项基本原则中的任何一项，那就动摇了整个社会主义事业，整个现代化建设事业。他尖锐地指出，现在一方面有坚持“左”倾错误的人怀疑甚至反对十一届三中全会以来的路线、方针、政策，另一方面又有极少数人在散布怀疑或反对四项基本原则的思想。因此他提出，必须在继续批判极左思潮的同时，用巨大的努力同怀疑或反对四项基本原则的思潮作坚决的斗争。后来，邓小平又多次明确地提出要同那种与四项基本原则对立的思潮即资产阶级自由化思潮作坚决的斗争。

实践的发展表明，为了从根本指导思想上纠正“左”的和右的错误倾向，把全党和全国人民的思想统一到三中全会的路线上来，当时党面临着正确地认识建国以来所走过的历史道路、科学地总结党在这个时期的历史经验这样根本性的课题。这里的关键是如何既从根本上否定“文化大革命”，纠正长期以来党的工作中的“左”倾错误，包括毛泽东晚年的错误，又能实事求是地肯定建国以来党的工作的主流，维护毛泽东的历史地位和毛泽东思想作为党的指导思想的地位，核心就是如何评价毛泽东的事业和思想的问题。如果党不能正确地处理这个问题，党内和人民群众中就会出现严重的思想混乱，安定团结的局面就无法实现，改革开放和现代化事业就会失去前进的方向。

从1979年11月起，在邓小平主持下，党中央开始着手起草《关于建国以来党的若干历史问题的决议》。《决议》的讨论稿曾在党内高层领导中反复讨论，1980年10月又经过党内4 000多人参加讨论、修改，集中了全党的集体智慧。1981年6月，党的十一届六中全会通过了这个决议。《决议》总结了建国以来的历史经验，根本否定了“文化大革命”，维护了毛泽东的历史地位，科学地评价了毛泽东思想，从而分清了是非，统一了全党和全国人民的思想，为维护全党和全国人民的团结，为社会主义建设事业的健康发展，提供了根本的保证。在“文化大革命”结束后不长的时间内，就能产生这个决议，使极端重要而又极其复杂的历史问题得到正确的结论，这充分表现了以邓小平为核心的党中央领导集体的远见卓识和政治上的坚定成熟。随着国内局势的发展和国际局势的变化，越来越显示出邓小平作出这个重大决策的勇气和远见。在这次中央全会上，邓小平被选为中央军委主席。

1982年9月，中国共产党召开第十二次全国代表大会。邓小平在开幕词中提出：“我们的现代化建设，必须从中国的实际出发。无论是革命还是建设，都要注意学习和借鉴外国经验。但是，照抄照搬别国经验、别国模式，从来不能得到成功。这方面我们有过不少教训。把马克思主义的普遍真理同我国的具体实际结合起来，走自己的道路，建设有中国特色的社会主义，这就是我们总结长期历史经验得出的基本结论。”① 这次大会确定了全面开创社会主义现代化建设新局面的宏伟纲领，为改革开放的全面推进作了部署。在随后举行的十二届一中全会上，邓小平被选为中央政治局常委，并担任中央军委主席。在中央顾问委员会第一次全体会议上，邓小平当选为中顾委主任。这时，党中央领导集体中，除老一辈领导人外，增加了新的成员。邓小平与李先念、陈云自1980年9月后不再担任国务院副总理的职务，但他们仍在党和国家的领导工作中起着重要作用。邓小平是这一代中央领导集体的核心。

十一届三中全会后，邓小平围绕什么是社会主义、怎样建设社会主义这个主题，第一次比较系统地初步回答了在中国这样的经济文化比较落后的国家，如何建设、巩固和发展社会主义的一系列基本问题，用新的思想、观点，继承和发展了马克思列宁主义、毛泽东思想。

我国处在社会主义初级阶段，是邓小平和中国共产党对当代中国基本国情的科学判断。十一届三中全会以后，邓小平提出，我国底子薄，人口多、耕地少，搞建设，要适合中国情况，走出一条中国式的现代化道路。1980年，他在谈到我国社会主义建设的经验时又指出：“不要离开现实和超越阶段采取一些‘左’的办法，这样是搞不成社会主义的”②。十三大前夕，他系统地提出了中国社会主义处在初级阶段，是初级阶段的社会主义的重要思想，为随后召开的党的十三大确立党在社会主义初级阶段的基本路线提供了明确的思路。

要实现现代化，真正体现社会主义的优越性，就必须大力发展生产力。邓小平一贯认为，社会主义阶段最根本的任务就是发展生产力。社会主义要消灭贫穷，贫穷不是社会主义，发展太慢也不是社会主义。1980年1月，邓小平在《目前的形势和任务》的讲话中指出，80年代的三件大事，核心是现代化建设。这是我们解决国际问题、国内问题的最主要的条

① 《邓小平文选》，第3卷，2～3页，北京，人民出版社，1993。
② 《邓小平文选》，2版，第2卷，312页，北京，人民出版社，1994。

件。他要求全党要始终如一地搞这件事，扭住不放。一切任务都要服从和围绕经济建设这个中心。在发展生产力中，邓小平还非常重视科学技术的地位和作用，提出“科学技术是第一生产力”的新观点。

邓小平高瞻远瞩，为我国制定了宏伟的经济发展战略。1979 年他首次提出在本世纪末国民生产总值翻两番，实现小康社会的目标，以后又在多次讲话中逐步形成了从 80 年代初到下世纪中叶分三步走的设想：第一步，从 1981 年到 1990 年，人均国民生产总值翻一番，解决人民的温饱问题；第二步，到本世纪末再翻一番，人民生活达到小康水平；第三步，到下个世纪中叶，人均国民生产总值达到中等发达国家水平，人民生活比较富裕，基本实现现代化。

针对旧有体制严重束缚生产力发展的状况，邓小平提出，改革是发展生产力的必由之路。他认为，改革具有解放生产力的意义，“改革是中国的第二次革命”。他充分肯定和支持农村率先发起的以家庭联产承包责任制为主的改革，并及时总结经验，把改革的重点转移到城市。1984 年 10 月，中共十二届三中全会作出《关于经济体制改革的决定》，提出我国社会主义经济是公有制基础上的有计划的商品经济，突破了把计划经济同商品经济对立起来的传统观念。邓小平对这个决定给予了高度评价。他指出：“这次经济体制改革的文件好，就是解释了什么是社会主义，有些是我们老祖宗没有说过的话，有些新话。我看讲清楚了。过去我们不可能写出这样的文件，没有前几年的实践不可能写出这样的文件。”① 十二届三中全会后，经济、政治、科技、教育等领域的改革全面铺开。对这场前无古人、情况复杂的伟大试验，邓小平确定了胆子要大、步子要稳的指导方针。他强调，在改革中我们始终坚持两条根本原则，一是以社会主义公有制经济为主体，一是共同富裕。同时，他突破传统观念的束缚，把市场经济同社会主义联系起来。从 1979 年到 1992 年的多次谈话中，指出社会主义也可以搞市场经济，计划和市场都是手段，不是社会主义与资本主义的本质区别。邓小平的这些谈话，为我们党确定建立社会主义市场经济体制

① 《邓小平文选》，第 3 卷，91 页，北京，人民出版社，1993。

的改革目标奠定了理论基础。

在对内进行改革的同时，邓小平和以他为核心的第二代中央领导集体还大力推进对外开放，并把对外开放作为我国的一项基本国策。邓小平反复强调，任何一个国家要发展，孤立起来，闭关自守是不可能的。他主张全面开放，向所有国家开放，积极发展对外贸易，吸收外国资金、先进技术和管理经验，扩大对外经济合作，引进外国智力，大量派遣留学生到国外学习。为全面推进对外开放，邓小平作出设立经济特区、开放十几个沿海港口城市、进而开辟沿海对外开放地带和开发开放上海浦东等一系列重大决策。1984 年和 1992 年他两次到特区视察，指出特区是个窗口，是技术的窗口，管理的窗口，知识的窗口，也是对外政策的窗口。特区的高速发展带动了全国的对外开放，形成了全面开放的格局，有力地促进了改革和现代化建设事业。

搞改革开放，搞社会主义现代化建设，不会是一帆风顺的，会遇到各种干扰。1989 年春夏之交发生的政治风波，是由国际的大气候和国内的小气候决定的。西方某些敌对势力与中国国内少数搞资产阶级自由化的人遥相呼应，企图否定中国共产党的领导，颠覆中国的社会主义制度，从而导致了这场政治风波的发生。对此，邓小平和其他老一辈革命家一道，坚决支持党和政府采取果断措施加以平息，维护了国家的独立、尊严、安全和稳定。事后，邓小平及时总结教训，指出这场政治风波之后，我们要“很冷静地考虑一下过去，也考虑一下未来”，以便“使我们的失误纠正得更快，使我们的长处发扬得更好”①。他特别强调，改革和建设需要有一个稳定的政治环境，稳定压倒一切。他指出，党的十一届三中全会以来所制定的路线、方针、政策是正确的，不能因为这次事件的发生就说我们的战略目标错了。他强调，原来制定的基本路线、方针、政策都不变，要坚定不移地干下去。

邓小平还十分重视社会主义精神文明建设，强调要在建设高度物质文明的同时，建设高度的社会主义精神文明。认为，两个文明都搞好，才是

① 《邓小平文选》，第 3 卷，304 页，北京，人民出版社，1993。

有中国特色的社会主义。提出要一手抓物质文明，一手抓精神文明。两手抓，两手都要硬。要教育全国人民做到有理想、有道德、有文化、有纪律。要发挥我们的优势，用坚定的信念把人民团结起来。

邓小平作为中央军委主席和人民解放军统帅，对新时期军队建设提出许多重要思想。他对当今时代和我国安全环境作了科学判断，使军队和国防建设指导思想实现了战略性转变。他提出，要把军队建设成为强大的现代化正规化的革命军队。要求军队以现代化建设为中心，走有中国特色的精兵之路，为保证国家安全，维护祖国统一，不断增强国防实力。军队要服从和服务于国家经济建设的大局，自觉地在这个大局下行动，积极支持和参与国家经济建设。在邓小平领导下，人民解放军裁减员额100万，这是我国维护世界和平的实际行动。1989年，邓小平在辞去中央军委主席的时候，向参加中央军委扩大会议的同志深情地说："我确信，我们的军队能够始终不渝地坚持自己的性质。这个性质是，党的军队，人民的军队，社会主义国家的军队。"①

为了解决香港、澳门、台湾问题，实现祖国统一，邓小平尊重历史和现状，从实际出发，创造性地提出了"一个国家，两种制度"的伟大构想。在解决香港、澳门问题的整个过程中，邓小平倾注了大量的心血。在邓小平的具体指导下，中国政府按照"一国两制"的方针，先后与英国政府和葡萄牙政府进行谈判，分别于1984年12月和1987年4月签署了中英、中葡关于香港、澳门问题的联合声明，从而成功地解决了香港、澳门问题。1997年7月1日，中国政府对香港恢复行使主权，邓小平"一国两制"的伟大构想在香港付诸实施。香港、澳门问题的成功解决及香港、澳门的顺利回归，对解决台湾问题起到了重要的推动作用。早在80年代初，邓小平就将台湾回归祖国，实现祖国统一作为全党和全国人民所要做的三件大事之一。1983年6月他提出解决台湾问题的"六条"方针，强烈表达了和平统一祖国的愿望。他针对分裂中国的图谋，强调不能放弃用非和平方式解决台湾问题。"一国两制"不仅是邓小平理论的一个重要内容，也

---

① 《邓小平文选》，第3卷，334页，北京，人民出版社，1993。

为国际上解决类似问题提供了范例。

进行社会主义现代化建设，不仅需要一个稳定的国内环境，也需要一个和平的国际环境。当今世界各国都在致力于发展经济，各国人民渴望持久的和平，反对战争。尽管霸权主义和强权政治依然存在，战争的因素仍未消除，但总体来讲是和平的力量在逐渐增长，新的世界大战在短时间内打不起来。对此，邓小平审时度势，实施了一整套外交策略：中美建交，缔结中日和平友好条约，恢复中苏两党两国的关系，发展我国同周边国家和第三世界国家的友好关系。他对许多国家进行了访问，接待了许多国家的领导人。80 年代末 90 年代初，东欧剧变，苏联解体，社会主义事业遭受了严重挫折。面对国际形势的风云变幻，邓小平提出要冷静观察，稳住阵脚，沉着应付，要把国家的主权和安全始终放在第一位。邓小平为我国现代化建设争取有利的国际条件，为维护世界和平和人类进步事业，作出了巨大贡献。

邓小平一贯重视党的建设。他提出四个坚持的核心是坚持党的领导，这是实现四个现代化的关键。为了坚持和加强党的领导，必须改善党的领导，改善党的工作状况、组织状况和领导制度。要聚精会神地抓党的建设，把党建设成为领导全国人民进行社会主义物质文明和精神文明建设的坚强核心。要重视马克思主义的理论学习，加强工作中的原则性、系统性、预见性和创造性。要坚持和健全民主集中制，维护中央的权威。他强调端正党风是端正社会风气的关键。要发扬艰苦奋斗、密切联系群众的作风。在整个改革开放过程中，都要反腐败，廉政建设要作为大事来抓。

邓小平从党和国家的前途着眼，坚决主张废除干部领导职务终身制，并身体力行地作出了表率。他曾多次提出辞去领导职务。1987 年 11 月中共召开十三大，他辞去中央委员会和中央顾问委员会的职务。1989 年 11 月，在中共十三届五中全会上，他又辞去中央军委主席的职务，实现了从领导岗位上完全退下来的夙愿。在以他为核心的第二代中央领导集体向以江泽民为核心的第三代中央领导集体顺利过渡、保持党和国家稳定的过程中，他起了关键作用。他认为，我们党第一代领导核心是毛主席，第二代他算是个领班人，第三代的领导集体也必须有一个核心，就是江泽民，他要求大家要维护这个集体和这个集体的核心。

从领导岗位上退下来的邓小平，仍然以高度的政治责任感关注着改革开放和现代化建设事业。1992 年初，邓小平以 88 岁的高龄视察武昌、深圳、珠海、上海等地，并发表了一系列重要谈话。谈话总结了中共十一届三中全会以来实行改革开放的基本实践和基本经验，明确回答了经常困扰和束缚人们思想的许多重大认识问题。强调改革开放胆子要大一些，抓住时机，发展自己，关键是发展经济。党的基本路线要管 100 年，动摇不得。谈话极大鼓舞了全党全军和全国人民，促进了人们思想的进一步解放，推进了改革开放和现代化建设事业的向前发展。同时，这个谈话也为开好中共十四大，作了充分的理论准备。1992 年 10 月召开的中国共产党第十四次全国代表大会，提出必须用邓小平建设有中国特色社会主义的理论武装全党，确定以建立社会主义市场经济体制为改革目标。以邓小平南方谈话和十四大为标志，中国的改革开放和现代化建设进入了一个新阶段。

1993 年，邓小平亲自主持编辑和逐篇审定《邓小平文选》第三卷。《邓小平文选》共出版三卷。第二卷和第三卷汇集了邓小平在形成和发展建设有中国特色社会主义理论中富有独创性的重要著作，是我国进行社会主义改革开放和现代化建设的科学指南。

中国改革开放和现代化建设的功业，是与邓小平的名字紧紧连在一起的。邓小平曾满怀深情地说："我是中国人民的儿子，我深情地爱着我的祖国和人民。"邓小平正是以他卓越的智慧和才能，以他毕生的心血和精力，表达了他对自己祖国和人民的无限热爱。当今时代的每一个中国人，都会从自己日新月异的生活中，从自己的切身利益中，充分感受和认识到邓小平对当代中国发展的巨大作用和杰出贡献。1997 年 2 月 19 日，一代伟人与世长辞。邓小平虽然离开了我们，但邓小平这一光辉的名字，将永远活在人民的心中。人们尊敬他，爱戴他，是他把中国人民的生活引上了一个新台阶，是他把中国引入了一个繁荣、发展的新时代。

1997 年 9 月，在神州大地硕果飘香、改革开放的大潮汹涌澎湃之际，中国共产党在北京隆重召开第十五次全国代表大会。这是一次团结的大会、胜利的大会，也是一次承前启后、继往开来的大会。江泽民在十五大报告中，明确提出和使用邓小平理论这个更加鲜明简洁的科学概念，并把这一理论确立为我们党的指导思想，表达了我们党高举邓小平理论旗帜不可动摇的决心。正如江泽民在报告中明确指出的："我们这次大会的灵魂，就是高举邓小平理论的伟大旗帜。十五大无疑将以这一点为标志载入史册。"

二、邓小平理论的历史地位

邓小平建设有中国特色社会主义理论的产生，是中国共产党认识与实践社会主义历史上的一次巨大飞跃。

1992 年召开的中国共产党第十四次全国代表大会提出"邓小平同志建设有中国特色社会主义理论"的概念，并对其主要内容作出了科学的概括，确立了这一理论在全党的指导地位。1997 年，党的十五大正式提出了"邓小平理论"的科学概念，并把它与马克思列宁主义、毛泽东思想放在一起，作为党的指导思想写入党章。强调，作为毛泽东思想的继承和发展的邓小平理论，是指导中国人民在改革开放中胜利实现社会主义现代化的正确理论。在当代中国，只有把马克思主义同当代中国实践和时代特征结合起来的邓小平理论，而没有别的理论能够解决社会主义的前途和命运问题。

十五大之后，以江泽民为核心的党的第三代中央领导集体，坚持以邓小平理论为指导，站在历史发展和时代要求的高度，敏锐把握国际国内形势的发展变化，提出"三个代表"重要思想，深化了对中国特色社会主义的认识。2002 年召开的中共十六大进一步论述了"三个代表"重要思想的指导意义和具体要求，并把"三个代表"重要思想写入党章，与马克思列宁主义、毛泽东思想和邓小平理论一起，作为党必须长期坚持的指导思想。

2007 年，胡锦涛在党的十七大报告中，明确提出"中国特色社会主义理论体系"的概念，指出，在包括邓小平理论、"三个代表"重要思想以及科学发展观等重大战略思想在内的这一理论体系中，邓小平理论是中国特色社会主义理论体系的开创之作，是最基础的重要组成部分；“三个代表”重要思想是中国特色社会主义理论体系承上启下的极为重要的组成部分；科学发展观等重大战略思想是中国特色社会主义理论体系的重要创新成果。它们既相互贯通又层层递进，体现了新时期党的理论创新成果的科学性体系、阶段性成果和发展性要求的内在统一。党的十七大还明确指出：改革开放伟大事业，是以邓小平为核心的党的第二代中央领导集体带领全党全国各族人民开创的。邓小平作为我国社会主义改革开放和现代化建设的总设计师，表现出了开辟社会主义建设新道路的巨大政治勇气和开拓马克思主义新境界的巨大理论勇气，对建设有中国特色社会主义理论的创立作出了历史性的重大贡献。他是建设有中国特色社会主义理论这一当代中国马克思主义的创立者。十七大强调邓小平理论是中国特色社会主义理论体系的开创之作，是最基础的重要组成部分，这就明确地肯定了邓小平理论在整个中国特色社会主义理论体系中的至关重要的奠基性的地位。

（一）邓小平理论的历史地位

深刻认识和正确把握邓小平理论的历史地位，既有极其重要的理论意义，又有极其重要的实践意义。作为马克思主义与中国实际第二次结合的开创性的理论成果，邓小平理论不仅为进一步坚持和丰富中国特色社会主义理论体系奠定了坚实的理论基础，而且为进一步坚持和拓展中国特色社会主义道路、坚持和完善中国特色社会主义制度奠定了重要的理论基础、实践基础和制度基础。恩格斯指出：“每一个时代的理论思维，从而我们时代的理论思维，都是一种历史的产物，它在不同的时代具有完全不同的形式，同时具有完全不同的内容。”① 这就告诉我们，要深刻理解和正确把握作为当代中国马克思主义开创之作的邓小平理论的历史定位，必须认真考察这一理论形成和发展的基本条件。

第一，邓小平理论是对马克思列宁主义、毛泽东思想继承和发展的

① 《马克思恩格斯选集》，2版，第4卷，284页，北京，人民出版社，1995。

成果。

这是从理论本身发展的思想渊源关系，从邓小平理论与马克思列宁主义、毛泽东思想之间关系的角度，对邓小平理论历史定位所作的解读。

马克思列宁主义、毛泽东思想的基本原理及其立场、观点、方法，是邓小平理论形成发展的理论基础，也是包括邓小平理论、“三个代表”重要思想、科学发展观等重大战略思想在内的整个中国特色社会主义理论体系形成发展的理论基础。

马克思、恩格斯在创立科学社会主义理论，揭示社会主义代替资本主义是历史发展规律的基础上，通过对当时资本主义社会经济、政治状况的透视和剖析，从逻辑上对未来社会作出了一系列推测和设想。他们认为，社会主义社会是在资本主义高度发展的基础上建立起来的，是资本主义社会生产社会化与生产资料资本家私人占有这一社会基本矛盾发展的必然结果。在社会主义社会，全部生产资料归社会直接公共占有，个人消费品实行按劳分配的原则；全体劳动者进行联合劳动，根据整个社会需要，有计划地调节社会生产，商品生产和货币交换将不再存在；消灭了阶级差别和阶级对立，建立了无产阶级专政，以便过渡到无阶级社会。

毋庸置疑，马克思主义创始人关于未来社会的设想，由于总结了一代又一代先进人物对社会发展想象中的合理成分，特别是由于揭示了资本主义发生与发展的规律，因而具有科学性，对于后来社会主义制度的建立和发展具有十分重要的指导意义。但是，他们的这些设想，只能勾画出社会主义制度的大概轮廓，而且，“社会主义制度并不等于建设社会主义的具体做法”①，更不可能是某一社会主义国家具体的发展模式和道路，因而他们同时反复强调，社会主义是具体的、生动的事物，随时随地都要以其具体条件为转移。

19 世纪 80 年代初，马克思、恩格斯提出了东方社会发展道路的设想，即俄国和其他资本主义尚不发达国家可以跨越资本主义的“卡夫丁峡谷”而进入社会主义。这一科学设想对于社会主义运动发展的指导意义就在

① 《邓小平文选》，2 版，第 2 卷，250 页，北京，人民出版社，1994。

于：它把马克思主义创始人原来所揭示的资本主义高度发展之后才出现的社会主义前景，从西方资本主义世界扩展到了东方资本主义尚不发达的国家，甚至是前资本主义状态的国家，从而把社会主义变成了全人类共同趋向的社会历史发展阶段，进而为东方经济和文化落后国家进入社会主义指出了正确的方向。

列宁是创造性地运用马克思主义的典范。在自由资本主义发展到帝国主义阶段以后，列宁不仅根据新的情况和经验提出了社会主义可以首先在一国取得胜利的学说，从而把马克思主义推进到了一个新的阶段——列宁主义阶段，并在实践上成功地领导了俄国十月社会主义革命，建立了苏维埃政权，而且在晚年通过对俄国内战时期实行战时共产主义政策向社会主义过渡不成功尝试的思索，形成了以新经济政策为主要内容的在经济文化落后国家进行社会主义建设的理论。

新经济政策把马克思创立的科学社会主义原理结合俄国的实际加以深化和发展，为探寻经济文化落后国家社会主义建设的道路提供了一个科学的思路。然而，令人遗憾的是，从列宁逝世后的20世纪20年代中期，直至1952年9月出版《苏联社会主义经济问题》，斯大林始终教条地对待马克思、恩格斯的有关论述，置列宁新经济政策的科学思路于不顾，一味固守“资本主义等于市场经济”、“社会主义等于计划经济”的僵化观点，从而形成了以高度统一的计划经济和高度集权的行政管理为主要内容的“苏联模式”，并将自己的思路强加于人。结果，不仅造成了对列宁新经济政策正确思路的偏离，而且严重影响了苏联和其他国家社会主义建设事业的发展。

毛泽东思想是马克思主义与中国实际相结合第一次历史性飞跃的伟大理论成果，也是引导中国革命和建设走向胜利的伟大旗帜。毛泽东对马克思主义的最主要的贡献，就在于他创造性地提出了新民主主义的理论，从而开辟了从半殖民地半封建社会经由新民主主义达到社会主义社会这样一条具有中国特色的革命道路，使马克思主义创始人关于东方社会可以跨越资本主义发展阶段走上社会主义道路的设想在中国变成了现实。邓小平说：“我们搞改革开放，把工作重心放在经济建设上，没有丢马克思，没有丢列宁，也没有丢毛泽东。老祖宗不能丢啊！问题是要把什么叫社会主义搞清楚，把怎么样建设和发展社会主义搞清楚。”① “老祖宗不能丢”，最重要的是坚持马克思列宁主义、毛泽东思想的基本原理，坚持辩证唯物主义和历史唯物主义的立场、观点和方法，结合社会主义现代化建设新的实践经验和时代要求，用新的观点发展马克思主义，说出老祖宗没有说过的符合客观实际的新话。新时期，邓小平在拨乱反正和全面改革中一以贯之地坚持解放思想，实事求是，解决了关系党和国家前途命运的两个重大课题，作出了两大历史性贡献：一是科学地评价了毛泽东的历史贡献，维护了毛泽东思想的历史地位；二是成功地找到了在中国建设社会主义的正确道路，创立了建设有中国特色社会主义理论。现在回过头去看，联系世界社会主义运动在这方面的教训，再联系中国自己在社会主义建设中所经历的艰难曲折，这是多么了不起的贡献！

邓小平正是在新的历史条件下，把继承、坚持同发展、创新辩证地统一起来，使马克思主义在当代进入了新境界，达到了新高度。邓小平建设中国特色社会主义理论是对马克思列宁主义、毛泽东思想继承和发展的成果。

第二，邓小平理论是对我国社会主义建设历史经验进行科学总结的成果。

这是从邓小平理论形成的历史根据、从邓小平理论与我国社会主义建设历史进程和经验的角度，对邓小平理论历史定位所作的解读。

马克思主义与中国实践相结合的第二次历史性飞跃，也是经过艰辛探索，在总结正反两方面历史经验的基础上才得以实现的。

早在20世纪50年代中期，以毛泽东为代表的中国共产党人，在基本完成生产资料私有制的社会主义改造、建立起社会主义制度的同时，就开始了对中国社会主义建设道路的探索，先后提出了要逐步把我国建设成为现代化的强大社会主义国家，要进行以发展经济文化为主要内容的中国第二次革命，要从中国实际出发、借鉴苏联的经验教训，走出中国自己的工

① 《邓小平文选》，第3卷，369页，北京，人民出版社，1993。

业化和现代化道路，要正确区分和处理两类不同性质的社会矛盾，把正确处理人民内部矛盾作为党和国家工作的主题等重要思想，为后来的探索奠定了一定的基础。

但是，由于种种原因，主要是由于1957年反右派斗争以后党在指导思想上的“左”的错误，这一探索后来不仅未能坚持下去，而且造成了长达20年之久的曲折。由于“左”倾错误的冲击，党和毛泽东最初提出的以发展经济、进行产业革命和技术革命为主要内容的中国第二次革命，被所谓“无产阶级专政下继续革命”的错误理论和实践所代替。曾经被毛泽东看作其一生中所做两件大事之一的“文化大革命”，使党和毛泽东从50年代中期开始的中国自己社会主义建设道路的探索，历经曲折终于被彻底打断，给党、国家和人民造成了严重的灾难，并造成了毛泽东本人的历史性悲剧。

由于历史的和现实的、国际的和国内的各种原因，党的十一届三中全会开始的中国第二次革命所面临的任务异常艰巨，情况也极为复杂。很多旧问题需要继续解决，新问题更是层出不穷。我们既要否定“文化大革命”及其以前长期存在的“左”的错误，拨乱反正，把党和国家的工作重点转移到社会主义现代化建设上来，又要适应国内外形势的变化，坚定地实行改革开放；既要批判“两个凡是”的教条主义错误，把毛泽东思想与毛泽东晚年的错误严格区分开来，完整准确地掌握和运用毛泽东思想的科学体系，又要坚决维护毛泽东和毛泽东思想的历史地位，同各种诋毁、攻击、否定毛泽东和毛泽东思想的错误倾向作斗争；既要坚持科学社会主义的基本原理，又要面向实践，突破传统社会主义观念的束缚，以新的思想、观点去继承和发展马克思主义。然而，所有这些，都离不开对历史经验的深刻的系统总结。

1978年12月召开的十一届三中全会，是建国以来我党历史上具有深远意义的伟大转折。这次全会批判了“两个凡是”的错误方针，果断地作出了把党和国家工作重点转移到社会主义现代化建设上来的战略决策，提出了一系列有利于增强党的团结和调动一切积极因素的方针政策，标志着党重新确立了马克思主义的思想路线、政治路线和组织路线。邓小平在为这次全会前召开的中央工作会议上所作的《解放思想，实事求是，团结一致向前看》的重要讲话，实际上成为十一届三中全会的主题报告，是开创我国社会主义事业发展新时期的宣言书。

重新确立解放思想、实事求是这一马克思主义的思想路线，使广大干部和群众从过去一个时期盛行的个人崇拜和教条主义的精神枷锁中解脱出来，党内外思想活跃，出现了努力研究新情况、解决新问题的生动景象。在此期间，社会上有极少数人散布资产阶级自由化思潮，而党内也有个别同志不但不承认这种思潮的危险，甚至直接间接地加以某种程度的支持。针对这种错误思潮，邓小平旗帜鲜明地提出，必须坚持社会主义道路，坚持人民民主专政，坚持共产党的领导，坚持马克思列宁主义、毛泽东思想四项基本原则。

为了统一全党的思想，邓小平主持起草并在1981年党的十一届六中全会通过了《关于建国以来党的若干历史问题的决议》。这个决议以实践为标准，科学地总结了历史经验，把经过长期历史考验形成为科学理论的毛泽东思想，同毛泽东晚年所犯的错误区别开来，根本否定"文化大革命"和"无产阶级专政下继续革命"的理论，同时坚决顶住否定毛泽东和毛泽东思想的错误思潮，维护了毛泽东和毛泽东思想的历史地位。《决议》肯定了毛泽东为中国革命和社会主义事业的发展所建立的不可磨灭的功勋，肯定了毛泽东思想作为党的宝贵的精神财富，将长期指导我们的行动。这也标志着从十一届三中全会开始的、党在指导思想上的拨乱反正已经基本完成。

以邓小平为代表的中国共产党人，正是由于坚持了解放思想、实事求是的思想路线，从中国社会主义现代化建设的实际出发，创造性地运用马克思主义的基本原理，认真总结我国社会主义建设正反两方面的历史经验，才在对中国社会主义现代化道路的深入探索中，从本质上把握了中国共产主义运动和社会主义建设的客观规律，从而产生认识上的飞跃，创立了邓小平理论。

第三，邓小平理论是对党的十一届三中全会以来我国社会主义建设新鲜经验进行科学总结的成果。

改革开放30多年来，中国共产党开创了以社会主义现代化建设为主要内容的中国第二次革命的新局面，在实践中开辟了中国特色社会主义道路，形成了中国特色社会主义理论体系，确立了中国特色社会主义制度。我国改革开放和现代化建设的实践，是邓小平理论从而也是整个中国特色社会主义理论体系形成的现实依据。这是从理论的源泉、从马克思主义理论与当代中国社会实践关系的角度，对这一理论历史定位所作的解读。

党的十一届三中全会以后，以邓小平为代表的中国共产党人带领全党全国人民进行的改革开放和现代化的实践，就其引起社会变革的广度和深度来说，无疑是开始了一场新的革命。这场新的革命，其实质和目标，是要从根本上改变束缚我国生产力发展的旧的僵化的经济体制，建立新的充满生机和活力的社会主义市场经济体制，同时，相应地改革政治体制和其他方面的体制，进一步解放和发展生产力，把中国由一个经济文化很不发达的社会主义国家变成一个富强、民主、文明、和谐的社会主义现代化国家。

邓小平开创的改革开放伟大事业，被以江泽民为代表的党的第三代中央领导集体继承、发展并成功推向21世纪。从十三届四中全会到十六大，受命于重大历史关头的党的第三代中央领导集体，高举邓小平理论伟大旗帜，坚持改革开放、与时俱进，在国内外政治风波、经济风险等严峻考验面前，依靠党和人民，捍卫中国特色社会主义，创建社会主义市场经济新体制，开创全面开放新局面，推进党的建设新的伟大工程，创立“三个代表”重要思想，继续引领改革开放的航船沿着正确方向破浪前进。

十六大以来，以胡锦涛为总书记的党中央以邓小平理论和“三个代表”重要思想为指导，顺应国内外形势发展变化，抓住重要战略机遇期，发扬求真务实、开拓进取精神，坚持理论创新和实践创新，着力推动科学发展、促进社会和谐，完善社会主义市场经济体制，在全面建设小康社会实践中坚定不移地把改革开放伟大事业继续推向前进。

十七大报告指出，新时期最鲜明的特点是改革开放。我国从农村到城市、从经济领域到其他各个领域，全面改革的进程势不可当地展开了；从沿海到沿江沿边，从东部到中西部，对外开放的大门毅然决然地打开了。

这场历史上从未有过的大改革大开放，极大地调动了亿万人民的积极性，使我国成功实现了从高度集中的计划经济体制到充满活力的社会主义市场经济体制、从封闭半封闭到全方位开放的伟大历史转折。

十七大报告指出，新时期最显著的成就是快速发展。中国共产党实施现代化建设“三步走”战略，带领人民艰苦奋斗，推动我国以世界上少有的速度持续快速发展起来。我国经济从一度濒于崩溃的边缘发展到总量跃至世界第二，人民生活从温饱不足发展到总体小康，政治建设、文化建设、社会建设取得举世瞩目的成就。中国的发展，不仅使中国人民稳定地走上了富裕安康的广阔道路，而且为世界经济发展和人类文明进步作出了重大贡献。

十七大报告还指出，新时期最突出的标志是与时俱进。中国共产党坚持马克思主义的思想路线，不断探索和回答什么是社会主义、怎样建设社会主义，建设什么样的党、怎样建设党，实现什么样的发展、怎样发展等重大理论和实际问题，不断推进马克思主义中国化，坚持并丰富党的基本理论、基本路线、基本纲领、基本经验。社会主义和马克思主义在中国大地上焕发出勃勃生机，给人民带来更多福祉，使中华民族大踏步赶上时代前进潮流、迎来伟大复兴的光明前景。

新的实践呼唤新的理论。改革开放以来，中国人民伟大的、生动活泼的、富有创造性的社会主义实践，为邓小平理论，从而也为整个中国特色社会主义理论体系的形成发展提供了坚实的实践基础。党正是在总结新时期人民群众的成功经验中，也从总结自己工作的某些失误中，揭示了我国社会主义建设和改革的规律，把经验上升成为理论，才产生了作为当代中国马克思主义的邓小平理论和整个中国特色社会主义理论体系。因此，完全可以说，这一理论主要是对党的十一届三中全会以来我国社会主义建设实践经验进行科学总结的成果。

第四，邓小平理论是对我国社会主义建设国际环境和时代特征进行科学分析的成果。

当代国际形势的新发展，是邓小平理论形成的时代背景。这是从这一理论形成发展的时代条件及其与当代世界发展大趋势的角度，对邓小平理论历史定位所作的解读。

20 世纪 60 年代末特别是 80 年代以来，国际政治、经济、军事形势发生了许多重大的变化。

一是，随着第二次世界大战以后形成的社会主义阵营的逐渐解体，苏美两个超级大国、东西方两大集团争夺与对抗的终止，以及西方资本主义国家之间相互关系的变化，社会主义与资本主义两大阵营尖锐对峙的局面以及过去那种可能酿成世界大战的主要因素已不复存在。虽然社会主义与资本主义之间的矛盾仍然存在，一些地区性的局部冲突和战争时有发生，但是，两种社会制度之间实际上已经进入了共处与竞争的相持阶段，斗争的方式也由过去的武力对抗为主变为和平竞争为主。

二是，由于新技术革命的兴起和资本主义国家鉴于过去经济危机的教训而在生产关系方面作了某些调整等原因，资本主义国家的生产力继续得到发展，这些国家无产阶级同资产阶级之间的矛盾也有所缓和，阶级斗争对资产阶级政权和资本主义制度的威胁相对减弱。经济和科技因素在各国对外关系和整个国际关系中的作用明显上升，国际竞争更加依赖于科学技术的发展和综合国力的增强。

三是，由于许多殖民地国家在政治上逐渐获得独立，原来帝国主义国家与殖民地国家之间那种赤裸裸的剥削与被剥削、侵略与被侵略的关系也发生了变化。这些国家间的矛盾与斗争，已主要表现为经济上的渗透与反渗透、控制与反控制、掠夺与反掠夺的矛盾与斗争。作为一支新兴的、独立的力量，第三世界国家在国际政治舞台上的作用越来越大，由一两个超级大国主宰世界的历史已经过去，世界正向多极化发展。虽然，国际形势仍然动荡不安，国际经济竞争日趋激烈，许多发展中国家的发展环境更加恶化；霸权主义、强权政治的存在，始终是解决和平与发展问题的主要障碍。但是，世界要和平，国家要发展，社会要进步，经济要繁荣，生活要提高，已经成为各国人民的普遍要求。

上述变化为各国人民维护世界和平、实现共同发展提供了良好的国际环境和发展机遇。同时，苏联解体、东欧剧变，社会主义处于低潮，也向共产党人提出了如何坚持和发展社会主义的尖锐挑战。

能否准确把握时代主题，不仅关系到中国的和平发展、关系到中国与世界关系的变化，而且关系到马克思主义在当代的历史命运。早在20世纪80年代初，邓小平就根据当时世界战略态势和国际关系状况及其特点，对国际形势，特别是世界战争与和平的问题，作出了本世纪内直至下世纪相当长时期内有可能防止新的世界大战的科学判断。经过多年的观察和思考，他更明确地指出："现在世界上真正大的问题，带全球性的战略问题，一个是和平问题，一个是经济问题或者说发展问题。"① 中国是一个发展中国家，属于第三世界，同样面临着和平与发展问题。邓小平还指出："中国对外政策的目标是争取世界和平。在争取和平的前提下，一心一意搞现代化建设，发展自己的国家，建设具有中国特色的社会主义。"② 这些精辟的论断，不仅正确地揭示了当今世界的主要矛盾，而且正确地说明了建设中国特色社会主义理论产生的国际条件。所以，这一理论又是对我国社会主义建设所面临的国际环境和时代特征进行科学分析的结果。

总之，邓小平作为中国改革开放和社会主义现代化建设的总设计师，坚持把马克思主义基本原理同中国的具体实际相结合，从纵向的历史的比较和横向的国际的观察中，对如何巩固和发展社会主义所作的深入思考，为中国特色社会主义理论的形成和发展提供了十分重要的主观条件。正是因为他这样立足中国而又面向世界，总结历史而又正视现实、放眼未来，把马克思主义基本原理同当代中国的实际和时代特征结合起来，在研究新情况、解决新问题的过程中进行锲而不舍的理论探索，才有作为当代中国马克思主义开创之作的邓小平理论的形成和发展。

(二) 邓小平理论的科学体系及其基本精神

认识和把握邓小平理论的历史地位和指导意义，离不开对于这一理论形成、发展条件的深入理解，也离不开对于这一理论科学内涵的深入把握。如同对马克思列宁主义、毛泽东思想体系的认识和掌握一样，全面系统地把握邓小平理论的科学体系，也是一项必须下很大功夫才能完成的艰巨工作。这里，最为关键的要求，是能否融会贯通地掌握贯穿于邓小平理

① 《邓小平文选》，第3卷，105页，北京，人民出版社，1993。

② 同上书，57页。

论全部内容之中的基本立场、观点和方法，掌握这一理论体系内在的逻辑关系及其基本精神。

笔者认为，在邓小平理论中，一以贯之的最基本的观点，主要有三个方面，即重视实践、重视生产力、重视群众的观点，以及与之相联系的解放思想与实事求是的统一，解放生产力与发展生产力的统一，解放人民群众的创造力与关心人民群众根本利益的统一。这三个相互联系、相互渗透的基本观点，不仅构成了邓小平观察和解决当代中国社会主义问题的基本思路，而且充分体现了其鲜明的方法论特色。

第一，尊重实践的权威，坚持解放思想与实事求是的统一，认真解决马克思主义普遍真理与中国社会主义建设实际相结合的问题，不仅是建设中国特色社会主义理论形成的前提和基础，是贯穿这一理论内容的精髓，也是邓小平一贯坚持的一个基本思想。

早在20世纪50年代中期，邓小平就明确指出，在社会主义建设中也有一个能否把普遍真理与本国实际结合得好的问题，强调必须面对国家的现实，研究本国特点，反对“离开本国的特点去硬搬外国的东西”① 的教条主义。20世纪60年代初，针对刚刚出现的把毛泽东思想庸俗化、把毛泽东思想与马克思列宁主义割裂开来的错误倾向，他旗帜鲜明地支持要“正确地宣传毛泽东思想”② 的观点。70年代中期，他又尖锐地揭露了林彪、“四人帮”歪曲、篡改毛泽东思想的罪行。直到十一届三中全会以后，他提出批评“两个凡是”的错误方针，反复强调要解放思想，认真解决过去长期以来形成的思想僵化、半僵化问题，一再指出，要提倡实事求是，不要提倡本本，要坚持把实践作为检验真理的唯一标准，实事求是地审视我们过去对社会主义的认识，破除传统社会主义观念的束缚，从中国实际出发去探寻中国特色的社会主义现代化道路。应该说，坚持解放思想与实事求是的统一，是邓小平的一个极具特色的基本思想。强调要尊重实践，坚持解放思想与实事求是的统一，把实事求是看作一个解放思想的过程，把解放思想作为坚持实事求是的重要前提，把二者看作思想路线的两个互

① 《邓小平文选》，2版，第1卷，259页，北京，人民出版社，1994。
② 同上书，283页。

相联系和渗透的基本观点，这就为我们把对社会主义基本问题的认识置于科学的基础之上提供了必要的条件。

第二，重视生产力，把解放生产力与发展生产力联系起来，强调要通过改革开放去实现以经济建设为中心的社会主义现代化，这既是邓小平建构崭新的科学社会主义观的理论基础，也是他独具特色的一个极为重要的思想。

1956年党的八大后不久，邓小平就明确指出："今后的主要任务是搞建设"①。要把我们这么一个贫穷落后的国家建设成为一个伟大的社会主义工业国，困难很多，面临的问题也比过去更复杂，要学会改造自然方面的科学知识，要学习和借鉴苏联的东西，也要学习包括美国在内的世界上一切先进的经验。20世纪60年代初，他又明确提出应该根据生产力发展的实际来确定生产关系的具体形式的观点，即所谓"猫论"的那段话。② 70年代中期，他根据毛泽东的有关指示提出的所谓"三项指示为纲"，其实质乃在于推行以把国民经济搞上去为中心的整顿。直到十一届三中全会上明确提出停止"以阶级斗争为纲"这一不适用于社会主义社会的口号，逐步制定以"一个中心、两个基本点"为核心内容的党在社会主义初级阶段的基本路线。特别是在1992年初的视察南方谈话中，他更明确地指出，改革也是解放生产力，社会主义的本质就是解放生产力，发展生产力，消灭剥削，消除两极分化，最终达到共同富裕，提出要坚持以生产力标准为核心的"三个有利于"标准。总之，邓小平正是凭借重视生产力，坚持解放生产力与发展生产力统一的基本观点，才澄清了在什么是社会主义、怎样建设社会主义这一首要的基本理论问题上的种种不科学的乃至错误的认识，深刻揭示了社会主义的本质，从而为新的社会主义观的确立奠定了坚实的理论基础。

第三，尊重群众，把解放人民群众的创造力与关心人民群众的根本利益结合起来，充分调动广大人民群众的社会主义积极性，也是邓小平多年来反复强调的一个基本思想。

---

① 《邓小平文选》，2版，第1卷，261页，北京，人民出版社，1994。

② 参见上书，323页。

从20世纪50年代中期强调必须结合“党成了执政的党”① 的实际，全面理解和贯彻党的群众路线，“面对群众的需要”② 考虑和解决问题，把全心全意为人民服务作为党的全部任务；到新时期反复强调群众路线与实事求是是毛泽东思想的根本观点，要坚持把“人民拥护不拥护”、“人民赞成不赞成”、“人民高兴不高兴”、“人民答应不答应”作为党制定和执行路线、方针、政策的出发点和落脚点，作为衡量党的路线、方针、政策是否正确的标准（即人民利益标准），贯穿其中的就是群众观点和群众路线。可以说，邓小平提出的“三个有利于”标准，是把人民利益标准与实践标准、生产力标准统一起来的根本标准，实际上是把帮助广大群众摆脱贫困、实现经济上的彻底解放，走向共同富裕，作为巩固和发展社会主义的根本目标，这就不仅大大深化了人们对社会主义本质问题的认识，而且为真正坚持社会主义道路奠定了深厚的群众基础。

在上述三个方面的观点中，解放思想、解放生产力、解放群众的创造力，以及与之相联系的实践标准、生产力标准、人民利益标准，应该说是更具特色的思想。正是在对这些基本立场、观点和方法进行整体把握的基础上，邓小平最先提出了“建设有中国特色的社会主义”的科学命题，揭示了社会主义的本质和初级阶段的基本国情，紧紧围绕“什么是社会主义、怎样建设社会主义”这个首要的基本的理论问题，在社会主义发展道路、发展阶段、根本任务、发展动力、外部条件、政治保证、战略步骤、领导力量和依靠力量、祖国统一等重大问题上，形成的一系列相互联系的基本观点，构成了这一理论的科学体系。

改革开放30多年来的实践证明，这些基本观点之间的有机联系和统一，不仅为恢复、坚持和发展党的马克思主义的思想、政治、组织路线奠定了坚实的理论基础，充分体现了作为党的指导思想的马克思列宁主义、毛泽东思想、邓小平理论相互之间内在的联系和一致性，而且也为后来以江泽民为核心的党的第三代中央领导集体和以胡锦涛为总书记的党中央在改革开放中不断推进马克思主义中国化、推进中国特色社会主义伟大事业

---

① 《邓小平文选》，2版，第1卷，217页，北京，人民出版社，1994。

② 同上书，268页。

的发展，奠定了重要的思想理论基础，为在新的起点上，坚持和拓展中国特色社会主义道路、坚持和丰富中国特色社会主义理论体系、坚持和完善中国特色社会主义制度，提供了科学的思路和方法。

（三）邓小平理论的重要指导意义

从宏观的角度回顾世界的历史，我们可以看到，20 世纪的社会主义面临着两个重大的课题：一是西方资本主义发达国家的无产阶级、劳动群众怎样进行革命、夺取政权并向社会主义过渡的问题，这是 19 世纪已经提出、迄今为止仍然没有解决的一个课题。二是东方经济文化比较落后国家的无产阶级怎样进行革命、夺取政权并向社会主义过渡的问题，经过俄国的十月革命、中国的新民主主义革命，这个问题已经基本上解决，但从某种意义上说，又没有完全解决。所谓“没有完全解决”，一方面表现在不少已建立了社会主义制度的国家没能够坚持住这一制度；另一方面表现在仍然坚持社会主义制度的国家尚有一个如何正确认识和掌握社会主义自身发展规律、反映其内在的本质，使这一制度得到更好的坚持和发展的问题。

从宏观的角度回顾中国的历史，正如胡锦涛在庆祝中国共产党成立 90 周年大会上的讲话中所说，90 年来，我们党团结带领人民在中国这片古老的土地上，书写了人类发展史上壮丽的史诗，集中体现为完成和推进了三件大事：

第一件大事，党紧紧依靠人民完成了新民主主义革命，实现了民族独立、人民解放。经过北伐战争、土地革命战争、抗日战争、解放战争，党和人民进行 28 年浴血奋战，打败日本帝国主义侵略，推翻国民党反动统治，建立了中华人民共和国。新中国的成立，使人民成为国家、社会和自己命运的主人，实现了中国从几千年封建专制制度向人民民主制度的伟大跨越，实现了中国高度统一和各民族空前团结，彻底结束了旧中国半殖民地半封建社会的历史，彻底结束了旧中国一盘散沙的局面，彻底废除了列强强加给中国的不平等条约和帝国主义在中国的一切特权。中国人从此站立起来了，中华民族发展进步从此开启了新的历史纪元。

第二件大事，党紧紧依靠人民完成了社会主义革命，确立了社会主义基本制度。创造性地实现由新民主主义到社会主义的转变，使占世界人口四分之一的东方大国进入社会主义社会，实现了中国历史上最广泛最深刻的社会变革。建立起独立的比较完整的工业体系和国民经济体系，积累了在中国这样一个社会生产力水平十分落后的东方大国进行社会主义建设的重要经验。

第三件大事，党紧紧依靠人民进行了改革开放新的伟大革命，开创、坚持、发展了中国特色社会主义。党的十一届三中全会以来，我们总结我国社会主义建设经验，同时借鉴国际经验，以巨大的政治勇气、理论勇气、实践勇气实行改革开放，经过艰辛探索，形成了党在社会主义初级阶段的基本理论、基本路线、基本纲领、基本经验，建立和完善社会主义市场经济体制，坚持全方位对外开放，推动社会主义现代化建设取得举世瞩目的伟大成就。

从改革开放是决定当代中国命运的关键抉择，是发展中国特色社会主义、实现中华民族伟大复兴的必由之路的角度来思考，邓小平理论作为开辟中国特色社会主义道路、形成中国特色社会主义理论体系、确立中国特色社会主义制度的科学指导思想，对于完成第三件大事，即开创、坚持、发展中国特色社会主义，具有极其重要的理论和实践意义。

第一，包括邓小平理论在内的中国特色社会主义理论体系，是马克思主义在中国发展新阶段的最新成果，坚持这一理论体系对于党在新时期不断推进马克思主义中国化具有极其重要的理论意义。

十一届三中全会以后的30多年间，党的全部理论和实践探索都是围绕着建设中国特色社会主义这个主题而展开的。在推进改革开放和社会主义现代化的伟大实践中，党遵循实践—认识—再实践的规律，坚持不懈地进行理论总结和概括，在新的历史条件下继续推进马克思主义中国化，形成和发展了中国特色社会主义理论体系。党的十一届三中全会以后，以邓小平为主要代表的中国共产党人，把马克思主义基本原理同当代中国实际和时代特征结合起来，表现出了开辟社会主义建设新道路的巨大政治勇气和开拓马克思主义新境界的巨大理论勇气，提出了建设有中国特色社会主义的科学命题及一系列具有开创意义的思想，奠定了中国特色社会主义理论体系的基础；党的十三届四中全会以后，以江泽民为主要代表的中国共产党人，继续推进中国特色社会主义伟大事业，提出了一系列新思想新观点新论断，丰富和发展了中国特色社会主义理论体系；党的十六大以来，以胡锦涛为总书记的党中央领导全党全国各族人民，在推进中国特色社会主义事业的历史进程中提出一系列重大理论观点、重大战略思想、重大工作部署，形成了中国特色社会主义理论体系的最新成果。党的十七大把新时期以来我们党在实践中相继形成的邓小平理论、“三个代表”重要思想以及科学发展观等重大战略思想作为有机统一的整体，概括为“中国特色社会主义理论体系”，具有重大的政治意义、理论意义、实践意义，标志着中国特色社会主义理论和实践的进一步成熟。

中国特色社会主义理论体系既坚持了科学社会主义基本原则，又具有鲜明的实践特色、民族特色、时代特色；既破除了对马克思主义的教条式的理解，又抵制了抛弃社会主义基本制度的错误主张；既继承了前人，又创新了内容，开拓了马克思主义新境界，是深深扎根于中国大地、符合中国实际的当代中国马克思主义。

实践的发展永无止境，认识真理的过程不能停止，理论创新也不可能一劳永逸。党和人民的实践是不断前进的，指导这种实践的理论也要不断前进。中国特色社会主义道路必将在党和人民的创造性实践中不断拓展，中国特色社会主义制度必将在深化改革、扩大开放中不断完善。这一过程既离不开包括邓小平理论在内的整个中国特色社会主义理论体系的指导，又必将为这一理论的进一步丰富发展开辟广阔前景。我国仍处于并将长期处于社会主义初级阶段的基本国情没有变，人民日益增长的物质文化需要同落后的社会生产之间的矛盾这一社会主要矛盾没有变。我们强调认清社会主义初级阶段基本国情，不是要妄自菲薄、自甘落后，也不是要脱离实际、急于求成，而是要坚持把它作为推进改革、谋划发展的根本依据。只有这样来认识邓小平理论以至整个中国特色社会主义理论体系的历史地位和指导意义，才能真正理解和把握这一理论体系的基本精神，使我们在推进理论创新的过程中居于主动的地位。

第二，包括邓小平理论在内的中国特色社会主义理论体系，是胜利推进社会主义现代化建设的正确理论，对党和国家事业的发展具有极其重要的实践意义。

科学理论的指导地位和作用，归根到底是由实践来决定的。理论上的成熟是政治上坚定的基础，理论上的与时俱进是行动上锐意进取的前提。

在社会主义道路上实现现代化是中国人民近代以来作出的伟大的历史性选择。中共十一届三中全会开启的前所未有的大改革大开放，使我国成功实现了从高度集中的计划经济体制到充满活力的社会主义市场经济体制、从封闭半封闭到全方位开放的伟大历史转折。在中国特色社会主义理论的指导下，我国社会主义经济建设取得了举世瞩目的伟大成就，经济实力、综合国力不断增强，基础设施和城乡面貌发生巨大变化，人民生活总体上达到小康水平。与此同时，政治建设、文化建设、社会建设以及生态文明建设和党的建设也取得显著成就。中国的发展，不仅使中国人民稳定地走上了富裕安康的广阔道路，而且为世界经济发展和人类文明进步作出了重大贡献。事实雄辩地证明，中国特色社会主义理论体系，是指引中国人民在改革开放中胜利推进社会主义现代化的正确理论。在当代中国，只有这一理论、而没有别的理论，能够指引我们实现国家富强和人民幸福、完成实现中华民族伟大复兴的历史任务。

中国特色社会主义理论体系，也是我们应对各种困难、风险和挑战的强大精神支柱。当前，全国各族人民正在党的领导下为夺取全面建设小康社会新胜利、开创中国特色社会主义事业新局面而努力奋斗。在前进道路上，我们既面临着重要的发展机遇，也面临着诸多矛盾和问题，特别是面临着长期、复杂、严峻的执政考验、改革开放考验、市场经济考验、外部环境考验，以及精神懈怠的危险、能力不足的危险、脱离群众的危险、消极腐败的危险。党和人民只有坚持以中国特色社会主义理论体系为指导，才能对这些问题作出科学回答，才能顺利推进全面建设小康社会的进程、不断发展中国特色社会主义。中国特色社会主义理论体系把社会主义发展与民族复兴的历史任务紧密联系在一起，把实现社会主义现代化与人民共同富裕紧密联系在一起，把国家的兴盛和个人的幸福紧密联系在一起，是引领、激励全国各族人民的强大精神力量。改革开放以来，我们之所以能够经受国内及国际上的各种严峻考验，之所以能够战胜来自政治、经济、社会领域和自然界的各种困难和挑战，取得一个又一个重大胜利，从根本上说，就是因为我们有党中央的坚强领导，有社会主义的制度优势，有包括邓小平理论在内的中国特色社会主义理论体系提供的信念力量和指导作用。事实充分证明，中国特色社会主义理论体系，是能够把全国各族人民紧密团结在一起的共同思想基础，是我们战胜一切风险和挑战的主心骨。

总之，从整体上理解和把握中国特色社会主义理论体系的历史地位和指导意义，应着眼于对科学社会主义根本原则与中国社会主义现代化建设实践的紧密结合，着力揭示包括邓小平理论、“三个代表”重要思想和科学发展观等重大战略思想在内的中国特色社会主义理论体系产生的时代历史条件，准确把握各个组成部分的历史定位和内在逻辑关系，密切联系改革开放30多年来中国人民的面貌、社会主义中国的面貌、中国共产党的面貌发生的历史性变化，从理论与实践的结合上去把握理论的科学内涵、基本内容和精神实质。

三、邓小平理论与中国特色社会主义

中国特色社会主义理论体系，是指导党和人民沿着中国特色社会主义道路实现中华民族伟大复兴的正确理论。这一理论体系是包括邓小平理论、“三个代表”重要思想、科学发展观在内的科学理论体系，是对马克思列宁主义、毛泽东思想的坚持和发展。中国特色社会主义理论体系紧紧围绕在中国这样人口多底子薄的东方大国建设什么样的社会主义、怎样建设社会主义这个根本问题，既坚持了科学社会主义基本原则，又根据时代条件赋予其鲜明的中国特色，以全新的视野深化了对共产党执政规律、社会主义建设规律、人类社会发展规律的认识，内涵十分丰富。其中，邓小平理论作为中国特色社会主义理论体系的开创之作，具有十分重要的基础性的地位。深刻认识邓小平理论与中国特色社会主义理论体系的内在逻辑关系，对于我们正确认识和把握新时期党的理论创新成果的科学性体系、阶段性成果和发展性要求的内在统一，具有十分重要的理论和实践意义。

（一）邓小平理论与中国特色社会主义形成和发展的基础

中国特色社会主义理论体系是马克思主义基本原理与当代中国实际和时代特征相结合的产物，是中国共产党领导改革开放和社会主义现代化建设伟大实践的重要理论结晶。十一届三中全会以来，党在坚持社会主义方向、开辟中国特色社会主义道路、科学回答建设中国特色社会主义一系列基本问题的过程中，逐步形成并不断发展了中国特色社会主义的理论体系。恩格斯指出："每一个时代的理论思维，从而我们时代的理论思维，都是一种历史的产物，它在不同的时代具有完全不同的形式，同时具有完全不同的内容。"① 而要深刻理解和掌握作为马克思主义中国化最新成果的中国特色社会主义理论体系的科学内容及其基本精神，就必须认真考察中国特色社会主义理论体系形成的背景和条件。

第一，马克思列宁主义、毛泽东思想是中国特色社会主义理论体系形成的理论渊源。马克思列宁主义、毛泽东思想是科学理论体系与崇高价值体系的统一。作为一个科学的理论体系，马克思列宁主义、毛泽东思想揭示了整个世界包括自然、社会和人类思维发展的一般规律，特别是人类社会由资本主义向社会主义、由半殖民地半封建社会经新民主主义达到社会主义的发展规律，科学地表述了马克思主义者对世界的总的看法和根本观点，为无产阶级和广大劳动群众提供了认识世界和改造世界的伟大工具；作为一个价值体系，马克思列宁主义、毛泽东思想则反映了无产阶级要求建立社会主义和共产主义社会、实现自身解放和全人类解放的崇高理想。邓小平指出："我们搞改革开放，把工作重心放在经济建设上，没有丢马克思，没有丢列宁，也没有丢毛泽东。老祖宗不能丢啊！"② "老祖宗不能丢"，最重要的是坚持马克思列宁主义、毛泽东思想的基本原理，坚持科

① 《马克思恩格斯选集》，2 版，第 4 卷，284 页，北京，人民出版社，1995。

② 《邓小平文选》，第 3 卷，369 页，北京，人民出版社，1993。

学社会主义的基本原则，坚持辩证唯物主义和历史唯物主义的基本立场、观点和方法，结合社会主义现代化建设新的实践经验和时代要求，用新的观点发展马克思列宁主义、毛泽东思想，说出老祖宗没有说过的符合客观实际的新话。包括邓小平理论在内的中国特色社会主义理论体系，既坚持了科学社会主义基本原则，又根据我国实际和时代特征赋予其鲜明的中国特色；坚持一切从实际出发，以我国改革开放和社会主义现代化建设的实际问题、以我们正在做的事情为中心，创造性地提出了一系列新思想、新观点、新论断，丰富和发展了马克思主义。

第二，我国社会主义建设正反两方面经验的总结，是中国特色社会主义理论体系形成的历史根据。以毛泽东为核心的党的第一代中央领导集体带领全党全国各族人民在完成新民主主义革命任务以后，又通过社会主义改造确立了社会主义基本制度，成功实现了中国历史上最深刻最伟大的社会变革，为当代中国一切发展进步奠定了根本的政治前提和制度基础。虽然在后来探索自己社会主义建设道路过程中发生了一些失误，特别是“文化大革命”那样全局性的严重错误，使得一些正确的方针政策没有得到很好的贯彻落实，但党在社会主义建设中取得的独创性理论成果和巨大成就，为新的历史时期创立中国特色社会主义理论体系提供了宝贵经验、理论准备、物质基础。从探索应该允许失败的角度来说，失误也是财富。正如邓小平所指出的：“从许多方面来说，现在我们还是把毛泽东同志已经提出、但是没有做的事情做起来，把他反对错了的改正过来，把他没有做好的事情做好。今后相当长的时期，还是做这件事。当然，我们也有发展，而且还要继续发展。”①

第三，新时期改革开放和社会主义现代化建设的实践，是中国特色社会主义理论体系形成的实践基础。改革开放以来，中国人民的面貌、社会主义中国的面貌、中国共产党的面貌发生了历史性变化。而所有这些变化，都始自十一届三中全会前后，在邓小平等老一辈革命家的大力推动下，党把自己的工作重点转移到社会主义现代化建设上来，实现了从“以

① 《邓小平文选》，2版，第2卷，300页，北京，人民出版社，1994。

阶级斗争为纲”到以经济建设为中心的历史性转变，这是最大的拨乱反正。同时，党和国家坚定不移地实行改革开放，实现了从高度集中的计划经济体制到充满活力的社会主义市场经济体制、从封闭半封闭到全方位开放的伟大历史转折；党和国家彻底摆脱了“文化大革命”十年动乱的消极影响，巩固和发展了安定团结的政治局面。新时期最鲜明的特点是改革开放，新的历史条件呼唤着新的理论，亿万人民伟大的、生动活泼的社会主义实践，为中国特色社会主义理论体系的形成奠定了坚实的实践基础。包括邓小平理论在内的中国特色社会主义理论体系，都是在改革开放和社会主义现代化建设伟大实践中产生的理论成果。

第四，当代国际局势的新发展，是中国特色社会主义理论体系形成的时代背景。20 世纪 60 年代末特别是 80 年代以来，世界处于大变革大调整之中。和平与发展成为当今时代的主题；社会主义与资本主义之间的矛盾虽仍然存在，但其表现形式已经发生变化；经济全球化和世界多极化趋势加速发展，综合国力竞争日趋激烈。特别是新科技革命及其带来的重大科技发现、发明的广泛应用，推动世界范围内生产力、生产方式、生活方式和经济社会发生了前所未有的深刻变化，也引起全球经济格局、利益格局和安全格局发生了前所未有的重大变化。邓小平明确指出：“现在世界上真正大的问题，带全球性的战略问题，一个是和平问题，一个是经济问题或者说发展问题。”① 中国是一个发展中国家，属于第三世界，同样面临着和平与发展问题。“中国对外政策的目标是争取世界和平。在争取和平的前提下，一心一意搞现代化建设，发展自己的国家，建设具有中国特色的社会主义。”② 邓小平理论和整个中国特色社会主义理论体系的形成，都充分体现了中国共产党人科学认识和正确应对当今世界发展变化的深入思考，体现了当今时代的本质和基本特征。

总之，正是这样立足中国而又面向世界，总结历史而又正视现实、放眼未来，把马克思主义基本原理同中国的国情和时代特征结合起来，在研究新情况、解决新问题的过程中进行锲而不舍的理论探索，才有了邓小平

① 《邓小平文选》，第 3 卷，105 页，北京，人民出版社，1993。

② 同上书，57 页。

理论和整个中国特色社会主义理论体系的形成和发展。

(二) 邓小平理论与中国特色社会主义理论体系的概念演进

概念是反映对象的本质属性的思维形式。人类在认识过程中，从感性认识上升到理性认识，把所感知的事物的共同本质特点抽象出来，加以概括，就成为概念。改革开放新时期党继续推进马克思主义中国化所取得的最新理论成果，经历了从“建设有中国特色的社会主义”、“邓小平同志建设有中国特色社会主义理论”到“邓小平理论、‘三个代表’重要思想和科学发展观等一系列重大战略思想”再到“中国特色社会主义理论体系”的概念演进过程。

党的十二大，对建设中国特色社会主义理论的形成所作的贡献，最突出的一点就是邓小平在会议开幕词中第一次明确提出了“建设有中国特色的社会主义”这一科学概念。概念随着社会历史和人类认识的发展而变化。提出“建设有中国特色的社会主义”这一崭新的理论命题，就使我国新时期改革开放和社会主义现代化建设的指导思想有了自己科学的称谓，其重大意义是显而易见的。十二大以后，邓小平反复强调“各项工作都要有助于建设有中国特色的社会主义”①；强调“马克思主义必须是同中国实际相结合的马克思主义，社会主义必须是切合中国实际的有中国特色的社会主义”②，认为改革开放以后我们已经找到了一条正确的道路，“总的来说，这条道路叫做建设有中国特色的社会主义的道路”③。全党通过认真学习邓小平的相关论述，对建设中国特色社会主义的认识也在不断深化。

十三大第一次将十一届三中全会以来党在对社会主义再认识过程中所形成的理论观点做了系统概括，从不同侧面比较全面地阐述了建设有中国特色社会主义的问题，初步勾画了建设有中国特色社会主义的总体轮廓。20 世纪 80 年代末 90 年代初，面对国内外形势变化带来的严峻挑战，邓小平坚定地指出：“要继续贯彻执行十一届三中全会以来的路线、方针、政

① 《邓小平文选》，第 3 卷，23 页，北京，人民出版社，1993。
② 同上书，63 页。
③ 同上书，65 页。

策，连语言都不变。”① “中国搞社会主义，是谁也动摇不了的。我们搞的是有中国特色的社会主义，是不断发展社会生产力的社会主义，是主张和平的社会主义。”②

1992年春，邓小平视察南方发表重要谈话，精辟地分析了当时国际国内形势，科学地总结了十一届三中全会以来党的基本实践和基本经验，明确回答了多年来经常困扰和束缚人们思想的许多重大认识问题。以邓小平南方谈话为标志，党对建设中国特色社会主义理论和实践的认识有了突破性发展。党的十四大首次提出“邓小平同志建设有中国特色社会主义理论”的命题，强调邓小平同志建设有中国特色社会主义理论，是马克思列宁主义基本原理与当代中国实际和时代特征相结合的产物，是毛泽东思想的继承和发展，是全党全国人民集体智慧的结晶，是中国共产党和中国人民最可珍贵的精神财富。邓小平作为我国社会主义改革开放和现代化建设的总设计师，对建设有中国特色社会主义理论的创立作出了历史性的重大贡献。

1997年，党的十五大把“邓小平同志建设有中国特色社会主义理论”简称为“邓小平理论”，并把它与马克思列宁主义、毛泽东思想放在一起，作为党的指导思想写入党章。十五大之后，以江泽民为核心的党的第三代中央领导集体，坚持以邓小平理论为指导，站在历史发展和时代要求的高度，敏锐把握国际国内形势的发展变化，提出“三个代表”重要思想，深化了对中国特色社会主义的认识。2002年召开的中共十六大进一步论述了“三个代表”重要思想的指导意义和具体要求，并把“三个代表”重要思想写入党章，与马克思列宁主义、毛泽东思想和邓小平理论一起，作为党必须长期坚持的指导思想。

2007年，党的十七大明确提出了“中国特色社会主义理论体系”的概念，指出，在包括邓小平理论、“三个代表”重要思想以及科学发展观等重大战略思想在内的这一理论体系中，邓小平理论是中国特色社会主义理论体系的开创之作，是最基础的重要组成部分；“三个代表”重要思想是

---

① 《邓小平文选》，第3卷，296页，北京，人民出版社，1993。

② 同上书，328页。

中国特色社会主义理论体系承上启下的极为重要的组成部分；科学发展观等重大战略思想是中国特色社会主义理论体系的重要创新成果。它们既相互贯通又层层递进，体现了新时期党的理论创新成果的科学性体系、阶段性成果和发展性要求的内在统一。党的十七大还明确指出：改革开放伟大事业，是以邓小平为核心的党的第二代中央领导集体带领全党全国各族人民开创的。邓小平作为我国社会主义改革开放和现代化建设的总设计师，表现出了开辟社会主义建设新道路的巨大政治勇气和开拓马克思主义新境界的巨大理论勇气，对建设有中国特色社会主义理论的创立作出了历史性的重大贡献。他是建设有中国特色社会主义理论这一当代中国马克思主义的创立者。把邓小平理论作为中国特色社会主义理论体系的开创之作，作为其最基础的重要组成部分，这就明确地肯定了邓小平理论在整个中国特色社会主义理论体系中的至关重要的基础性的、开创性的地位。

党的十八大重申：中国特色社会主义道路，中国特色社会主义理论体系，中国特色社会主义制度，是党和人民九十多年奋斗、创造、积累的根本成就，必须倍加珍惜、始终坚持、不断发展。这就为人们深入研究中国特色社会主义的基本形态及其特征提供了更为广阔的思维空间，为坚持和发展中国特色社会主义提供了科学的依据。笔者认为，作为中国特色社会主义的基本形态，中国特色社会主义道路高度概括了党在新时期实践创新方面的重大成果，中国特色社会主义理论体系高度概括了党在新时期理论创新的重大成果，中国特色社会主义制度高度概括了党在新时期制度创新方面的重大成果，而“中国特色社会主义旗帜”则是对上述三种基本形态的一种形象化的集中概括，深刻揭示了中国特色社会主义的基本精神实质。

（三）邓小平理论的历史地位

恩格斯说：“马克思的整个世界观不是教义，而是方法。它提供的不是现成的教条，而是进一步研究的出发点和供这种研究使用的方法”[①]。同

① 《马克思恩格斯选集》，2版，第4卷，742～743页，北京，人民出版社，1995。

毛泽东创立中国新民主主义理论、开创有中国特色的革命道路一样，邓小平创立中国特色的社会主义理论、开创中国特色的社会主义道路，也不是要找出一种普遍适用的方式，而是要为中国社会主义的巩固和发展找到一种科学的思路和方法。实践证明：作为当代中国的马克思主义，邓小平理论是指导中国人民在改革开放中胜利实现社会主义现代化的正确理论。如同党的七大把马克思列宁主义的理论与中国革命的实践之统一的思想——毛泽东思想确立为党的指导思想，是我们党总结24年经验作出的历史性决策一样，在世纪之交召开的党的十五大把邓小平理论确立为党的指导思想，在党章中明确规定：中国共产党以马克思列宁主义、毛泽东思想、邓小平理论作为自己的行动指南，这是我们党经过20年改革开放和社会主义现代化建设的成功实践作出的历史性决策。它必将引领我们走向更加辉煌的未来。

当今时代，与马克思主义产生的19世纪中叶相比，与列宁主义产生的20世纪初期相比，甚至与毛泽东思想产生的20世纪中叶相比，都发生了深刻的变化。在一定意义上，可以说20世纪是社会主义的世纪，是社会主义曾取得很大胜利、又遭受严重挫折的世纪。20世纪上半叶爆发的两次世界大战，震撼整个资本主义世界的严重经济危机，以及社会主义理想在世界相当广大地区变为现实，证明了马克思科学社会主义学说的正确；社会主义没有发生在马克思、恩格斯最初设想的资本主义最为发达的国家，而是发生在他们后来一度设想的资本主义欠发达（甚至很不发达）的国家，而资本主义社会的大厦也没有到处都很容易地被冲塌，在某些国家，资本主义仍然在发展；俄国十月革命以来，社会主义既有过辉煌的成功，也有过严重的失误，积累了丰富的经验，也有着沉痛的教训，特别是20世纪80年代末90年代初，社会主义在苏联、东欧国家的挫折，使世界社会主义运动陷入了低潮，面临尖锐的挑战；100年来，尤其是进入20世纪后期以来，科学技术突飞猛进的发展，使人类对自然界的认识，无论是宏观领域还是微观领域，无论是无机世界还是生命世界，都达到了前所未有的新水平，当代科技革命给人类的发展带来了许多新的机遇和条件，也使人类（尤其是落后国家的人们）面临新的严峻挑战，等等。所有这些，都是马克思主义的创始人当初所不能预料到的，他们也没有试图去作这样的预料。这就要求当代的马克思主义者必须面对现实独立思考，从本国实际出发，创造性地运用马克思主义基本原理，确定符合本国情况和特点的社会发展道路，克服一切困难，把科学社会主义的伟大事业不断推向前进。

回顾社会主义发展的历史可以看到，各国社会主义制度建立以后，对社会主义的一些基本原则是清楚的，如社会主义的生产关系应该以公有制为基础；社会主义国家的政权应该是无产阶级专政；社会主义事业的领导核心应该是共产党，社会主义的意识形态应该以马克思主义为指导。这也就是邓小平所概括的四项基本原则。正是依据这些原则，确立了社会主义的基本制度。但是，怎样巩固和发展社会主义，使社会主义不仅在社会制度上，而且在社会生产力的发展上，不断解决对于资本主义的超越、扬弃，并最终赢得与资本主义相比较的优势，对这样一个重大的课题，从总体上来说并没有很好地得到解决，仍有不少没有完全搞清楚的问题。

一是没有搞清楚社会主义发展的历史方位问题。正确认识一国社会主义发展的历史方位，或者说正确认识一国现实所处的社会发展阶段，深刻掌握本国的国情，是制定和执行切实可行的社会发展战略，制定和执行正确的发展路线、方针、政策的客观前提和基本依据。各社会主义国家过去的主要问题是：认为无产阶级夺取政权后，只要经过一个短暂的过渡时期，就可以达到共产主义。而我国纠正了一度把社会主义设想得很短的“急于过渡”的错误之后，又曾长期陷入了把社会主义看作一个与阶级斗争、两条道路斗争紧密联系的相当长的所谓“大过渡”时期的错误。

二是没有搞清楚社会主义的主要矛盾和根本任务。正确认识社会主义制度建立以后国内的主要矛盾以及社会主义国家的根本任务，是巩固和发展社会主义的中心问题，也是社会主义社会发展的主题。过去的主要问题是“忽视了发展生产力”①，在社会主义制度建立以后，还是“以阶级斗争为纲”，没有坚定不移地实现党和国家工作重点的转移，没有一心一意地搞经济建设。“以阶级斗争为纲”导致了十年内乱，背离了马克思主义关

① 《邓小平文选》，第3卷，28页，北京，人民出版社，1993。

于社会主义要把发展生产力作为根本任务的正确原则。

三是没有搞清楚社会主义的本质、特征与目标模式的关系。什么是社会主义的本质，在马克思主义创始人那里没有作出明确的概括。在长期的社会主义实践中，发生了不少混淆界限的问题，因而造成了许多困惑。如：把社会主义特征与社会主义本质等同，把社会主义本质、特征与目标模式等同，出现了把苏联模式教条化、把计划与市场分别看作社会主义与资本主义的本质属性等问题。本质是最高层次的概念，揭示的是内在的最根本的规律；特征是本质的基本体现和标志；模式是本质与特征的具体实现形式。本质和特征体现的是社会主义的一般规律的要求，模式或道路则体现的是社会主义的个性或特殊规律的要求，三者是不可混淆的。

四是没有搞清楚社会主义发展的动力问题。社会主义社会要把发展生产力作为主要任务，但怎样发展生产力，以什么为动力，社会主义社会还有没有解放生产力的问题，这也是社会主义国家在很长一个时期内没有解决好的问题。由于种种原因，人们曾把所谓社会主义国家人民“精神上、政治上的一致”、“批评与自我批评”以及所谓“两个阶级、两条道路的斗争”，作为社会主义社会发展的动力，对社会主义社会仍然存在着的社会矛盾问题，作出了或者不承认其存在、或者夸大其存在等错误的判断，导致了严重的后果。

五是没有搞清楚社会主义与资本主义的关系问题。主要问题是：过分强调社会主义否定资本主义、与资本主义对立斗争的一面，忽略了社会主义是在对资本主义已有成果基础上的发展，它与资本主义还有借鉴、利用、学习、协作的一面，因而未能正确评价资本主义的历史作用，未能正确对待资本主义所创造的文明成果，几乎所有的社会主义国家都曾存在不够开放，甚至发生闭关锁国的问题，使自己的发展脱离了人类文明发展的共同性要求。

中共十一届三中全会以后，随着党的解放思想、实事求是的思想路线的重新确立和“一个中心、两个基本点”的基本路线的形成，以邓小平为代表的党的第二代中央领导集体，经过拨乱反正，系统总结了20世纪世界和中国社会主义运动正反两方面的历史经验，把马克思列宁主义与当代中国实际和时代特征相结合，逐步创立了邓小平建设中国特色社会主义的理论体系，实现了社会主义发展史上的第二次飞跃，即从传统社会主义模式向当代社会主义的转变，极大地丰富和发展了马克思列宁主义、毛泽东思想。

如果说，20世纪50年代中期，毛泽东发表《论十大关系》、《关于正确处理人民内部矛盾的问题》，是党对符合中国社会主义建设客观规律的正确发展道路探索的一个闪光的起点，那么，邓小平建设中国特色社会主义理论的形成，则是这一伟大探索实现质的飞跃的关键。邓小平理论的突破性贡献主要表现在：

第一，关于社会主义发展的历史方位或历史阶段。

在这个问题上，邓小平突破了过去长期存在的认为无产阶级夺取政权后，就可以很快进入共产主义的传统观念，指出我国的社会主义还处在初级阶段，是初级阶段的社会主义。这一论断的实质就在于：要用长达百年的时间，去实现别的国家在资本主义条件下实现的工业化和经济的社会化、市场化、现代化，去建立社会主义本来应该有的发达的生产力基础，使我国的社会主义最终摆脱贫穷落后，真正“够格”。

第二，关于社会主义发展的根本任务及其本质。

邓小平认为：“社会主义的任务很多，但根本一条就是发展生产力，在发展生产力的基础上体现出优于资本主义，为实现共产主义创造物质基础。”① 他大声疾呼：“贫穷不是社会主义，社会主义要消灭贫穷”②。一再提出，一定要搞清楚“什么叫社会主义，什么叫马克思主义”这个我们过去“不是完全清醒的”问题。指出：马克思主义最注重发展生产力，“社会主义的优越性归根到底要体现在它的生产力比资本主义发展得更快一些、更高一些，并且在发展生产力的基础上不断改善人民的物质文化生活”③。坚持以经济建设为中心，集中力量发展生产力，实现社会主义现代化，这是社会主义的本质所决定的，也体现了我国社会主要矛盾的客观要

① 《邓小平文选》，第3卷，137页，北京，人民出版社，1993。
② 同上书，116页。
③ 同上书，63页。

求。没有四个现代化，中国在世界上就没有应有的地位。但我们搞的现代化，是社会主义的现代化。“只有社会主义，才能有凝聚力，才能解决大家的困难，才能避免两极分化，逐步实现共同富裕”①。邓小平关于社会主义本质的新概括，集中回答了解放生产力与发展生产力、改革与完善社会主义生产关系和上层建筑、推进经济发展与社会全面进步等涉及社会主义现代化建设全局的重大关系，使党对社会主义建设客观规律的认识达到了较为完整、更加系统的阶段。

第三，关于社会主义的发展目标。

社会主义是一个全面发展的社会，中国特色的社会主义是经济、政治、文化协调发展和全面进步的社会，而要搞清楚这一点，就必须对社会主义的发展目标有一个统一的、完整的理解，就要从本质上正确认识和把握物质文明与精神文明的关系。马克思主义认为，文明是一个整体。邓小平在强调以经济建设为中心的同时，反复强调“我们要建设的社会主义国家，不但要有高度的物质文明，而且要有高度的精神文明”②。物质文明与精神文明，既互为条件，又互为目的，二者最终都要有助于当代中国人与社会的发展，有助于当代中国社会的全面进步。建立社会主义市场经济、建设社会主义民主与法制（或者说建设社会主义政治文明）、建设社会主义精神文明，这是党的建设中国特色社会主义的统一的奋斗目标，即党的基本路线中所规定的“富强、民主、文明”三位一体的基本目标和行动纲领，从本质上体现了物质文明与精神文明、政治文明的统一，因而也就体现了中国特色社会主义的本质。

第四，关于社会主义发展的动力。

新时期最大的特点是实行了改革开放。开放也是改革。改革与开放在本质上是一致的，都是要解决当代中国社会发展的动力问题。邓小平从改革一开始，就提出了改革也是一场革命的思想。随着改革的深入，他又提出了改革是中国的第二次革命，改革也是解放生产力，是中国现代化的必由之路等科学论断，形成了完整的改革理论，从而揭示了当代中国经济与

① 《邓小平文选》，第 3 卷，357 页，北京，人民出版社，1993。

② 《邓小平文选》，2 版，第 2 卷，367 页，北京，人民出版社，1994。

社会发展的内在动力。

同时，邓小平关于市场经济与社会主义的一系列论断，又从根本上打破了把计划与市场作为区分社会主义与资本主义本质属性的传统观念，使人们从姓“社”姓“资”的思想纠缠中解放出来，从而深化了对社会主义本质与特征的认识。邓小平关于现在的世界是开放的世界，中国的发展离不开世界，进行现代化建设必须实行两个开放等一系列观点，不仅使我国彻底摆脱了过去长期被孤立、封锁及某种闭关自守的状态，真正走向了世界，而且使我们从根本上真正解决了如何对待包括资本主义在内的一切人类文明成果的问题。

邓小平理论之所以能够实现上述一系列突破，之所以能够使马克思主义在中国发展到一个新阶段，主要是因为：这一理论坚持解放思想、实事求是，在新的实践基础上继承前人又突破陈规，开拓了马克思主义的新境界；这一理论坚持科学社会主义理论和实践的基本成果，抓住“什么是社会主义，怎样建设社会主义”这个根本问题，深刻地揭示社会主义的本质，把对社会主义的认识提高到了新的科学水平；这一理论坚持用马克思主义的宽广眼界观察世界，对当今时代特征和总体国际形势，对世界上其他社会主义国家的成败，发展中国家谋求发展的得失，发达国家发展的态势和矛盾，进行正确分析，作出了新的科学判断。总括起来说，是由于这一理论始终严格地以客观事实为根据，既坚持了马克思列宁主义、毛泽东思想的基本立场、观点和方法，又准确地把握了当代中国的最大实际和时代特征，形成了比较系统地反映中国社会主义建设客观规律的当代中国社会发展的新的科学理论体系。

江泽民在党的十五大的报告中强调指出：“在社会主义改革开放和现代化建设的新时期，在跨越世纪的新征途上，一定要高举邓小平理论的伟大旗帜，用邓小平理论来指导我们整个事业和各项工作。这是党从历史和现实中得出的不可动摇的结论。”高举邓小平理论的旗帜，一个至关重要的问题，是要如同正确对待马克思列宁主义、毛泽东思想一样，采取科学的态度和方法，正确对待这一理论。早在延安整风中毛泽东就提出：“应确立以研究中国革命实际问题为中心，以马克思列宁主义基本原则为指导的方针，废除静止地孤立地研究马克思列宁主义的方法”①。现在，党中央提出用邓小平理论武装全党，提出学习马克思列宁主义、毛泽东思想，中心内容是学习邓小平建设有中国特色社会主义理论，强调一定要在坚持马克思主义基本原则的同时，坚持以我国改革开放和现代化建设的实际问题、以我们正在做的事情为中心，着眼于马克思主义理论的运用，着眼于对实际问题的理论思考，着眼于新的实践和新的发展，正是发扬了这个优良传统。历史早已判明：离开本国实际和时代发展来谈论马克思主义，没有意义；静止地孤立地研究马克思主义，把马克思主义同它在现实生活中的生动发展割裂开来或对立起来，没有出路。只有坚持理论联系实际的原则，通过认真学习，完整、准确地把握邓小平理论的科学体系，从总体上领会这一理论的基本观点和基本精神，从当代中国社会发展的实际去加深对这一理论的理解，才能学好这一理论，坚定、自觉地运用这一理论去解决各种问题，克服困难，战胜风险，胜利前进；同时，又在实践中继续丰富和创造性地发展这一理论。这既是我们对理论应有的正确态度，是坚持马克思主义学风的基本要求，也是历史赋予全党的庄严使命。

如同马克思列宁主义、毛泽东思想要随着实践的发展不断前进一样，邓小平理论也是不断发展的、前进的。进入21世纪，以江泽民、胡锦涛为代表的共产党人，在邓小平理论的基础上，提出并系统阐述了“三个代表”重要思想和科学发展观等重大战略思想，形成中国特色社会主义理论体系。这一理论体系，是对马克思列宁主义、毛泽东思想的继承和发展，是马克思主义中国化的新成果。它反映了当代世界和中国的发展变化对党和国家工作的新要求，是党在指导思想上的又一次与时俱进。把邓小平理论的学习和研究与整个中国特色社会主义理论体系的学习和研究统一起来，有助于帮助人们深刻理解马克思主义的理论品质，全面认识我国改革开放和社会主义现代化的历史进程，把中国特色社会主义事业不断地推向前进。

十八大以来，以习近平为总书记的党中央，坚持和发展中国特色社会

① 《毛泽东选集》，2版，第3卷，802页，北京，人民出版社，1991。

主义，提出了许多富有创意的新思想、新观点、新论断和新要求，特别是提出了“全面建成小康社会”、“全面深化改革”、“全面依法治国”、“全面从严治党”的“四个全面”战略布局，丰富和发展了中国特色社会主义理论体系。

第一章　邓小平与党的马克思主义思想路线的重新确立

邓小平理论具有坚实的立论基础。邓小平反复强调要一以贯之地坚持解放思想与实事求是的统一，坚持把马克思主义普遍真理与当代中国实际相结合，走中国自己社会主义建设的道路，这就从党的思想路线和邓小平理论的思想方法论的实质上，为这一理论体系提供了立论的哲学基础。解放思想、实事求是作为党的马克思主义思想路线的两条基本原则，它们的内在统一，是中国革命和建设取得胜利的宝贵经验，是建设中国特色社会主义理论形成的基础和前提，是以马克思主义普遍真理与中国革命具体实践相结合为特征的毛泽东思想的精髓，也是邓小平理论和整个中国特色社会主义理论体系的精髓。坚持解放思想、实事求是，有助于深入理解和掌握中国特色社会主义理论体系，全面贯彻执行党的基本路线，把建设中国特色社会主义的事业不断推向前进，并使这一理论本身不断得到丰富和发展。

一、邓小平与党的实事求是思想路线的重新确立

解放思想、实事求是是中国革命和建设取得胜利的宝贵经验，是中国

特色社会主义开创和发展的哲学基础和精髓。十一届三中全会前后，面对“文化大革命”时期所造成的思想僵化，面对“两个凡是”所造成的新的禁锢，邓小平在恢复和坚持毛泽东为党所确立的实事求是思想路线的基础上，把马克思主义基本原理与当代中国实际和时代特征相结合，实现了党的思想路线的与时俱进。解放思想、实事求是作为坚持党的思想路线的基本要求，在本质上是一致的。坚持解放思想、实事求是，对于坚持和拓展中国特色社会主义道路、坚持和丰富中国特色社会主义理论体系、坚持和完善中国特色社会主义制度、夺取中国特色社会主义新胜利具有极其重要的理论和实践意义。

（一）党的实事求是思想路线的形成及其曲折发展

在党的历史上，最早提出要认真解决党的思想路线问题，把解放思想与实事求是比较自觉地结合起来的代表人物是毛泽东。1930年5月，毛泽东针对当时党内盛行的把马克思主义教条化、把共产国际决议和苏联经验神圣化的错误倾向，发表了著名的《反对本本主义》一文，在党的历史上第一次明确提出了思想路线的概念。毛泽东认为，“共产党人从斗争中创造新局面的思想路线”①，应该是把马克思主义的理论同中国革命的实际相结合的路线，而不应是本本主义，即教条主义的路线。他一针见血地指出，“以为上了书就是对的”，讨论问题开口闭口就是“拿本本来”，对上级机关的指示，不是根据实际情况进行讨论和考察，而是一味盲目地执行，这种单纯建立在“上级”观念上的形式主义的态度是很不对的。盲目地表面上完全无异议地执行上级的指示，这不是真正在执行上级的指示，这是反对上级指示或者对上级指示消极怠工的绝妙方法。毛泽东强调，我们说马克思主义是对的，决不是因为马克思这个人是什么“先哲”，而是因为他的理论在我们的实践中，在我们的斗争中，证明了是对的。我们的斗争需要马克思主义。我们欢迎这个理论，丝毫不存在什么“先哲”一类的形式的甚至神秘的念头在里面。我们需要“本本”，但是一定要纠正脱

① 《毛泽东选集》，2版，第1卷，116页，北京，人民出版社，1991。

离实际的本本主义。毛泽东还郑重地提出了“没有调查就没有发言权”这个在当时令人耳目一新的口号，把调查研究作为坚持正确的思想路线，克服错误的思想路线，实现马克思主义普遍真理同中国革命具体实际相结合，转变党的思想作风和工作作风的一个中心环节。《反对本本主义》的发表是同教条主义斗争的一次果敢的行动。它不仅标志着党的解放思想、实事求是思想路线的基本形成，而且向人们初步展示了实事求是与解放思想的统一。

然而，可惜的是，毛泽东提出的这些正确思想以及他所代表的马克思主义的正确方向，并没有为当时的党中央所认识和接受。不仅如此，以教条主义为特征的“左”倾中央领导还把毛泽东的这些正确思想讥为“狭隘经验论”而加以反对。

1935年党中央在红军长征途中召开的遵义会议，结束了王明“左”倾冒险主义的统治，确立了以毛泽东为代表的正确路线在党中央的领导地位。这是中国共产党独立自主地处理本国革命问题的划时代的标志，实际上也是对迷信马克思主义书本、共产国际指示和苏联经验的一次思想解放。此后，毛泽东先后发表《论反对日本帝国主义的策略》、《中国革命战争的战略问题》，特别是《实践论》、《矛盾论》等著作，从政治上、军事上、思想上继续清算“左”倾错误。《论反对日本帝国主义的策略》批评了那种“只有圣经上载了的才是对的”，把马克思主义经典作家的本本当“圣经”的错误倾向。《中国革命战争的战略问题》对第二次国内革命战争军事斗争经验的系统总结，则是把《反对本本主义》一文中提出的思想路线问题结合军事问题具体化了。而《实践论》、《矛盾论》则以扫除教条主义思想为主要目标，对在党的历史上曾经给革命造成重大危害的，以主观和客观相分裂、认识和实践相脱离为特征的“左”右倾错误，进行了透彻的哲学批判，对以“主观和客观、理论和实践、知和行的具体的历史的统一”为特征的辩证唯物主义的思想路线，提供了深刻的哲学论证，表明以解放思想与实事求是相统一的思想路线已经形成。

《实践论》、《矛盾论》虽然为实事求是的思想路线提供了哲学论证，从而为全党解决思想路线奠定了理论基础，但是，主要是因为党内犯教条主义错误的人并没有因此而改变他们的立场，同时还有许多人受主观主义尤其是教条主义的毒害，思想仍然处于僵化或半僵化状态。所以，这条思想路线在全党的确立经历了一个较长的过程。

1938 年 10 月，毛泽东在党的六届六中全会的报告中，第一次使用了“实事求是”这个概念，并向全党提出了创造性地运用马克思主义，使之在中国具体化的伟大任务。1939 年 10 月，毛泽东在《〈共产党人〉发刊词》中，明确提出了“马克思列宁主义的理论和中国革命的实践相结合”的概念，并以这个思想为基本线索和依据，系统地总结了党的历史经验。不久，又在《新民主主义论》中提出了“科学的态度是‘实事求是’”的命题，从而使实事求是思想路线的内容日臻完备。同时，从上述这些著作中还可以清楚看出，毛泽东在解决各种政治、军事问题的时候，又总是特别注意把问题提到认识论和方法论上来加以解决，总是向全党提出要特别注意解决思想路线、思想方法的问题。

1941 年 5 月，毛泽东发表《改造我们的学习》一文。随后，又相继发表了《整顿党的作风》、《反对党八股》等演说。在这几篇著作中，毛泽东结合对主观主义，特别是教条主义学风、党风、文风的批判，进一步阐述了解放思想、实事求是，以及理论联系实际等重要思想原则，强调要从教条主义的束缚下解放出来，澄清了教条主义者在理论与实践关系等问题上所造成的混乱。毛泽东对实事求是的含义作出了科学的解释，把实事求是的态度与主观主义的态度对照起来加以分析，指出：实事求是的态度，“就是党性的表现，就是理论和实际统一的马克思列宁主义的作风。这是一个共产党员起码应具备的态度”①。而与此相反的“反科学的反马克思列宁主义的主观主义的方法，是共产党的大敌，是工人阶级的大敌，是人民的大敌，是民族的大敌，是党性不纯的一种表现”②。毛泽东谆谆告诫全党同志，不要把马克思列宁主义的理论“看成是死的教条”，“把马克思列宁主义书本上的某些个别字句看作现成的灵丹圣药，似乎只要得了它，就可

① 《毛泽东选集》，2 版，第 3 卷，801 页，北京，人民出版社，1991。

② 同上书，800 页。

以不费气力地包医百病”。如果这样，就会“阻碍了理论的发展，害了自己，也害了同志”①。毛泽东要求犯教条主义错误和经验主义错误的人都要从教条主义蒙昧状态下解放出来，通过向实践学习和向理论学习，使自己走上理论和实际相结合的正确道路。

延安整风取得了把解放思想与实事求是相统一的成功的经验。通过延安整风，全党实现了在马克思列宁主义、毛泽东思想基础上的空前的团结和统一，为抗日战争和整个中国革命的胜利准备了思想条件。七大以后，革命发展之所以呈现出那种排山倒海、摧枯拉朽、迅猛异常的形势，从革命的主观条件来说，全党干部首先是高级干部，通过延安整风掌握了毛泽东倡导的实事求是的作风，起到了决定的作用。

新中国成立以后，毛泽东继续用实事求是、解放思想这一武器领导全党和全国人民前进，不仅创造性地开辟了一条适合中国国情和特点的社会主义改造的道路，取得了生产资料私有制社会主义改造的基本成功，建立起了社会主义的基本制度，并大胆地提出了借鉴苏联社会主义建设的教训，探索适合中国国情的社会主义建设道路的任务。应该说，无论是搞革命还是搞建设，毛泽东都十分重视苏联经验。同时，他又从不迷信苏联的经验，并且同那种迷信苏联经验的教条主义倾向进行了坚决的斗争。

但是，思想路线的解决不可能一劳永逸。毛泽东晚年由于过多地相信以往革命斗争中所取得的经验，对我国进入社会主义时期以后出现的一些新情况、新问题，以及国际共产主义运动中出现的一些新的情况，作出了错误的判断，同时又不适当地夸大了主观能动性的作用，离开实事求是讲解放思想，离开客观条件讲发挥主观能动性，并逐渐产生了骄傲、急躁情绪，从而在实际上逐渐背离了他本人所倡导的解放思想与实事求是相统一的正确的思想路线，先后发生了“大跃进”、人民公社化运动和“文化大革命”等严重的失误，特别是“文化大革命”，使得由毛泽东开始的社会主义建设道路的探索，在历经曲折后终于被打断了，造成了我国社会主义事业发展的曲折。正如邓小平所说：“这条思想路线，有一段时间被抛开

① 《毛泽东选集》，2版，第3卷，820、817页，北京，人民出版社，1991。

了，给党的事业带来很大的危害，使国家遭到很大的灾难，使党和国家的形象受到很大的损害。”①

（二）邓小平与党的实事求是思想路线的恢复

早在1975年，邓小平在当时党内和社会上对毛泽东个人崇拜仍然严重存在的情况下，就在《各方面都要整顿》的讲话中明确地指出：“我总觉得现在有一个很大的问题，就是怎样宣传毛泽东思想。”他尖锐地批判林彪把毛泽东思想庸俗化，用所谓的“老三篇”、“老五篇”来割裂毛泽东思想的主观主义、教条主义、形式主义错误做法，重申20世纪60年代初罗荣桓等提出“学习毛主席著作要学精神实质”的正确意见。邓小平强调：“毛泽东思想有丰富的内容，是完整的一套，怎么能够只把‘老三篇’、‘老五篇’叫做毛泽东思想，而把毛泽东同志的其他著作都抛开呢？怎么能够抓住一两句话，一两个观点，就片面地进行宣传呢？割裂毛泽东思想这个问题，现在实际上并没有解决。……恐怕在相当多的领域里，都存在怎样全面学习、宣传、贯彻毛泽东思想的问题。毛泽东思想紧密联系着各个领域的实践，紧密联系着各个方面工作的方针、政策和方法，我们一定要全面地学习、宣传和实行”②。

邓小平认为，在毛泽东思想中，最重要的观点和方法就是实事求是。在毛泽东创立的实事求是思想路线的指导下，中国共产党领导人民取得了新民主主义革命的胜利，建立了新中国、建立了社会主义基本制度，并领导人民进行了社会主义建设。但毛泽东晚年却一度背离了他本人所倡导的这条思想路线，使我国社会主义事业遭受了重大挫折。“这条思想路线，有一段时间被抛开了，给党的事业带来很大的危害，使国家遭到很大的灾难，使党和国家的形象受到很大的损害。”③因此，要实现党的指导思想的拨乱反正，必须首先恢复党的实事求是的思想路线。粉碎“四人帮”之后，邓小平为恢复党的实事求是的思想路线，作出了卓越的贡献，这主要表现在：

第一，破除“两个凡是”的束缚，开启解放思想的帷幕。1977年2

① 《邓小平文选》，2版，第2卷，278页，北京，人民出版社，1994。

② 同上书，36～37页。

③ 同上书，278页。

月，在《人民日报》、《红旗》杂志、《解放军报》发表的社论中，提出了当时党中央主要负责人所奉行的“两个凡是”错误方针，即“凡是毛主席的决策，我们都坚持拥护；凡是毛主席的指示，我们都始终不渝地遵循”。其实质是继续维护毛泽东晚年“文化大革命”的错误理论和实践。4月10日，邓小平在致党中央的信中，首次提出“要用准确的完整的毛泽东思想来指导我们全党、全军和全国人民”① 的重要观点。5月24日，邓小平在同中央两位同志的谈话中更加明确地指出，“两个凡是”不符合马克思主义。他说：“把毛泽东同志在这个问题上讲的移到另外的问题上，在这个地点讲的移到另外的地点，在这个时间讲的移到另外的时间，在这个条件下讲的移到另外的条件下，这样做，不行嘛！”② 邓小平还认为，毛泽东自己都说过他有些话讲错了，自己也犯过错误。错了的就不能坚持，而应该改正。这是一个重要的理论问题，是个是否坚持历史唯物主义的问题。彻底的唯物主义者，应该像毛泽东说的那样对待这个问题。总之，马、恩、列、斯、毛都没有说过“凡是”，“两个凡是”是错误的，它只能使思想僵化、实践停滞。由此，邓小平开启了新时期解放思想、实事求是的历史帷幕。

第二，支持真理标准讨论，为恢复党的思想路线做了必要的舆论准备。真理的标准是实践，这是马克思主义唯物认识论的根本观点，而十年内乱把这一本来很清楚的是非弄混淆、搞颠倒了。1978年5月11日《光明日报》刊登特约评论员文章《实践是检验真理的唯一标准》，从而引发了关于真理标准的大讨论。邓小平旗帜鲜明地支持并因势利导地指引了这场大讨论，使“实践是检验真理的唯一标准”这一马克思主义观点成为全党、全国人民的共识。他认为，这场讨论“实际上也是要不要解放思想的争论”。邓小平尖锐指出，有些人“天天讲毛泽东思想，却往往忘记、抛弃甚至反对毛泽东同志的实事求是、一切从实际出发、理论与实践相结合这样一个马克思主义的根本观点，根本方法”③。只有解放思想，坚持实事求是，一切从实际出发，理论联系实际，我们的社会主义现代化建设才能顺利前

① 《邓小平文选》，2版，第2卷，42页，北京，人民出版社，1994。
② 同上书，38页。
③ 同上书，114页。

进，我们党的马列主义、毛泽东思想的理论也才能够顺利发展。从这个意义上说，关于真理标准问题的争论，的确是个思想路线问题，是个政治问题，是个关系到国家前途和命运的问题。这场讨论成为一场全国规模的马克思主义思想解放运动，为党的十一届三中全会的召开准备了重要的思想条件。

第三，发表《解放思想，实事求是，团结一致向前看》重要讲话，推动指导思想的全面拨乱反正。1978 年 12 月，在中共中央工作会议闭幕会上，邓小平发表《解放思想，实事求是，团结一致向前看》重要讲话，这个讲话实际上成为随后召开的十一届三中全会的主题报告。中共十一届三中全会坚决批判了“两个凡是”的错误方针，充分肯定了必须完整地、准确地掌握毛泽东思想的科学体系，高度评价了关于真理标准问题的讨论，确定了解放思想、实事求是、团结一致向前看的指导方针；果断地停止使用“以阶级斗争为纲”这个不适用于社会主义社会的口号，开始全面、认真地纠正“文化大革命”及其以前的“左”倾错误，从而结束了 1976 年 10 月以来党的工作在徘徊中前进的局面。全会作出了从 1979 年起，把全党工作重点转移到社会主义现代化建设上来的战略决策。全会提出了全党要注意解决好国民经济重大比例严重失调的问题，初步提出了改革的方针，原则上通过了关于加快农业发展的两个文件，并平反了一批重大冤假错案。全会着重提出了健全党规党纪和民主集中制，加强社会主义民主与法制的任务。这些在领导工作中具有重大意义的转变，标志着党在思想上、政治上和组织上全面地恢复和确立了马克思主义的正确路线。十一届三中全会成为建国以来我党历史上具有深远意义的伟大转折。

第四，总结建国以来党的历史经验和教训，科学地评价了毛泽东及毛泽东思想的历史地位。十一届三中全会以后，邓小平先后发表《坚持四项基本原则》、《对起草〈关于建国以来党的若干历史问题的决议〉的意见》等重要讲话。他反复强调，必须正确评价毛泽东和毛泽东思想的历史地位，这是一个关系全局的重大原则问题，“这不只是个理论问题，尤其是个政治问题，是国际国内的很大的政治问题”①。1981 年 6 月，中共十一届

① 《邓小平文选》，2 版，第 2 卷，299 页，北京，人民出版社，1994。

六中全会审议并一致通过在邓小平的直接指导下起草的《关于建国以来党的若干历史问题的决议》，以马克思主义的辩证唯物主义和历史唯物主义为指南，对建国32年来党的重大历史事件特别是“文化大革命”作出了正确的总结，科学地分析了在这些事件中党的指导思想的正确和错误，分析了产生错误的主观原因和社会原因，实事求是地评价了毛泽东在中国革命和建设中的历史地位，论述了毛泽东思想作为我们党的指导思想的伟大意义。这次全会以党在指导思想上全面完成拨乱反正的历史任务而载入史册。从此，解放思想、实事求是便成为新时期全党、全军、全国人民的行动指南，进而在党和国家工作的各个方面得到了具体的运用和展开。

（三）邓小平对党的实事求是思想路线的坚持和发展

1982年9月，邓小平在党的第十二次全国代表大会的开幕词中明确指出：“把马克思主义的普遍真理同我国的具体实际结合起来，走自己的道路，建设有中国特色的社会主义，这就是我们总结长期历史经验得出的基本结论。”① “建设有中国特色的社会主义”是坚持实事求是、从实际出发得出的一个科学结论。这一崭新命题的提出，使党对新时期改革开放和社会主义现代化建设指导思想的认识有了质的飞越，其重大意义是显而易见的。党的十二大以后，邓小平紧紧抓住建设有中国特色社会主义这个主题，反复强调解放思想、实事求是，把解放思想、实事求是作为推进改革开放和现代化建设的强大思想动力。邓小平围绕“什么是社会主义、怎样建设社会主义”这个首要的基本理论问题，提出了我国的社会主义仍处于初级阶段，是初级阶段的社会主义，要清醒认识和准确把握这一基本国情，从这一最大实际出发，制定和执行党在现阶段的基本路线和各项方针政策；提出了社会主义的本质是解放和发展生产力，消灭剥削、消除两极分化，最终达到共同富裕，应该以是否有利于发展社会主义社会的生产力、是否有利于增强社会主义国家的综合国力、是否有利于提高人民的生活水平为标准来判断是非得失；提出了要建立社会主义市场经济体制，强

---

① 《邓小平文选》，第3卷，3页，北京，人民出版社，1993。

调“计划”、“市场”作为经济手段本身不姓“社”也不姓“资”，资本主义可以用，社会主义也可以用，在改革开放和发展社会主义市场经济中要大胆地试、大胆地闯；提出了科学技术是第一生产力，发展经济必须依靠科技和教育，必须坚持两手抓、两手都要硬的方针，以培育“四有”新人为目标，切实加强社会主义精神文明建设；提出了必须发扬民主，健全法制，坚持有法可依、有法必依、执法必严、违法必究，以法治理国家；提出了实现社会主义现代化必须分为“三步走”战略，推进祖国和平统一可以采取“一个国家，两种制度”的办法，等等，所有这些，都充分体现了解放思想、实事求是的基本精神。邓小平在坚持和发展实事求是思想路线的过程中，深刻揭示了实事求是在马克思列宁主义、毛泽东思想中的重要地位，重新概括了党的思想路线的基本内容，突出强调了解放思想对坚持实事求是思想路线的极端重要性。

第一，邓小平深刻揭示了实事求是在马克思列宁主义、毛泽东思想科学体系中的重要地位。邓小平指出：“实事求是，是毛泽东思想的出发点、根本点”①，“是无产阶级世界观的基础，是马克思主义的思想基础”②，邓小平的这些科学论断精辟地阐明了实事求是在马列主义、毛泽东思想科学体系中的重要地位。首先，实事求是是马克思列宁主义、毛泽东思想的根本观点和根本方法。马克思主义是一个严密的科学体系，其基础是马克思主义哲学。毛泽东把马克思主义哲学的基本原理注入实事求是这个传统的中国成语中，既确切精练地表述了辩证唯物主义的精神，又唯物辩证地阐明了无产阶级的世界观和方法论，反映了马克思主义世界观、方法论、认识论的高度一致。只有立足辩证唯物主义的立场，才能正确地领会实事求是是马克思主义的根本观点和根本方法，也才能理解实事求是是毛泽东思想的根本点。正如邓小平所说：“实事求是，一切从实际出发，理论和实践相结合，这是不是毛泽东思想的根本观点呢？这种根本观点有没有过时，会不会过时呢？如果反对实事求是，反对从实际出发，反对理论和实践相结合，那还说得上什么马克思列宁主义、毛泽东思想呢？那会把我们

---

① 《邓小平文选》，2版，第2卷，114页，北京，人民出版社，1994。

② 同上书，143页。

引导到什么地方去呢？很明显，那只能引导到唯心主义和形而上学，只能引导到工作的损失和革命的失败”①。其次，实事求是是贯穿于毛泽东思想全部内容的活的灵魂，是毛泽东思想的精髓。毛泽东思想具有多方面的极为丰富的内容。但是，无论哪部分内容都无不是以实事求是为其出发点和根本点的，都无不是实事求是的产物。新民主主义的理论，是从中国国情出发，在深刻揭示中国革命特点和规律的基础上形成的科学理论，其中最具有特色的“农村包围城市、武装夺取政权”的革命新道路的开辟，则是坚持实事求是的典范；在革命军队建设和战略战术上，毛泽东从中国革命军队是以农民为主要成分、长期处于农村环境下的实际情况出发，正确地解决了如何建设一支无产阶级性质的、具有严格纪律的、同人民群众保持密切联系的新型人民军队的问题，并根据中国革命战争的特点和规律，提出了一整套在敌强我弱条件下克敌制胜的战略战术；在文化工作的理论上，毛泽东从中国是一个具有几千年优秀文化传统但在近代因遭受外来侵略而陷于落后状态的实际情况出发，提出要发展民族的、科学的、大众的文化的方针；在党的建设理论上，毛泽东根据中国无产阶级人数很少而战斗力很强、农民和其他小资产阶级占人口大多数这个实际情况，成功地解决了如何在我国建设一个具有广大群众性的、马克思主义的无产阶级政党的问题，等等。不仅如此，实事求是还是毛泽东思想灵魂中的最根本的原则。群众路线和独立自主，说到底，都是实事求是的根本要求和体现。再次，实事求是是党的事业胜利的根本保证。中国共产党在领导中国人民进行革命和建设的过程中，积累了丰富的经验，形成了许多优良的传统和作风，其中最根本的就是实事求是。在中国共产党的历史上，坚持还是违背实事求是的思想路线，对革命事业的兴衰成败关系极大。毛泽东把实事求是、理论和实践相结合的作风作为党的根本作风大力提倡并身体力行，要求广大干部和党员在实际工作中都要争做实事求是的模范，使实事求是成为党的优良传统，成为全国人民的思想作风，从而保证党的正确路线的贯彻执行。实事求是还是党的基本领导方法和工作方法。毛泽东指出：“我

① 《邓小平文选》，2版，第2卷，118页，北京，人民出版社，1994。

党一切领导同志必须随时拿马克思主义的科学的领导方法去同主观主义的和官僚主义的领导方法相对立，而以前者去克服后者。”① 他还指出，在人们的思想方法方面，实事求是和主观主义是对立的。因此，我们必须永远坚持实事求是的方法。

第二，邓小平对党的思想路线的内容作出了新的更为完整的概括。邓小平指出：“实事求是，一切从实际出发，理论联系实际，坚持实践是检验真理的标准，这就是我们党的思想路线。”② 邓小平的这一科学论断，对实事求是思想路线的基本内容作出了新的更完整的概括。邓小平反复强调，不要从抽象的定义出发，不要靠本本，而要从客观存在的事实出发，按照实际情况决定工作方针。从实际出发，按照科学的方法认识规律、掌握规律，以此作为行动的指南，这就正确地解决了人们认识世界、改造世界的根本出发点问题。同毛泽东一样，邓小平也一贯重视并致力于把马克思主义的理论同中国的实际相结合，特别强调要把马克思主义基本原理与改革开放和社会主义现代化的实际相结合。尤其应该指出的是邓小平对实践是检验真理的标准在实事求是思想路线中重要地位的认识。邓小平强调指出：“所谓理论要通过实践来检验”，“现在对这样的问题还要引起争论，可见思想僵化。根本问题还是我前边讲的那个问题，违反毛泽东同志实事求是的思想，违反辩证唯物主义、历史唯物主义的原理，实际上是唯心主义和形而上学的反映”③。人们是不是做到了从实际出发，是不是实现了理论联系实际，是不是坚持了实事求是，最终全靠以人民群众为主体的社会实践的检验。因此，邓小平在讲到党的实事求是的思想路线时，才把从实际出发、理论联系实际、坚持实践作为检验真理的标准这三点联系起来作综合考察，把它们作为一个整体加以论述，从而使党的实事求是思想路线的要求更加明确和具体，更具有鲜明的针对性，也更容易为人们所理解和掌握。

第三，邓小平突出强调了解放思想对坚持实事求是思想路线的极端重要性，认为坚持实事求是的思想路线，必须正确认识和解决解放思想与实

① 《毛泽东选集》，2版，第3卷，902页，北京，人民出版社，1991。
② 《邓小平文选》，2版，第2卷，278页，北京，人民出版社，1994。
③ 同上书，128页。

事求是的关系，坚持解放思想与实事求是的统一。新时期伊始，邓小平即把解放思想与实事求是相提并论，反复强调二者的统一。他深刻分析了不少干部思想不解放，脑筋动不开的主要原因，认为，这种僵局不打破，党和国家就不能前进，生机就要停止，四个现代化就没希望。强调“只有解放思想，坚持实事求是，一切从实际出发，理论联系实际，我们的社会主义现代化建设才能顺利进行，我们党的马列主义、毛泽东思想的理论也才能顺利发展”①。坚持解放思想与实事求是的统一，把实事求是看作是一个解放思想的过程，把解放思想作为坚持实事求是的重要前提，把二者看作一个问题的两个互为条件、互相依存的方面，这是邓小平对毛泽东创立的实事求是思想路线的重大发展，也是邓小平坚持这一思想路线的主要特色。

二、党的实事求是思想路线的科学内涵及其基本要求

党的实事求是思想路线具有丰富的内涵。解放思想、实事求是都是贯彻和落实党的思想路线的基本要求。邓小平强调，建设有中国特色的社会主义，必须把马克思主义的基本原理与中国社会主义现代化建设的实际相结合，走自己的路，这是党在进行革命、建设和改革中都必须始终坚持的正确的思想路线，是推进马克思主义中国化，坚持和发展中国特色社会主义最根本的思想保证。贯彻和落实党的思想路线，需要深入了解党的思想路线形成发展的历史，更需要准确理解和把握思想路线的科学内涵和基本要求。

（一）实事求是的内涵及其基本要求

1941年5月，毛泽东在《改造我们的学习》一文中，第一次对实事求是的含义作了科学的解释。他说：“‘实事’就是客观存在着的一切事物，

① 《邓小平文选》，2版，第2卷，143页，北京，人民出版社，1994。

'是'就是客观事物的内部联系，即规律性，'求'就是我们去研究。我们要从国内外、省内外、县内外、区内外的实际情况出发，从其中引出其固有的而不是臆造的规律性，即找出周围事变的内部联系，作为我们行动的向导。"①

根据毛泽东的这一解释，我们说实事求是本身存在着三个密不可分、依次递进的环节：一是"实事"，即客观存在着的一切事物，这是毛泽东对马克思主义哲学认识对象的高度概括，它与马克思、恩格斯关于"存在"的观点和列宁关于"物质"的概念是基本一致的。二是"求"，即我们去研究，这是毛泽东对马克思主义哲学关于认识辩证过程的高度概括。它包括了从实际中来，到实际中去，由感性认识上升到理性认识，又从理性认识回到客观实践这样两个阶段，而不断地"求"，则内在地包含了辩证唯物论认识论的总规律——实践、认识、再实践、再认识的无限循环往复，反映了人的自觉的能动性和认识的辩证法。三是"是"，也就是客观事物的内部联系，即规律性，这是毛泽东对事物客观规律及认识真理性的高度概括。规律是客观事物本身所固有的，不是由人们所臆造的，真理是从客观实际中抽象出来又在客观实际中得到了证明的理论，认识和掌握规律的目的在于作为我们行动的向导，作为改造世界的指南，这就揭示了马克思主义的真理观。

邓小平指出："马克思、恩格斯创立了辩证唯物主义和历史唯物主义的思想路线，毛泽东同志用中国语言概括为'实事求是'四个大字"②，"毛泽东思想的精髓就是这四个字"③。又说："实事求是，一切从实际出发，理论联系实际，坚持实践是检验真理的标准，这就是我们党的思想路线。"④ 邓小平的这些科学论断，不仅精辟地阐明了实事求是在马克思列宁主义、毛泽东思想中的重要地位，而且对实事求是思想路线的基本内容作出了新的更完善的概括。

---

① 《毛泽东选集》，2版，第3卷，801页，北京，人民出版社，1991。

② 《邓小平文选》，2版，第2卷，278页，北京，人民出版社，1994。

③ 同上书，126页。

④ 同上书，278页。

第一，一切从实际出发。这是实事求是最主要的内容，也是坚持实事求是的客观前提和基础。毛泽东和邓小平都十分强调，不要从抽象的定义出发，不要靠本本，而要从客观存在的事实出发，按照实际情况决定工作方针。从实际出发，按照科学的方法认识规律、掌握规律，以此作为行动的指南，这就正确地解决了人们认识世界、改造世界的根本出发点问题。

第二，理论联系实际，即理论和实践相结合。这是实事求是的基本内容，也是坚持实事求是，达到主客观相统一的根本途径。中国共产党一贯重视并致力于把马克思主义的理论同中国的实际相结合，把理论联系实际还是脱离实际、理论和实践相结合还是相分裂的问题，看作全党的思想方法和工作态度问题，看作对待马克思主义的态度问题，是“第一个重要的问题”。强调要反对教条主义和经验主义这两种错误倾向，善于把马克思主义理论应用于中国的具体环境，使之中国化，并为中国人民所掌握，成为夺取革命和建设胜利的有效武器。这就解决了理论向实际转化，以及不断在实践中得到发展的途径问题。

第三，坚持实践是检验真理的标准。毛泽东继承和发展了马克思、列宁关于用实践作为证明人的思维是否具有真理性的标准的重要思想，不仅进一步强调了实践作为检验真理标准的唯一性，指出只有人们的社会实践，才是人们对于外界认识真理性的标准，而且阐明了实践检验真理的复杂性。邓小平在新时期把实践是检验真理的标准规定为党的思想路线的内容，意义十分重大，它构成了党的思想路线的基石。人们是不是做到了从实际出发，是不是实现了理论联系实际，是不是坚持了实事求是，最终全靠以人民群众为主体的社会实践的检验。

上述几个方面的核心是实事求是。它集中体现了马克思列宁主义的世界观和方法论。只要坚持实事求是，就不能不坚持一切从实际出发、理论联系实际和实践是检验真理的标准。反之，也只有坚持这三点，才能真正做到实事求是。因此，邓小平在讲到党的实事求是的思想路线时，才把这三点联系起来作综合考察，把它们作为一个整体加以论述，从而使党的实事求是思想路线的要求更加明确和具体，更具有鲜明的针对性，也更容易为人们所理解和掌握。

（二）解放思想的内涵及其基本要求

邓小平指出："什么叫解放思想？我们讲解放思想，是指在马克思主义指导下打破习惯势力和主观偏见的束缚，研究新情况，解决新问题。"①又说："解放思想，开动脑筋，实事求是，团结一致向前看，首先是解放思想。只有思想解放了，我们才能正确地以马列主义、毛泽东思想为指导，解决过去遗留的问题，解决新出现的一系列问题，正确地改革同生产力迅速发展不相适应的生产关系和上层建筑，根据我国的实际情况，确定实现四个现代化的具体道路、方针、方法和措施。"② 邓小平的这些论述，不仅深刻地揭示了解放思想的历史背景，而且系统地说明了解放思想的基本要求。

第一，解放思想必须认真解决过去长期以来所形成的思想僵化问题。解放思想和思想僵化是两种根本不相容的精神状态。邓小平指出，由于十多年来，林彪、"四人帮"大搞禁区、禁令，制造现代迷信，把人们的思想封闭在他们假马克思主义的禁锢圈内；由于民主集中制遭到破坏，党内确实存在权力过分集中的官僚主义；由于是非功过不清、赏罚不明以及小生产的习惯势力的影响等等原因，不少同志的思想还很不解放，脑筋还没有开动起来，也可以说还处在僵化或半僵化的状态。思想不解放，思想僵化，很多的怪现象就产生了。思想一僵化，条条、框框就多起来了，不从实际出发的本本主义，也就严重起来了。"不打破思想僵化，不大大解放干部和群众的思想，四个现代化就没有希望。"③ 在这里，很明显，解放思想又具有拨乱反正的性质。

第二，解放思想必须注意研究新情况，解决新问题。十一届三中全会以后，邓小平特别强调解放思想，从更深层次的背景看，主要是为了"解决新出现的一系列问题"。他首先自觉地意识到中国的社会主义事业已经进入一个新的历史时期，从而认识到在中国需要探索一条新的道路，即一

① 《邓小平文选》，2版，第2卷，279页，北京，人民出版社，1994。
② 同上书，141页。
③ 同上书，143页。

条具有中国特色的社会主义建设道路。邓小平指出，在党内和人民群众中，肯动脑筋、肯想问题的人愈多，对我们的事业就愈有利。干革命、搞建设，都要有一批勇于思考、勇于探索、勇于创新的闯将。没有这样一大批闯将，我们就无法摆脱贫穷落后的状况，就无法赶上更谈不到超过国际先进水平。又说，解放思想必须真正解决问题。我们的思想懒汉不少，讲大话、空话的多。真正仔细地研究新情况，解决新问题，切实地想办法使我们的步伐快一些，使生产力发展快一些，使国民收入增加快一些，把领导工作做得更好一些，这样的同志还不多。他希望各级党组织和每个领导干部，都来鼓励、支持党员和群众去思考、探索、创新。显然，在这里，解放思想是与开拓社会主义现代化建设新局面紧密联系在一起的，体现了革命的探索、创新的精神。

第三，解放思想必须坚持四项基本原则。解放思想作为党的马克思主义思想路线的重要原则，本身就具有很强的党性和阶级性。中国在粉碎“四人帮”以后出现一种思潮，叫资产阶级自由化。一些鼓吹资产阶级自由化的人，歪曲解放思想的阶级实质，打着“解放思想”的旗号，反对共产党的领导，反对社会主义道路，反对人民民主专政，反对马克思列宁主义、毛泽东思想，主张中国全盘西化，走资本主义道路。在他们的煽动下，出现了一次次学潮，并最终导致1989年春夏之交的政治风波。邓小平鉴于“文化大革命”十年动乱给党和国家造成的惨痛损失以及资产阶级自由化所带来的严重后果，在反复强调必须坚持四项基本原则、巩固和发展安定团结的政治局面的同时，还严肃指出，解放思想决不能偏离四项基本原则的轨道，不能损害安定团结、生动活泼的政治局面。如果离开四项基本原则去“解放思想”，实际上就把自己放到党和人民的对立面上去了。

（三）坚持解放思想与实事求是的统一

坚持解放思想与实事求是的统一，把实事求是看作一个解放思想的过程，把解放思想作为坚持实事求是的重要前提，把二者看作一个问题的两个互为条件、互相依存的方面，这是邓小平对毛泽东所创立的实事求是思想路线的重大发展，也是邓小平在坚持这一思想路线中的主要特色。

邓小平指出："解放思想，就是使思想和实际相符合，使主观和客观相符合，就是实事求是。"① 人们所以要解放思想，是由于头脑中的一些传统观念和思维模式脱离了客观实际，禁锢了思想，束缚了手脚。在这种情况下，不解放思想、更新观念，就不能克服主观与客观的矛盾，就不能正确地认识和改造世界。这样，解放思想就成为坚持实事求是的前提条件。反之，解放思想又必须以实事求是为基本立足点。只有同实事求是相联系，与实事求是相统一的解放思想，才是科学的解放思想，它同超越客观实际的主观主义的解放思想，同无视社会主义现实存在的资产阶级自由化的"解放思想"，都有着根本区别，不能混为一谈。

解放思想与实事求是的统一，是实践的现实性的内在要求与体现，是在实践基础上的辩证的统一。马克思主义哲学认为，实践是人们改造客观世界的活动，同时体现了认识主体的能动性。实践的这种从客观到主观、又从主观到客观的双向转化活动，以及它的主观性与客观性相统一的双重特征，要求人们在实践中既要解放思想，充分发挥主观能动性、创造性，又要从实际出发，实事求是，尊重客观规律。如果脱离实践的现实性品格，就无法从根本上去理解和掌握解放思想与实事求是的统一。同时，也只有经过实践，才能判断与检验解放思想与实事求是是否真正达到了统一。从实践的观点出发，正确地理解和说明贯穿于人类活动中的主观性与客观性的矛盾，是我们寻找解放思想与实事求是统一内在根据的基本途径。

主观与客观、思想和实际的符合与统一，也是一个不断发展的过程。世界天天在发生变化，新的事物不断出现，新的问题不断出现。实践在发展，人们的认识也就需要不断深化，不能也不应该停止在某一阶段。停滞必然导致僵化，出现主观脱离客观、思想落后于实际的问题。新问题是层出不穷的，我们必须不断坚持解放思想、实事求是，使主观思想跟上客观现实的变化，使认识合乎实际。历史与现实的经验都反复说明，那种认为解放思想、实事求是可以一劳永逸的观点，是不切实际的、错误的观点。

---

① 《邓小平文选》，2版，第2卷，364页，北京，人民出版社，1994。

坚持解放思想与实事求是的统一，必须注意防止和克服把二者对立起来或加以割裂的错误倾向。坚持实事求是并不排斥解放思想，它总是以解放思想为其前提的；坚持解放思想也从不排斥实事求是，它总是以实事求是为原则的。离开实事求是去搞所谓的“思想解放”和离开解放思想去搞所谓的“实事求是”，都是片面的、不可思议的，都必然偏离解放思想与实事求是统一的正确轨道。全面、准确地理解实事求是与解放思想的关系非常重要。只有解放思想，才能真正实事求是；只有实事求是，才能真正解放思想。我们的认识要随着历史的前进、时代的发展、实践的深化不断提高。全党同志任何时候都要坚持解放思想、实事求是的思想路线。

粉碎“四人帮”后，在邓小平等老一辈无产阶级革命家的倡导和支持下，通过“实践是检验真理的唯一标准”的大讨论和对“两个凡是”错误指导方针的批判，党终于冲破了教条主义、个人崇拜的严重束缚，打破了思想僵化或半僵化的状态，重新确立了解放思想、实事求是的思想路线，使党的事业重新走上了健康发展的轨道。

多年来，邓小平一直强调要坚持解放思想、实事求是的思想路线，把它作为推进改革开放和社会主义现代化建设的最重要原则，紧紧抓住不放。他尖锐地指出：“一个党，一个国家，一个民族，如果一切从本本出发，思想僵化，迷信盛行，那它就不能前进，它的生机就停止了，就要亡党亡国。这是毛泽东同志在整风运动中反复讲过的。只有解放思想，坚持实事求是，一切从实际出发，理论联系实际，我们的社会主义现代化建设才能顺利进行，我们党的马列主义、毛泽东思想的理论也才能顺利发展。”① 他还把能否真正解决好党的思想路线问题，作为关系到党和国家前途命运的政治问题。直到1992年初的视察南方谈话，他仍反复强调要提倡实事求是，不要提倡本本，并说：“过去我们打仗靠这个，现在搞建设、搞改革也靠这个。”②

十一届三中全会以后，邓小平对毛泽东所创立的解放思想、实事求是的思想路线的发展，不仅表现在他深刻地阐明了实事求是在毛泽东思想中

---

① 《邓小平文选》，2版，第2卷，143页，北京，人民出版社，1994。

② 《邓小平文选》，第3卷，382页，北京，人民出版社，1993。

的地位，而且表现在他对实事求是思想路线的内容作了新的更为完整的概括，尤其表现在他在理论和实践上系统地解决了坚持解放思想与实事求是相统一的问题。

总之，党的实事求是的思想路线本身就是解放思想的产物，坚持实事求是、解放思想的思想路线，必须正确地理解和掌握二者之间辩证统一的关系，防止对二者的片面理解，这是我们党在思想路线方面积累的最重要的也是最根本的一条经验。

三、坚持中国特色社会主义思想路线的理论和实践意义

解放思想、实事求是是中国共产党的思想路线，搞革命要解放思想、实事求是，建设社会主义也要解放思想、实事求是。解放思想、实事求是是马克思列宁主义的精髓，是毛泽东思想的精髓，也是邓小平理论和中国特色社会主义的精髓。坚持中国特色社会主义思想路线具有重要的理论和实践意义。

（一）解放思想、实事求是是中国特色社会主义思想路线丰富发展的基础

20 世纪 90 年代以来，国际局势和国内形势的变化呈现出许多前所未有的新特点。从国际上看，世界多极化继续发展，经济全球化日益加速，科技革命日新月异，综合国力的竞争日趋激烈，人类社会生活正以前所未有的速度发生着深刻的变化。从国内来看，改革开放和现代化建设进入新的时期，建立社会主义市场经济体制，在以公有制为主体的多种所有制共同发展的过程中存在着许多需要探索的新问题；我国社会关系也出现了一系列新情况，需要科学认识我国各阶层的属性和地位，正确认识和处理新时期人民的内部矛盾；社会经济成分、组织形式、利益分配和就业方式日趋多样化，使社会经济生活发生了前所未有的深刻变化。同时，中国共产党自身的状况也发生了很大的变化，已经从一个领导人民为夺取全国政权

而奋斗的党，成为一个领导人民掌握全国政权并将长期执政的党；已经从一个曾长期受到外部封锁领导国家建设的党，成为在全面改革开放条件下领导国家建设的党。党面临着如何提高执政能力和如何提高拒腐防变、抵御风险能力的两大历史考验。

面对改革开放以来中国社会出现的新情况、新特点，部分干部和党员对党所采取的新政策、新领导方式和工作方法等，还缺乏科学的分析和正确的认识，还沉浸在不合时宜的观念、做法和体制中，对马克思主义也还存在一些错误的和教条式的理解。为了使党在思想上保持开拓创新的状态，为了使党更好地坚持实事求是的思想路线，进一步突出时代精神和创新要求，江泽民、胡锦涛在坚持解放思想、实事求是的同时，相继提出了“与时俱进”、“求真务实”等重要观点，作为坚持党的思想路线的基本要求，进而丰富和发展了党的思想路线。

“与时俱进”的思想是逐步形成的。党的十五大在提出用邓小平理论武装全党的同时，强调指出：“一定要以我国改革开放和现代化建设的实际问题、以我们正在做的事情为中心，着眼于马克思主义理论的运用，着眼于对实际问题的理论思考，着眼于新的实践和新的发展”①。“一个中心，三个着眼于”思想的提出，是党在思想路线认识上的深化，体现了与时俱进的精神。1998 年 12 月，在纪念党的十一届三中全会召开 20 周年大会上，江泽民从思想方法的高度，进一步总结了 20 年来的主要历史经验。他指出：“实践是永无止境的，认识真理不是一次完成的。一切从实际出发，解放思想、实事求是，也要一以贯之。”② 并再次重申了“一个中心，三个着眼于”的马克思主义学风。2001 年 1 月，江泽民在全国宣传部长会议上的讲话中第一次明确提出“与时俱进”的概念，并把它同创新联系起来，指出：不唯本本，不守教条，与时俱进，不断推进理论创新、体制创新、科技创新。随后，江泽民又把与时俱进作为党的思想路线的要求加以阐述。他指出，解放思想、实事求是、与时俱进、开拓创新是马克思主义活的灵魂，也是我们认识新事物、适应新形势、完成新任务的根本思想武器。同年 7

① 《江泽民文选》，第 2 卷，12 页，北京，人民出版社，2006。

② 同上书，251 页。

月，在庆祝中国共产党成立 80 周年的讲话中，江泽民从更为广阔的视角对“与时俱进”进行深刻的思考，提出了“马克思主义具有与时俱进的理论品质”① 的论断。党的十六大的报告中对“与时俱进”的含义进行了科学的表述，指出：与时俱进，就是党的全部理论和工作要体现时代性，把握规律性，富于创造性。并强调指出：“坚持党的思想路线，解放思想、实事求是、与时俱进，是我们党坚持先进性和增强创造力的决定性因素。”②

求真务实是中国共产党一以贯之的优良传统和作风。毛泽东曾号召全党要把革命气概和实际精神结合起来，告诫全党同志要老老实实地办事，在世界上要办成几件事没有老实态度是根本不行的。新时期，邓小平则突出强调，世界上的事情都是干出来的，不干，半点马克思主义都没有，要坚决制止追求表面文章，不讲实际效果、实际效率、实际速度、实际质量、实际成本的形式主义，杜绝说空话、说大话、说假话的恶习。江泽民也一再强调，形式主义、官僚主义是一大祸害，必须狠刹形式主义、官僚主义的歪风，时时处处坚持重实际、说实话、务实事、求实效，大力发扬脚踏实地、埋头苦干的工作作风。党的历史充分证明，求真务实是党的活力之所在，也是党和人民事业兴旺发达的关键之所在。什么时候求真务实坚持得好，党的组织和党员干部队伍就充满朝气和活力，党和人民的事业就能顺利发展；什么时候求真务实坚持得不好，党的组织和党员干部队伍就缺乏朝气和活力，党和人民的事业就受到挫折。新世纪新阶段，针对党和国家工作的新要求，胡锦涛在 2004 年 1 月中央纪律监察委员会第三次全体会议上向全党发出了大力弘扬求真务实精神、大兴求真务实之风的号召。他指出：“求真务实，是辩证唯物主义和历史唯物主义一以贯之的科学精神，是我们党的思想路线的核心内容，也是党的优良传统和共产党人应该具备的政治品格。”③ 把求真务实明确地作为党的思想路线的核心内容，作为共产党人应该具备的政治品格，这就进一步深化了党对思想路线的认识，具有十分重要的理论价值和实践意义。

---

① 《江泽民文选》，第 3 卷，282 页，北京，人民出版社，2006。

② 同上书，537 页。

③ 《十六大以来重要文献选编》(上)，724 页，北京，中央文献出版社，2005。

党的思想路线的不断丰富和发展，充分体现了党的思想路线中主观与客观相符合、理论与实际相联系、历史与现实相统一的基本立场、观点和方法。这些基本原则、方针和方法，是党的思想路线不断丰富和发展的内在动力。

（二）解放思想、实事求是是中国特色社会主义形成和发展的基础

邓小平建设中国特色社会主义理论，是马克思主义与当代中国实际和时代特征相结合的产物，是当代中国的马克思主义。这一理论的形成和发展，有着深刻的社会、历史和现实原因，其中包括从50年代中期开始的探索和“文化大革命”的教训，包括总结新中国成立以来正反两方面历史经验，实行拨乱反正，以及在此基础上开始的第二次革命的伟大实践等等。但是，更为重要的是，邓小平敢于冲破各种不利于社会主义更快发展的束缚，善于集中全党和全国人民的智慧。邓小平所以能够做到这一点，从认识论的角度来说，在于他以超常的胆识，果断地恢复、坚持和发展了党的解放思想与实事求是相统一的思想路线。理论上的发展过程与实践的发展过程是一个辩证统一的过程。历史的起点往往成为理论形成的起点。从邓小平建设中国特色社会主义理论形成的历史看，解放思想、实事求是不仅是其中最基本的原则，而且是首先确立起来的原则，是这一锐利的思想武器推动了建设中国特色社会主义实践的发展和理论的形成。

第一，解放思想、实事求是，是科学地确立毛泽东思想的指导地位，完整准确地理解和掌握毛泽东思想科学体系，并使之与新的历史条件相结合，得到继承、发展的基础和条件。十一届三中全会以前的20年间，特别是在“文化大革命”中，由于“左”倾错误的束缚，人们的思想处于一种僵化、半僵化的状态，马克思列宁主义、毛泽东思想的科学原理遭到歪曲和破坏，党的事业在很大程度上偏离了马克思主义与中国实际相结合的正确轨道。粉碎“四人帮”，结束“文化大革命”后，全党全国人民首要的任务，就是从“文化大革命”及其以前“左”的思想的禁锢下解放出来。关于实践是检验真理标准问题的讨论，实质上就是要不要解放思想、实事求是的争论。“两个凡是”是一种新的禁锢，新的本本主义。而在批判“两个凡是”错误方针、否定“文化大革命”错误的同时，又出现了一种

企图贬低毛泽东思想历史价值、否定毛泽东思想的资产阶级自由化的倾向。正是在这种情况下，邓小平以大无畏的革命精神和实事求是的科学态度，支持关于实践是检验真理标准问题的讨论，批驳“两个凡是”的错误，恢复和确立了党的马克思主义的思想路线，从而顺利解决了如何正确评价毛泽东和毛泽东思想、如何学习和运用毛泽东思想科学体系这一重大的政治问题，为在新时期继承和发展毛泽东思想提供了重要基础。如果没有解放思想和实事求是，就不可能圆满地回答上述这一最为重要而又困难的问题，当然，也就不会有邓小平理论及其体系的形成。

第二，解放思想、实事求是，是党的“一个中心、两个基本点”的基本路线及新时期一系列正确方针政策得以制定和贯彻的基础和条件。历史经验反复表明，思想路线是政治路线的基础。不解决思想路线问题，不解放思想，正确的政治路线就制定不出来，制定了也贯彻不下去。十一届三中全会以后，中国共产党之所以能够果断地停止使用“以阶级斗争为纲”的口号，坚定不移地实现党的工作由以政治革命为中心到以经济建设为中心的转移，在坚持四项基本原则的基础上，坚定不移地实行改革开放，集中力量发展生产力，并完整地提出了社会主义现代化建设的宏伟目标，其原因很多，但其中最根本的一条，还是由于我们确定并坚持了解放思想、实事求是的思想路线。假如我们思想不解放，思想观念仍停留在过去“左”的僵化的观点上，假如我们不是从实际出发，实事求是地总结历史经验，认真研究国际、国内的新情况、新问题，就不可能正确回答什么是社会主义、我国的社会主义处于一种什么样的阶段、怎样建设我们的社会主义这样一些带有根本性的问题，当然也就不能制定和执行符合我国现实情况、反映时代特征的正确的路线、方针和政策，也就不能把我国的社会主义事业不断推向前进。正如邓小平所指出的那样，“不解放思想，不实事求是，不从实际出发，理论与实践不相结合，不可能有现在的一套方针、政策，不可能把人民的积极性统统调动起来，也就不可能搞好现代化建设，显示出社会主义制度的优越性”①。

① 《邓小平文选》，2版，第2卷，191页，北京，人民出版社，1994。

第三，解放思想、实事求是，也是以邓小平为代表的党的第二代中央领导集体集中全党智慧，总结群众的创造，进而系统阐述建设中国特色社会主义理论的重要条件。邓小平认为，改革、开放和社会主义现代化的事业是群众的事业。解放思想、实事求是不仅是中央和上级领导机关的事，也是广大基层单位、广大干部和群众的事。各行各业、上上下下都要解放思想，开动脑筋想问题、办事情。改革中许许多多的东西都是由群众在实践中提出来的，是群众的创造。他说："实事求是是马克思主义的精髓。要提倡这个，不要提倡本本。我们改革开放的成功，不是靠本本，而是靠实践，靠实事求是。农村搞家庭联产承包，这个发明权是农民的。农村改革中的好多东西，都是基层创造出来，我们把它拿来加工提高作为全国的指导。"① 人民群众的实践、智慧和经验是建设中国特色社会主义理论形成的重要条件，而这又要归功于解放思想、实事求是思想路线的指引。没有广大干部和群众响应邓小平和党中央解放思想、实事求是的号召，勇于实践、勇于创新，就不可能有那么多可供加工提高的思想材料。十一届三中全会以来的近 20 年间，以邓小平为代表的中国共产党人正是由于尊重实践、尊重群众，既善于继承前人，又敢于突破陈规，独立探索中国特色的社会主义建设道路，才对建设中国特色社会主义理论的形成作出了历史性贡献。

（三）解放思想、实事求是是中国特色社会主义的精髓和法宝

解放思想、实事求是，不仅是邓小平理论形成的基础和前提，是这一理论全部内容及其实践的精髓，也是坚持和发展中国特色社会主义的重要法宝。

邓小平建设中国特色社会主义理论涉及的领域很广，论述的问题也很多。但其中最根本的原则是解放思想与实事求是。坚持解放思想与实事求是的统一，是建设中国特色社会主义的出发点和立足点，是邓小平观察和解决新时期一切问题的基本立场、观点和方法。

---

① 《邓小平文选》，第 3 卷，382 页，北京，人民出版社，1993。

第一，作为建设中国特色社会主义理论重要基础的社会主义初级阶段理论，是解放思想与实事求是统一的重大成果。过去一个相当长的时期内，由于对马克思主义书本上某些论述的教条式的理解，以及不适当地强调主观能动性的作用等原因，我们曾经盲目追求“一大二公”的模式，不切实际地企望很快完成当前社会主义的任务，进入社会主义的高级阶段，甚至想跑步进入共产主义，结果导致了急于过渡的“左”倾错误，给社会主义造成了很大损失。解放思想，首先必须破除以往在社会发展阶段问题上的错误观念。社会主义初级阶段理论指出我国社会仍然处于社会主义初级阶段，强调这是一个长达百年的阶段，制定一切方针、政策都必须以这个基本国情为客观依据。这就把党对社会主义发展阶段的认识，以及当前和今后很长一个时期社会发展任务的认识，置于正确的基础上，从根本上否定了超越发展阶段的“空想论”的错误。

第二，作为建设中国特色社会主义理论核心的社会主义本质论，也是解放思想与实事求是统一的重大成果。由于“左”的思想的干扰，我们曾长期忽视了发展生产力这个社会主义的最本质的特征，因而在什么是社会主义的问题上陷入了不清醒的状态，对社会主义产生了不少误解甚至曲解。在解放思想、实事求是的思想指引下，党抛弃了过去对社会主义的不科学的甚至扭曲了的认识，实事求是地承认了我国经济文化仍然比较落后的现实，确立了发展生产力这个社会主义的根本任务。邓小平多次指出，贫穷不是社会主义，社会主义要消灭贫穷，社会主义的优越性归根到底体现在它的生产力要比资本主义发展得更快一些，更高一些，并把是否有利于发展社会主义社会的生产力作为判断一切工作是非得失的根本标准，充分体现出解放思想与实事求是统一的彻底唯物主义态度和革命的创新精神。

第三，确立社会主义市场经济为我国经济体制改革的目标，同样是解放思想与实事求是统一的结果。长期以来，人们往往把市场经济与社会主义对立起来，把市场经济等同于资本主义，把计划经济等同于社会主义，造成了理论和实践上的误区。邓小平坚持从实际出发，突破了以往在这个问题上的误区。社会主义市场经济理论的提出，是对传统社会主义模式的重大突破，对于我国的经济体制改革乃至整个社会主义现代化建设，都具有决定性的意义。当然，没有解放思想与实事求是这一锐利思想武器，也是不可能实现这一突破的。

此外，在社会主义的发展道路上，邓小平特别强调由于各国实际情况的特殊性，各国对于社会主义建设道路的选择不可能是一个模式，必须坚持从本国实际出发，在实践中走出一条既符合社会主义的本质特征，又符合本国实际的社会主义道路；在我国社会主义建设的发展目标和步骤上，邓小平反对任何形式的急于求成的思想，提出了我国经济发展的长远战略目标和“三步走”的战略步骤；在祖国统一问题上，他着眼于港、澳、台地区的现实情况，创造性地提出了“一个国家，两种制度”的构想，等等。所有这些，无一不是坚持解放思想与实事求是统一的结果。邓小平建设中国特色社会主义的理论，是我们党在纠正了过去对社会主义认识上的一些教条式的不科学的甚至扭曲了的认识的基础上，从当代国际形势和我国国情出发形成的一种崭新的社会主义理论，是马克思主义与中国实际和时代特征相结合的最新成果。离开了实事求是的彻底唯物主义态度和解放思想的革命创造精神，就不可能形成这一理论，也不可能真正把握它的真谛。

中国特色社会主义具有强大的生命力。说它具有强大的生命力，从根本上来说，是因为它是深深扎根于当代中国人民建设中国特色社会主义伟大实践，并将随着实践的发展而发展的。中国特色社会主义这一本质的特征，决定了它必须始终把解放思想、实事求是作为自己的思想基础。

中国共产党经过改革开放前后两个三十年的接续探索，终于找到了中国特色社会主义道路，形成了中国特色社会主义理论体系，确立了中国特色社会主义制度，取得了举世瞩目的伟大成就。然而，实践发展永无止境，认识真理永无止境，理论创新永无止境。党要在勇于实践、勇于变革、勇于创新中，准确把握时代发展要求，不断顺应人民的共同愿望，不懈探索和把握中国特色社会主义规律，坚定中国特色社会主义的道路自信、理论自信、制度自信，在党和人民创造性实践中奋力开拓中国特色社会主义更为广阔的发展前景，就必须继续坚持邓小平在新时期为党重新确立的实事求是的思想路线。这是坚持和发展中国特色社会主义的根本思想保证，也是党的工作和中国特色社会主义事业永远保持蓬勃生机与活力的重要法宝。正如习近平所说："我们要自觉坚定实事求是的信念、增强实事求是的本领，时时处处把实事求是牢记于心、付诸于行。"①

① 《习近平谈治国理政》，26页，北京，外文出版社，2014。

第二章　邓小平与党和国家工作重点转移

发展生产力问题是邓小平在新时期中讲得最多，也最为重视的一个问题，构成了邓小平理论和党的基本路线的核心内容，在邓小平理论所确定的整体发展战略布局中居于主导的地位。邓小平基于对中国几十年社会主义建设经验教训的历史总结和对当今时代社会发展的深入思考，一再指出，社会主义最根本的任务，是坚持以经济建设为中心，大力发展生产力。认为“中国的主要目标是发展”，“发展才是硬道理”。强调贫穷不是社会主义，社会主义要消灭贫穷，我们要建设的中国特色的社会主义，是不断发展生产力的社会主义，我们确定的基本路线，是以经济建设为中心，全面实现社会主义现代化的发展路线，从而阐明了中国进入社会主义以后长期没有解决好的社会主义社会的主要矛盾及社会发展根本任务的问题，为当代中国社会主义社会的发展指明了正确的方向。

一、对社会主义根本任务认识的曲折历程

大力发展生产力，努力摆脱贫困落后，实现国家的工业化和现代化，这是当代中国社会发展所面临的最基本的问题，是中国共产党和中国人民在整个社会主义现代化建设新时期所面临的主要工作或根本任务；同时，

在一定意义上，也可以说是中国近代以来就一直存在着的最重要的社会基本问题，是广大中国人民最普遍的愿望和要求，是一个在当时没有条件完成的历史任务。

（一）中国近代社会的被动转化与前人的探索

鸦片战争前，面对迅速崛起的西方资本主义列强，清政府的“天朝”美梦虽然尚未完全破灭，但中华民族生存与发展的问题已经日益突出起来，并逐渐形成民族和社会的危机。鸦片战争以来，西方资本主义列强通过一次又一次侵略战争，用坚船利炮打开了古老中华帝国的大门。从此，中国便在由独立的封建国家向半殖民地半封建国家的沦变中，开始了由古代社会向近代和现代社会的被动转化。正如毛泽东所指出：“中国的封建社会继续了三千年左右。直到19世纪的中叶，由于外国资本主义的侵入，这个社会的内部才发生了重大的变化。”①

近代中国社会的被动转化，主要表现在两个方面：一方面，帝国主义列强对中国的侵略，“促使中国封建社会解体，促使中国发生了资本主义因素，把一个封建社会变成了一个半封建的社会”；另一方面，“它们又残酷地统治了中国，把一个独立的中国变成了一个半殖民地和殖民地的中国”②。诚然，帝国主义侵略中国的目的，绝不是要把中国变成一个资本主义国家，然而，由于其侵略而在中国造成的资本主义生产方式和新的阶级力量的产生，又是不以其主观意志为转移的。因此，中国社会的近代化和现代化，从一开始就面临着反对中国走上独立发展资本主义道路的外国侵略势力和害怕中国实现社会现代化的国内封建统治势力两大障碍。帝国主义与中华民族、封建主义与人民大众的矛盾成为中国社会的主要矛盾，对外反对帝国主义侵略、对内反对封建主义压迫的民族民主革命，特别是挽救民族危亡的斗争，越来越突出，成为中华民族压倒一切的任务，而摆脱贫困落后、实现国家工业化和社会现代化的任务，则不得不让位于争取民族独立和解放的斗争。

---

① 《毛泽东选集》，2版，第2卷，626页，北京，人民出版社，1991。

② 同上书，630页。

中国共产党成立以前，先进的中国人已不断向西方国家、向资产阶级的文化武库寻找救国的真理，以为只要学习了西方，就可以使国家富强起来。孙中山作为中国民主革命的伟大先行者，最早认识到要用资产阶级革命的方法，铲除封建专制统治，建立民主共和国，然后发展实业，强国富民，实现民族振兴和社会现代化，并为此进行了长期的艰苦努力，直到领导辛亥革命，推翻了中国几千年以来的封建帝制，建立了中华民国。但是，由于国内外反动势力的强大和民族资产阶级政治上的软弱性，辛亥革命很快遭到失败。孙中山建立的中华民国，旋即成为帝国主义支持下的封建军阀统治的工具，成为中国经济和社会现代化的障碍。随着资产阶级共和国方案的破产，以及“实业救国”、“科学救国”、“教育救国”等幻想的破灭，在马克思主义指导下的革命救国的民族精神和民族意识开始形成，并极大地促进了中华民族意识的觉醒和精神的解放。

（二）毛泽东最初的认识及其变化

早在民主革命过程中，以毛泽东创立新民主主义理论为标志，中国共产党代表整个中华民族的利益，从中国社会和革命的实际出发，把马克思列宁主义关于社会革命和社会发展的一般原理同中国的具体实际相结合，逐步确立了先进行民主革命，再进行社会主义革命，然后进行经济和社会现代化建设的纲领。党和人民在这一时期为争取中华民族的独立和解放、为改革封建土地制度、为从反动势力手中夺取政权而进行的长期奋斗和牺牲，从一定意义上来说，都是为在中国实现工业化和现代化扫清道路。正如毛泽东所说：“就整个来说，没有一个独立、自由、民主和统一的中国，不可能发展工业。”① “中国工人阶级的任务，不但是为着建立新民主主义的国家而斗争，而且是为着中国的工业化和农业近代化而斗争。”② “没有中国共产党的努力，没有中国共产党人做中国人民的中流砥柱，中国的独立和解放是不可能的，中国的工业化和农业近代化也是不可能的”③。历史

① 《毛泽东选集》，2版，第3卷，1080页，北京，人民出版社，1991。
② 同上书，1081页。
③ 同上书，1098页。

已经证明了毛泽东这些论述的正确性。

中华人民共和国的建立和生产资料私有制社会主义改造的完成，使中国获得了由农业国变为工业国的基本条件。在这种情况下，摆脱贫困落后，实现国家工业、农业、国防和科学技术的现代化，建设独立、富强、民主、文明的社会主义新中国的任务，理所当然地摆到了党和国家的主要工作日程上来。为此，毛泽东在1949年3月召开的中共七届二中全会的报告中，提出了党的工作重心从农村向城市的转移和今后工作的“中心任务”问题。认为，进城后，党的“中心任务”应该是恢复和发展生产事业，其他工作“都是围绕着生产建设这一个中心工作并为这个中心工作服务的”①。党的八大更是充分反映了这种变化及其要求。八大关于政治报告的决议认为：“我国在近百年间，经济和文化的发展远落在世界先进水平之后，广大的觉悟的爱国人民一直要求把我国从落后的农业国变为先进的工业国。”“由于资产阶级民主革命和社会主义革命的胜利，生产力发展的障碍基本上已经扫除了”②。党和人民的主要任务，是集中力量解决人民对于经济文化迅速发展的需要同当前经济文化不能满足人民需要之间的矛盾，把我国尽快地从落后的农业国变为先进的工业国。毛泽东先后发表的《论十大关系》、《关于正确处理人民内部矛盾的问题》等著作，也反复强调要实现党的工作重心由阶级斗争向生产建设的转变，努力改变我国社会“一穷二白”的落后面貌，把我国建设成为一个伟大的社会主义现代化国家。

然而，由于新中国成立前后，毛泽东和党中央对当时我国社会主要矛盾的分析和上述“中心任务”、“主要任务”的规定并不协调；1953年提出党在过渡时期的总路线后，又把“实现国家工业化”与“实行社会主义改造”的双重任务并列，而实际上则把社会主义改造作为“中心任务”，导致了“一化”滞后，“三改”超前；尤其是在党的八大就国内主要矛盾和根本任务作出正确判断后，又因为1957年的反右派斗争而轻易改变已经形成的基本正确观点，结果导致后来长期的曲折，在阶级斗争和经济建设这

① 《毛泽东选集》，2版，第4卷，1428页，北京，人民出版社，1991。

② 《中共党史参考资料》（八），524页，北京，人民出版社，1980。

两个问题及其相互关系上，长期缺乏清醒的、正确的认识，这是毛泽东及其同时代的领导人，没有能弄清什么是社会主义、怎样建设社会主义的主要表现，也是一再发生“左”倾错误的最重要原因。

随着生产资料私有制社会主义改造和“一五”计划的顺利完成，历史把如何认识社会主义社会主要矛盾及党和国家中心任务这个问题提到党的议事日程上来。党的八大对此作出了正确的判断。但是，由于受历史条件的限制，党对建设社会主义的长期性、艰巨性缺乏必要的思想准备，在这个问题上的认识还很不成熟，缺乏实践经验和思想自觉性，加上受到长期形成的阶级斗争的思维方式和行为惯性的影响，特别是由于在这期间国际国内形势又出现了一些紧张情况，毛泽东重新把注意力转移到社会主义时期的阶级斗争问题上，对国际国内形势作出了片面的观察和夸大的估计，从而在理论和实践上出现了重大失误，结果陷入了“以阶级斗争为纲”的误区，造成了长期阶级斗争扩大化的错误，并最终直接导致了“文化大革命”的发动，把发展生产力这一根本任务推到了次要地位。

与此同时，1958 年发生的国民经济的“大跃进”，又使党和毛泽东在发展生产力问题上发生了急于求成错误的同时，在改变生产关系上发生了急于过渡的错误。毛泽东认为人民公社不仅规模大，而且公有化程度高，是最好的生产关系模式。于是，在理论上违背了生产关系一定要适应生产力状况的原理，脱离生产力发展状况，追求纯而又纯的公有制形式；在实践上反对所谓右倾保守主义，由“一大二公”、“割资本主义尾巴”，发展到搞两条道路斗争，急于过渡，盲目求纯，不停地变革生产关系。其结果是严重脱离了中国的国情，脱离了广大人民群众，使我国的社会主义经济陷入混乱。同时，也使平均主义思想进一步泛滥，严重挫伤了劳动者建设社会主义的积极性，阻碍和破坏了生产力的发展，在观念和体制上产生了长期的、消极的影响。而在经济体制方面，对于因照搬苏联社会主义建设经验而形成的高度集中的、僵化的计划经济模式，党虽曾意识到其消极作用并试图进行改革，且形成一些有价值的思想，但最终未能实现真正的突破，过分集中的计划经济体制也束缚了生产力的发展。

特别是进入 20 世纪 60 年代以后，由于错误地估计了思想文化领域形势，全面否定建国以来思想文化战线所取得的伟大成就，否定知识分子思想的进步，把思想文化领域作为“资产阶级专无产阶级政”的典型，又导致了所谓“封、资、修统治”的错误估计。毛泽东坚信“思想革命”能改变人的思想及阶级属性，并以此为突破口，发动了“文化大革命”。认为只有用“文化大革命”这种形式，才能彻底揭发党和国家生活中的阴暗面，把所谓被“走资本主义道路的当权派”篡夺了的权力夺回来。在这场所谓的“革命”中，在“继续革命”的旗号下，“以阶级斗争为纲”、“一大二公”、“计划第一”以及所谓“封、资、修统治”等错误观点都被大大强化了。

“以阶级斗争为纲”的错误在“文化大革命”中被发展到登峰造极的地步，造成了长达十年之久的浩劫和毛泽东本人的历史悲剧。这一灾难性后果，与毛泽东始终要求坚持马克思列宁主义、坚持不断革命的动机是背道而驰的。毛泽东最初形成的以发展经济，进行产业革命、技术革命为主要内容的中国第二次革命的思想，被“文化大革命”这一实质上既不是任何革命又不是一种社会进步，甚至只能造成动乱的“革命”所代替，从而在实际上中止了毛泽东对中国社会主义道路的积极探索。

总之，毛泽东作为中国共产党第一代中央领导集体的核心，在他一生的最后 20 年，虽然对于中国在社会主义制度已经建立的条件下，如何认识和解决社会主要矛盾、根本任务等基本问题，进行了长期的探索，并取得了一些积极成果，但最终没有能够解决这一问题。

（三）邓小平的重新思考和工作重点转移的实现

邓小平作为以毛泽东为核心的党的第一代中央领导集体的重要成员，早在 1975 年受毛泽东委托主持中央日常工作时，就提出要实行全面整顿，实际上是要纠正“文化大革命”的“左”倾错误，恢复党的八大关于社会主义建设的正确路线。邓小平提出的“以三项指示为纲”的整顿纲领，实质上是要把发展生产力，实现四个现代化作为社会主义的“根本任务”。这不仅反映了邓小平高度的政治智慧和领导艺术，而且在实际上酝酿了后来的拨乱反正。

党的十一届三中全会作出的最重要的决策，是停止“以阶级斗争为纲”的口号，把全党和全国人民的注意力和工作重心转移到社会主义现代化建设上来，从而开始了我国社会发展和社会主义建设的新的历史时期。邓小平认为，能否实现四个现代化，把我国建设成为富强、民主、文明的社会主义强国，这是关系全民族前途命运的最基本的社会问题。

早在十一届三中全会前，针对“四人帮”散布的“四个现代化实现之日，就是资本主义复辟之时”的谬论，邓小平就尖锐地指出：“‘四人帮’的所作所为，从反面使我们更加深刻地认识到，在无产阶级专政的条件下，不搞现代化，科学技术水平不提高，社会生产力不发达，国家的实力得不到加强，人民的物质文化生活得不到改善，那末，我们的社会主义政治制度和经济制度就不能充分巩固，我们国家的安全就没有可靠的保障。”“把我们的国家建设成为社会主义的现代化强国，才能更有效地巩固社会主义制度，对付外国侵略者的侵略和颠覆，也才能比较有保证地逐步创造物质条件，向共产主义的伟大理想前进。”①

十一届三中全会后不久，邓小平更明确地指出，我们当前和今后相当长一个历史时期的主要任务，就是进行现代化建设。他认为：“能否实现四个现代化，决定着我们国家的命运、民族的命运。在中国的现实条件下，搞好社会主义的四个现代化，就是坚持马克思主义，就是高举毛泽东思想伟大旗帜。你不抓住四个现代化，不从这个实际出发，就是脱离马克思主义，就是空谈马克思主义。”② 他强调：“马克思主义最注重发展生产力。我们讲社会主义是共产主义的初级阶段，共产主义的高级阶段要实行各尽所能、按需分配，这就要求社会生产力高度发展，社会物质财富极大丰富。所以社会主义阶段的最根本任务就是发展生产力，社会主义的优越性归根到底要体现在它的生产力比资本主义发展得更快一些、更高一些，并且在发展生产力的基础上不断改善人民的物质文化生活。如果说我们建国以后有缺点，那就是对发展生产力有某种忽略。”③

① 《邓小平文选》，2 版，第 2 卷，86 页，北京，人民出版社，1994。
② 同上书，162～163 页。
③ 《邓小平文选》，第 3 卷，63 页，北京，人民出版社，1993。

改革开放以来，邓小平作为中国社会主义现代化建设的总设计师，十分清醒地认识到了以经济建设为中心，大力发展生产力，实现社会主义现代化，对中国经济和社会发展的极端重要性，把它作为关系党和国家全局的“最大的政治任务”，“压倒一切的中心任务”，作为巩固和发展社会主义的“首要任务”、“第一个任务”、“最根本任务”，作为衡量一切工作是非得失的“最根本的标准”，作为马克思主义的一条“基本原则”，作为党在指导思想上的“最根本的拨乱反正”。反复强调和申明，全党、全军、全国人民要始终抓住这个中心、这个根本，毫不动摇地进行社会主义现代化建设。邓小平还把这一重要观点概括到党在社会主义初级阶段的基本路线中去，作为基本路线的核心内容，并经过历史与现实、国际与国内、正面与反面经验的总结和深刻的思考，形成了以发展为核心，改革、发展、稳定三位一体的当代中国社会发展的根本战略指导思想。他强调，坚持党的基本路线不动摇，关键是坚持以经济建设为中心不动摇，这是对社会主义本质和根本任务的深入思考，是对马克思主义历史唯物主义关于生产力是社会发展最终决定力量的基本观点的重新认定，它彻底回答了当代中国社会发展的最基本问题，并构成了邓小平独具特色的科学社会主义观的坚实理论基础。

二、社会主义根本任务的内涵及其确立的依据

“社会主义的根本任务是发展生产力”，这一科学概括有着丰富的内涵。根据邓小平的有关论述和江泽民的概括，“根本任务”至少应该包括四个基本要点：一是，发展生产力是社会主义的第一个任务，首要的任务。发展生产力的观点，是马克思主义历史唯物主义最基本的观点，社会主义的优越性就是体现在它的生产力要比资本主义发展得更高一些，更快一些，就是要通过逐步发展生产力，逐步改善人民的物质和文化生活。二是，大力发展生产力，必须坚持以经济建设为中心，把发展经济，实现四个现代化，解决人民日益增长的物质文化需要同落后的社会生产之间的矛

盾作为解决中国所面临的一切问题的最主要的条件，使其他工作都服从经济建设这个中心，围绕这个中心，而不能干扰它、冲击它。三是，社会主义的本质，就是解放生产力，发展生产力，消灭剥削，消除两极分化，最终达到共同富裕。必须把是否有利于发展社会主义社会的生产力，是否有利于增强社会主义国家的综合国力，是否有利于提高人民的生活水平，作为社会主义阶段判断各项工作是非得失的根本标准。四是，科学技术是第一生产力，四个现代化的关键是科技现代化。发展科技、教育，对于经济发展和社会发展具有至关重要的作用，经济建设必须依靠科技进步和劳动者素质的提高。

（一）把发展生产力确定为社会主义根本任务的理论依据

关于生产力在社会发展中的基础的、决定性的作用，马克思在《〈政治经济学批判〉序言》中有过非常精辟的论述，他说："人们在自己生活的社会生产中发生一定的、必然的、不以他们的意志为转移的关系，即同他们的物质生产力的一定发展阶段相适合的生产关系。这些生产关系的总和构成社会的经济结构，即有法律的和政治的上层建筑竖立其上并有一定的社会意识形式与之相适应的现实基础。物质生活的生产方式制约着整个社会生活、政治生活和精神生活的过程。不是人们的意识决定人们的存在，相反，是人们的社会存在决定人们的意识。社会的物质生产力发展到一定阶段，便同它们一直在其中运动的现存生产关系或财产关系（这只是生产关系的法律用语）发生矛盾。于是这些关系便由生产力的发展形式变成生产力的桎梏。那时社会革命的时代就到来了。随着经济基础的变更，全部庞大的上层建筑也或慢或快地发生变革"①。物质生活的生产方式制约着整个社会生活的过程。不是人们的意识决定人们的存在，而是人们的社会存在决定人们的意识。在人们的社会存在中，起基础性的最终决定作用的力量，是社会的物质生产力。判断一个变革时代，不能以它的意识为根据，这个意识必须从物质生活的现存矛盾中去解释。人类始终只提出自己

① 《马克思恩格斯选集》，2版，第2卷，32～33页，北京，人民出版社，1995。

能够解决的任务。马克思的这些精辟深刻的观点，有力地驳斥了历史唯心主义，奠定了其历史唯物主义的基础，为人们科学地认识社会历史发展提供了正确的方法论。对于马克思提出的这一历史唯物主义基本观点，列宁作了十分简练的概括，指出："只有把社会关系归结于生产关系，把生产关系归结于生产力的水平，才能有可靠的根据把社会形态的发展看作自然历史过程"①。毛泽东曾经在《矛盾论》中，从一般意义上讲到了生产力的发展对社会发展所起的基础的决定性的作用，指出："诚然，生产力、实践、经济基础，一般地表现为主要的决定的作用，谁不承认这一点，谁就不是唯物论者。"② 针对中国基本建立了社会主义制度以后的实际情况，毛泽东强调指出，只有经过相当长时间社会生产力的比较充分的发展，我们的社会主义经济制度和政治制度才算获得了自己的比较充分的物质基础，我们的国家才算充分巩固，社会主义社会才算从根本上建成了。这就更进一步肯定了生产力对于社会主义社会发展的基础的决定性的作用。

当然，我们肯定生产力是社会发展的最终决定力量，不是说可以无视生产关系、上层建筑在一定条件下对于生产力的主动的作用。正如恩格斯所说："根据唯物史观，历史过程中的决定性因素**归根到底**是现实生活的生产和再生产。"但是，"如果有人在这里加以歪曲，说经济因素是**唯一**决定性的因素，那么他就是把这个命题变成毫无内容的、抽象的、荒诞无稽的空话。经济状况是基础，但是对历史斗争的进程发生影响并且在许多情况下主要是决定着这一斗争的**形式**的，还有上层建筑的各种因素"。"这里表现出这一切因素间的相互作用，而在这种相互作用中归根到底是经济运动作为必然的东西通过无穷无尽的偶然事件（即这样一些事物和事变，它们的内部联系是如此疏远或者是如此难于确定，以致我们可以认为这种联系并不存在，忘掉这种联系）向前发展。否则把理论应用于任何历史时期，就会比解一个最简单的一次方程式更容易了。"③ 人们不应该由于强调经济因素的归根到底的决定性的作用，而忽视历史发展中各种因素"作为

① 《列宁选集》，3版，第1卷，8～9页，北京，人民出版社，1995。

② 《毛泽东选集》，2版，第1卷，325页，北京，人民出版社，1991。

③ 《马克思恩格斯选集》，2版，第4卷，695～696页，北京，人民出版社，1995。

无数个力的平行四边形”互相所起的作用，更不应该由于强调社会发展的合力，而忘记在社会发展的整个过程中，生产力是最革命的因素，是最终的决定力量。

（二）把发展生产力确定为社会主义根本任务的现实依据

关于我国社会主义制度基本建立以后国内的主要矛盾，党的八大曾经得出明确的结论，指出：我们国内的主要矛盾，“已经是人民对于经济文化迅速发展的需要同当前经济文化不能满足人民需要的状况之间的矛盾”①。尽管八大关于主要矛盾的表述存在着明显的不足，即在正确指出上述主要矛盾后，又将这一“矛盾的实质”归结为“先进的社会主义制度同落后的社会生产力之间的矛盾”② 这一容易引起某些误解的提法，但是，历史事实已经证明，八大关于主要矛盾的基本精神，无疑是正确的。后来发生的“左”倾错误，从根本上说，恰是由于背离了这一正确判断的结果。

十一届三中全会之后不久，邓小平基于对历史经验和我国国情的科学分析，明确指出：“什么是目前时期的主要矛盾，也就是目前时期全党和全国人民所必须解决的主要问题或中心任务，由于三中全会决定把工作重点转移到社会主义现代化建设方面来，实际上已经解决了。我们的生产力发展水平很低，远远不能满足人民和国家的需要，这就是我们目前时期的主要矛盾，解决这个主要矛盾就是我们的中心任务”③。在由他主持起草的《关于建国以来党的若干历史问题的决议》中进一步指出：“在社会主义改造基本完成以后，我国所要解决的主要矛盾，是人民日益增长的物质文化需要同落后的社会生产之间的矛盾。”虽然，由于国内的因素和国际的影响，阶级斗争还将在一定范围内长期存在，在某种条件下还有可能激化。但是，阶级斗争已经不是主要矛盾。“党和国家工作的重点，必须转移到以经济建设为中心的社会主义现代化建设上来，大大发展社会生产力，并在这个基础上逐步改善人民的物质文化生活。”对于我国社会内部大量存

①② 《中共党史参考资料》（八），524页，北京，人民出版社，1980。

③ 《邓小平文选》，2版，第2卷，182页，北京，人民出版社，1994。

在的不属于阶级斗争范围的各种社会矛盾，必须采取不同于阶级斗争的方法正确地加以解决，以便防止危害社会的安定团结，影响经济建设这个中心。党的十二大确认了上述提法，并把它写入党章，十三大、十四大也都重申了这一提法。

人民日益增长的物质文化需要同落后的社会生产之间的矛盾深刻反映了我国社会主义初级阶段的特殊本质。从社会需要方面看，在旧中国，广大劳动人民长期处于帝国主义、封建主义、官僚资本主义的压迫下，连最起码的生存条件都难以得到保证，他们对物质文化的需要长期受到极大的压抑。新中国成立以后，特别是社会主义经济基础建立以后，广大人民群众在旧社会被压抑的社会需求随着生产力的解放而被释放出来，人民对于崭新的社会制度能够满足他们的物质文化的需要，寄予了莫大期望。但是，多年以来，由于没有制定出为发展生产力创造良好条件的政策，“社会生产力发展缓慢，人民的物质和文化生活条件得不到理想的改善，国家也无法摆脱贫穷落后的状态”①。十一届三中全会以后，随着改革开放的深入和生产力的迅速发展，人民长期没有得到很大改善的物质文化需要，不仅在数量上不断增长，而且在质量上不断提高，对于生产更加丰富多彩的物质和精神产品的需求愈来愈大。从社会生产方面看，旧中国社会生产力的发展一直非常缓慢。“解放前五十多年间，全国除东北外，钢的生产一直只有几万吨；加上东北，全国的最高年产量也不过九十多万吨。在一九四九年，全国钢产量只有十几万吨。……旧中国几乎没有机器制造业，更没有汽车制造业和飞机制造业”②。生产力发展水平远远落后于发达的资本主义国家。经过几十年来的社会主义建设，我国的社会生产力和经济实力有了巨大的增长，教育科学文化事业也有相当发展。但是，人口多、底子薄、生产力落后、经济文化发展不平衡的基本状况还没有得到彻底改变。在整个社会主义初级阶段，我国的社会生产，无论是相对于充分体现社会主义优越性所需要的物质基础来说，还是相对于发达国家的生产力水平来说，都仍将是落后的。在我国社会主要矛盾中，生产力落后是矛盾的主要

① 《邓小平文选》，第3卷，134页，北京，人民出版社，1993。
② 《毛泽东文集》，第7卷，214页，北京，人民出版社，1999。

方面。要彻底改变这种状况，出路只有一条，那就是必须坚持以经济建设为中心，集中力量发展生产力，逐步实现工业、农业、国防和科学技术的现代化，并为此而改变生产关系和上层建筑中不适应生产力发展的部分。

（三）实现社会主义根本任务的条件

社会主义的根本任务是发展生产力，在当代中国要使我国的国民经济持续、快速、健康发展，首先必须认清发展形势，把握发展机遇。邓小平认为，对于中国来说，大发展的机遇并不多。当今世界格局的变化，显示出许多新的特点。在我们面前，既有挑战，更有加快发展的机遇。

1. 把握发展机遇

新时期，我国面临着历史上难得的发展机遇。

第一，国际环境较好。首先，从政治形势来看，东欧剧变、苏联解体之后，以美苏为首的两个军事集团的对峙和冷战局面结束。虽然局部地区的冲突和动荡此起彼伏，但和平与发展仍是当代世界发展的总趋势。在复杂多变的国际形势下，我国的外交工作取得了重大成就。我国同周边国家的睦邻友好关系处于建国以来的最好时期，同广大发展中国家的团结合作进一步巩固和加强，同世界各国包括西方发达国家的关系在和平共处五项原则的基础上得到了改善和发展，为我国社会发展提供了有利的国际环境。其次，从经济形势来看，当今世界，经济日益成为国际关系中的关键因素，世界各国特别是大国，都着眼于增强以经济和科技水平为标志的综合国力，这对于我国经济的发展无疑是有利的。同时，世界经济格局的变化，也有利于我们加快经济的发展。西方国家经济不景气，发展中国家债务沉重，虽然可能会影响我国的贸易和利用外国贷款，但是也为我国引进先进技术和吸收外商直接投资带来了机遇。目前，欧美发达国家的经济在经历衰退之后还在复苏和进行产业结构调整；中国所处的亚洲太平洋地区，经济则一直保持持续增长的势头，是21世纪最有希望的地区。所有这些，都是有利于我国经济发展的重要因素。再次，从世界科学技术发展的形势看，席卷全球的科技发展和技术革命的新浪潮，也为各国经济发展提供了极为有利的科学技术条件。新的技术革命不断地推动着传统产业的变革和新兴产业的出现，并且极大地影响着人们的经济生活和社会生活。我国的文化教育落后，教育科学水平同发达国家差距较大，工业企业的技术设备、经营管理方式也不能适应技术革命的要求，因而我们面临着新技术革命的严峻挑战。但是，挑战也是一种机遇，只要我们抓住有利时机，大胆引进外国先进技术，打入世界科学技术市场，就能极大地提高我国的科学技术水平，促进我国的现代化建设。

第二，国内条件较好。首先，经过几十年的建设，我国已经形成了独立的工业体系和比较雄厚的物质技术基础，工业门类比较齐全，生产力布局已经展开。特别是通过20多年的改革开放和发展，我国的生产力水平、综合国力和人民生活水平都有了显著提高，进一步发展的物质技术基础更加雄厚。其次，经过反复的探索和试验，我们已找到了中国特色社会主义这条正确的发展道路，社会主义市场经济体制正在形成，经济走上了比较稳定和健康发展的道路。随着各项改革的进一步深化，改革中出现的新问题、新矛盾将逐渐得到解决，我国在改革开放和经济发展中会形成最具有吸引力的巨大市场并显出深厚的发展潜力。再次，党的建设中国特色社会主义的基本理论、基本路线已经深入人心，全国政治稳定、社会安定、民族团结，为我国的经济发展和社会进步提供了政治保障和社会保障。

总之，当今的国际国内形势，为我们提供了历史上不可多得的发展机遇。与此同时，我们在发展问题上，又面临着霸权主义和强权政治的压力，面临着发达国家在经济、科技竞争中占优势的压力，机遇与挑战并存。我们必须全面分析当今国际国内形势，认清我国发展所面临的有利条件和不利因素，抓住机遇，珍惜机遇，千方百计地发展自己，发展经济。

2. 明确发展方针

我国经济的发展曾经走过曲折的道路。过去经济发展中的主要问题是不能正确处理速度与效益的关系，往往是强调了速度就忽视了效益和质量，强调了效益又忽视了速度。邓小平针对进入20世纪90年代以后我国经济发展所面临的难得的好机遇，强调一定要抓住时机，加速发展，使我国的经济发展力争隔几年上一个台阶。他说：“现在，周边一些国家和地区经济发展比我们快，如果我们不发展或发展得太慢，老百姓一比较就有问题了。所以，能发展就不要阻挡，有条件的地方要尽可能搞快点，只要是讲效益，讲质量，搞外向型经济，就没有什么可以担心的。低速度就等于停步，甚至等于后退。要抓住机会，现在就是好机会。”①

首先，从党的十一届三中全会以来的经验看，经济发展隔几年上一个台阶，是能够办到的。邓小平认为，我们真正干起来是1980年。“经济发展比较快的是一九八四年至一九八八年。这五年，首先是农村改革带来许多新的变化，农作物大幅度增产，农民收入大幅度增加，乡镇企业异军突起。”“农副产品的增加，农村市场的扩大，农村剩余劳动力的转移，又强有力地推动了工业的发展。”吃、穿、住、行等各方面的工业品，包括彩电、冰箱、洗衣机等，都大幅度增长，钢材、水泥等生产资料也大幅度增长。“农业和工业，农村和城市，就是这样相互影响、相互促进。这是一个非常生动、非常有说服力的发展过程。可以说，这个期间我国财富有了巨额增加，整个国民经济上了一个新的台阶。”②

其次，从国际上的经验看，一些国家在发展过程中，也都有过高速发展时期，或若干高速发展阶段。日本、韩国、东南亚的一些国家和地区，都有类似的经验。现在，我们国内条件具备，国际环境有利，再加上发挥社会主义制度能够集中力量办大事的优势，在今后的现代化过程中，出现若干个发展速度比较快、效益比较好的阶段，不仅是必要的，也是能够办到的。

加速发展，要注意处理发展中出现的问题，注意经济稳定或协调。邓小平认为，“看起来我们的发展，总是要在某一个阶段，抓住时机，加速搞几年，发现问题及时加以治理，尔后继续前进。”③ 中国是一个发展中的大国，各地区的发展条件不同，速度也不可能一致，经济快速发展中难免会出现一些问题，因此需要治理整顿。要注意经济的稳定、协调发展，但经济要发展得快一点，又不可能总是那么平平静静、稳稳当当的，稳定和

① 《邓小平文选》，第3卷，375页，北京，人民出版社，1993。
② 同上书，376页。
③ 同上书，377页。

协调也是相对的，不是绝对的。邓小平强调，“发展才是硬道理。这个问题要搞清楚。如果分析不当，造成误解，就会变得谨小慎微，不敢解放思想，不敢放开手脚，结果是丧失时机，犹如逆水行舟，不进则退。”① 这就要求我们必须正确处理发展与改革、稳定的关系，同时又要更新发展思路，实现经济体制和经济增长方式的转变。

1992年邓小平视察南方谈话发表之后，我国的经济发展明显加快，以建立社会主义市场经济体制为主要目标的经济体制改革取得突破性进展。在社会主义市场经济条件下进行现代化建设，又出现了一系列新的矛盾和问题。在新的形势和任务面前，以江泽民为代表的党的第三代中央领导集体，以邓小平理论和党的基本路线为指导，把邓小平关于正确处理我国改革和发展中一系列重大关系的科学思路同当前我国经济与社会发展的实际情况相结合，阐述了正确处理社会主义现代化建设中的十二大关系。其中，速度和效益的关系，经济建设和人口、资源、环境的关系，第一、二、三产业的关系，东部地区和中西部地区的关系，集中阐述了我国经济发展中应当着力解决的速度和效益、经济建设与资源环境、经济发展与产业结构、经济发达地区与落后地区之间的协调及统一问题，全面体现了我国经济发展的方针，为走出一条既有较高速度又有较高效益的经济发展路子奠定了战略基础。

3. 把握发展关键

抓住机遇，加快经济发展主要靠什么？邓小平指出：“经济发展得快一点，必须依靠科技和教育。”② 他认为，发展生产力，科学技术是关键一环，只要抓住科学技术，生产力水平就能有较大的提高。为此，邓小平提出了“科学技术是第一生产力”的观点，这是对马克思主义生产力理论的新发展。

马克思主义历来认为科学技术是生产力，“生产力里面也包括科学在内”。马克思在《经济学手稿（1857—1858年）》中，明确指出：“在固定资本中，劳动的社会生产力表现为资本固有的属性；它既包括科学的力

①② 《邓小平文选》，第3卷，377页，北京，人民出版社，1993。

量，又包括生产过程中社会力量的结合，最后还包括从直接劳动转移到机器即死的生产力上的技巧”①。在马克思和恩格斯所处的时代，人类正经历着近代史上的第一、二次科技革命。科学开始有意识地、广泛地应用于社会生产，科学技术革命直接引起了产业革命。马克思和恩格斯对科学技术给生产力发展和社会变革带来的变化予以高度的重视。他们把蒸汽机的广泛使用称为第一次科技革命，欢呼它给世界带来的巨大进步。他们还预见到当时正方兴未艾的以电的发明和应用为标志的第二次科技革命将会使生产力和社会发展取得更大的进步，认为科学技术作为变革历史的“伟大的杠杆”，是“最高意义上的革命力量”。

人类进入20世纪以后，科学技术领域出现了新的突破。邓小平科学地考察了第三、四次科技革命给人类社会带来的新变化，尤其是对生产力发展所起的作用，及时地把握了时代的脉搏和人类社会发展的方向，提出了“科学技术是第一生产力”的著名论断。

邓小平关于“科学技术是第一生产力”的思想，有一个历史发展过程。1975年9月26日，邓小平在听取中国科学院工作汇报时，肯定了“汇报提纲”中关于“科学技术也是生产力”的观点，并强调指出，科学技术必须走在国民经济的前面。1978年3月18日，邓小平在全国科学大会开幕式上的讲话中，又重申了“科学技术是生产力”这个马克思主义观点，并指出我国的知识分子已经是工人阶级和劳动人民自己的知识分子，也可以说已经是工人阶级自己的一部分。他根据第二次世界大战以来，科技领域发生的深刻变革和一系列新兴科学技术产生的新事实，重新阐明了“科学技术作为生产力，越来越显示出巨大的作用”，“科学技术正在成为越来越重要的生产力”的思想。邓小平这次讲话成为新时期全国科技工作的理论基础和行动纲领。1978年以后，特别是科技体制改革以来，邓小平对科学技术在中国建设中的关键作用，讲的次数增多。他反复强调科学技术已经成为越来越重要的生产力，提醒全党对科学技术的重要性要有充分的认识。他认为：“实现人类的希望离不开科学，第三世界摆脱贫困离不

---

① 《马克思恩格斯全集》，中文1版，第46卷下册，229页，北京，人民出版社，1980。

开科学，维护世界和平也离不开科学。”“中国要发展，离开科学不行。”①1988年9月12日，邓小平在一次听取汇报的会议上又说：“马克思讲过科学技术是生产力，这是非常正确的，现在看来这样说可能不够，恐怕是第一生产力”②，从而深刻地概括出“科学技术是第一生产力”这个新的命题。1992年春，邓小平视察南方时重申了“科学技术是第一生产力”的观点，指出：“我说科学技术是第一生产力。近一二十年来，世界科学技术发展得多快啊！”“我们自己这几年，离开科学技术能增长得这么快吗？要提倡科学，靠科学才有希望。”③ 邓小平在这些谈话中，明确提出了“科学技术是第一生产力”，并从生产力要素、现代社会生产的先导因素和动力基础、国民经济增长点等方面给予了说明。这既继承了马克思的论点又发展了马克思的论点，反映了科学技术在当代发展的新形势和对我国现代化建设的新要求，并体现了马克思关于“科学技术是生产力”思想与当代中国社会主义进程相统一的理论特色。

邓小平关于“科学技术是第一生产力”的论断，符合并深化了马克思主义关于生产力与科学技术相互关系的一贯思想，根据现代科学技术对发展生产力所具有的决定性的作用，把科学技术提到了更高的地位，视为提高生产力水平的根本途径，充分说明了科学技术在当代中国社会发展中的关键作用。

第一，科学技术的发展是社会主义显示优越性和取得胜利的根本保证。马克思主义认为，社会主义的优越性最重要的表现是社会主义比资本主义具有更高的劳动生产率；社会主义取得对资本主义的最后胜利也要靠更高的劳动生产率。只要劳动生产率还不如资本主义，社会主义的优越性就不可能充分显示出来，社会主义也就不可能取得对资本主义的最后胜利。所以，创造比资本主义更高的劳动生产率，是社会主义的当务之急。然而，要创造更高的劳动生产率，说到底还是一个科学技术的问题，还是在于科学技术能不能上去。当我们的科学技术水平及其所决定的劳动生产

---

① 《邓小平文选》，第3卷，183页，北京，人民出版社，1993。

② 同上书，275页。

③ 同上书，377～378页。

率水平赶上和超过发达国家时，社会主义制度的优越性就会更加明显地表现出来，社会主义的凝聚力、吸引力就会大大提高，巩固社会主义和战胜资本主义也就有了根本的保证。

当前世界发展的一个基本事实，就是综合国力的竞争日益激烈。世界各国都在千方百计地增强自己的综合国力，以确保本国立于不败之地。社会主义国家也面临着综合国力竞争的严峻挑战。然而，增强综合国力，还是科学技术的问题。科学技术是综合国力的核心。可以认为，综合国力的较量，也就是科学技术的较量。我国作为社会主义大国，无论是确保我们民族立于不败之地，还是巩固和发展我们的社会主义事业，努力提高科学技术水平，都是十分重要的。从这个意义上看，把科学技术提高到第一位，予以高度重视，显然具有了更为重要的现实意义。

第二，振兴科学技术是实现我国现代化战略目标的关键。党中央和邓小平提出的我国现代化三步走的战略目标是一个伟大的目标，就我国国情和现有发展水平来说，又是一个需要付出艰辛努力才能实现的目标。经过几十年的奋斗，达到中等发达国家的水平，虽然可以实现，但决非轻而易举。根据国际上一些国家的经验，迅速走向现代化的关键是要把科学技术迅速搞上去，实现科学技术的现代化，使现代科学技术广泛地应用到社会生产和生活的全过程。这既包括生产设备普遍达到世界先进水平，也包括生产过程和社会生活管理的科学化，还包括劳动者科技素质的普遍提高。这是各国走向现代化的基本要求和共同规律。简言之，实现现代化关键是科学技术现代化，没有科学技术现代化，就不可能有现代化工业、现代化农业和现代化国防，就不会有国民经济的高速发展，实现达到中等发达国家水平的目标就会落空。

第三，实现科学技术现代化是改革开放的重要内容。我国科技水平从整体上看不高，这是有多种原因的。近代中国留下的科技底子薄，是一个重要原因；而在新中国的发展中，我们的科技体制同经济发展不适应，在吸收国外先进技术成果方面长期处于一种盲目的不清醒的状态，缺乏足够的认识，同样是一个重要原因。科技底子薄，是历史遗留问题，不可能一下子加以改变，但科技体制落后和科技发展方面认识上的问题以及在实际工作上的一些不适当的做法，却是可以而且应该尽快改变的。这也正是我们改革的一个重要内容。

在科学技术方面进行改革，首先必须改革落后的科技体制。长期以来，我国科学技术研究同生产发展和经济建设严重脱节，我们的科学技术成果不能迅速转化为现实的生产力。解决这一问题，就要树立科技为经济发展服务的指导思想，落实经济建设必须依靠科学技术，科学技术必须面向经济建设的方针；就要使科研机构同生产部门挂起钩来，使科研工作者同生产经营者结合起来；就要把实现科技成果产业化作为科技体制改革的突破口。我们还要在市场经济发展过程中，建立有效的竞争机制，推动和强化企业间的优胜劣汰的竞争，使企业和经营者充分认识到科研水平、生产设备的科技水平以及劳动者科技素质的重要性。在改革科技体制的同时，还必须努力吸收世界科技发展的新成果，彻底抛弃夜郎自大、盲目自满的思想观念，彻底改变闭关锁国的做法。必须大力发展对外经济技术交流与合作，积极吸收世界先进文明成果，逐步缩小同先进国家的科技差距。对外开放的重点应放在引进先进的科学技术成果上面，当然也要极力避免盲目引进，要在引进的基础上消化和创新，使我国科技水平达到一个新的高度，赶上和超过发达国家。

总之，科学技术是第一生产力，中国发展的关键在于科学技术的发展。我们必须把科学技术放在第一生产力的位置上来考虑问题，全面贯彻“科学技术是第一生产力”的思想，努力振兴科学技术，以促进中国经济和社会的全面发展，使中华民族永远立于不败之地。把发展科技和教育提到中国社会发展至关重要的地位，这就为不断提高生产力的水平找到了正确的途径。

三、党和国家工作重点转移的实现及其意义

社会主义制度建立以后，如何巩固和发展这一制度，这是党在进入社会主义阶段以后一再提出但又没有完全解决的一个重大课题。毛泽东虽然

也曾正确地指出过，只有“社会生产力的比较充分的发展，我们的社会主义的经济制度和政治制度，才算获得了自己的比较充分的物质基础”①，但是，在实际工作中却又长期把发展生产力的任务推到次要地位，把强调发展生产力说成是“唯生产力论”加以批判，企图通过阶级斗争，通过所谓“抓革命，促生产”的办法，去巩固社会主义制度，严重忽视了大力发展生产力对于巩固和发展社会主义的极端重要意义。

20世纪80年代末以来，世界社会主义运动遇到了前所未有的严重挑战，东欧剧变、苏联解体，世界社会主义事业遭受了巨大挫折。苏联解体和东欧剧变的原因固然很多，但第二次世界大战后社会主义国家的经济发展相对落后于资本主义国家，社会主义没有能够如人们原来所期待的那样充分赢得对于资本主义的优势，不能不说是一个至关重要的因素。而我们党和国家之所以能在国际国内的政治风波中经受住考验，我国的社会主义之所以能够站得住，最主要的原因还在于党在十一届三中全会以后坚定不移地实现了工作重点的转移。正如邓小平所指出：“坚持社会主义，首先要摆脱贫穷落后状态，大大发展生产力，体现社会主义优于资本主义的特点。要做到这一点，就必须把我们整个工作的重点转到建设四个现代化上来，把建设四个现代化作为几十年的奋斗目标”②。通过解放和发展生产力，建设社会主义的物质文明，就为我们社会主义制度的巩固和发展提供了可靠的物质前提，这也是我们从过去几十年社会主义建设经验教训中找到的一条正确的发展思路。

党的十一届三中全会，实现了党的工作重心由阶级斗争向经济建设的转移，确定了把我国建设成为社会主义现代化强国的历史任务。但是，由于当时“文化大革命”还刚刚结束，党在指导思想上的拨乱反正任务还相当艰巨，党内外思想认识的统一尚面临着非常复杂的情况。一方面，从思想理论上彻底纠正“文化大革命”及其以前“左”倾错误的任务还相当艰巨。另一方面，在纠正“左”倾错误思潮的过程中，又出现了一股从右的

① 中共中央文献研究室编：《毛泽东著作专题摘编》（上），913页，北京，中央文献出版社，2003。

② 《邓小平文选》，第3卷，224页，北京，人民出版社，1993。

方面企图彻底否定党的领导、否定社会主义道路、否定人民民主专政、否定马列主义毛泽东思想的错误思潮。他们打着“思想解放”的旗帜，提出所谓社会主义“超前论”，企图否定社会主义革命的伟大成果。还有人提出所谓“反饥饿”、“要人权”等反动口号，煽动一部分人游行示威。有一个所谓“中国人权小组”居然贴出大字报，要求美国总统“关怀”中国的人权。上海有一个所谓“民主讨论会”，其中有人还打出反革命标语，鼓吹“万恶之源是无产阶级专政”，要求“坚决彻底批判中国共产党”。党内外部分人士中出现了企图否定毛泽东思想，诋毁马克思列宁主义、毛泽东思想的错误思潮。这些事件，虽然受到绝大多数人的抵制，但其危害是不可低估的。它在一部分群众中造成了思想混乱，致使一些地方发生少数人闹事事件，给工作秩序、生产秩序、社会秩序带来破坏性的影响。然而，我们党内少数人看不到这种错误思潮的危险性，还直接、间接地给予某种程度的支持。

与此同时，在以经济建设为中心实现社会主义现代化的历史条件下，如何认识和处理社会主义与现代化的关系，如何认识和处理坚持社会主义与实行改革开放的关系，又使中国共产党面临着许多新的情况和问题。现代化的概念，就其生产力、科学技术本身的内容来说，是没有什么阶级性的。但是，由于不同国家社会制度的不同，现代化与不同的经济制度和政治制度相联系就产生了性质上的很大差别。世界上没有不与一定的生产关系相联系的生产力，同样，也没有不与一定社会制度相联系的现代化。党和国家工作重点转移的实现决非易事，必然面临许多挑战。为了顺利实现党和国家工作重点的转移，切实推进社会主义现代化，邓小平提出了要实现党和国家工作重点从以政治革命为中心到以经济建设为中心的彻底转变，必须坚持改革开放的方针，必须坚持四项基本原则。邓小平一再强调要扭住经济建设这个中心不放，强调中国要搞现代化，绝不能搞自由化，绝不能走西方的资本主义道路。

第一，党和国家工作重点转移的重大理论意义。把发展生产力作为社会主义的根本任务，坚定不移地实现党和国家工作重点从以政治革命为中心到以经济建设为中心的彻底转变，不仅恢复了马克思历史唯物主义关于生产力是社会发展的决定力量、社会主义的根本任务就是发展生产力等重要观点，而且为党在社会主义初级阶段坚持以经济建设为中心、坚持改革开放、坚持四项基本原则为核心内容的基本路线的形成奠定了重要的理论基础。

第二，党和国家工作重点转移的重大实践意义。当代中国面临的任务很多，我们要反对霸权主义，维护世界和平；要振兴中华，使中国屹立于世界民族之林；要坚持和完善社会主义制度，说服那些不相信社会主义优越性的人；要解决国内各种问题，保持稳定局面，达到长治久安；要发展社会主义民主，健全社会主义法制；要加强精神文明建设，提高全社会的文明程度；要按照“一国两制”的方针，实现祖国和平统一，都离不开经济的发展。发展是当代中国解决所有问题的关键之所在。社会的发展是全面的发展，其中，经济是基础，政治是经济的集中体现，文化是经济政治的反映。因此，邓小平反复告诫人们，要抓住时机，发展自己，而发展自己关键是发展经济，这是解决当代中国所有问题的基础。

第三，坚持以发展为主题，用发展的眼光、发展的思路、发展的办法解决前进中的问题，是改革开放以来我们在实现工作重点转移后取得的一条重要经验。邓小平强调发展才是硬道理，认为“中国解决所有问题的关键是要靠自己的发展”①。江泽民认为，“能不能解决好发展问题，直接关系人心向背、事业兴衰”。“离开发展，坚持党的先进性、发挥社会主义制度的优越性和实现民富国强都无从谈起。”② 胡锦涛进一步指出，“发展是解决中国一切问题的‘总钥匙’，发展对于全面建设小康社会，加快推进社会主义现代化，对于开创中国特色社会主义事业新局面，实现中华民族伟大复兴，具有决定性意义。”③ 习近平强调，实现中华民族伟大复兴中国梦，是中国各族人民的共同愿景，是党和国家工作大局。为此，必须坚持把发展作为第一要务，坚持以经济建设为中心。改革开放以来，我国社会主义现代化建设之所以取得举世瞩目的历史性成就，中国共产党之所以能

① 《邓小平文选》，第3卷，265页，北京，人民出版社，1993。
② 《江泽民文选》，第3卷，538页，北京，人民出版社，2006。
③ 胡锦涛：《努力把贯彻落实科学发展观提高到新水平》，载《求是》，2009（1）。

不断巩固和扩大党执政的群众基础，我们之所以能战胜来自国际国内的各种困难、风险和挑战，发展了中国，发展了社会主义，发展了马克思主义，都与始终抓住发展这个根本问题密切相关。

总之，发展生产力，不仅是当代中国，而且是所有社会主义国家发挥社会主义制度优越性的根本途径。社会主义政治、经济和思想文化等方面的巩固和发展，社会主义物质文明、政治文明与精神文明的进步，社会主义国家整体实力和国际地位的提高，人民物质文化需要的更大的满足，社会主义从低到高的推进以至共产主义理想的实现，最终都离不开社会生产力的发展。

第三章　邓小平与改革开放的启动和推进

一、20世纪末的社会主义之问

什么是社会主义，怎样建设社会主义，是邓小平在领导改革开放和社会主义现代化建设这一新的革命中，不断提出和反复思考的首要的基本的理论问题。这一问题包括两个相互联系的方面，即关于社会主义本质的理论和关于社会主义发展道路的理论。社会主义本质的理论规定了社会主义本质属性的科学内涵；社会主义发展道路的理论则指明了建设社会主义的具体模式和基本途径。二者相衔接，构成了邓小平理论的核心内容，揭示了这一理论体系的逻辑起点和前提。这是一个需要对我们所建立的社会主义制度、我们所走过的社会主义道路以及我国和世界社会主义运动的理论与实践作出整体评价的问题。

（一）邓小平社会主义本质论的形成

社会主义本质论的提出，是社会主义思想发展史上一次具有重大意义的认识飞跃。而社会主义认识上的这一重大飞跃，又是以探索这一问题的思想方法上的飞跃为前提的。不了解邓小平认识社会主义的哲学基础，就很难透彻了解邓小平关于社会主义本质的基本观点。

什么是社会主义、怎样建设社会主义的问题，困惑了几代共产党人。在一定意义上说，正是因为没有解决好这个问题，才导致了社会主义在其实践过程中长达半个多世纪的艰难曲折。从 20 世纪 50 年代中期东欧一些国家开始摆脱苏联模式的尝试，到 80 年代苏联和东欧国家纷纷走上改革道路，从深层次上看，都与对这个问题的重新认识有关。直到 90 年代初苏联解体了，东欧国家也都改弦易辙了，这个问题并没有因此结束，而是带着前所未有的紧迫感摆在当代共产主义者的面前。邓小平正是在这一历史大背景下，总结了世界社会主义、特别是中国社会主义曲折发展的历史经验和教训，正确回答和解决了这一重大的理论与实践问题，并由此构建了他的科学的社会主义观。

社会主义事实上不是发生在马克思主义创始人原来所预见的发达资本主义国家，而是发生在经济文化都比较落后的国家，这种基本事实，使社会主义从一开始实际上就面临着一个基本的矛盾，即科学社会主义一般逻辑出发点与现实社会主义历史出发点之间的矛盾。具体地说，马克思主义创始人所设想的经典社会主义的出发点是高度发达的资本主义，社会主义是资本主义生产关系与生产力矛盾运动的自然结果；而现实社会主义的出发点却是经济文化都比较落后的资本主义，甚至小农经济占统治地位的国家，面对的是十分落后的生产力状况。这种逻辑的出发点与现实的出发点之间的矛盾又必然会引起另一个矛盾，即在对社会主义本质、目标、道路等问题的认识上，是从经典作家所论证的未来理想社会主义的模式（或指导原则）出发，还是从本国的特殊国情出发的矛盾。忽略本国的实际情况，从经典作家关于社会主义模式的设想出发营造社会主义的大厦，这是社会主义发展史上一个带有普遍性的经验教训，也是过去发生种种失误、困惑的主要原因。

邓小平强调要从本国实际出发，把马克思列宁主义与中国实际相结合，建设中国特色的社会主义，就是要从理论前提和思想方法上对以往人们关于社会主义的认识进行正本清源。也正是由于他坚持了从实际出发、解放思想、实事求是这一正确的方法，才实现了对传统意义上的社会主义模式的突破，搞清了什么是社会主义、怎样建设社会主义这一重大问题，创立了崭新的社会主义理论。邓小平多次指出，我们过去对什么是马克思主义、什么是社会主义是不清醒的。这里讲的"两个不清醒"就是指我们过去不是以马克思主义一般原理为指导对现实社会主义进行探索，而是把马克思主义关于特定条件下的经典社会主义的一些特征当作具有普遍意义的社会主义本质特征，以为按照这样的要求就能建成社会主义。

从历史上看，列宁在十月革命后创建的第一个社会主义国家，由于缺乏经验，搬用了经典社会主义的某些原则，如夸大国有化的意义，把自由贸易等同于资本主义，把社会主义经济等同于排斥商品经济的产品经济；幻想全体公民都成为一个全民的、国家的"辛迪加"的职员和工人，使他们都能做同等的工作，领取同等的报酬，整个社会都将成为一个管理处，成为一个劳动平等、报酬平等的工厂。实践证明这种单一的全民所有制、高度集中的计划经济，近乎平均主义的按劳分配，不适于现实的生产力。列宁晚年已开始意识到社会主义在出发点上的这些问题，要求从实际出发来认识社会主义。他指出："在估计可能的发展道路时，我们多半（我甚至不记得有什么例外）都是从直接过渡到社会主义建设这种设想出发的"①。"当时设想不必先经过一个旧经济适应社会主义经济的时期就直接过渡到社会主义。我们设想，既然实行了国家生产和国家分配的制度，我们也就直接进入了一种与以前不同的生产和分配的经济制度"，"当时根本没有提出我们的经济同市场、同商业的关系问题"②。他还尖锐地批评患有"左派幼稚病"、"革命空谈症"的人，是根据理想形态的一般模式来制定行动纲领，想用"未来的砖头"来营造"现实的社会主义大厦"，他强调"在纲领中我们应当以绝对确定的东西为出发点"。

中国共产党人早在民主革命时期就已经开始了对什么是社会主义和怎样建设社会主义的思索。毛泽东关于中国革命必须分两步走，先进行新民主主义革命，然后进行社会主义革命，以及两步之间的关系的理论，代表

---

① 《列宁选集》，3 版，第 4 卷，596 页，北京，人民出版社，1995。

② 同上书，598 页。

了从中国实际出发，通过新民主主义走向社会主义的正确路线，反映了党对中国革命特殊发展规律的清醒认识。当然，这种积极成果也是经历了许多不清醒的甚至错误的认识之后才取得的。新中国建立后，伴随着巨大的胜利，我们的头脑逐渐不冷静、不清醒起来，越来越脱离中国生产力落后这一最大的实际，从马克思主义一般原则出发，从苏联模式，甚至从头脑中的空想模式出发，来认识社会主义和制定行动纲领，结果导致了严重的"左"倾错误，使得生产力不能得到应有的发展，人民生活水平未能得到应有的提高。

邓小平正是在总结各国党，特别是中国共产党对社会主义认识历史经验教训的基础上，提出了怎样认识社会主义的最根本的思想方法论原则，揭示了正确认识社会主义本质的哲学基础。他强调指出："中国搞社会主义走了相当曲折的道路。二十年的历史教训告诉我们一条最重要的原则：搞社会主义一定要遵循马克思主义的辩证唯物主义和历史唯物主义，也就是毛泽东同志概括的实事求是，或者说一切从实际出发。"① 又说："我们取得的成就，如果有一点经验的话，那就是这几年来重申了毛泽东同志提倡的实事求是的原则。中国革命的成功，是毛泽东同志把马克思列宁主义同中国的实际相结合，走自己的路。现在中国搞建设，也要把马克思列宁主义同中国的实际相结合，走自己的路。"②

从中国的实际出发去认识社会主义的本质这一基本出发点的确立，具有重大的现实意义。首先，它要求我们必须从过去形成的僵化的观念体系中解放出来，立足于中国社会主义发生、发展的历史和现实条件，来认识社会主义的本质。其次，它要求我们必须善于掌握和运用马克思主义的立场、观点和方法，认识到"马克思主义理论从来不是教条，而是行动的指南"。再次，它还告诉我们，社会主义是一个过程，不同的历史阶段有不同的特点，我们不能超越现实的条件去把握社会主义的本质，只能根据历史唯物主义的一般原理，从现实条件出发来把握社会主义的本质。

邓小平社会主义本质论的形成，大体上经历了三个阶段：

---

① 《邓小平文选》，第3卷，118页，北京，人民出版社，1993。

② 同上书，95页。

第一阶段，是社会主义本质论思想的萌芽时期。起始于70年代中期，可以追溯到60年代初。1962年7月，邓小平在《怎样恢复农业生产》一文中，就农村包产到户问题指出："生产关系究竟以什么形式为最好，恐怕要采取这样一种态度，就是哪种形式在哪个地方能够比较容易比较快地恢复和发展农业生产，就采取哪种形式；群众愿意采取哪种形式，就应该采取哪种形式，不合法的使它合法起来。"① 这一时期的主要标志是邓小平坚持马克思主义关于"生产力的发展是全部历史的基础"的观点，主张从我国实际出发，集中力量进行经济建设，发展生产力。1975年的整顿，实际上是后来全面拨乱反正和改革的先导，从思想发展轨迹看，与60年代初关于包产到户的那段话是一脉相承的。

第二阶段，从1978年召开的党的十一届三中全会到20世纪80年代中期以前，是邓小平主要从生产力方面揭示社会主义本质的阶段。早在十一届三中全会召开以前，在阐述必须坚持实践是检验真理的标准时，邓小平就指出："按照历史唯物主义的观点来讲，正确的政治领导的成果，归根结底要表现在社会生产力的发展上，人民物质文化生活的改善上。"② 十一届三中全会后，邓小平又反复强调要把经济建设作为中心任务，其他一切任务都要服从这个中心，围绕这个中心，绝不能干扰它、冲击它，并提出要对什么是社会主义、什么是马克思主义这两个我们过去没有完全搞清楚的问题，进行认真的反思，从而逐渐形成了"生产力标准"的基本观点。1979年他在阐述文艺工作时，强调指出："对实现四个现代化是有利还是有害，应当成为衡量一切工作的最根本的是非标准。"③ 1980年5月，邓小平明确指出："社会主义是一个很好的名词，但是如果搞不好，不能正确理解，不能采取正确的政策，那就体现不出社会主义的本质。"④ 这是邓小平最早提到社会主义本质概念，也体现了他对以往社会主义理论和实践的深刻反思。

---

① 《邓小平文选》，2版，第1卷，323页，北京，人民出版社，1994。
② 《邓小平文选》，2版，第2卷，128页，北京，人民出版社，1994。
③ 同上书，209页。
④ 同上书，313页。

第三阶段，从20世纪80年代中期开始，邓小平更多更集中地从生产关系和生产力的联系中揭示社会主义的本质。他反复强调要坚持公有制占主体和共同致富，不搞两极分化。他指出："我们在改革中坚持了两条，一条是公有制经济始终占主体地位，一条是发展经济要走共同富裕的道路，始终避免两极分化"①。又说："社会主义原则，第一是发展生产，第二是共同致富。"② 并尖锐地提出："社会主义的目的就是要全国人民共同富裕，不是两极分化。如果我们的政策导致两极分化，我们就失败了；如果产生了什么新的资产阶级，那我们就真是走了邪路了。"③ 这就清楚地说明，社会主义与资本主义最本质的区别是共同富裕，不搞两极分化。正是在这样的基础上，邓小平于1992年春视察南方谈话时，对社会主义本质作出了精辟的概括。

（二）社会主义本质论的内涵及其所体现的科学方法论

邓小平关于社会主义本质的论断，是当代马克思主义理论的最重要成果之一，奠定了中国特色社会主义理论的基石，完整准确地体现了邓小平关于社会主义的基本观点，集中回答了什么是社会主义、怎样建设社会主义这两个过去长期没有搞清楚的问题，反映了邓小平从发展生产力出发，紧密联系生产关系和上层建筑的变革，坚持"一个中心、两个基本点"，推动社会全面进步和发展的崭新的社会主义理论和路线。

邓小平关于社会主义本质的概括，五句话包括三个方面的基本内容。

第一，解放生产力、发展生产力，这是社会主义的根本任务，也是实现社会主义最终目的的根本途径。把解放生产力和发展生产力联系起来，作为社会主义的根本任务，归根到底是由社会主义社会基本矛盾运动的规律决定的。社会主义社会的基本矛盾仍然是生产关系与生产力、上层建筑与经济基础之间的矛盾。社会主义制度的建立，解放了生产力，极大地促进了生产力的发展和社会的进步。但是，随着生产力的发展和其他因素的

---

① 《邓小平文选》，第3卷，149页，北京，人民出版社，1993。

② 同上书，172页。

③ 同上书，110～111页。

作用，社会主义生产关系和上层建筑也不可避免地存在着阻碍生产力发展的某些环节和方面。通过改革，解放生产力，对于推动生产力的发展就显得十分重要，它也就成为社会主义的一项具有根本意义的任务。首先，把解放生产力、发展生产力作为社会主义的根本任务，体现了解决社会主义社会主要矛盾的客观要求。我国社会主义制度建立后，国内的主要矛盾已经不再是阶级斗争，而是人民日益增长的物质文化需要同落后的社会生产之间的矛盾。解决这一矛盾，最根本的是大力发展生产力。其次，把解放生产力、发展生产力作为社会主义的根本任务，也是巩固和发展社会主义，最终战胜资本主义，实现共产主义的需要。社会主义的存在和发展，需要有自己的物质基础。这个基础越雄厚，社会主义本身的力量就越大，来自资本主义的威胁也就越小。社会主义要最终战胜资本主义，实现共产主义，就必须把解放生产力，特别是大力发展生产力作为根本任务。再次，把解放生产力、发展生产力作为社会主义本质的内容，既突破了过去认为在社会主义条件下，只有保护和发展生产力的任务，没有解放生产力的任务的传统观点，也有利于从根本上克服离开生产力抽象地谈论社会主义所造成的是非混淆。解放生产力、发展生产力，最根本的是发展生产力，解放生产力也是为了发展生产力。因此，邓小平提出的用“三个有利于”作为标准，实际上也就是生产力标准。

第二，消灭剥削、消除两极分化，这是社会主义的根本方向、根本要求，是从生产关系角度对社会主义本质前提的界定，也体现了社会主义与资本主义以及一切剥削社会的根本区别。消灭剥削、消除两极分化，客观上就要求必须坚持公有制和按劳分配。私有制是产生阶级剥削和压迫、产生两极分化，并由此引发阶级斗争的根本原因。不消灭私有制、实行公有制，不用按劳分配代替按资分配，就不可能从根本上铲除阶级剥削和两极分化赖以存在的社会基础。因此，消灭剥削，消除两极分化，也可以说是社会主义之所以成为社会主义在生产关系方面的重要标志。我国在社会主义改造基本完成以后，就已经确立了以公有制和按劳分配为主要内容的社会主义经济制度。随着改革开放和现代化建设的深入，邓小平又多次明确地提出要把坚持公有制为主体、不搞两极分化作为我们必须坚持的社会主义的根本原则。但是，由于我国生产力水平很低，在社会主义发展过程中，我们又允许一定的剥削现象和一定程度的贫富差别的存在。对于这些现象，我们必须采取历史唯物主义的态度，从实际出发，从是否有利于解放和发展生产力的角度去理解，而不要从主观愿望上去理解。马克思主义认为，剥削现象的产生是生产发展过程中的历史现象。生产力充分发展是消灭一切剥削现象的先决条件。只有生产力获得了很大的发展，创造了雄厚的物质基础，才能最终消灭剥削，消除两极分化。衡量一个社会是否进步，首先是看它能不能解放和发展生产力，而不是看它存不存在剥削现象。社会主义要消灭剥削、消除两极分化的危险，但不是一下子就可以彻底消灭和消除。消灭剥削、消除两极分化，必然有一个历史过程。为了发展生产力，允许一定范围的剥削现象和一定程度的贫富差别的存在，与社会主义就是要消灭剥削、消除两极分化的要求并不矛盾。离开生产力的发展，去搞消灭剥削、消除贫富差别，割“资本主义尾巴”，只能导致贫穷和落后，这方面我们有极为深刻的教训。

第三，最终达到共同富裕，这是社会主义的根本目的。把共同富裕作为社会主义的本质，不仅揭示了社会主义在经济制度方面的本质特征，而且体现了邓小平把发展生产力和提高人民生活水平联系起来的思想。这里须明确：贫穷不是社会主义，平均主义不是社会主义，两极分化也不是社会主义，只有共同富裕才是社会主义。共同富裕既是社会主义的最终目的，也是社会主义发展过程中始终要坚持的奋斗方向。这一目标只能在保障生产力不断发展的基础上逐步实现。共同富裕的直接含义，包括人们共同过上富裕的生活，也就是共同占有和消费更充裕的物质文化产品。这是邓小平坚持唯物主义，从广大人民迫切关心的实际问题出发，用通俗、朴实、简明的语言概括的社会主义实质和目的的一个新概念。首先，共同富裕是以生产力的高度发达为前提的。社会主义公有制的建立，在人类历史上第一次为人们实现共同富裕提供了物质条件，使人们在生产资料的占有方面基本实现了平等。但是，社会主义的实践证明，光有生产关系方面的这种变革（并且不可能一下子完善，必然有多种形式存在），还不能实现共同富裕，必须把解放生产力、发展生产力作为实现共同富裕的立足点。

离开了发展生产力谈共同富裕，只能陷入"左"倾色彩的种种空想。其次，共同富裕是在生产力发展基础上的一个历史过程，而不可能是同步富裕。必须允许某些经济发展较快的地区和某些劳动者先富起来，先富带后富，先富帮后富，逐步实现全体人民的共同富裕。提倡共同富裕，并不意味着不允许一部分地区、一部分人先富起来，否则必将牺牲效率，最终也将失去公平，使共同富裕成为泡影。很明显，立足于发展生产力基础之上的共同富裕，不仅完全不同于少数人富、大多数人穷的资本主义两极分化，也完全不同于否定任何差别的实际上是共同贫穷的平均主义，而是一个体现了社会主义本质属性的基本要求。

社会主义本质的三个基本方面，在内容上是有主有次的，在实践中是有先有后的，它们相互依存，互为条件，构成了一个辩证的统一体。具体说来，解放生产力、发展生产力是实现共同富裕的物质基础；消灭剥削、消除两极分化是实现共同富裕的根本保证；而实现共同富裕则是解放生产力、发展生产力，消灭剥削、消除两极分化的最终目的和奋斗目标。三个方面紧密配合，共同促进社会主义社会的进步与发展。

邓小平对社会主义本质的概括，坚持并运用了马克思主义的科学方法论。

第一，以现实为出发点，坚持了理论与实践、原则与实际的统一。马克思主义是我们行动的指南，但原则不是研究的出发点，而是它的最终结果。我们过去对社会主义的认识之所以一再发生偏差，最主要的原因就是脱离了中国的国情，把马克思主义关于未来社会的理论教条化，照搬了别国社会主义建设的模式。因此，邓小平在揭示社会主义的本质时，首先对过去从"原则"出发、从本本出发的错误思想路线进行了拨乱反正，强调从我国社会主义初级阶段的实际出发，去揭示社会主义的本质，确定社会主义的根本任务，探索有中国特色的社会主义建设道路。他认为，对于已经建立以公有制为基础的生产关系、由人民当家作主的社会主义国家来说，决定其生存发展、前途命运的只能是解放生产力，发展生产力，消灭剥削，消除两极分化，最终达到共同富裕。邓小平关于社会主义本质的三个方面的基本要求，既体现了马克思主义关于科学社会主义的基本原则，又符合中国社会主义现代化建设的实际情况，是坚持从实际出发，运用马克思主义基本立场、观点、方法来揭示社会主义本质的典范，体现了马克思主义理论与实践的基本方法。

第二，具体问题具体分析，坚持了特殊与一般、内容与形式的统一。邓小平坚持从特殊到一般、又从一般到特殊，特殊与一般相统一的认识规律，在揭示社会主义本质时，始终坚持具体问题具体分析的唯物辩证方法，侧重考察中国社会主义与一般社会主义的不同点，既力求作出符合中国国情的结论，又注意不要忽略马克思主义关于社会主义的一般原则、普遍原理。如果说把“解放生产力，发展生产力”作为社会主义的根本任务，主要是出于中国经济文化落后这一特殊国情考虑（当然，邓小平也多次从基本原理的角度讲到马克思主义最注重发展生产力），那么“消灭剥削，消除两极分化，最终达到共同富裕”，则更多地考虑到了对社会主义一般原则的坚持。邓小平在揭示社会主义本质时还注意到了内容和形式的统一。根据内容与形式辩证关系的原理，在揭示社会主义的本质时，应该把着眼点放在对社会发展起决定作用的生产力方面，特别是在社会主义生产关系已经建立起来的情况下，更应该集中精力发展生产力，加快经济建设，使生产力（内容）和生产关系（形式）有机地结合起来。然而，过去很长一段时间，我们总是更多地在生产关系方面做文章，不停地提高公有化程度，结果使超越历史阶段的公有制形式严重脱离了生产力落后的状况，产生了重形式轻内容的片面性。按照邓小平的思路，一方面切实地把党和国家的工作重点转移到以经济建设为中心的轨道上来，把解放生产力、发展生产力作为社会主义的根本任务；另一方面，改革束缚生产力发展的生产关系，把过去的单一的公有制形式改革为以公有制为主体多种经济共同发展的经济制度，把高度集中的计划经济体制改为充满活力的社会主义市场经济体制。这就避免了以往在坚持社会主义中重形式轻内容的片面性。

第三，牢记最终目的，坚持目的与手段的统一。邓小平在揭示社会主义本质时，吸取了过去不适当地强调社会主义的特征或具体目标模式的教训，坚持从社会主义的目的、任务及实现社会主义的条件、手段等方面全方位地思考问题，注意把握目的和手段之间的正确关系。在他关于社会主义本质的精辟概括中，第一、二句话讲的是生产力，第三、四句话讲的是与生产关系相联系的“消灭剥削，消除两极分化”，最后指出发展生产力、完善生产关系的最终目的，即“共同富裕”。在这里，解放和发展生产力，坚持社会主义消灭剥削、消除两极分化的生产关系，都可以说是达到“共同富裕”这个最终目的的条件。反过来说，共同富裕的最终目的，既要求解放和发展生产力，又要求消灭剥削，消除两极分化，并赋予它们以坚定、明确的社会主义方向。

邓小平社会主义本质论的最大特点，就是把解放生产力（实际上是改革不适应生产力发展的生产关系）、发展生产力联系起来，把大力发展生产力作为中心任务，作为实现社会主义本质的首要条件、根本途径。同时，强调了社会主义生产关系的发展（公有制、按劳分配的完善）也要适应生产力发展的要求，即公有制的实现形式和以公有制为主体的所有制结构，归根到底只能根据生产力解放和发展的实际要求，根据逐步实现共同富裕的实际进程来确定。而无论是发展生产力，还是完善生产关系，最终的目的，都是为了达到共同富裕。这就既纠正了以往主要看生产关系是否实现了公有制、按劳分配，不问其是否适应生产力的发展，“宁要社会主义的草，不要资本主义的苗”，实际上是对贫穷的社会主义的崇拜的十分有害的错误倾向，又抵制了只要生产力发展起来了，不管是否会导致抛弃公有制，造成社会两极分化的同样十分有害的错误倾向。

（三）深入理解、准确掌握邓小平社会主义本质论的重大意义

邓小平关于社会主义本质的科学概括以及所揭示的社会主义本质与发展道路统一的逻辑关系，继承了科学社会主义的基本原则以及所体现的方法论，是探索建设中国特色社会主义道路的最重大的理论成果之一，是社会主义思想发展历史上一次具有重大意义的认识飞跃。从马克思、列宁到毛泽东，尽管他们对社会主义的本质特征也进行过一些有益的探索，并提出一些重要的论断，却没有提出“社会主义本质”的命题，并以此作为社会主义科学价值观的核心。社会主义的实践，要求人们对这个问题作出明

确和系统的回答，这是时代的呼唤、历史的重托。邓小平正是在总结了世界社会主义运动曲折发展的历史经验和教训，特别是总结了我们多年来的历史教训的基础上，对社会主义本质作了科学的、完整的概括。这一概括，对于建设中国特色的社会主义，具有重大的政治意义、理论意义和实践意义。

第一，邓小平关于社会主义本质的理论，在什么是社会主义这个我们过去没有完全搞清楚的重要的问题上，突破了传统社会主义观念的束缚，确立了一种以发展生产力达到共同富裕为核心内容的崭新的社会主义观，这就为建设中国特色社会主义理论奠定了坚实的基础。学习、掌握邓小平关于社会主义本质的理论，对于全面、准确地掌握邓小平理论体系和基本精神，具有十分重要的意义。掌握了社会主义本质的理论，也就掌握了邓小平理论的真谛。

与传统社会主义观念大都侧重于从社会主义的生产关系、上层建筑（制度）上来认识社会主义本质不同，邓小平主要是从社会主义发展的内在要求和根本目的上来揭示社会主义本质，已不仅是对社会主义的特征这些本质的外在表现的认识，而且是对其内在规定性的揭示，因而更具有深刻性。同传统的社会主义观念为社会主义所下的定义——“关于无产阶级解放条件的学说”这一由于时代和实践条件限制还不能说是很明确的概念相比，邓小平关于社会主义本质的论断，则不仅明确规定了社会主义的目的，而且规定了实现这一目的的途径和条件，体现了本质与特征、内容与形式、目的与手段的高度统一，因而更具有准确性。由于历史条件的限制，马克思主义创始人不可能具体预见社会主义在实际运行中的具体情况和特点，邓小平的社会主义本质论，坚持从中国社会主义初级阶段的实际出发，实事求是地规定了社会主义在现阶段的根本任务和目标，因而不仅更加具有现实性，而且更便于操作。

第二，邓小平关于社会主义本质的概括，揭示了通过改革开放、解放和发展生产力、坚持和发展社会主义这个建设有中国特色社会主义的主题，为党的“一个中心、两个基本点”基本路线的制定和执行奠定了坚实的理论基础。党的“一个中心、两个基本点”的基本路线是依据邓小平关于社会主义本质的理论制定出来的，又是这一理论在党的政治路线上的集中体现。只有深入理解、准确掌握邓小平关于社会主义本质的理论，才能准确地把握党的基本路线的实质，真正做到坚持党的基本路线不动摇，有效地防止来自“左”和右两个方面的错误倾向，坚定不移地走好社会主义道路。无论来自“左”的，以坚持马克思主义的面目出现，攻击改革开放是走资本主义道路，还是来自右的，以坚持改革开放的面目出现，主张放弃四项基本原则，把坚持四项基本原则说成是坚持极左路线，二者实质上都是违背邓小平关于社会主义本质的论断的。只有深入理解和准确掌握邓小平的社会主义本质论，才能在坚持党的基本路线，在反对“左”、右两种倾向中，真正坚持社会主义，发展社会主义。

第三，认真学习、深入理解邓小平关于社会主义本质的理论，有助于进一步解放思想，冲破各种束缚，加快改革开放和社会主义现代化建设的步伐，把建设中国特色的社会主义事业不断推向前进。社会主义本质论的提出，为我们在实践中不断解放思想、开拓前进提供了强大的思想武器。“三个有利于”的标准是生产力标准的继续，这三个方面联系起来，正是社会主义本质的体现。按照社会主义本质的理论，尤其是用“三个有利于”的标准来判断在社会主义初级阶段应不应该允许非社会主义经济的存在和发展，应不应该吸收和借鉴当代发达资本主义国家的成果，应不应该将首先产生于资本主义社会但反映现代化大生产的东西贴上资本主义的标签等等，这些曾困惑了不少人的问题，都可以迎刃而解。只要真正掌握了社会主义本质论，就可以使我们不断解放思想，摆脱姓“社”姓“资”的纠缠，坚定不移地贯彻执行党的基本路线，沿着建设中国特色的社会主义道路不断前进。

二、中国改革开放的启动及其历史进程

党的十七大曾指出，改革开放伟大事业是以邓小平同志为核心的党的第二代中央领导集体带领全党全国各族人民开创的。面对十年“文化大革

命”造成的危难局面，党的第二代中央领导集体坚持解放思想、实事求是，以巨大的政治勇气和理论勇气，科学评价毛泽东同志和毛泽东思想，彻底否定“以阶级斗争为纲”的错误理论和实践，作出把党和国家工作中心转移到经济建设上来、实行改革开放的历史性决策，确立社会主义初级阶段基本路线，吹响走自己的路、建设中国特色社会主义的时代号角，创立邓小平理论，指引全党全国各族人民在改革开放的伟大征程上阔步前进。党的十八大又进一步指出，在改革开放三十多年一以贯之的接力探索中，我们坚定不移高举中国特色社会主义伟大旗帜，既不走封闭僵化的老路，也不走改旗易帜的邪路。中国特色社会主义道路，中国特色社会主义理论体系，中国特色社会主义制度，是党和人民九十多年奋斗、创造、积累的根本成就，必须倍加珍惜、始终坚持、不断发展。这些论述既指明了改革开放对坚持和发展中国特色社会主义的极端重要性，也指明了邓小平和邓小平理论对于中国特色社会主义的开创性地位。

改革开放是党在新时期采取的决定中国命运的两大根本政策。邓小平认为，十一届三中全会以来党制定的一系列方针政策，概括起来，就是改革开放。改革开放作为党在社会主义初级阶段基本路线的一个基本点，作为邓小平建设中国特色社会主义理论的重要组成部分，体现了新时期最鲜明的特征，也体现了邓小平理论的精神本质。邓小平把改革提到中国第二次革命的高度，强调改革不是也不允许否定和抛弃我们已经建立起来的社会主义基本制度，而是要使这一制度得到自我完善和发展，它的实质和目标，是要从根本上改变束缚我国生产力发展的经济体制，建立充满生机和活力的社会主义新经济体制，同时相应地改革政治体制和其他方面的体制，以实现中国的社会主义现代化；邓小平把中国的发展与世界的发展联系起来，强调任何国家要发达起来，闭关自守都不可能，中国的发展离不开世界，开放也是改革，改革需要继续开放。邓小平认为，改革开放都是很大的试验，要敢于大胆地试，大胆地闯，要把是否有利于发展社会主义社会的生产力，是否有利于增强社会主义国家的综合国力，是否有利于提高人民生活水平，作为判断各项工作成败得失的标准。邓小平提出的这些重要思想，形成了系统的改革开放理论，深刻揭示了我国改革开放的性质、特点和规律，并确定了改革开放作为社会主义发展必由之路的重要地位。

（一）改革开放思想的形成

邓小平的改革开放思想，是围绕着实现社会主义现代化这一根本任务的重新认定而加以提出、逐步展开并达到成熟的。它的形成发展，又是与新时期我国改革开放和社会主义现代化建设伟大实践相互伴随的。

早在十一届三中全会召开前，1978 年 9 至 10 月间，邓小平在谈到实现现代化必须解放思想、从现在的实际出发、充分利用各种有利条件时，就已经提到了改革开放的问题。他说："我们现在要实现四个现代化，有好多条件，毛泽东同志在世的时候没有，现在有了。中央如果不根据现在的条件思考问题、下决心，很多问题就提不出来、解决不了。"① 认为搞建设"关起门来不行，不动脑筋永远陷于落后不行"②。"关起门来，固步自封，夜郎自大，是发达不起来的"③。必须实行开放政策，根据新的情况来确定新的政策。强调要进行社会主义现代化建设这场伟大革命，"既要大幅度地改变目前落后的生产力，就必然要多方面地改变生产关系，改变上层建筑，改变工农业企业的管理方式和国家对工农业企业的管理方式，使之适应于现代化大经济的需要"。因此，"各个经济战线不仅需要进行技术上的重大改革，而且需要进行制度上、组织上的重大改革"④。同年 12 月，在十一届三中全会以前召开的中央工作会议上的讲话中，邓小平又联系解放思想，克服官僚主义，提出了改革问题，认为我们的经济管理工作，存在机构臃肿、层次重叠、手续繁杂、效率极低等问题，"这并不是哪一些同志的责任，责任在于我们过去没有及时提出改革。但是如果现在再不实行改革，我们的现代化事业和社会主义事业就会被葬送"⑤。

在邓小平上述思想的指导下，党的十一届三中全会在作出把全党工作

① 《邓小平文选》，2 版，第 2 卷，127 页，北京，人民出版社，1994。
② 同上书，128 页。
③ 同上书，132 页。
④ 同上书，135～136 页。
⑤ 同上书，150 页。

着重点转移到社会主义现代化建设上来的重大战略决策的同时，提出了经济工作必须实行“三个转变”的思想：一是要把主要注意力转到生产斗争和技术革命上来；二是要从那种不计经济效果、不讲工作效率的官僚主义的管理制度和方法，转到按照经济规律办事，把民主和集中很好结合起来的科学管理轨道上来；三是要从那种不同资本主义国家进行经济技术交流的闭关自守或半闭关自守状态，转为积极引进国外先进技术，利用国外资金，大胆进入国际市场。这些思想的提出，为确定改革开放的总方针提供了良好的开端，也标志着我国经济发展指导思想的重大转变。

显然，这一阶段，邓小平还主要是从发展生产力的角度来说明进行改革开放的必要性及其意义的，这里所说的革命，也主要是指实现四个现代化，或在生产力方面所要进行的革命，是发展经济的需要，还主要不是从改革开放本身来揭示其性质和含义的。

十一届三中全会以后，伴随着党在指导思想上拨乱反正任务的完成以及改革开放实践的逐步展开，邓小平对实行改革开放的认识也在不断深化。1980 年 8 月，邓小平在中共中央政治局会议上发表了《党和国家领导制度的改革》的重要讲话，就党和国家领导制度、组织制度这一带有根本性、全局性、稳定性和长期性的问题，提出必须对现行领导制度存在的各种弊端进行改革，这就把改革引向政治领域，使之不仅成为经济上实现四个现代化的需要，而且成为政治上发扬社会主义民主的需要。1984 年 6 月，邓小平在会见日本朋友的谈话中，第一次把改革开放这两大政策联系起来，从其思想实质上深刻阐述了实行改革开放的意义。他说：“三十几年的经验教训告诉我们，关起门来搞建设是不行的，发展不起来。关起门有两种，一种是对国外；还有一种是对国内，就是一个地区对另外一个地区，一个部门对另外一个部门。两种关门都不行。”又说：“我们提出要发展得快一点”，“这就要求对内把经济搞活，对外实行开放政策”①。同年 10 月初，邓小平在会见参加中外经济合作问题讨论会全体代表时，第一次谈到了改革的革命含义，并把改革开放相提并论作为我们实现经济发展宏伟

① 《邓小平文选》，第 3 卷，64～65 页，北京，人民出版社，1993。

目标的“根本政策”，指出：“这几年进行的农村的改革，是一种带革命意义的改革。”又说：“对内经济搞活，对外经济开放，这不是短期的政策，是个长期的政策”①。稍后，在会见联邦德国总理科尔的谈话中则进一步提出：“我们把改革当作一种革命，当然不是‘文化大革命’那样的革命。”②在这两次讲话中，邓小平在讲到改革时，有两个明显的特点：一是明确地从政策重新选择的角度讲改革，认为十一届三中全会后，首先解决农村政策的调整问题，搞联产承包责任制，使农民有了经营管理的自主权，农村发生了显著的变化，即将召开的党的十二届三中全会则要转到城市改革，包括工业、商业和其他行业的改革，可以说是全面的改革；二是明确地把改革也归结为开放，强调无论是农村改革还是城市改革，其基本内容和基本经验都是开放。

1984年10月中旬召开的党的十二届三中全会，标志着我国改革开放的实践已经进入一个新的阶段，即全面改革和全方位开放的阶段。与此同时，邓小平对改革开放的认识也在逐渐升华。1984年10月下旬，邓小平在中共中央顾问委员会第三次全体会议上的讲话中，在评价十二届三中全会刚刚通过的《关于经济体制改革的决定》时说：“我的印象是写出了一个政治经济学的初稿，是马克思主义基本原理和中国社会主义实践相结合的政治经济学”③。认为这个文件好就好在“解释了什么是社会主义，有些是我们老祖宗没有说过的话，有些新话”，“是真正坚持社会主义”④。1985年3月，邓小平在全国科技工作会议上的讲话中，进一步指出：“经济体制，科技体制，这两方面的改革都是为了解放生产力。新的经济体制，应该是有利于技术进步的体制。新的科技体制，应该是有利于经济发展的体制。”⑤ 在这次会上所作的即席讲话中，又说：“我们采取的所有开放、搞活、改革等方面的政策，目的都是为了发展社会主义经济。”⑥ 在改革开放

① 《邓小平文选》，第3卷，78、79页，北京，人民出版社，1993。
② 同上书，82页。
③ 同上书，83页。
④ 同上书，91页。
⑤ 同上书，108页。
⑥ 同上书，110页。

中，“一个公有制占主体，一个共同富裕，这是我们所必须坚持的社会主义的根本原则”①。随后，又进一步明确指出“改革是中国的第二次革命”，“改革是两个开放政策的继续和发展”②，“改革是全面的改革”③，“改革开放是很大的试验”④ 等观点，强调“改革的性质同过去的革命一样，也是为了扫除发展社会生产力的障碍，使中国摆脱贫穷落后的状态。从这个意义上说，改革也可以叫革命性的变革”。认为“对内搞活经济，是活了社会主义，没有伤害社会主义的本质”，吸纳外国资金，“是作为发展社会生产力的一个补充，不用担心它会冲击社会主义制度”⑤。认为改革开放也可能会带来消极影响，但有办法解决，没有什么了不起。之所以这样说，是因为从政治上讲，我们的国家机器是社会主义性质的，它有能力保障社会主义制度。从经济上讲，我国的社会主义经济已经建立了相当坚实的基础。

以上这些论述，不仅阐明了实行改革开放两大政策的目的及其相互关系，改革开放中应该坚持的根本原则，改革开放的重要地位，而且揭示了改革开放与体现社会主义本质的关系，从而标志着以经济改革与开放为核心内容的邓小平改革开放理论已经初步形成。

从 1986 年起到党的十三大召开前后，伴随着经济体制改革和对外开放的全面展开，邓小平对改革开放的整体设计也日臻成熟。

首先，对政治体制改革更加关注。1986 年 9 月以后，邓小平在多次谈话中都讲到了政治体制改革问题。关于进行政治体制改革的必要性，他指出：“我们提出改革时，就包括政治体制改革。现在经济体制改革每前进一步，都深深感到政治体制改革的必要性。”⑥ 强调不改革政治体制，就不能保障经济体制改革的成果，不能使它继续前进，就会妨碍四个现代化的实现。关于政治体制改革的目的、内容和目标，他指出：“政治体制改革

① 《邓小平文选》，第 3 卷，111 页，北京，人民出版社，1993。
② 同上书，113 页。
③ 同上书，117 页。
④ 同上书，130 页。
⑤ 同上书，135 页。
⑥ 同上书，176 页。

的目的是调动群众的积极性，提高效率，克服官僚主义”①。改革的内容，首先是党政职能分开，解决党如何善于领导的问题；其次是权力下放，解决中央和地方及地方各级的关系问题；再次是精简机构。改革的目标有三条：“第一，巩固社会主义制度；第二，发展社会主义社会的生产力；第三，发扬社会主义民主，调动广大人民的积极性”②。关于政治体制改革的原则，他强调在改革中必须坚持共产党的领导，坚持社会主义根本制度，不能照搬西方的制度，不能搞自由化。认为“评价一个国家的政治体制、政治结构和政策是否正确，关键看三条：第一是看国家的政局是否稳定；第二是看能否增进人民的团结，改善人民的生活；第三是看生产力能否得到持续发展”③。随后，又针对当时资产阶级自由化思潮泛滥的情况，强调政治体制改革的总的目的，“是要有利于巩固社会主义制度，有利于巩固党的领导，有利于在党的领导和社会主义制度下发展生产力”④。

其次，是对社会主义与市场经济这一关系我国经济体制改革深入发展的重大问题的认识取得突破性的进展。80年代中期以后，随着有计划的社会主义商品经济的确立，人们对计划与市场问题的探索继续深化。邓小平在此前提出“社会主义也可以搞市场经济”，“社会主义和市场经济之间不存在根本矛盾”等观点的基础上，进一步提出“计划和市场都是发展生产力的方法”的观点，认为“一谈市场就说是资本主义”、“一谈计划就是社会主义”的传统思维定式都是片面的、错误的。无论计划还是市场，“它为社会主义服务，就是社会主义的；为资本主义服务，就是资本主义的”⑤。这些观点，有力地推动了全党对于经济体制改革目标认识上的深化，为后来明确提出建立社会主义市场经济体制，奠定了思想基础。

再次，对改革开放指导思想的概括更加明确。党的十三大召开前，邓小平反复强调要全面理解和掌握党的十一届三中全会以来党的路线、方

---

① 《邓小平文选》，第3卷，177页，北京，人民出版社，1993。
② 同上书，178页。
③ 同上书，213页。
④ 同上书，241页。
⑤ 同上书，203页。

针、政策，指出：从党的十一届三中全会开始确定了我们的根本政治路线，把四个现代化建设、努力发展社会生产力作为压倒一切的中心任务。在这个基础上制定了一系列新的方针政策，主要是改革和开放政策。改革是全面的改革，包括经济体制改革、政治体制改革和相应的其他各个领域的改革。开放是对世界所有国家的开放，对各种类型的国家开放。强调“要搞现代化建设使中国兴旺发达起来，第一，必须实行改革、开放政策；第二，必须坚持四项基本原则”，“这两个基本点是相互依存的”①。党的十三大“要重申我们党十一届三中全会以来制定的一系列方针和政策，深化经济体制改革，相应地进行政治体制改革”，“归根到底是改革开放的大会”②。认为，十一届三中全会以来一系列新的方针政策的中心点，“是从以阶级斗争为纲转到以发展生产力为中心，从封闭转到开放，从固守成规转到各方面的改革”③。正是在这样的基础上，1987 年 10 月召开的党的十三大，把改革开放正式写入党在社会主义初级阶段的基本路线，作为与四项基本原则相互联系的两个基本点之一。

党的十三大后，邓小平一方面强调思想要更加解放一些，改革开放的步伐要迈得更快一些，要使改革开放贯穿中国整个发展的过程，另一方面强调在改革中要及时总结经验，改正不妥当的方案和步骤，保持生产有较好的发展，不要勉强追求太高的速度。针对当时经济和政治上发生的一些问题，以及由此引起人们的一些疑虑，邓小平反复强调，对“十年改革开放的成绩要充分估计够”④，对十一届三中全会以来，“我们的一些基本提法，从发展战略到方针政策，包括改革开放”，都不要变，都要“坚定不移地干下去”⑤。在 1992 年初视察南方谈话中，又说：“改革开放以来，我们立的章程并不少，而且是全方位的。经济、政治、科技、教育、文化、军事、外交等各个方面都有明确的方针和政策，而且有准确的表述语言。”⑥ 强

---

① 《邓小平文选》，第 3 卷，248 页，北京，人民出版社，1993。

② 同上书，251 页。

③ 同上书，269 页。

④ 同上书，306 页。

⑤ 同上书，307 页。

⑥ 同上书，371 页。

调一定要坚持以党的基本路线为核心的这一整套方针、政策不动摇，认为“有了这一条，中国就大有希望”①。

（二）改革开放思想的基本内容

邓小平的改革开放思想具有丰富的内容，它不仅包括了中国为什么要实行改革开放、应该实行什么样的改革开放，而且包括了怎样实行改革开放等一系列重要思想。

1. *改革开放的必要性*

十一届三中全会以后，邓小平在领导全党全国人民进行改革开放的实践中，坚持以历史唯物主义为指导，紧密结合我国社会主义发展的实际，深刻阐述了改革开放的必要性。“改革是社会主义发展的直接动力”，这一观点是从邓小平关于“要发展生产力，经济体制改革是必由之路”的论断中引申出来的。

马克思主义历来认为，人类社会是在生产力与生产关系、经济基础与上层建筑的矛盾运动中发展的，生产力是社会发展的决定性因素。在阶级社会中，革命的阶级斗争是社会发展的直接动力，因为只有经过革命的阶级斗争，推翻反动阶级的统治，改变旧的社会制度，建立新的社会制度，才能解放生产力，推动生产力的发展和整个社会的进步。虽然由于历史条件的限制，马克思主义创始人对于社会主义社会的发展动力未能给以明确的回答，但也提出了一些极具启发性的意见。恩格斯关于“所谓‘社会主义社会’不是一种一成不变的东西，而应当和任何其他社会制度一样，把它看成是经常变化和改革的社会”② 的论述，列宁关于“今后在发展生产力和文化方面，我们每前进一步和每提高一步都必定要同时改善和改造我们的苏维埃制度，而现在我们在经济和文化方面水平还很低。我们有待于改造的东西很多”③ 的论述，都在实际上涉及了社会主义社会的发展动力问题，为人们提供了一种富有创造性的发展观。革命导师的这种彻底的发

① 《邓小平文选》，第3卷，371页，北京，人民出版社，1993。
② 《马克思恩格斯选集》，2版，第4卷，693页，北京，人民出版社，1995。
③ 《列宁选集》，3版，第4卷，613页，北京，人民出版社，1995。

展观，揭示了社会主义改革的历史必然性，为我们认识和理解改革的历史地位和作用指出了正确的方向。但是，从20世纪30年代中叶开始，斯大林关于社会主义社会已不存在矛盾，社会主义社会发展的动力是广大劳动人民“精神上和政治上的一致”的观点，即在国际共产主义运动和社会主义国家产生了很大的影响。

50年代中期，毛泽东针对斯大林的上述观点，首次在理论上正确地阐述了社会主义社会的基本矛盾问题，从而在理论上说明了社会主义改革的必要性。从50年代中期到60年代初，党和毛泽东在对中国社会主义建设道路的探索中，也曾对一些不适应生产力发展的具体制度进行过某些调整，但由于对社会主义社会基本矛盾的具体表现和基本国情的判断出现失误（主要是把社会主义社会基本矛盾的表现归结为两个阶级、两条路线的斗争，忽视我国社会经济文化落后的基本状况）等原因，曾经脱离生产力发展的实际，一味追求提高生产资料公有化的程度和企图“以阶级斗争为纲”来推动生产力的发展，结果遭到了严重挫折。十一届三中全会以后，党和邓小平把改革作为中国发展生产力的必由之路，这就正确地解决了社会主义社会的发展动力问题。

改革也是解放生产力的思想，奠定了改革作为一场新的革命、作为中国的第二次革命在中国社会主义事业发展中的极其重要的历史地位。这种历史地位是通过改革对生产力所起的解放作用体现出来的。

第一，改革进一步解放了作为生产力主体要素的劳动者，促进了劳动者主动性和创造性的发挥。劳动者是生产力诸要素中最活跃的要素，是生产力发展的重要源泉。社会主义制度的建立，对于广大劳动者来说，无疑是一次大解放。但是，政治上的解放与经济上的解放不可能是完全同步的。由于我国原来的生产力基础十分薄弱，经济文化条件极其落后，经济的振兴不可能在短时期内完成。特别是由于我国在社会主义制度建立以后，没有随之建立起能够适应生产力健康发展的具体体制，在政策选择上不断发生失误，因而在很大程度上限制了劳动者主动性和创造力的发挥，通过改革旧的管理体制和运行机制，解除对劳动者的种种束缚，使劳动者的主人翁地位和按劳分配原则落到实处，使劳动者的经济利益和经济责任、劳动贡献和报酬统一起来，这样就使劳动者的主动性、创造性得到了进一步解放。

第二，改革解放了作为生产力载体和国民经济细胞的企业，促进了企业素质的提高和活力的增强。我国原有经济体制的一个主要弊端，就是排斥价值规律和市场机制的作用。在高度集中的计划经济体制下，企业不能以独立的商品生产者和经营者的身份进入市场，参与竞争，而只能作为政府机关的附属物，生产要素由国家配置，产品由国家包销，盈亏由国家负责。这样一种缺乏灵敏反映复杂多变社会需求能力的管理体制和经济运行机制，加上分配领域近乎平均主义、“大锅饭”的分配方法，严重抑制了企业的生机和活力，束缚和阻碍了生产力的发展。通过改革，解除了原有体制对企业的种种束缚，将企业推向市场，使之真正成为自主经营、自负盈亏、自我发展、自我约束的法人实体和市场竞争实体，使企业按照价值规律和市场供求的变化优化资源配置，使产业结构不断趋于合理化，这就必然会推动社会生产力更迅速地向前发展。

第三，改革还进一步解放了作为第一生产力的科学技术，促进了我国科技的进步和管理水平的提高。在当代社会化现代化的大生产中，生产力的发展日益依赖于科学技术的进步，科学技术已渗透到生产力的各个要素之中，成为第一生产力。然而，由于原有体制的封闭性等原因，在相当程度上限制了先进科学技术的吸收和引进，管理水平的落后和科技未能很好地与经济建设结合，也制约了科学技术的进步和生产力的发展。改革使科学技术更好地面向经济建设的主战场，使科技成果加速向商品、市场的转化，使科技人才实现了合理流动。这样，就创造了一个人尽其才、物尽其用的良好体制和环境，从而必将促进科技水平的提高，更有力地促进生产力的发展。

总之，通过改革原有的经济、政治、科技、教育体制，建立起充满生机活力的社会主义市场经济体制和与之相适应的政治、科技、教育体制，必然极大地解放生产力，促进生产力的发展。改革和建设的伟大实践，已经充分说明了改革对于解放和发展生产力的重大作用，揭示了改革作为一场新的革命，作为中国第二次革命在中国社会主义发展中的真正动力的地位。正如邓小平所说："改革的意义，是为下一个十年和下世纪的前五十年奠定良好的持续发展的基础。没有改革就没有今后的持续发展。"①

邓小平在阐述必须进行改革的同时，还反复强调说明了实行对外开放的必要性和重要性。

第一，对外开放政策的提出，是对中国长期停滞落后的历史教训深刻反思的结果，是加快我国社会主义经济建设的需要。邓小平指出："总结历史经验，中国长期处于停滞和落后状态的一个重要原因是闭关自守。"②认为如果从明朝中叶算起，到鸦片战争，有300多年的闭关自守，如果从康熙算起，也有近200年。长期闭关自守，把中国搞得贫穷落后，愚昧无知。新中国成立后，除第一个五年计划时期是对苏联、东欧开放外，实际上几乎也处于同世界隔绝的状态。当然，这种情况的出现，在相当长一个时期，主要不是我们自己的原因，而是实际上反对中国和反对中国社会主义的势力迫使我们处于这种被隔绝和孤立的状态。但是，后来有了同国际加强交往合作的条件，我们自己却又一度关起门来。关起门有两种：不仅指国际上与各国交往上的怕开门，担心会从国外引来坏的东西；同时也指国内各个地区之间联系上，相互封闭，不相往来。历史经验一再证明：关起门来搞建设，把自己孤立于世界之外，归根到底是不利于我们自己的发展的。我们提出要使经济发展得快一些，好一些，就要在对内实行改革，把经济搞活的同时，对外实行开放的政策，学会利用有利的外部条件，加快自己的发展，而不应该把自己封闭起来。

第二，对外开放政策的提出，是对当代世界经济、科技发展和国际形势发展敏锐观察的结果。现在的世界是开放的世界。马克思在100多年前指出的由于开拓了世界市场而使一切国家的生产和消费都成为世界性的趋势，在20世纪70年代以后比以往任何时候都更加突出起来。在当代，经济、政治、文化的广泛交往，已经把世界各国连成了一个发展的整体。现在的世界变化迅猛，科学技术的发展日新月异。对外实行闭关自守政策，把自己封闭起来，连信息都不灵通，只能越来越落后。一方面，当代世界

① 《邓小平文选》，第3卷，131页，北京，人民出版社，1993。

② 同上书，78页。

经济和科技的发展，为中国实行对外开放政策，争取利用国际上的资金和先进技术，来帮助我们发展经济提供了良好的机遇和条件；另一方面，中国经济和技术的发展，又是有利于世界的和平与发展的。从世界政治、经济的角度看，中国同外国经济关系的发展，世界市场的扩大，不仅有助于发展中国家，而且有助于西方国家解决其面临的市场问题、经济问题。只有坚持实行对外开放，积极参与国际经济竞争与合作，发挥自己的优势，使我国经济与国际经济实现必要的互接互补，加上我们自己的艰苦奋斗，自力更生，不断创新，才能适应当代世界科技与经济发展的大趋势。

第三，实行对外开放，也是正确对待资本主义社会创造的现代文明成果，并最终使社会主义赢得与资本主义相比较的优势的需要。对外开放在本质上是要解决如何对待本国发展所面临的庞大的世界体系问题。从我国的实际看，过去的主要问题是，未能正确认识社会主义与资本主义的关系，过分强调了社会主义否定资本主义，与资本主义有对立、斗争的一面，而忽略了社会主义是在批判地继承资本主义已有积极成果基础上的发展，与资本主义还有借鉴、利用、学习、合作的一面，因而从总体上说，没能正确评价资本主义的历史作用。历史与现实的经验一再表明，资本主义社会经过几百年的发展，特别是其中一些发达的国家，在经济、科技、教育、文化和社会管理等方面积累了丰富经验，取得了许多历史性的文明成果。这是一个客观事实。无论人们是否承认，它都存在着。社会主义作为后起的社会制度，只有几十年的历史，各方面的发展都还不够完善。而所有已经走上社会主义道路的国家，原来又大都是经济文化落后的国家，这也是一个客观事实。怎样对待资本主义，实际上也是关系到社会主义本身发展的问题。社会主义只有大胆借鉴、吸收人类社会包括资本主义社会所创造的全部文明成果，并结合新的实践进行新的创造，为我所用，才能加快发展，赢得同资本主义相比较的优势。邓小平关于现在的世界是开放的世界，中国的发展离不开世界，我们实行对外开放，吸收资本主义社会一些有益的东西，是作为发展社会主义社会生产力的一个补充等一系列观点，不仅使我国彻底摆脱了过去长期被孤立、封锁及某种闭关自守的状态，真正走向了世界，而且使我们真正解决了如何对待资本主义的问题，这就抓住了时代的本质，把建设有中国特色社会主义的伟大事业与当代世界发展的大趋势衔接了起来，使之具有浓厚的时代气息，更加具有活力。

2. 改革开放的性质和含义

首先，关于改革的性质和含义。依据传统的观点，改革与革命是一个对立的范畴。革命是质变，是先进的社会制度取代没落的社会制度，是一个阶级推翻一个阶级的政治革命；改革则是量变，是现有制度的自我完善，是维护本阶级统治和根本利益的变革。因此，在以往人们的观念中，改革（或曰改良）往往不具有革命的含义。

不仅如此，在社会主义的发展史上，在很长时期内，人们甚至认为，在社会主义制度下不仅不存在革命的问题，而且连改革也不需要。邓小平在强调“改革是社会主义制度的自我完善和发展”，不是一个阶级推翻另一个阶级那种原来意义上的革命的同时，又鲜明地提出“我们把改革当作一场革命”，“改革是中国的第二次革命”。这是在对以往社会主义的改革理论和实践深刻反思的基础上提出的重要论断，也是他对科学社会主义的一大贡献。

第一，把改革当作一场革命，首先体现在“革命是解放生产力，改革也是解放生产力”这一意义上。社会主义的实践表明，社会主义制度建立以后，仍然存在着解放生产力的任务。这是因为以往在社会主义国家普遍实行的计划经济体制严重束缚了生产力的发展，不对这种旧的经济体制进行根本性变革，就无法促进生产力的发展。邓小平的一个创新，就在于他把社会主义基本制度与具体制度加以区别，既肯定了社会主义基本制度的优越性，坚持这一基本制度的必要性，又指出了在坚持社会主义基本制度的前提下，对严重束缚生产力发展的经济体制从根本上加以改革的必要性和意义。他深刻指出：“革命是解放生产力，改革也是解放生产力。”“社会主义基本制度确立以后，还要从根本上改变束缚生产力发展的经济体制，建立起充满生机和活力的社会主义经济体制，促进生产力的发展，这是改革，所以改革也是解放生产力。过去，只讲在社会主义条件下发展生产力，没有讲还要通过改革解放生产力，不完全。应该把解放生产力和发展生产力两个讲全了。”① 这就是说，要把由于社会主义基本制度的建立为生产力发展提供的可能性变为现实性，保持社会主义经济的持续增长，还必须有正确的政策选择，需要进行体制上的重构。

第二，我国经济体制改革的目标模式，是建立社会主义市场经济体制，这是理解改革是一场革命的又一重要体现。在传统的社会主义观念中，计划经济姓“社”，市场经济姓“资”，二者截然对立。邓小平突破了把市场经济与社会主义对立起来、认为市场经济是资本主义的东西的固定观念，为我国经济体制的改革指明了方向。从计划经济体制向社会主义市场经济体制的过渡，就社会主义的基本制度而言，不是质变，但就经济体制而言，就经济的运行机制而言，则是质变，是一场革命性的变革。这里实际上有两个否定和两个转变：一是从否定过去被人们长期认定的社会主义是产品经济社会，转变到承认社会主义同样是商品经济社会；二是从否定与商品经济相联系的计划经济的管理体制和运行机制，转变到承认社会主义也可以建立市场经济的管理体制和运行机制。对社会主义市场经济的认定，无论在理论上还是在实践上，都是前所未有的创造。

第三，改革之所以是一场革命，还体现在它本身的广度和深度，以及由此而引起的社会生活和人们观念变化的广度和深度上。邓小平指出：“改革促进了生产力的发展，引起了经济生活、社会生活、工作方式和精神状态的一系列深刻变化。”② 这就是说，我们所进行的改革，不仅在经济体制、结构等深层次上是一场革命，而且涉及包括政治体制、科技体制、教育体制、文化体制、生活方式以及社会其他领域的改革，还渗透到人们的思想观念中，引起人们世界观、人生观、价值观、道德观等方面的深刻的变革。各个领域、各个方面的改革相互联结，相互影响，构成了整体的改革系统。

说改革是我们党领导的第二次革命，是相对于第一次革命而言的。中国共产党领导的第一次革命，把一个半殖民地半封建的旧中国变成一个社会主义新中国；中国共产党领导的第二次革命，将把一个经济文化比较落

---

① 《邓小平文选》，第3卷，370页，北京，人民出版社，1993。

② 同上书，142页。

后的社会主义中国变成一个富强、民主、文明的现代化的社会主义中国。

其次，关于开放的性质和含义。人类社会由封闭形态转向开放形态，是从资本主义社会开始的，它反映的是以社会化大生产为依托的商品经济发展的必然规律。它主要的表现是：商品生产的技术基础要求不断创新，一个国家和地区出现了新技术、新工艺、新产品，必然影响到其他国家和地区，引起国际技术交流；商品生产效率的迅速提高，商品数量的急剧增加，必然要求更大的市场，从而形成和不断扩大国际贸易和市场；商品生产同竞争相伴随，生产专业化的发展必然引起广泛的国际分工；商品生产高度发展，也必然要求扩大国际交往和信息传递。以社会化生产为依托的商品生产的发展必然使得经济的国际化，促使世界成为一个开放的世界。邓小平关于当代世界是开放的世界的思想，是运用马克思主义关于生产力与生产关系辩证关系的原理，研究、总结世界经济发展得出的科学结论。

实行对外开放，开放到什么程度？开放到什么范围？邓小平认为，我国的开放应该是全面的开放。这是我们理解邓小平对外开放思想不能忽视的一个重要含义。

第一，对外开放是全方位的开放。世界上的国家，无论大小，无论强弱，也无论属于什么社会制度，都各有所长，我们应该同世界上一切国家进行交流与合作，才会更有益于我们自己的发展。我们实行对外开放，是三个方面的开放。一个是对西方发达国家的开放，我们吸纳外资、引进技术等等主要从那里来。一个是对苏联和东欧国家的开放，这也是一个方面。还有一个是对第三世界发展中国家的开放。

第二，对外开放是多层次的开放。经过不断探索，我国已经形成了点、线、片、面的多层次的开放格局。点，即经济特区，是我国实行对外开放的第一个层次，是政策最优惠、开放程度最大的地区；线，即沿海港口城市，是对外开放的第二个层次，也是开放程度较大的地区并享有较多的优惠待遇；片，即沿海经济开放区，是对外开放的第三个层次；面，即全国广大内地，是对外开放的第四个层次。这样，我国的对外开放已经从点到面全面展开，形成了面向世界的开放局面。

第三，对外开放是多种形式的开放，也就是要全面地发展我国对外经济关系，以多种方式参与国际经济活动，适应经济生活的国际化。我国对外经济关系包括对外贸易、利用外资、引进技术、劳务合作、国际旅游五种基本形式，也包括我国对外投资、技术出口、对外经济援助等。随着我国开放的深化和国际交往的扩大，对外开放的内容和形式必将进一步丰富多彩。

我国的对外开放，是在社会主义原则指导下的开放，目的是为了加速社会主义建设，提高生产力水平和人民的生活水平。因此，在开放中，必须坚持独立自主、自力更生原则，这是邓小平开放思想的题中应有之义。我们发展同世界上所有国家的交流与合作，但决不允许别国干涉我国内政，控制我们的经济。要通过开放，增强自力更生的能力。为此，必须坚持社会主义道路，既要大胆开放，学习外国，又要避免和反对盲目崇拜资本主义；必须有计划有步骤有重点地进行，避免和克服盲目性，避免不必要的损失；必须坚持"两手抓、两手都要硬"的原则，一手要坚持对外开放和对内搞活，一手要坚决打击经济犯罪，既要抓物质文明，也要抓精神文明。

对外开放与坚持独立自主不是矛盾的。对外开放是在坚持独立自主的基础上进行的。只有坚持独立自主、自力更生，始终把国家的主权和安全放在第一位，才能使开放对社会主义经济的发展起到积极的有利的作用。我国实行经济开放政策，争取利用国际上的资金和技术，来帮助我们发展经济。但是，从发达国家取得资金和先进技术不是容易的事情。总有那么一些人还是老殖民主义的头脑，企图卡住穷国的脖子，不愿意我们得到发展。所以，我们必须一方面实行开放政策，在平等互利的基础上积极扩大对外交流；另一方面又必须时刻保持清醒的头脑，坚决抵制外来腐朽思想的侵蚀。我们要牢记邓小平关于"独立自主，自力更生，无论过去、现在和将来，都是我们的立足点"① 的教诲，珍惜同其他国家和人民的友谊与合作，更加珍惜自己经过长期奋斗而得来的独立自主权利。任何外国不要

---

① 《邓小平文选》，第3卷，3页，北京，人民出版社，1993。

指望中国做它们的附庸，不要指望中国会吞下损害自己利益的苦果。由于国内外多种因素的作用，对外开放中可能会发生一些问题，但它不会导致资本主义。开放的最大的风险，就是会带来资本主义腐朽的东西和消极的影响，但这并不可怕，消极因素比起开放加速发展的积极效果毕竟要小得多。同时，又要看到，我们具有从根本上保证开放向着有利于社会主义方向发展的重要条件：一是，无论怎样开放，公有制经济始终占主体，这是经济上的根本保证；二是，政权在我们手里，这是政治上的根本保证，也是更重要的条件；三是，教育人民坚持四项基本原则，清醒地意识到这个问题，自觉地防止资本主义思想对自己的腐蚀、影响。

3. 改革开放的方针

邓小平反复强调，改革开放是个很大的试验，是要冒很大风险的。既然改革是一场革命，是社会主义的新生事物，那它就“不会是一帆风顺的”。在改革开放的过程中，难免会遇到这样那样的问题，出现各种复杂的情况，因此，必须坚持“解放思想、实事求是，胆子要大、步子要稳”的方针。

第一，要有一种敢于走新路的勇气，有敢于创新的精神。由于历史的和现实的、国际的和国内的各种原因，改革开放所要解决的问题是极为复杂的，需要付出艰辛努力。改革要破除过去几十年形成的旧的经济体制，建立适应生产力发展的新的经济体制，同时，对其他方面的体制也要进行必要的改革，这就不可避免地涉及已有权力和利益格局的调整。在改革开放的过程中，既要坚持科学社会主义的基本原理，又要敢于突破传统的社会主义模式和观念的束缚；既要坚决纠正过去长期存在并且不可能很快根除的“左”的错误，又要警惕右的资产阶级自由化的倾向；既要大胆吸收和借鉴包括当今资本主义发达国家先进经营方式、管理方法在内的一切人类文明成果，又要防止资本主义的腐朽思想、生活方式的侵入。面对改革开放所遇到的前所未有的复杂情况和问题，“没有一点闯的精神，没有一点‘冒’的精神，没有一股气呀、劲呀，就走不出一条好路，走不出一条新路，就干不出新的事业”①。

① 《邓小平文选》，第3卷，372页，北京，人民出版社，1993。

第二，要善于总结经验，注意体现干部和群众的创造性。改革开放是一个很大的试验，“不仅在中国，而且在国际范围内也是一种试验”①，没有可以直接借鉴的成功的经验，没有现成的答案。新的一套制度和办法又不是一下子就可以建立、成熟起来的。因此，邓小平要求一定要在敢于试验的基础上注意随时总结经验。他说：“每年领导层都要总结经验，对的就坚持，不对的赶快改，新问题出来抓紧解决。恐怕再有三十年的时间，我们才会在各方面形成一套更加成熟、更加定型的制度。在这个制度下的方针、政策，也将更加定型化。”又说，现在“经验很多，从各省的报刊材料看，都有自己的特色。这样好嘛，就是要有创造性”②。邓小平还非常强调要尊重群众的首创精神，反复说明，改革是为了人民群众，改革要依靠人民群众，改革越深入，越要注意把干部和群众的积极性、创造性引导好、保护好、发挥好。

第三，推行改革开放的政策，要允许看，不搞强迫，不搞运动，同时不争论。邓小平说：“对改革开放，一开始就有不同意见，这是正常的。不只是经济特区问题，更大的问题是农村改革”。“开始的时候只有三分之一的省干起来，第二年超过三分之二，第三年才差不多全部跟上”。“我们的政策就是允许看。允许看，比强制好得多。我们推行三中全会以来的路线、方针、政策，不搞强迫，不搞运动，愿意干就干，干多少是多少，这样慢慢就跟上来了。”对于不同意见分歧，采取“不搞争论”，“拿事实来说话”的办法，让改革的实际进展去说服持怀疑态度的人。他说：“不搞争论，是我的一个发明。不争论，是为了争取时间干。”“不争论，大胆地试，大胆地闯。农村改革是如此，城市改革也应如此。”③

第四，判断改革开放中的是非得失，只能以“是否有利于发展社会主义社会的生产力，是否有利于增强社会主义国家的综合国力，是否有利于提高人民的生活水平”为标准。我国现阶段的根本任务是实现社会主义现代化，最基本的实践活动是改革开放和社会主义现代化建设，最终目的是

① 《邓小平文选》，第3卷，135页，北京，人民出版社，1993。

② 同上书，372页。

③ 同上书，374页。

达到人民的共同富裕，是为了人民的根本利益。从这样一些基本要求来看，“三个有利于”的标准，实际上是把实践标准（判断认识真理性的标准）、生产力标准（判断发展经济的路线、方针、政策的标准）、人民利益标准（判断人心所向的标准）完全统一起来了。

按照这个根本标准，我们就既不会把那些合乎“三个有利于”本来姓“社”的东西，错误地划定为姓“资”的东西而加以排斥，也不会把那些合乎“三个有利于”，既可为“资”所用又可为“社”所用的东西错误地加以排斥。坚持“三个有利于”的标准，就可以不断解放思想，克服姓“社”姓“资”的纠缠，不断地把改革开放和现代化建设推向前进。

三、改革开放的重大理论和实践意义

1978 年 12 月召开的中共十一届三中全会，开启了改革开放历史新时期。改革开放是党在新的时代条件下带领人民进行的新的伟大革命，目的就是要解放和发展社会生产力，实现国家现代化，让中国人民富裕起来，振兴伟大的中华民族；就是要推动我国社会主义制度自我完善和发展，赋予社会主义新的生机活力，建设和发展中国特色社会主义；就是要在引领当代中国发展进步中加强和改进党的建设，保持和发展党的先进性，确保党始终走在时代前列。改革开放的创新实践，谱写了中华民族自强不息、顽强奋进新的壮丽史诗，中国人民的面貌、社会主义中国的面貌、中国共产党的面貌发生了历史性变化。

（一）改革开放的重大实践意义

新时期最鲜明的特点是改革开放。从农村到城市、从经济领域到其他各个领域，全面改革的进程势不可挡地展开了；从沿海到沿江沿边，从东部到中西部，对外开放的大门毅然决然地打开了。这场历史上从未有过的大改革大开放，极大地调动了亿万人民的积极性，使我国成功实现了从高度集中的计划经济体制到充满活力的社会主义市场经济体制、从封闭半封闭到全方位开放的伟大历史转折。

从实践意义的角度来说，邓小平改革开放思想提出的重大意义集中表现在改革开放中开辟了中国特色社会主义的道路。粉碎“四人帮”，结束“文化大革命”以后，中国共产党人面临的一个重大的课题，就是能否彻底扭转“文化大革命”十年内乱所造成的严重局势，从困难中重新奋起，为中国社会主义的发展开辟新的道路。邓小平作为当代中国改革开放和社会主义现代化建设的总设计师，以他的远见卓识、丰富的政治经验和高超的领导艺术，在千头万绪中抓住根本，从端正思想路线入手进行拨乱反正，在重新确立解放思想、实事求是的思想路线，确定把党和国家工作重点转移到社会主义现代化建设上来的同时，作出了实行改革开放的重大决策，并确定了中国改革开放的全面部署。在邓小平理论和党的“一个中心、两个基本点”的基本路线的指导下，我国的改革开放经历了从农村到城市，从经济体制到其他各方面体制，从对内到对外的伟大历史过程。改革开放的伟大实践，使我国的社会生产力得到突飞猛进的发展，人民生活得到很大的提高，国家面貌发生了巨大、深刻的变化。

第一，改革开放促进了我国社会主义经济体制的根本性变革，为政策的重新选择、体制的重新建构提供了难得的历史契机。在改革开放实践的推动下，我们过去长期没有彻底解决的“左”的政策开始从根本上得到清理，原有的束缚生产力发展的经济体制开始从根本上得到改变，新的充满生机活力的经济体制——社会主义市场经济体制改革的目标逐渐得以确立。对于我国改革开放要建立一种什么样的经济体制，我们党经历了不断深化的认识过程。十二届三中全会以前，经济体制改革基本上是按照“计划经济为主，市场经济为辅”的思路进行的；十二届三中全会提出了“在公有制基础上的有计划的商品经济”的思路，使全党的认识开始发生了重大变化；党的十三大提出社会主义有计划的商品经济应该是计划与市场内在统一的体制的思路，从此不再讲计划经济为主。但是，直到这时，如何确立我国经济体制改革的目标，还没有获得实质上的突破。其症结就在于许多人仍把计划经济和市场经济作为区分社会主义与资本主义两种不同社会制度的基本标志。1992 年，邓小平在他多年思考的基础上，在视察南方谈话中提出了计划与市场都是经济手段，不是社会主义与资本主义本质区别的重要论断，党的十四大据此确定了建立社会主义市场经济体制的目标。实践证明，正是改革开放实践的推动，才使我们解决了这一关系社会主义现代化建设全局的重大问题，并使我国的经济体制和其他方面体制的改革取得了新的进展。

第二，改革开放引起了我国社会生活和人们观念的深刻、广泛的变化，为观念更新、思想解放和新的理论体系的创立提供了强大的动力。改革开放的实践，不仅改变了过去长期推行的“左”的政策和僵化的体制，而且有力地冲刷着人们过去长期形成的一些固有观念和思维模式。改革开放以前，由于“文化大革命”及其以前长期“左”的错误的影响，干部中特别是领导干部中，思想不解放，思想僵化、半僵化的现象相当严重。十一届三中全会以后，由于重新确立了解放思想、实事求是的思想路线，实行了改革开放的政策，特别是坚持了判断改革开放和各项工作是非得失的正确标准，人们的思想获得了空前的解放，社会生活更加健康、有序、丰富多彩。正是凭借实践标准、生产力标准，特别是把实践标准、生产力标准、人民利益标准统一起来的“三个有利于”的标准，人们才突破了过去把马克思列宁主义、毛泽东思想教条化的思想束缚，从以往那些已被实践证明不合乎中国实际、不合乎时代进步、不合乎经济和社会发展规律的条条框框中解放了出来，摒弃了过去那些“左”的错误思想观念，形成了一系列崭新的观念，摆脱了姓“社”姓“资”的纠缠。总之，正是由于改革开放的实践，才解放了人们的创造性，打开了封闭的精神世界并使之活泼起来，最终为形成建设中国特色社会主义理论提供了重要的条件。

第三，改革开放促进了生产力的发展，推动了我国社会主义现代化的进程，并为世界上社会主义国家的改革提供了成功的经验。十一届三中全会以前，由于长期“左”的错误的干扰和旧的体制的限制，我国社会生产力发展很慢，人民生活长期没有得到很大改善，社会主义制度的优越性没有得到应有的发挥。改革开放以来，我国政治稳定，经济发展，民族团结，社会生产力、综合国力和人民生活都上了一个大台阶，特别是党的十四大以来党中央高举邓小平理论的伟大旗帜，领导全党全军全国人民按照十四大的部署，抓住机遇，深化改革，扩大开放，促进发展，保持稳定，实现了国民经济持续、快速、健康发展，提前实现了邓小平为我们确定的“三步走”发展战略中的第二步战略目标，经济和社会发展又取得了新的重大成就。实践证明：改革开放使社会主义的中国充满了生机和希望，使人民高兴、世界瞩目。面对社会主义运动在国际上遇到的严重挫折，中国共产党所领导的占世界人口1/5的人民共和国，社会主义的旗帜高高飘扬，整个国家生机勃勃，有力地显示了社会主义制度的强大生命力。正如邓小平在1989年政治风波过后所说：“没有改革开放就没有希望。这十年的成绩哪里来的？是从改革开放得来的。”“只讲一个道理：中国的社会主义是变不了的。中国肯定要沿着自己选择的社会主义道路走到底。谁也压不垮我们。只要中国不垮，世界上就有五分之一的人口在坚持社会主义。”① 只要改革开放政策稳定，中国就大有希望，中华民族就大有希望，社会主义就大有希望。改革开放的社会主义中国，一定会为振兴中华民族，复兴社会主义作出自己更大的贡献。邓小平的改革开放思想及其成功实践给了我们这样的信心。

（二）改革开放的重大理论意义

新时期最突出的标志是与时俱进。党坚持马克思主义的思想路线，不断探索和回答什么是社会主义、怎样建设社会主义、建设什么样的社会主义等重大理论和实践问题，不断推进马克思主义中国化，坚持并丰富党的基本理论、基本路线、基本纲领、基本经验，使社会主义和马克思主义在中国焕发出勃勃生机。从理论意义的角度来说，正是由于改革开放的进行，才有党在指导思想上的与时俱进。邓小平改革开放思想丰富和发展了社会主义发展动力和条件的理论。

第一，明确肯定改革是社会主义发展的直接动力，发展了马克思主义关于社会主义发展动力的理论。马克思、恩格斯十分重视社会发展动力问题的研究，提出了一系列重要的观点：人类社会是在生产力与生产关系、

① 《邓小平文选》，第3卷，320～321页，北京，人民出版社，1993。

经济基础与上层建筑之间的矛盾运动中发展的。其中，生产力是决定性的因素。在阶级社会中，革命的阶级斗争是社会发展的直接动力。只有经过革命的阶级斗争，推翻反动阶级的统治，改变旧的社会制度，建立新的社会制度，才能解放生产力，推动生产力的发展和社会进步。正是基于这些基本观点，特别是对资本主义社会基本矛盾的实际状况的分析，他们才创立了科学社会主义的基本理论。但是，由于历史条件的限制，他们对社会主义社会矛盾的基本状况以及由此而引出的对社会主义发展动因的认识，还不可能作出进一步的判断，并最终也没有点破社会主义发展动力这一重大命题。列宁在分析对抗与矛盾的区别时提出了“在社会主义条件下，对抗将会消失，矛盾仍将存在”① 这一富有启发性的论断，但也没能作出进一步的分析和说明。20 世纪 50 年代中期，毛泽东突破斯大林自 30 年代以来关于社会发展动力问题上带有浓厚主观性的观点，明确提出了社会主义社会矛盾的学说。他指出，在社会主义社会中，基本的矛盾仍然是生产关系和生产力的矛盾、上层建筑和经济基础的矛盾。这些矛盾同旧社会的矛盾相比，具有不同的性质和情况，它一般地不表现为对抗，可以通过社会主义制度本身不断地加以解决。但是，对于社会主义怎样通过自身的力量来解决社会主义社会基本矛盾双方“既相适应又相矛盾”这一重大课题，当时未能进行深入具体的研究，又由于此后在主要矛盾问题上发生的偏差，毛泽东未能作出明确回答，因而也就没能真正解决社会主义社会发展动力问题。邓小平关于要发展生产力，经济体制改革是必由之路，以及改革也是解放生产力，是中国的第二次革命等重要观点，明确肯定了改革作为社会主义社会发展直接动力的地位，丰富和发展了马克思主义社会发展动力的学说。

第二，对外开放丰富和发展了马克思主义关于社会主义国家对外开放的理论。把本国经济发展同国际市场和世界经济联系起来，这是马克思主义创始人的一贯思想。马克思、恩格斯不仅详尽地论述了资本主义社会的经济是开放型的经济，而且预见到社会主义社会在生产国际化等方面将比

① 《列宁全集》，中文 2 版，第 60 卷，282 页，北京，人民出版社，1990。

资本主义社会“更大地向前迈进”。列宁根据苏俄的实践明确提出，社会主义国家在对外经济关系上应当是开放型的，社会主义共和国不同世界发生联系是不能生存下去的。虽然由于当时的国际环境和种种其他因素，毛泽东时代没有实行真正意义的对外经济开放，但毛泽东在《论十大关系》中也明确阐述了“一切民族、一切国家的长处都要学”[①] 等重要的观点。邓小平在领导和设计中国对外开放的实践活动中，对马克思主义对外开放理论的发展，主要表现在三个方面：一是他通过历史经验教训的总结，提出现代的世界是开放的世界，中国的发展离不开世界，任何国家要发达起来，闭关自守都不可能，进行现代化建设必须实行对外开放等基本观点，把对外开放作为中国加快发展的一个大政策，从而丰富了马克思主义关于社会主义国家必须实行对外开放的思想；二是他从当代世界经济政治格局和中国经济发展现状出发，确定了中国对外开放全方位（包括所有国家和地区)、多层次（包含点、线、片、面)、多形式的格局，从而丰富了马克思主义关于社会主义国家对外开放内容与形式的理论；三是他提出我们对外开放的根本目的，是要充分利用一切外部条件，吸收和借鉴人类一切文明成果，来发展和推动我们的社会主义事业，对外开放是在社会主义原则指导下，在坚持独立自主、自力更生的基础上进行的，它不会改变社会主义经济的主体，也绝不允许损害我们社会主义国家的利益、尊严和荣誉等观点，丰富了社会主义国家对外开放基本指导原则的思想。

① 《毛泽东文集》，第7卷，41页，北京，人民出版社，1999。

第四章　邓小平与社会主义初级阶段基本路线的制定

一、社会主义初级阶段理论的提出

社会主义初级阶段理论是邓小平理论的重要组成部分，是这一理论科学体系的重要基础。邓小平指出，我国的社会主义还处于初级阶段，是初级阶段的社会主义，要用长达百年的时间去实现别的国家在资本主义条件下实现的工业化和生产的商品化、社会化、市场化，建立社会主义本来应该具有的发达的生产力基础，使我国的社会主义最终摆脱贫穷落后，真正够格。这就彻底否定了过去那些超越阶段的错误观念和政策，同时坚持了社会主义的方向。对社会主义初级阶段基本国情的统一认识和准确把握，从整体上解决了我国社会主义的现实起点问题，在此基础上，才能解决好建设中国特色社会主义的其他问题。正因为如此，江泽民在党的十五大报告中才进一步强调了这个问题，把它作为近20年改革开放和现代化建设取得成功的根本原因之一，并将其作为把建设中国特色社会主义事业全面推向新世纪之关键。

（一）社会主义初级阶段理论的提出

社会主义初级阶段理论是在总结世界社会主义，特别是中国社会主义曲折发展的历史经验和教训的基础上逐步提出的。

社会主义初级阶段，作为具有特定内涵的新概念，在马克思、列宁、毛泽东的书本上没有，在 1981 年 6 月党的十一届六中全会以前的历史文献上也没有。马克思主义创始人所生活的时代，社会主义革命和建设还不是直接的实践问题，他们虽然也曾根据当时的历史条件，对未来社会的发展进程作过一些探索性的设想，但还不可能对被他们称为共产主义低级阶段的社会主义社会作出明确的判断。在社会主义由理想变为现实以后，社会主义本身的发展阶段问题，成为社会主义建设中的实际问题，于是后来的社会主义者开始回答这一问题。在社会主义思想发展史上，最早提及社会主义发展阶段问题的是列宁。他认为，在经济落后的俄国，只能建成“初级形式的社会主义”，而不能立即建成“发达的社会主义”。这一思想虽未能进一步阐发，但显然已包含了社会主义社会也要有一个由低级到高级、由不完备到比较完备的发展过程的含义，这对后来人们的继续探索无疑具有重要的意义。然而，令人遗憾的是，在以后的社会主义实践中，包括斯大林在内的许多社会主义国家的领导人，对社会主义发展阶段问题的认识，曾长期处于一种不清醒的状态，因而，在社会主义建设中出现许多超越阶段的错误。

中国共产党对社会主义发展阶段的认识也经历了一个曲折的发展过程。如前所述，早在 1956 年我国生产资料私有制社会主义改造基本完成以后不久，毛泽东曾比较正确地认识到我国社会主义发展的阶段问题。他曾把社会主义制度的建立与建成作了明确的区分，并提出过“不发达的社会主义”这样的概念。但是，时隔不久，由于党在思想上犯了“左”的错误，对社会主义发展阶段问题的认识亦产生了偏差。1958 年 8 月中共中央通过的《关于在农村建立人民公社的决议》轻率地宣布：“共产主义在我国的实现，已经不是什么遥远的事情了。”于是，在生产关系上急于过渡的人民公社化运动便与在发展生产力上急于求成的“大跃进”运动结合了起来，结果使刚刚开始的社会主义建设遭受了严重的挫折。在纠正“大跃进”错误的同时，毛泽东提出了社会主义社会的长期性问题，但随后又把它同阶级斗争扩大化的“左”倾观点联系起来，形成了把社会主义看作一个相当长的与“两个阶级、两条道路斗争”紧密结合的所谓“大过渡”的理论，导致了“文化大革命”更为严重的“左”倾错误。总之，毛泽东及其同时代的领导人由于受到急于过渡、超越阶段的“左”的思想的影响，从总的方面说来，没有解决好社会主义建设的现实出发点问题，当然也就不能解决好其他问题。正如邓小平所说：中国吃苦头，不只“文化大革命”十年浩劫。“这以前，从一九五七年下半年开始，我们就犯了‘左’的错误。总的来说，就是对外封闭，对内以阶级斗争为纲，忽视发展生产力，制定的政策超越了社会主义的初级阶段”①。

1978年12月召开的党的十一届三中全会重新确立了解放思想、实事求是的思想路线，理论上的拨乱反正得以实现，对我国社会主义建设的经验教训的总结得以进行，并由此开始了对我国现阶段基本国情的实事求是的新认识。会议虽尚未明确提出社会主义初级阶段的论断，但对我国的国情作了符合实际的分析，果断地否定了“以阶级斗争为纲”这一不适用于社会主义社会的口号，作出了把党和国家的工作重点转移到社会主义现代化建设上来的战略决策，并提出改革的基本思想。这表明，党在国情和社会发展面临的任务等问题的看法上已发生了根本的转变。而十一届三中全会后不久，邓小平又用非常准确的语言，阐述了实现中国式的现代化必须注意的两个特点：一是“底子薄”，现在“仍然是世界上很贫穷的国家之一”；二是“人口多，耕地少”②，农民占人口的80%。这种情况不是在短时间内很容易改变的。他还进一步指出：“我们的生产力发展水平很低，远远不能满足人民和国家的需要，这就是我们目前时期的主要矛盾，解决这个主要矛盾就是我们的中心任务。”③ 很明显，这已经揭示了我国社会目前所处发展阶段的最基本的特点。

---

① 《邓小平文选》，第3卷，269页，北京，人民出版社，1993。

② 《邓小平文选》，2版，第2卷，163、164页，北京，人民出版社，1994。

③ 同上书，182页。

1979年9月，叶剑英代表中共中央在国庆30周年纪念大会的讲话中指出："社会主义制度是人类历史上崭新的社会制度，它同世界上的任何其他事物一样，有它发生和发展的过程。同已经有了三四百年历史的资本主义制度相比，社会主义制度还处在幼年时期。"我们的社会主义制度虽然已经初步显示了它的生命力和发展前途，但还不成熟，不完善。这标志着党对我国社会主义发展现状的基本估计已发生明显变化，实际上孕育了社会主义初级阶段的概念和思想。

1981年6月，党的十一届六中全会通过的《关于建国以来党的若干历史问题的决议》，总结了建国以来我们党对社会主义发展阶段问题上的经验教训，第一次提出"我们的社会主义制度还是处于初级的阶段"的命题。认为，"我们的社会主义制度由比较不完善到比较完善，必然要经历一个长久的过程"。

1982年9月，党的十二大报告在谈到我国现实社会主义社会所处的发展阶段时，再次提出，"我国的社会主义社会，现在还处在初级发展阶段，物质文明还不发达"。同时，对社会主义现阶段的阶级斗争作了更为全面的分析。

1984年10月，党的十二届三中全会作出的《关于经济体制改革的决定》对我国社会主义阶段的经济特征有了新的认识。指出，我国现阶段的社会主义计划经济只能是在公有制基础上的有计划的商品经济。商品经济的充分发展，是社会经济发展不可逾越的阶段，是实现我国现代化的必要条件。还指出，"坚持多种经济形式和经营方式的共同发展，是我们长期的方针，是社会主义前进的需要，决不是退回到建国初期那种社会主义公有制尚未在城乡占绝对优势的新民主主义经济，决不会动摇而只会有利于巩固和发展我国的社会主义经济制度"。

1986年9月，党的十二届六中全会通过的《关于社会主义精神文明建设指导方针的决议》进一步明确提出："我国还处在社会主义的初级阶段，不但必须实行按劳分配，发展社会主义的商品经济和竞争，而且在相当长的历史时期内，还要在公有制为主体的前提下发展多种经济成分，在共同富裕的目标下鼓励一部分人先富裕起来。"正式提出在公有制为主体的前提下发展多种经济成分，这在我国社会主义思想发展史上还是第一次。这段话，既反映了党在实践中对我国社会所处发展阶段认识上的深化，也为我们更客观、具体地研究社会主义现阶段的经济、政治和文化等方面的特征，确定我们进行经济体制改革、政治体制改革和精神文明建设的基本立足点，提供了必要的前提。

1987年，党中央和邓小平在上述基础上对我国社会发展阶段问题进行了集中思考，这也是初级阶段理论达到成熟的一年。4月，邓小平在会见捷克斯洛伐克总理什特劳加尔时说："搞社会主义，一定要使生产力发达，贫穷不是社会主义。我们坚持社会主义，要建设对资本主义具有优越性的社会主义，首先必须摆脱贫穷。现在虽说我们也在搞社会主义，但事实上不够格。只有到了下世纪中叶，达到了中等发达国家的水平，才能说真的搞了社会主义，才能理直气壮地说社会主义优于资本主义。现在我们正在向这个路上走"①。同月，他在会见西班牙社会党副总书记、政府副首相格拉时又指出："社会主义就是要发展生产力，这是一个很长的历史阶段"②。强调"中国搞现代化，只能靠社会主义，不能靠资本主义。历史上有人想在中国搞资本主义，总是行不通"③。这里不仅阐述了社会主义初级阶段的根本任务，而且揭示了这一阶段的基本特征。同年8月，邓小平在会见意大利共产党领导人约蒂和赞盖里时则更明确地指出，我国社会所处的阶段就是社会主义初级阶段。他说："中国社会主义是处在一个什么阶段，就是处在初级阶段，是初级阶段的社会主义。社会主义本身是共产主义的初级阶段，而我们中国又处在社会主义的初级阶段，就是不发达的阶段。一切都要从这个实际出发，根据这个实际来制订规划"④。在邓小平上述思想指导下召开的中共十三大，第一次对社会主义初级阶段理论作了系统的论述，明确规定了社会主义初级阶段的含义、时间断限，揭示了社会主义初级阶段的基本特征及其不可逾越性，阐明了社会主义初级阶段社会的主要

① 《邓小平文选》，第3卷，225页，北京，人民出版社，1993。

② 同上书，228页。

③ 同上书，229页。

④ 同上书，252页。

矛盾及其解决途径，完整地提出了党的社会主义初级阶段的基本路线。至此，党对我国社会所处发展阶段的认识被系统化、理论化了。正如江泽民所说，1987年召开的党的十三大的主要历史功绩，就是比较系统地论述了我国社会主义初级阶段的理论。

1992年初，邓小平在视察南方的谈话中又进一步指出："我们搞社会主义才几十年，还处在初级阶段。巩固和发展社会主义制度，还需要一个很长的历史阶段，需要我们几代人、十几代人，甚至几十代人坚持不懈地努力奋斗，决不能掉以轻心。"① 党的十四大尤其是十五大突出地强调了社会主义初级阶段的理论，并揭示了社会主义初级阶段理论同建设中国特色社会主义理论的内在联系，把它作为邓小平理论和党的基本路线、基本纲领的重要基础，从而也就把它的地位和意义提到了应有的高度。

（二）社会主义初级阶段的科学内涵

社会主义初级阶段是一个具有特定内涵的科学概念。党的十三大曾明确指出，社会主义初级阶段的论断包括两层含义。第一，我国社会已经是社会主义社会。我们必须坚持而不能离开社会主义。第二，我国的社会主义社会还处在初级阶段。我们必须从这个实际出发，而不能超越这个阶段。

在这里，社会主义是性质的确定，是明确我国社会主义发展的基本前提。在当代中国，社会主义的基本含义是：我们已经建立了以公有制为基础、实行按劳分配原则的社会主义基本经济制度，坚持共产党领导、实行人民民主专政的社会主义基本政治制度，坚持以马克思主义为指导的社会主义意识形态。这是我们的立国之本，是我国一切进步和发展的基本前提和基础。有了这三个方面的保证，我们就可以大胆地进行改革、开放、搞活，解放和发展生产力，建设中国特色社会主义的经济、政治、文化，推动社会主义迅速向前发展。社会主义的前提，规定了我国社会生产力的本质就是社会主义社会的生产力。在此前提下，大胆发展多种非公有制经济

① 《邓小平文选》，第3卷，379～380页，北京，人民出版社，1993。

成分，提高经济社会化、市场化、现代化程度，吸引几百亿乃至上千亿元的外资搞现代化建设，都不会伤害社会主义的本质。即使搞“一国两制”也要以整个国家的主体是社会主义为前提。“在这个前提下，可以容许在自己身边，在小地区和小范围内实行资本主义。我们相信，在小范围内容许资本主义存在，更有利于发展社会主义”①。

在这里，初级阶段是过程的确定，是明确我国社会主义发展的程度，表明目前乃至今后相当长的历史时期，我国的社会主义仍将处于不完备、不成熟的阶段。其主要表现为人口多，底子薄，地区发展不平衡，生产力不发达的状况没有根本改变；社会主义制度还不完善，社会主义市场经济体制还不成熟，社会主义民主法制还不够健全，封建主义、资本主义腐朽思想和小生产习惯势力在社会上还有广泛的影响。我们必须也只能从初级阶段这一最大的实际出发来确定路线、方针、政策，而不能离开和超越这个实际。于是，就出现了以公有制为主体的多种经济成分共同发展，以按劳分配为主体的多种分配方式并存，以部分人先富带动全体社会成员逐步实现共同富裕，以及建立社会主义市场经济等崭新的体制模式。同样，政治体制的改革和精神文明的建设，也不能不考虑这一实际，并采取相应的方针、政策。

社会主义初级阶段的两层基本含义既相区别，又紧密联系，构成了一个具有特定内涵的新概念。所谓社会主义初级阶段，不是泛指任何国家进入社会主义都会经历的起始阶段，也不是通常所说的发展顺序上的第一阶段，而是我国生产力落后、商品经济不发达条件下建设社会主义必然要经历的特定阶段。“社会主义初级阶段，是逐步摆脱不发达状态，基本实现社会主义现代化的历史阶段；是由农业人口占很大比重、主要依靠手工劳动的农业国，逐步转变为非农业人口占多数、包含现代农业和现代服务业的工业化国家的历史阶段；是由自然经济半自然经济占很大比重，逐步转变为经济市场化程度较高的历史阶段；是由文盲半文盲人口占很大比重、科技教育文化落后，逐步转变为科技教育文化比较发达的历史阶段；是由

① 《邓小平文选》，第3卷，103页，北京，人民出版社，1993。

贫困人口占很大比重、人民生活水平比较低，逐步转变为全体人民比较富裕的历史阶段；是由地区经济文化很不平衡，通过有先有后的发展，逐步缩小差距的历史阶段；是通过改革和探索，建立和完善比较成熟的充满活力的社会主义市场经济体制、社会主义民主政治体制和其他方面体制的历史阶段；是广大人民牢固树立建设中国特色社会主义共同理想，自强不息，锐意进取，艰苦奋斗，勤俭建国，在建设物质文明的同时努力建设精神文明的历史阶段；是逐步缩小同世界先进水平的差距，在社会主义基础上实现中华民族伟大复兴的历史阶段。这样的历史进程，至少需要一百年时间。"①

社会主义初级阶段的基本内涵表明，我国社会主义所处的这一特定历史阶段，在社会生活的各个方面，都必然带有明显的两重性。

第一，从生产力的状况来看：一方面，经过40多年的建设，我国已经初步奠定了社会主义的物质技术基础，已有了不少用先进技术武装起来的、社会化程度较高的现代经济成分，建立了独立的比较完整的工业体系和国民经济体系。另一方面，我国目前的物质技术基础还很落后，生产的商品化、社会化、现代化程度都还很低，生产力的发展程度在全国范围内很不平衡，生产力整体水平还远远落后于世界上的现代化国家。具体表现在：少量现代化企业与大量落后于现代化水平几十年甚至上百年的企业同时存在；在同一生产部门内部，现代化技术同非现代化技术同时存在；一部分经济比较发达的地区同广大不发达地区和贫困地区同时存在；少量的具有世界先进水平的文明状况同科技水平普遍不高、文盲半文盲还占人口1/4的不文明状况同时存在。这种生产力结构的多层次和社会文明发展水平的极不平衡，使我国的社会主义制度在很大程度上还建立在比较低的物质技术基础之上，这也正是决定我国社会目前处于社会主义初级阶段的根本原因。

第二，从生产关系的状况来看：一方面，新中国成立后，我们通过剥夺官僚资本、买办资本和改造民族资本，使我国的生产资料占有形式由资

---

① 中央文献研究室编：《江泽民论有中国特色社会主义（专题摘编）》，28页，北京，中央文献出版社，2002。

本主义私人占有转变为社会主义公有，阶级剥削也因此被消灭，生产资料公有制和个人消费品按劳分配原则成为我国社会生产关系的基本特征；另一方面，由于我国社会的生产关系是建立在生产力不发达的基础之上的，这就决定其必然具有内在的不完善性。这主要表现在：首先，公有制经济虽然已居主体地位，但生产资料公有化程度还不高，还存在全民和集体两种公有制形式。同时，还存在个体经济、私营经济和“三资”企业，从而形成了以公有制经济为主体的多种所有制经济并存的格局。其次，与公有制不成熟和多种所有制经济成分并存状况相适应，按劳分配原则的实现也是不完全、不充分的，存在着以按劳分配为主体的多种分配形式，即在按劳分配为主体的前提下，允许包括债权利息、股份分红、风险补偿以及部分合法的非劳动收入等多种分配形式存在。这种状况决定了我们既要坚持社会主义共同富裕的目标，又要允许并鼓励一部分人通过诚实劳动和合法经营先富起来。

第三，从上层建筑的状况来看：一方面，我国劳动人民的主人翁地位已经得到法律上的确认，以工人阶级为领导的，以工农联盟为基础的人民民主专政已经建立并且不断巩固，社会主义民主在社会的政治生活、经济生活和其他社会生活中不同程度地得到体现；马克思主义世界观在思想文化各个领域中的指导地位得到确立，社会主义道德观念已经基本建立，社会主义教育、科学文化体制已经基本形成，社会主义精神文明正在全面向前发展。另一方面，由于现实经济、文化等条件的制约，社会主义民主还不够完善，表现为国家政治生活的民主化、经济管理的民主化及整个社会生活的民主化的程度都还不高；官僚主义、权力过分集中、家长制作风等现象还严重存在；封建主义的、资本主义的腐朽思想，小资产阶级的习惯势力的影响还存在，并经常腐蚀党和国家工作人员。因此，社会主义民主的制度化、法律化，高度的社会主义精神文明的建设，又是十分复杂、艰巨的任务，需要长期的努力才能实现。

分析社会主义初级阶段基本特征，离不开社会主义社会的基本矛盾，上述三个方面的分析，体现了生产力与生产关系、经济基础与上层建筑之间的矛盾这个社会主义社会的基本矛盾的要求。同时，按照唯物辩证法，这种分析还应是定性与定量分析的统一。对社会主义初级阶段特征的分析，既要注意定性分析，即首先肯定其社会主义的质的规定性；又要注意定量分析，即指出在这个发展阶段上量的状态，以及在量变过程中的部分质的变化。

一般地说，生产力决定生产关系，经济基础决定上层建筑。在社会主义初级阶段，生产力的多层次性决定了生产关系的多层次性，生产关系的多层次性反映在上层建筑和意识形态方面也必然存在与之相适应的成分。社会主义民主政治的建设与生产力的发展和生产关系的改革应当是同步的，生产力的发展不能超越阶段，政治制度的建设也不能超越阶段。这种情况决定了：一方面，同封建思想残余，特别是资产阶级自由化思想作斗争必将是长期的任务；另一方面，建设高度的民主，实现国家政治生活的民主化、经济管理的民主化、整个社会生活的民主化以及完成社会主义精神文明建设的根本任务等，都将是一个长期的历史过程。

社会主义初级阶段是我国社会主义发展中的特定历史阶段，它从过渡时期发展而来，以社会主义更高一级发展阶段为前进目标，并为更高一级的发展阶段奠定基础。作为社会主义发展的特定历史阶段，它既不同于社会主义制度赖以建立的经济基础尚未形成的过渡时期，也区别于科学社会主义创始人马克思、恩格斯所设想的各方面得到比较全面发展、水平较高的社会主义（共产主义的低级阶段）。

科学理解和准确把握社会主义初级阶段的两层基本含义及其相互关系，是正确理解和掌握社会主义初级阶段理论的关键。正反两方面的历史经验一再证明：在坚持社会主义的问题上，只讲性质和方向而不讲程度或水平，常常会使我们陷入盲目状态，发生“左”的或右的错误，使社会主义建设遭受挫折和损失。而对社会主义初级阶段两个层次基本内涵的统一认识和把握，则会使我们在一个新的更深刻的层次上了解我们党在十一届三中全会以后所提出的路线、方针、政策，解决种种矛盾，澄清种种疑惑，坚定、自觉地把中国特色社会主义的事业不断推向前进。

（三）社会主义初级阶段的基本特征

党的十三大从我国人口结构、工业发展水平、地区发展状况、科学教育文化发展等方面对社会主义初级阶段的主要特征作出了基本的概括。指出，我国社会主义初级阶段，是逐步摆脱贫穷、摆脱落后的阶段；是由农业人口占多数的手工劳动为基础的农业国，逐步变为非农产业人口占多数的现代化的工业国的阶段；是由自然经济半自然经济占很大比重，变为商品经济高度发达的阶段；是通过改革和探索，建立和发展充满活力的社会主义经济、政治、文化体制的阶段；是全民奋起，艰苦创业，实现中华民族伟大复兴的阶段。

经过10年的认识和实践，党的十五大又从九个方面作了进一步的概括：

一是逐步摆脱不发达状态，基本实现社会主义现代化的历史阶段。这是对社会主义初级阶段整个历史进程所体现出的总的特征的概括。

二是由农业人口占很大比重、主要依靠手工劳动的农业国，逐步转变为非农业人口占多数，包含现代化农业和现代服务业的工业化国家的历史阶段。社会主义初级阶段理论确立的一个重要依据，就是我国仍是一个农业国，它同时也是社会主义阶段不发达的重要表现。13亿人口中有8亿多人住在农村，而且农业生产的科技含量、劳动生产率都相当低，劳动手段落后，以农业人口比重下降、以农业生产手段现代化等为主要内容的农业现代化，就成为实现由落后的农业国向先进的工业国转变的关键因素。

三是由自然经济半自然经济占很大比重，逐步转变为经济市场化程度较高的历史阶段。这一阶段，也是市场机制在国家宏观调控下对资源配置起基础性作用逐步得以实现的阶段。社会主义市场经济改革目标的确立，不等于问题的最后解决。自然经济半自然经济的影响根深蒂固，农村经济的市场程度很低，国有企业在市场经济中举步维艰，实现较高的经济市场程度这一目标，须假以时日，非一朝一夕可为之。

四是由文盲、半文盲占很大比重，科技教育文化落后，逐步转变为科技教育文化比较发达的历史阶段。社会主义初级阶段以经济建设为中心、以发展社会生产力为根本任务，同时要追求社会事业的全面进步。这就要求重视科技教育文化事业的发展，提高国民的文化知识素质特别是提高大众的综合素质。

五是由贫困人口占很大比重、人民生活水平比较低，逐步转变为全体人民比较富裕的阶段。目前我国没有解决温饱的农村贫困人口尚有 2 000 万，扶贫工作仍很艰巨。社会主义的本质就是使全体人民共同富裕。人民当家作主的政治地位和社会地位是以不断提高的物质生活水平为基础的。社会主义初级阶段的发展过程也就是逐步摆脱贫困、解决温饱问题，最终实现全体人民比较富裕的过程，这也是中国特色社会主义理论体系的出发点和归宿。

六是由地区经济文化很不平衡，通过有先有后的发展，逐步缩小差距的历史阶段。地区间经济文化发展不平衡是目前我国的一个基本国情。它的形成原因较复杂，既有历史的和现实的原因，也与地理的和人文的因素有关，并有其必然性。正是从这一国情出发，党和政府确定了发展有先有后，发展较快的地区带动和帮助发展较慢地区，实现地区经济合理布局、协调发展的政策，以期求得地区间发展的相对平衡，逐步缩小差距，实现共同富裕的社会主义本质。

七是通过改革和探索，建立和完善充满活力的社会主义市场经济体制、社会主义民主政治体制和其他方面体制的历史阶段。社会主义初级阶段理论的重要立论基础是我国的经济、政治及其他方面体制的不完善。因而，整个初级阶段的一个重要历史任务，就是通过改革来全面推进我国社会中各项体制的健全和完善。这种改革应该贯穿于整个社会主义初级阶段的全过程，即是说，社会主义初级阶段是社会主义在改革中不断前进的历史过程。

八是广大人民牢固树立中国特色社会主义的共同理想，自强不息，锐意进取，艰苦奋斗，勤俭建国，在建设物质文明的同时努力建设精神文明的历史阶段。社会主义初级阶段是经济、政治、文化全面发展的阶段。在这个阶段，不仅要搞好物质文明，而且要搞好精神文明、政治文明的建设，三个文明要同步协调地发展。同时，要着力解决整个初级阶段需要人们有什么样的精神状态的问题。这种精神状态，概括地说就是社会主义的共同理想和自强不息、锐意进取、艰苦奋斗、勤俭建国的创业精神。它对于切实加强精神文明建设，保证物质文明的发展方向，全面推进社会主义事业的发展，都具有重要的意义。

九是逐步缩小同世界先进水平的差距，在社会主义基础上实现中华民族伟大复兴的历史阶段。就是说，我们不仅要从我国现实经济、社会现代化进程的角度，还要从我国与当代世界的比较的角度，来看待我国社会主义发展所肩负的历史任务。新中国的成立，使中华民族站了起来，摆脱了帝国主义列强的羁绊。但真正实现中华民族的伟大复兴，跻身于世界先进行列，还有很长的路要走。面向现代化、面向未来，离不开面向世界和走向世界。

以上九个方面充分体现了社会主义初级阶段历史发展的过程性特征，既包括了生产力的发展又包括了生产关系和上层建筑的变革，既涉及了经济、政治领域又涉及了思想道德和科技教育文化领域，既立足于中国国情又面向世界，从而全面揭示了我国现阶段及其以后很长历史时期社会的基本特征和我们肩负的历史任务。

社会主义初级阶段是一个相当长的历史发展阶段，在发展进程中必然还要经历若干具体的发展阶段，不同的时期会呈现出不同的阶段性特征。这种动态的发展过程，是由量变积累引起部分的质变，在新的基础上再由新的量变积累引起新的部分质变的过程。党的十七大从八个方面进一步分析和概括了新世纪新阶段我国发展呈现出的新的阶段性特征，进一步丰富了对社会主义初级阶段的认识。主要表现在：一是经济实力显著增强，同时生产力水平总体上还不高，自主创新能力还不强，长期形成的结构性矛盾和粗放型增长方式尚未根本改变；二是社会主义市场经济体制初步建立，同时影响发展的体制机制障碍依然存在，改革攻坚面临深层次矛盾和问题；三是人民生活总体上达到小康水平，同时收入分配差距拉大趋势还未根本扭转，城乡贫困人口和低收入人口还有相当数量，统筹兼顾各方面利益难度加大；四是协调发展取得显著成绩，同时农业基础薄弱、农村发展滞后的局面尚未改变，缩小城乡、区域发展差距和促进经济社会协调发展任务艰巨；五是社会主义民主政治不断发展、依法治国基本方略扎实贯彻，同时民主法制建设与扩大人民民主和经济社会发展的要求还不完全适应，政治体制改革需要继续深化；六是社会主义文化更加繁荣，同时人民精神文化需求日趋旺盛，人们思想活动的独立性、选择性、多变性、差异性明显增强，对发展社会主义先进文化提出了更高要求；七是社会活力显著提高，同时社会结构、社会组织形式、社会利益格局发生深刻变化，社会建设和管理面临许多新课题；八是对外开放日益扩大，同时面临的国际竞争日趋激烈，发达国家在经济科技上占优势的压力长期存在，可以预见和难以预见的风险增多，统筹国内发展和对外开放要求更高。

这些情况表明，经过新中国成立以来特别是改革开放以来的不懈努力，我国取得了举世瞩目的发展成就，从生产力到生产关系、从经济基础到上层建筑都发生了意义深远的重大变化，但我国仍处于并将长期处于社会主义初级阶段的基本国情没有变，人民日益增长的物质文化需要同落后的社会生产之间的矛盾这一社会主要矛盾没有变，我国是世界上最大发展中国家的国际地位没有变。当前我国发展的阶段性特征，是社会主义初级阶段基本国情在新世纪新阶段的具体体现。到目前为止，我们尚未超越这一阶段。我们只有既牢牢地把握社会主义初级阶段这个大的历史阶段，又认真分析研究不同时期具体的阶段性特征，才能准确判断我国社会发展的主流和方向，并据以制定正确的发展战略和政策。

二、社会主义初级阶段基本路线的制定

党的总路线是党在一定历史时期为解决社会主要矛盾而制定的行动纲领，是总揽全局的根本指导方针。党的总路线正确与否，直接关系到党的事业的成败。在每一历史发展阶段，都提出和制定指导全局的基本路线，这是中国共产党的伟大创造。党的十一届三中全会以后，以邓小平为代表的中国共产党人立足我国社会主义初级阶段的基本国情，在新的实践基础上逐步形成的党在社会主义初级阶段的基本路线，就是党在新时期的总路线。

（一）社会主义初级阶段基本路线的形成

党在社会主义初级阶段的基本路线，或者说建设中国特色社会主义的

总路线，是在总结过去制定和贯彻总路线的经验和教训的基础上，在改革开放和社会主义现代化建设实践的基础上逐步形成的。党在现阶段基本路线的制定离不开对社会主义初级阶段主要矛盾的正确判断。

在复杂的事物的发展过程中，有许多的矛盾存在，其中必有一种是主要的矛盾，由于它的存在和发展规定或影响着其他矛盾的存在和发展。在社会主义初级阶段，我国经济、政治、文化和社会生活各方面都存在着种种相互联系的矛盾。在这些矛盾中，主要的矛盾是人民日益增长的物质文化需要同落后的社会生产之间的矛盾。

社会主义改造基本完成后，中国社会进入了社会主义初级阶段。1956年9月召开的党的八大对社会主要矛盾作出了新的概括。指出：我国的无产阶级同资产阶级之间的矛盾已经基本上解决，几千年来阶级剥削制度的历史已经基本上结束，“我们国内的主要矛盾，已经是人民对于建立先进的工业国的要求同落后的农业国的现实之间的矛盾，已经是人民对于经济文化迅速发展的需要同当前经济文化不能满足人民需要的状况之间的矛盾”①。在此前后，毛泽东在《论十大关系》、《关于正确处理人民内部矛盾的问题》等著作中，也反复强调了党的工作重心由阶级斗争转向生产建设的问题。他指出：“团结全国各族人民进行一场新的战争——向自然界开战，发展我们的经济，发展我们的文化，使全体人民比较顺利地走过目前的过渡时期，巩固我们的新制度，建设我们的新国家”②。这与党的八大关于我国社会主要矛盾的论断是基本一致的。

然而，由于各种主客观的原因，主要是由于党在指导思想上发生了“左”的错误，上述正确认识未能很好地坚持下去。1957年以后，党越来越把无产阶级和资产阶级的矛盾作为我国社会的主要矛盾，进而提出了“以阶级斗争为纲”的错误理论和路线。

党的十一届三中全会果断地停止了“以阶级斗争为纲”这一不适合社会主义社会的口号，作出了把党和国家的工作重点转移到社会主义现代化建设上来的战略决策。随后，邓小平在《坚持四项基本原则》的重要讲话

① 《建国以来重要文献选编》，第9册，341页，北京，中央文献出版社，1994。

② 《毛泽东文集》，第7卷，216页，北京，人民出版社，1999。

中，明确回答了什么是我国现阶段的主要矛盾问题。他说："什么是目前时期的主要矛盾，也就是目前时期全党和全国人民所必须解决的主要问题或中心任务，由于三中全会决定把工作重点转移到社会主义现代化建设方面来，实际上已经解决了。我们的生产力发展水平很低，远远不能满足人民和国家的需要，这就是我们目前时期的主要矛盾"①。1981年6月，党的十一届六中全会通过的《关于建国以来党的若干历史问题的决议》中进一步指出：在社会主义改造基本完成以后，我国所要解决的主要矛盾，是人民日益增长的物质文化需要同落后的社会生产之间的矛盾。十二大确认了这一提法，并把它载入了党章总纲。

社会主义初级阶段的主要矛盾，贯穿于这个阶段的整个过程和社会生活的各个方面，深刻反映了我国社会主义发展的特殊本质。就人民日益增长的物质文化需要而言，"人民"是一个政治范畴，又是一个历史范畴。这个概念在不同国家和各个国家不同的历史时期，有着不同的内容。它是指在人口中占大多数、顺应历史发展、推动历史进步的阶级、阶层和社会集团。"需要"是随着经济和社会发展而不断提高的，具有动态性和全面性，人的需要是多种多样的；落后的社会生产，包括生产力的落后，没有实现工业化和经济的市场化、社会化、现代化，也包括生产力的组织、经营和管理方式的落后。这是就总体水平而言的。从社会需要方面来看，随着社会主义制度的建立，人民群众在旧社会被压抑的社会需求被广泛释放出来，人民对于崭新的社会制度能够满足他们的物质文化需要，寄予了很大的期望。但是多年以来，我国社会生产力发展遭受几次曲折，人民的物质和文化生活条件未得到理想的改善，国家也无法较快摆脱贫穷落后的状态。改革开放以来，人民改善物质文化的要求，不仅在数量上不断增长，而且在质量上不断提高，对于生产更加丰富多彩的物质和精神产品的需求越来越大，要求越来越高。从社会生产方面看，建国以来特别是改革开放以来生产力和经济实力有了巨大的增长，教育科学文化事业也有了相当发展，但是生产力不发达，经济文化发展很不平衡的状况还没有得到根本改

① 《邓小平文选》，2版，第2卷，182页，北京，人民出版社，1994。

变。在整个社会主义初级阶段，我国的社会生产，无论是相对于充分体现社会主义优越性所需要的物质基础来说，还是相对于发达国家的生产力水平来说，都仍将是比较落后的。在我国社会的主要矛盾中，生产力落后将长期是矛盾的主要方面。要彻底改变这种情况，就必须始终坚持以经济建设为中心，集中力量不断解放和发展生产力。

正确把握和判断我国社会主义初级阶段的主要矛盾，一个关键问题就是如何估量和对待社会主义社会的阶级斗争问题。在社会主义初级阶段，阶级斗争已不再是支配和影响其他矛盾的主要矛盾。但由于国内的因素和国际的影响，阶级矛盾和阶级斗争仍将在一定范围内长期存在，在某种条件下还有可能激化。对此，我们一定要有清醒的认识，采取正确的态度和方法来解决。实践证明，社会主义社会的阶级斗争是一个客观存在，不应该缩小，也不应该扩大。无论是缩小或者扩大，两者都要犯严重错误。

社会主义初级阶段基本路线的形成发展有一个过程。1978 年 12 月召开的党的十一届三中全会，果断地停止“以阶级斗争为纲”的错误口号，决定把党和国家的工作重心转移到社会主义现代化建设上来，并作出改革开放的伟大决策，从而奠定了新时期党的基本路线的基础。正如邓小平所指出：“一九七八年我们党的十一届三中全会对过去作了系统的总结，提出了一系列新的方针政策。中心点是从以阶级斗争为纲转到以发展生产力为中心，从封闭转到开放，从固守成规转到各方面的改革。”①

1979 年 3 月，邓小平在党的理论工作务虚会上作了《坚持四项基本原则》的重要讲话，第一次明确了我国现阶段的主要矛盾和把经济建设作为党的工作中心的思想，并首次概括出“坚持四项基本原则”这个科学命题。至此，社会主义初级阶段基本路线“一个中心”“两个基本点”的主要内容已经初步形成。同年 9 月 30 日，叶剑英在庆祝中华人民共和国成立 30 周年的讲话中，在四个现代化的基础上进一步提出了高度的社会主义民主、完备的社会主义法制、高度的社会主义精神文明等社会主义现代化建设的重要目标。这就又初步明确了党的基本路线所规定的奋斗目标。

---

① 《邓小平文选》，第 3 卷，269 页，北京，人民出版社，1993。

1981 年 6 月，党的十一届六中全会通过的《关于建国以来党的若干历史问题的决议》，第一次以党的正式文件的形式，确认了我国社会的主要矛盾和中心任务，并把坚持改革开放政策和坚持四项基本原则纳入我国社会主义现代化建设道路的内容。

1982 年 9 月，邓小平在党的十二大的开幕词中，第一次明确提出了“建设有中国特色的社会主义”这个科学命题。党的十二大报告提出了以社会主义现代化经济建设、社会主义民主政治建设和社会主义精神文明建设为标志的全面建设社会主义的总任务。

1985 年，邓小平在会见津巴布韦非洲民族联盟主席、政府总理穆加贝时说：“我们拨乱反正，就是要在坚持四项基本原则的基础上发展生产力。为了发展生产力，必须对我国的经济体制进行改革，实行对外开放的政策。”① 从而开始将“一个中心、两个基本点”联系起来。

1986 年 9 月，党的十二届六中全会通过的《关于社会主义精神文明建设指导方针的决议》，提出了我国现代化建设的总体布局，即以经济建设为中心，坚定不移地进行经济体制改革，坚定不移地进行政治体制改革，坚定不移地加强精神文明建设，并且使这几个方面互相配合、互相促进。这是对社会主义初级阶段基本路线主要内容及其相互关系认识的深化和进一步表述。

1987 年 7 月，邓小平更为明确地指出：“搞社会主义现代化建设是基本路线。要搞现代化建设使中国兴旺发达起来，第一，必须实行改革、开放政策；第二，必须坚持四项基本原则”②。这是我国方针政策的两个基本点。至此，无论是在理论上还是在实践上正式提出初级阶段基本路线的条件已经完全具备。同年 10 月召开的党的十三大，在深刻阐述社会主义初级阶段含义和特征的基础上，用简明扼要的语言，科学地概括了党在社会主义初级阶段的基本路线，即“领导和团结全国各族人民，以经济建设为中心，坚持四项基本原则，坚持改革开放，自力更生，艰苦创业，为把我国建设成为富强、民主、文明的社会主义现代化国家而奋斗”。

---

① 《邓小平文选》，第 3 卷，138 页，北京，人民出版社，1993。

② 同上书，248 页。

1992年初，邓小平在南方谈话中重申了这条基本路线。他指出，要坚持党的十一届三中全会的路线、方针和政策，关键是坚持“一个中心，两个基本点”，基本路线要管一百年。同年10月，党的十四大将基本路线载入党章的总纲中，成为全党统一的行动纲领。党的十五大郑重提出，要毫不动摇地坚持党在社会主义初级阶段的基本路线，要把“一个中心”与“两个基本点”统一于建设有中国特色社会主义的伟大实践。并根据党的基本理论和基本路线，围绕建设富强、民主、文明的社会主义现代化国家的目标，提出了党在社会主义初级阶段建设中国特色社会主义的基本纲领，这是党的基本路线在经济、政治、文化等方面的展开。党的十六大总结了十三届四中全会以来13年建设中国特色社会主义必须坚持的基本经验，在此基础上，进一步拓展了基本路线中关于建设富强、民主、文明的社会主义现代化国家的目标。党的十七大通过的党章又把“和谐”与“富强民主文明”一起写入了基本路线，表明经过多年的实践和探索，党对奋斗目标的认识逐渐深化，实现了中国特色社会主义事业总体布局与奋斗目标的有机统一。党的十八大明确提出的必须坚持人民主体地位、必须坚持解放和发展生产力、必须坚持推进改革开放、必须坚持维护社会公平正义、必须坚持走共同富裕道路、必须坚持促进社会和谐、必须坚持和平发展、必须坚持党的领导等八项基本要求，是党的基本路线的进一步逻辑展开。

（二）社会主义初级阶段基本路线的主要内容

社会主义初级阶段党的基本路线以邓小平理论为指导，总结了我国社会主义建设正反两方面的历史经验，是全党全国人民集体智慧的结晶。这条基本路线包括以下主要内容：

第一，规定了党在社会主义初级阶段的目标，即“把我国建设成为富强、民主、文明的社会主义现代化国家”。这是一个全面的奋斗目标，既包括物质文明建设的要求，也包括民主政治和精神文明建设的要求，富强、民主、文明三位一体，缺一不可。这实际上体现了我国社会主义的经济、政治和文化三个方面全面发展的要求。

第二，规定了实现目标的基本途径和根本保证，即以经济建设为中心，坚持四项基本原则，坚持改革开放。这“一个中心、两个基本点”是一个整体，坚持四项基本原则和改革开放，都必须服从和服务于经济建设这个中心。同时，“一个中心”也离不开“两个基本点”，它们是“一个中心”的保证。只有完整地坚持“一个中心、两个基本点”，才能保证社会主义初级阶段奋斗目标的顺利实现。

第三，规定了实现目标的领导力量和依靠力量。领导力量是中国共产党，依靠力量是全国各族人民。只要有了中国共产党的领导，有了全国各族人民的共同努力，有了这两者的结合，社会主义现代化事业就一定能够胜利。

第四，规定了实现目标的基本方针，即“自力更生，艰苦创业”。自力更生、艰苦创业是社会主义建设的必然要求。在我们这样一个人口多、底子薄的社会主义大国里，要完成社会主义初级阶段的宏伟任务，要实现中华民族的伟大复兴，在扩大对外开放的同时，需要特别强调发扬自力更生、艰苦创业的精神。

党的基本路线的这几方面内容是相互联系的，决不能把它们割裂开来。它体现了社会主义本质的要求，反映了中国社会主义发展的根本规律，指明了中国特色社会主义的发展道路。因此，“基本路线要管一百年，动摇不得。只有坚持这条路线，人民才会相信你，拥护你”①。

（三）初级阶段基本路线基本纲领与建设中国特色社会主义的总依据总布局

社会主义初级阶段党的基本路线基本纲领是在邓小平理论指导下制定出来的，又是这一理论在各个实践领域的展开，是我国进入社会主义建设时期以来尤其是改革开放以来最主要经验的总结。全面执行和贯彻这个基本路线基本纲领，是胜利实现中国社会主义现代化建设总任务的重要条件和保证。

① 《邓小平文选》，第3卷，370～371页，北京，人民出版社，1993。

党的十五大根据邓小平理论和党的基本路线，围绕建设富强、民主、文明的社会主义现代化国家的目标，明确提出了社会主义初级阶段党的基本纲领。这一基本纲领从经济、政治、文化三个方面展开，或称经济纲领、政治纲领、文化纲领，包括了社会主义初级阶段建设中国特色社会主义的经济、政治和文化的基本目标和基本政策。十七大、十八大进一步丰富发展了这一纲领，并使社会主义现代化建设的总体布局，逐步实现了从经济、政治、文化建设“三位一体”到经济、政治、文化、社会建设“四位一体”再到经济、政治、文化、社会、生态文明建设“五位一体”的演进。十八大强调指出，中国特色社会主义道路，就是在中国共产党领导下，立足基本国情，以经济建设为中心，坚持四项基本原则，坚持改革开放，解放和发展社会生产力，建设社会主义市场经济、社会主义民主政治、社会主义先进文化、社会主义和谐社会、社会主义生态文明，促进人的全面发展，逐步实现全体人民共同富裕，建设富强民主文明和谐的社会主义现代化国家。

建设中国特色社会主义的经济，就是在社会主义条件下发展市场经济，不断解放和发展生产力。实现国民经济又好又快发展，保证人民共享改革和发展成果。这是党在社会主义初级阶段的经济纲领中规定的奋斗目标，也是建设中国特色社会主义经济必须牢牢把握的中心点。它清楚地指明了中国特色社会主义经济的基本目标是相互联系的两个方面：一是建立和完善社会主义市场经济体制，不断解放和发展生产力；二是实现国民经济又好又快发展，保证人民共享改革和发展成果。这两个方面的任务紧密相连、彼此促进。在社会主义初级阶段，解放和发展生产力始终是根本性的任务，而要有效地促进社会生产力的不断解放和发展，就必须把改革特别是经济体制改革作为基本动力，全面深化经济体制改革，加快完善社会主义市场经济体制和加快转变经济发展方式；同时，实现国民经济又好又快发展，必将进一步增强我国经济实力，彰显社会主义市场经济的强大生机和活力。在生产发展和社会财富增长的基础上不断满足人民日益增长的物质文化需要，促进人的全面发展。只有这样，才能实现社会主义初级阶段国家的工业化和经济的社会化、市场化、信息化、现代化的历史任务。

建设中国特色社会主义的政治，就是在中国共产党领导下，在人民当家作主的基础上，依法治国，发展社会主义民主政治，实现社会安定、政府廉洁高效、全国各族人民团结和睦、生动活泼的政治局面。这是社会主义初级阶段党的政治纲领中规定的奋斗目标，也是建设中国特色社会主义政治必须把握的中心点。在这一基本政治目标中，党的领导是核心和灵魂，人民当家作主是主体和基础，依法治国是方略和保证，实现社会安定、政府廉洁高效、全国各族人民团结和睦、生动活泼的政治局面是目标追求。几者紧密结合，构成了社会主义初级阶段中国特色社会主义的政治。建设中国特色社会主义政治，必须始终坚持党的领导、人民当家作主和依法治国的有机统一。

建设中国特色社会主义的文化，就是以马克思主义为指导，以培育有理想、有道德、有文化、有纪律的公民为目标，发展面向现代化、面向世界、面向未来的，民族的科学的大众的社会主义文化，加强社会主义核心价值体系建设，推动社会主义文化大发展大繁荣，建设社会主义文化强国。这是社会主义初级阶段党的文化纲领中规定的奋斗目标，也是建设中国特色社会主义文化必须把握的中心点。它清楚地规定了中国特色社会主义文化建设的指导思想、根本任务、鲜明特征，赋予中国特色社会主义文化以更加深刻的时代内涵。

构建社会主义和谐社会，就是要按照民主法治、公平正义、诚信友爱、充满活力、安定有序、人与自然和谐相处的总要求和共同建设、共同享有的原则，以改善民生为重点，解决好人民最关心、最直接、最现实的利益问题，努力形成全体人民各尽所能、各得其所而又和谐相处的局面。

建设生态文明，是关系人民福祉、关乎民族未来的长远大计。大力推进生态文明建设，构建资源节约型、环境友好型社会，是党在社会主义初级阶段的一项重要的战略任务，也是建设中国特色社会主义的一项基本任务。社会主义生态文明建设，必须树立尊重自然、顺应自然、保护自然的生态文明理念，把生态文明建设放在突出地位，融入经济建设、政治建设、文化建设、社会建设各方面和全过程，努力建设美丽中国，实现中华民族永续发展。

建设中国特色社会主义，总依据是社会主义初级阶段，总布局是五位一体，总任务是实现社会主义现代化和中华民族伟大复兴。中国特色社会主义，既坚持了科学社会主义基本原则，又根据时代条件赋予其鲜明的中国特色，以全新的视野深化了对共产党执政规律、社会主义建设规律、人类社会发展规律的认识，从理论和实践结合上系统回答了在中国这样人口多底子薄的东方大国建设什么样的社会主义、怎样建设社会主义这个根本问题，使我们国家快速发展起来，使我国人民生活水平快速提高起来。

三、社会主义初级阶段理论和基本路线的重大意义

建设中国特色社会主义，总依据是社会主义初级阶段，总布局是五位一体，总任务是实现社会主义现代化和中华民族伟大复兴。社会主义初级阶段为建设中国特色社会主义提供了坚实的客观依据，党在社会主义初级阶段的基本路线及基于基本路线所确立的基本纲领，为推进改革开放和社会主义现代化提供了根本的政治保证。习近平强调，方向决定道路，道路决定命运。我国改革开放之所以能取得巨大成功，关键是我们把党的基本路线作为党和国家的生命线，始终坚持把以经济建设为中心同四项基本原则、改革开放这两个基本点统一于中国特色社会主义伟大实践，既不走封闭僵化的老路，也不走改旗易帜的邪路。

（一）社会主义初级阶段理论提出的重大意义

社会主义初级阶段，是马克思主义关于社会主义发展的新论断，是邓小平理论的立论基础，也是建设中国特色社会主义的总依据。

如同对待其他问题一样，马克思、恩格斯对未来社会发展的阶段问题也采取了非常严肃认真的态度。一方面，他们基于已有的条件提出了一些富有启发性的设想，如马克思在《哥达纲领批判》中就已提出无产阶级夺取政权后要经历从资本主义到共产主义的革命转变时期、共产主义的第一阶段（或低级阶段）和共产主义的高级阶段。同时，马克思与恩格斯又把

上述各阶段本身看作不断发展和变化的过程。恩格斯虽然赞成《哥达纲领批判》中的观点，但后来并没有再强调把共产主义分为两大阶段的观点，而是考虑到落后国家革命所面临的更为复杂的条件，强调怎样过渡的问题，并提出了应当把社会主义社会看成是经常变化和改革的社会等非常值得我们重视的观点。列宁在把社会主义由理想变为现实的同时，比较强调的也是如何向社会主义过渡的问题，认为经济落后的俄国不可能不经过中间环节而直接过渡到纯社会主义的经济形式和纯社会主义的分配。毫无疑义，无论马克思、恩格斯还是列宁，都没有要求人们教条地对待他们的理论。

然而，要真正把马克思主义的理论作为科学的方法并非易事。后来的一些马克思主义者在社会主义发展阶段问题上的失误，其原因或者是把社会主义社会看得很短暂，因而急于向共产主义过渡；或者是当认识到社会主义社会是一个很长的历史阶段以后，又对本国社会主义所处的发展阶段估计过高。这两种倾向的具体表现不同，但其思想方法论的本质是一致的，那就是都没有坚持实事求是的基本原则，都脱离了本国的实际情况，因而都犯了超越阶段的错误。

十一届三中全会以后，我们党通过认真总结历史经验，从我国现阶段的客观实际出发，提出在我国这样经济文化比较落后的国家进入社会主义以后必须经历一个很长的初级阶段的新论断。这一新论断，不仅是对我国社会主义发展阶段的科学认识，而且是对马克思主义关于社会主义发展阶段理论的重大发展、重大突破。在此基础上，才进一步搞清了“什么是社会主义、怎样建设社会主义”这一基本的理论问题，创立了邓小平建设中国特色社会主义理论的科学体系。

邓小平建设中国特色社会主义理论作为当代中国人民在改革开放中胜利实现社会主义现代化的正确理论，不仅有解放思想、实事求是这一贯穿于其各方面理论观点之中的基本观点、思想路线，即辩证唯物主义和历史唯物主义的世界观、方法论，作为其立论的哲学基础，有对“什么是社会主义、怎样建设社会主义”的科学回答，即对社会主义本质特征与发展道路内在关系的深刻揭示，作为其立论的逻辑前提，而且尤为重要的是有对我国现实基本国情的清醒、准确的把握，作为其立论的现实根据。在此基础上形成一个既从属于马克思列宁主义、毛泽东思想，又具有自己时代特色的理论体系。正如江泽民所说："我们讲一切从实际出发，最大的实际就是中国现在处于并将长时期处于社会主义初级阶段。我们讲要搞清楚'什么是社会主义、怎样建设社会主义'，就必须搞清楚什么是初级阶段的社会主义，在初级阶段怎样建设社会主义。"① 这一重要论述不仅揭示了社会主义初级阶段理论在整个邓小平理论体系中的地位，而且为掌握这一理论体系提供了基本线索。

各国建设社会主义的历史经验表明：社会主义建设不仅有其共同的规律，而且必然具有不同的特点。社会主义发展的这种特殊性归根结底是由于各国进行社会主义建设的起点不同决定的。如同资本主义的发展，由于各国的起点、基础不同，决定了其发展的道路以及经济、政治制度的不同一样，任何国家都不能离开从前人那里继承下来的条件去改造社会，这就决定了各国的发展道路必然带有自己的特点。

建设中国特色的社会主义，不仅要注意社会主义建设的共同点，注意中国社会主义建设的一般特点，而且应注意中国社会主义在各个发展阶段上的更为特殊的不同点。毛泽东指出：认识任何事物，都"不但要研究每一个大系统的物质运动形式的特殊的矛盾性及其所规定的本质，而且要研究每一个物质运动形式在其发展长途中的每一个过程的特殊的矛盾及其本质。一切运动形式的每一个实在的非臆造的发展过程内，都是不同质的。我们的研究工作必须着重这一点，而且必须从这一点开始"②。过去我们借助这一方法，找到了中国革命的发展规律。今天，我们仍然必须借助这个方法，才能深刻理解和掌握建设中国特色的社会主义的规律。应该说，对于中国是在贫穷落后的基础上建设社会主义这一点，毛泽东及其同时代的领导者们也是看到了的。毛泽东还曾用"一穷二白"来概括说明这种情况。但是，由于他们对在这种情况下建设社会主义的长期性、艰巨性估计

---

① 中央文献研究室编：《江泽民论有中国特色社会主义（专题摘编）》，27 页，北京，中央文献出版社，2002。

② 《毛泽东选集》，2 版，第 1 卷，310 页，北京，人民出版社，1991。

不足，而且，由于不适当地夸大了人的主观努力的作用，导致不恰当地认为在“一穷二白”的基础上更有利于进行社会主义建设，把“一穷二白”看成优点，低估了我国根本改变落后面貌的困难。社会主义初级阶段理论，高度概括地说明了我国社会主义发展阶段的特殊性质，因而是我们认识我国社会主义建设发展道路，也就是建设中国特色社会主义的强大理论武器。建设中国特色的社会主义，必须从中国实际出发，而中国的实际本身又是不断变化的，从中国的实际出发，既不是从中国过去的实际出发，也不可能从中国未来的实际出发，而只能是从中国现阶段的实际出发，以现阶段的中国实际情况为依据。因此，我们说，社会主义初级阶段理论所涉及的问题是建设中国特色的社会主义的首要问题。

同时，它又是党制定和执行正确路线、方针、政策的基本依据。认识当前我国社会所处的历史阶段，也就是认识本国现实的国情，历来是我们党制定正确路线、方针、政策的前提。我国现阶段的国情，从理论上加以抽象化就是我国正处于社会主义初级阶段这个科学论断。十一届三中全会以来，党的正确路线、政策正是基于这一科学认识而制定的。社会主义初级阶段理论提出的重要性，就在于它明确地告诉人们，我们所实行的一切方针政策都必须符合初级阶段的实际，而不能拘泥于社会主义的一般形式。或者说，不能按照抽象的社会主义原则作出判断。离开了中国实际情况，满脑袋社会主义的条条、框框，那么许多问题的是非都是难以判断的。虽然，如前所述，初级阶段的概念是在1981年的十一届六中全会《关于建国以来党的若干历史问题的决议》中正式提出的，但是，由于十一届三中全会重新确立了党的实事求是的思想路线，强调从中国实际出发，并对现阶段中国的国情作了正确的分析，因此，我们完全可以说，正是实际上已经有了这一思想，才制定和执行了十一届三中全会以来的正确路线和政策。不仅如此，十一届三中全会以来，我们党所推行的一系列改革，也反映了社会主义初级阶段的特点和要求。比如：在经济体制改革方面，提出在以公有制为主体的前提下，发展多种经济成分和多种经营方式，建立市场经济与社会主义制度相结合的崭新的社会主义经济体制，大力促进生产力的发展；以共同富裕为目标，实行以按劳分配为主体的多种分配形式和分配政策，既反对平均主义，又防止产生贫富悬殊、两极分化；在政治体制改革和民主建设方面，既把建立高度民主、法制完备、富有效率、充满活力的社会主义政治体制当作坚定不移的目标，又强调民主建设是个逐步积累的渐进过程，不可能在短期内实现；在社会主义精神文明建设方面，提出建设中国特色的社会主义是现阶段各族人民的共同理想，共产党员要正确处理为共产主义奋斗的最高理想同各族人民的共同理想的关系，既鼓励先进，又照顾多数，把先进性的要求同广泛性的要求结合起来，使人们的理想追求、道德观念同经济发展的要求相一致。所有这些观念上的变革和政策上的变化，都既坚持了社会主义的根本原则和将来的共产主义方向，又立足于我国目前处于社会主义初级阶段的实际情况，因而都是建立在对初级阶段的正确认识基础上的。

党的基本路线与初级阶段的基本国情之间有着不可分割的关系。一方面，初级阶段的基本国情为制定和执行党的基本路线提供了客观依据；另一方面，党的基本路线又反映了初级阶段的客观要求。初级阶段的基本国情决定了党的基本路线只能是一个中心，而不能是多个中心；只能是两个基本点，而不能只有一个基本点。四项基本原则为社会主义经济建设提供政治保证，改革开放为社会主义经济建设提供发展动力，坚持四项基本原则和改革开放，都是为了更好地解放和发展生产力，更好地建设中国特色的社会主义。

（二）党在社会主义初级阶段基本路线制定的重大意义

坚定不移地执行党的十一届三中全会以来的基本路线、基本方针，是邓小平在1989年政治风波中提出的一个非常重要的观点。1992年初，邓小平在南方谈话中又明确指出：“不坚持社会主义，不改革开放，不发展经济，不改善人民生活，只能是死路一条。基本路线要管一百年，动摇不得。只有坚持这条路线，人民才会相信你，拥护你。”① 同年10月，江泽民在党的十四大报告中指出：“十四年伟大实践的经验，集中到一点，就

① 《邓小平文选》，第3卷，370～371页，北京，人民出版社，1993。

是要毫不动摇地坚持以建设有中国特色社会主义理论为指导的党的基本路线。这是我们事业能够经受风险考验，顺利达到目标的最可靠的保证。”①1997年9月，江泽民在党的十五大报告中则更加明确地指出，坚持党的基本路线不动摇，“这是近二十年来我们党最可宝贵的经验，是我们事业胜利前进最可靠的保证”②。这个极其重要的科学论断，是党对现阶段国情和社会主义现代化建设规律认识的新飞跃。2007年10月，党的十七大强调，党的基本路线是党和国家的生命线，任何时候都决不能动摇。2012年11月，党的十八大再次重申了这一论断。

第一，坚持党的基本路线不动摇，必须高举中国特色社会主义的伟大旗帜，坚持中国特色社会主义理论体系。党的基本路线是在开辟中国特色社会主义道路的过程中逐步形成的。我们要坚持党的基本路线不动摇，根本问题就在于坚持中国特色社会主义理论体系不动摇，在于坚定道路自信、理论自信、制度自信。在当代中国，坚持中国特色社会主义道路，就是真正坚持社会主义；坚持中国特色社会主义理论体系，就是真正坚持马克思主义。道路是实现途径，理论体系是行动指南，制度是根本保障。能否坚持党的基本路线不动摇，从主观上说，取决于对基本路线及其理论基础的认识是否清醒。只有全面掌握了中国特色社会主义理论体系，才能深刻理解党的基本路线的实质和意义，提高贯彻执行党的基本路线的自觉性；才能排除干扰，不动摇、不懈怠、不折腾，增强贯彻执行党的基本路线的坚定性。因此，我们必须坚持把以经济建设为中心同四项基本原则、改革开放这两个基本点统一于中国特色社会主义的伟大实践，既不妄自菲薄，也不妄自尊大，扎扎实实夺取中国特色社会主义新胜利。

第二，坚持党的基本路线不动摇，关键是坚持以经济建设为中心不动摇。以经济建设为中心的确定，是党在新时期实现的最根本的拨乱反正。能否坚持以经济建设为中心，是关系到我国社会主义现代化的成败、关系社会主义的前途和命运的大问题。如果经济建设这个中心发生动摇，整个基本路线就会被动摇。20世纪80年代以来，尽管国际国内发生了这样那

---

① 《江泽民文选》，第1卷，222页，北京，人民出版社，2006。

② 《江泽民文选》，第2卷，16～17页，北京，人民出版社，2006。

样的重大事件，我们都没有动摇这个中心，今后还要坚定不移地这样做。坚持以经济建设为中心，各项工作都要服从和服务于这个中心。全国党政军民都要以经济建设为大局，从这个大局出发，照顾大局，配合大局，在这个大局下行动。正如邓小平所说："现代化建设的任务是多方面的，各个方面需要综合平衡，不能单打一。但是说到最后，还是要把经济建设当作中心。离开了经济建设这个中心，就有丧失物质基础的危险。其他一切任务都要服从这个中心，围绕这个中心，决不能干扰它，冲击它。"① 改革开放 30 多年来，我们坚持以经济建设为中心，推动社会生产力以前所未有的速度发展起来，这是我国综合国力、人民生活水平、国际地位大幅度提升的根本原因。今后我们必须继续牢牢坚持发展是硬道理的战略思想，牢牢扭住经济建设这个中心。

第三，坚持党的基本路线不动摇，必须把改革开放同四项基本原则统一起来，正确处理改革、发展和稳定的关系。改革开放和四项基本原则是相互依存、相互贯通的。江泽民指出："坚持党的基本路线，最重要的是要全面理解和正确处理一个中心、两个基本点的关系。经济建设和四项基本原则、改革开放，是相互贯通、相互依存、不可分割的统一整体"②。中国特色的社会主义之所以有蓬勃的生命力，就在于它是改革开放的社会主义；我国的改革开放之所以能健康发展，就在于坚持了四项基本原则，是有利于巩固和发展社会主义的改革开放。坚持党的基本路线不动摇，就要把这两个基本点统一起来，使它们互相依存、互相促进，而不能人为地把两者割裂开来。必须旗帜鲜明地反对资产阶级自由化，保证改革开放和现代化建设永远不背离社会主义的正确方向；必须处理好改革、发展、稳定的关系，在社会政治稳定中推进改革、发展，在改革、发展中实现社会政治稳定。

第四，坚持党的基本路线不动摇，必须全面加强党的建设。正确的政治路线要靠组织路线来保证。党的基本路线要通过各级党组织来贯彻执行。坚持党的基本路线不动摇，关键是要把共产党内部搞好。邓小平指

---

① 《邓小平文选》，2 版，第 2 卷，250 页，北京，人民出版社，1994。

② 《江泽民文选》，第 2 卷，252 页，北京，人民出版社，2006。

出："中国要出问题，还是出在共产党内部。对这个问题要清醒，要注意培养人"。"我们说党的基本路线要管一百年，要长治久安，就要靠这一条。真正关系到大局的是这个事。"① 中国共产党是在一个13亿多人口的大国中执政的大党，现在又肩负着团结带领人民全面建成小康社会、推进社会主义现代化、实现中华民族伟大复兴的历史重任。党的组织自身的状况如何，各级领导干部尤其是高级干部的思想政治理论水平、治党治国理政的能力如何，贯彻执行党的基本路线的自觉性、坚定性如何，直接关系到我国社会主义的命运和现代化的成败。形势的发展、事业的开拓、人民的期待，都要求全面加强党的建设，增强自我净化、自我完善、自我革新、自我提高的能力，建设学习型、服务型、创新型的马克思主义执政党，确保党始终成为中国特色社会主义事业的坚强领导核心。

① 《邓小平文选》，第3卷，380页，北京，人民出版社，1993。

第五章 邓小平与我国社会主义现代化的总体设计

一、邓小平分三步走、实现社会主义现代化的战略思想

经济发展战略，是指一国在一定时期的经济社会发展目标和为实现这一目标而采取的重要措施的总和，是指根据对本国经济发展的各种条件、因素的分析、估量和判断而制定的一个较长的时期内经济建设的总任务。它不仅反映了一个国家在一个较长时期内，在决定社会经济全局的重要方面所要实现的目标和任务，而且表明一个国家在一定历史阶段内所拟达到的生产增长的速度、规模和水平等。从中华人民共和国建立到 70 年代末，我国虽然没有使用经济发展战略这个概念，但在不同时期提出的经济建设的总路线、总任务、总方针和总政策等等，都含有经济发展战略的意义。

在我国落后的生产力基础上实现现代化，建设社会主义强国，是一项十分艰巨的事业，它肩负着既要完成传统的工业化，又要同时迎头赶上世界新的技术和产业革命的双重任务。如何来具体实现这一艰巨的任务呢?邓小平为我们设计了分“三步走”，基本实现现代化的宏伟蓝图：第一步，从 1981 年到 1990 年国民生产总值翻一番，实现温饱；第二步，从 1991 年

到20世纪末再翻一番，达到小康；第三步，到21世纪中叶再翻两番，达到中等发达国家水平。这就是我们在社会主义初级阶段分“三步走”的经济发展战略目标和战略步骤。

（一）“三步走”发展战略的形成

党的十一届三中全会以后，邓小平就开始考虑实现我国现代化具体战略目标和步骤问题，到“三步走”发展战略的形成大致经历了两个阶段：

第一阶段，从1979年到1984年初。邓小平提出了我国到20世纪末实现人均国民生产总值翻两番、达到小康水平的发展目标，以及分前后两个十年“两步走”的战略步骤。

1979年12月，邓小平在回答日本首相大平正芳关于四个现代化目标的含义的提问时说，可以确定为这样一个目标，到20世纪末，争取国民生产总值每人平均1 000美金，算个小康水平。这是邓小平首次用统计指标量化了的现代化战略的目标。1980年12月25日，邓小平在中央工作会议上又提出：“经过二十年的时间，使我国现代化经济建设的发展达到小康水平，然后继续前进，逐步达到更高程度的现代化。”①

党和政府赞同并接受了邓小平上述战略思想。1981年11月，第五届全国人民代表大会第四次会议政府工作报告中提出：力争用20年的时间使工农业总产值翻两番，使人民的消费达到小康水平。1982年9月党的十二大也明确指出，从1981年到20世纪末的20年，我国经济建设总的奋斗目标是在不断提高经济效益的前提下，力争使全国工农业的总产值翻两番，即由1980年的7 100亿元增加到2000年的28 000亿元左右，使人民的物质文化生活达到小康水平。为了实现这个奋斗目标，在战略部署上应分两步走：前10年主要是打好基础，积蓄力量，创造条件；后10年要进入一个新的经济振兴时期。

第二阶段，从1984年5月到1987年4月，邓小平提出了我国社会主义现代化的长期发展战略目标和步骤。

---

① 《邓小平文选》，2版，第2卷，356页，北京，人民出版社，1994。

邓小平认为，到20世纪末实现了翻两番，达到小康水平以后，我们还要继续前进，努力争取达到新的更高的奋斗目标。1984年5月，邓小平指出，到20世纪末实现了翻两番之后，要以此为新的起点，“在这样一个基础上，再发展三十年到五十年，我们就可以接近发达国家的水平”①。1986年以后，邓小平多次用统计指标阐述我国现代化的战略目标和战略步骤问题。1987年4月16日，他在会见香港特别行政区基本法起草委员会委员时提出，到20世纪末实现翻两番，达到小康社会固然重要，但“更重要的是，有了这个基础，再过五十年，再翻两番，达到人均四千美元的水平”②，中国就是一个中等发达国家了。稍后，他即完整阐述了“三步走”的发展目标，他说：“我们原定的目标是，第一步在八十年代翻一番。以一九八〇年为基数，当时国民生产总值人均只有二百五十美元，翻一番，达到五百美元。第二步是到本世纪末，再翻一番，人均达到一千美元。实现这个目标意味着我们进入小康社会”，“第三步，在下世纪用三十年到五十年再翻两番，大体上达到人均四千美元。做到这一步，中国就达到中等发达的水平。这是我们的雄心壮志。目标不高，但做起来可不容易”③。

1987年党的十三大充分肯定了邓小平分“三步走”的战略思想，并用党的文件的形式正式地确定下来。在大会的政治报告中写道：党的十一届三中全会以后，我国经济建设的战略部署大体分三步走：第一步，实现国民生产总值比1980年翻一番，解决人民的温饱问题。这个任务已基本上实现。第二步，到本世纪末，使国民生产总值再增长一倍，人民生活达到小康水平。第三步，到下个世纪中叶，人均国民生产总值达到中等发达国家的水平，人民生活比较富裕，基本上实现现代化。1992年党的十四大再次肯定了这一发展战略和目标，并在此基础上提出了近期和长远的三个奋斗目标：从十一届三中全会到80年代末期是我国改革的第一阶段，明确了改革的思路，打开了改革的局面，实现了国民生产总值比1980年翻一番，并解决了人民温饱问题的第一步发展目标。90年代是改革的第二阶段，要初

---

① 《邓小平文选》，第3卷，57页，北京，人民出版社，1993。

② 同上书，216页。

③ 同上书，226页。

步建立起社会主义市场经济体制，实现国民生产总值再增长一倍、人民生活达到小康水平的第二步发展目标。到改革的第三阶段，首先经过下个世纪前20年的努力，到建党100周年时，在各方面形成一套更加成熟、更加定型的制度；在这样的基础上，到下世纪中叶建国100周年的时候，达到第三步发展目标，基本上实现社会主义现代化。这样，“三步走”的战略目标和步骤更加具体、明确。

党中央和邓小平制定的实现我国现代化的发展战略，既表明我们提出的不是一个过急的目标，而是一个从实际出发、比较稳妥的目标，又表明中国人民决心用100年时间艰苦奋斗，走完发达国家几百年走过的路程，体现了中国现代化建设的长期性和中国人民的雄心壮志。毫无疑问，这一宏伟目标的实现，将是中国人民和中国社会主义事业的极其伟大的胜利。

1995年9月，在我国改革开放和社会主义现代化建设发展的重要时刻召开的党的十四届五中全会，审议并通过了《中共中央关于制定国民经济和社会发展“九五”计划和2010年远景目标的建议》。鉴于经过80年代以来三个五年计划的努力，预计原定的国民生产总值到2000年比1980年翻两番的任务在1995年可以提前实现，《建议》对“九五”计划和下世纪初的发展目标提出了新的更高的要求。《建议》提出，在“九五”期间，要全面完成现代化建设的第二步战略部署，到2000年，在我国人口将比1980年增长3亿左右的情况下，实现人均国民生产总值比1980年翻两番，人民生活达到小康水平，初步建立社会主义市场经济体制；到2010年，实现国民生产总值比2000年翻一番，使人民的小康生活更加宽裕，形成比较完善的社会主义市场经济体制。这是一个鼓舞人心的目标，也是实事求是的目标。这一目标的提出，表明此后的15年，在我国社会主义现代化建设的征程上，将是一个承前启后、继往开来的重要时期。这一目标实现后，我国的社会生产力、综合国力、人民生活水平都将再上一个大台阶，社会主义精神文明建设和民主法制建设也将取得明显进展，我国的国际地位和影响也将进一步提高和增强，从而为21世纪中叶实现我国的第三步发展战略目标开创新的局面。

(二) 邓小平实现社会主义现代化战略思想的主要内容

邓小平实现社会主义现代化战略思想的内容是极其丰富的，主要包括以下三个方面：

1. *以重点带动全局的战略思想*

为了更好地实现"三步走"发展战略，邓小平提出了以重点带动全局的思想。早在1982年，他就提出发展的战略重点有三个：一是农业，二是能源和交通，三是教育和科学。

农业是我国国民经济发展的基础。邓小平强调："农业是根本，不要忘掉。"① "农业问题要始终抓得很紧。农村富起来容易，贫困下去也容易，地一耕不好农业就完了。"② 对于中国这样一个绝大部分人口在农村的大国，必须真正把加强农业放在经济工作的首位，这是实现国民经济健康发展和社会安定的基础。没有农村的现代化，就没有中国的现代化。在向社会主义市场经济转变的过程中，稳定党在农村的基本政策，深化农村改革，保护农业发展，千方百计增加农业的投入，全面发展农村经济，确保粮食、棉花、油料等主要农作物稳定增长，确保农民收入稳定增加，确保农村社会稳定，十分重要，切不可掉以轻心。关于中国农业的长远发展战略，邓小平还提出了两个飞跃的思想，他说："中国社会主义农业的改革和发展，从长远的观点看，要有两个飞跃。第一个飞跃，是废除人民公社，实行家庭联产承包为主的责任制。这是一个很大的前进，要长期坚持不变。第二个飞跃，是适应科学种田和生产社会化的需要，发展适度规模经营，发展集体经济。这是又一个很大的前进，当然这是很长的过程。"③

能源和交通是我国国民经济持续健康发展的重要条件，但又是一个时期我国国民经济发展突出的薄弱环节。能源的紧缺和通讯的落后是制约我国经济发展的重要因素。因此，须集中必要的力量，高质量、高效率地建设一批重点骨干工程，保证能源和交通通讯优先发展。要高度重视节约能源和原材料，提高资源利用效率。要真正认识到，加快能源和交通通讯建

---

① 《邓小平文选》，第3卷，23页，北京，人民出版社，1993。

②③ 同上书，355页。

设，不仅是当前加快经济发展的迫切需要，而且是增强经济发展后劲的重要条件。

教育和科学是我国国民经济发展的关键。邓小平一再强调，科技和教育，各行各业都要抓。无论是农业的发展、能源和交通通讯的发展，还是整个经济的现代化，最后解决问题都要靠科技和教育。他尖锐地指出："从长远看，要注意教育和科学技术。否则，我们已经耽误了二十年，影响了发展，还要再耽误二十年，后果不堪设想。"① 要发展科学技术，不抓教育不行。教育是一个民族最根本的事业。"我们国家，国力的强弱，经济发展后劲的大小，越来越取决于劳动者的素质，取决于知识分子的数量和质量。一个十亿人口的大国，教育搞上去了，人才资源的巨大优势是任何国家比不了的。"② 所以，要尊重知识、尊重人才、重视教育，切实创造出一种有利于培养人才、发现人才、使用人才的环境和机制，提高国民的整体素质。

2. "台阶式"发展的思想

为更好地实现"三步走"的战略，邓小平提出了"台阶式"发展的思想。他强调贫穷不是社会主义，发展太慢也不是社会主义，要求我们抓住机遇，加快发展，争取每隔几年使国民经济上一个新台阶。就是说，抓住有利时机，跳跃一下，然后再稳定一段，如此循环往复，使经济加速发展。

邓小平关于"台阶式"发展的思想，是在总结我国社会主义建设发展的经验，并借鉴其他一些国家和地区经济发展经验的基础上提出的。从国际经验来看，许多国家和地区在发展过程中都曾有过高速发展时期或若干高速发展阶段。如日本，1950—1970 年国民生产总值增加了近 1 900 亿美元，1970—1980 年增加了 8 000 多亿美元，1980—1990 年又增加了 1.7 万多亿美元。韩国从 60 年代初进入经济加速发展阶段，国民经济的年均增长率 60 年代为 8.5%，70 年代为 9.5%，80 年代前 5 年为 7.2%，1986—1988 年为 12%～13%。亚洲"四小龙"在 80 年代的经济增长率接近两位

① 《邓小平文选》，第 3 卷，274～275 页，北京，人民出版社，1993。
② 同上书，120 页。

数，是同期发达国家的3倍左右。我们国家自己也有过这样的经验。我国80年代经济年平均增长率为9%，其中1984—1988年共创造工业总产值6万多亿元，平均年增长21.7%，这个时期我国财富有了巨大的增加，整个国民经济上了一个新的台阶。所以，邓小平指出："我国的经济发展，总要力争隔几年上一个台阶。"① "总是要在某一个阶段，抓住时机，加速搞几年，发现问题及时加以治理，尔后继续前进"。"在今后的现代化建设长过程中，出现若干个发展速度比较快、效益比较好的阶段，是必要的，也是能够办到的。我们就是要有这个雄心壮志！"② 他对我国经济发展的前景充满了乐观精神，主张能发展就不要阻碍，有条件的地方要尽可能搞快点。希望在90年代，整个中国的经济能够有一个新的飞跃，再上一个新台阶。

实现我们的发展战略，要解放思想，实事求是，把握好速度问题。过去我们有急于求成造成经济严重困难的教训。在相当长时间内又忽视发展生产力，结果导致经济发展缓慢，同发达国家、同周边许多新兴工业化国家和地区的经济差距进一步拉大。邓小平一再强调，过去我们比上不足，比下有余，现在比下也有问题了，我们不抓住机遇使经济上一个台阶，别人会跳得比我们快得多，我们就落在后面了。1990年，他又进一步指出："翻两番能不能实现，是个大问题。使我们真正睡不着觉的，恐怕长期是这个问题，至少十年。中国能不能顶住霸权主义、强权政治的压力，坚持我们的社会主义制度，关键就看能不能争得较快的增长速度，实现我们的发展战略"③。这就明确地揭示出发展速度绝不仅仅是个经济问题，也是个非常严重的政治问题，它直接关系到我国社会主义的前途和命运。当然，在中国搞现代化不能追求太高的速度，但速度低了也不行，凡是能积极争取的发展速度还是要积极争取。同时，快是有条件的，就是要讲效益，讲质量，适应国内外市场需求变化；快又是有区别的，要坚持从实际出发，注意量力而行，搞好综合平衡，有条件的地方要尽可能搞快点，条件暂不

---

① 《邓小平文选》，第3卷，375页，北京，人民出版社，1993。

② 同上书，377页。

③ 同上书，355～356页。

具备的要努力创造条件逐步快起来，不要一讲加快发展就一哄而起，走到过去那种忽视效益，片面追求产值，争相攀比，盲目上新项目，一味扩大基建规模的老路上去。快必须是没有水分的，要老老实实地计算，要最终体现到人民生活水平上，这样的速度才过得硬。因此，我们一定要全面、准确地理解和把握邓小平关于“加快发展”的思想内涵，在发展速度问题上，要立足实际，实事求是，重视效益，确定和采取正确的政策和措施，以保证经济快速、稳定、健康的发展。

3. 先富带动后富的思想

“中国要解决十亿人的贫困问题，十亿人的发展问题。”① 为更好地实现“三步走”的发展战略，必须允许和鼓励一部分地区、一部分人先富起来，逐步达到共同富裕。这是邓小平根据我国现阶段生产力发展不平衡的具体情况，把马克思主义的按劳分配原理创造性地运用于中国实际而提出的一个重要思想。

早在1978年，邓小平就把打破平均主义“大锅饭”，允许一部分地区、一部分企业、一部分工人农民先富起来，作为解放思想、激发人民群众生产积极性的一个大政策提了出来。他指出：“在经济政策上，我认为要允许一部分地区、一部分企业、一部分工人农民，由于辛勤努力成绩大而收入先多一些，生活先好起来。”并强调：“这是一个大政策，一个能够影响和带动整个国民经济的政策”②。这个大政策，包含深刻的思想内容，符合社会主义的发展规律，尤其是符合我国社会主义初级阶段的具体国情。它以承认差别为前提，以诚实劳动、合法经营为条件，以最终实现共同富裕为目标，在整个经济改革和发展中起了重大作用。

对于我国地区之间的发展不平衡问题，邓小平提出了相应的对策。他强调，沿海地区要利用有利条件，较快地先发展起来，放胆地去干，千万不要贻误时机。沿海一些地区要走在全国的前面，率先实现现代化，以更好地带动全国的现代化。内地要根据自己的条件加快建设。国家要尽力支持内地的发展，沿海要注意带动和帮助内地的发展。邓小平认为，沿海地

① 《邓小平文选》，第3卷，229页，北京，人民出版社，1993。

② 《邓小平文选》，2版，第2卷，152页，北京，人民出版社，1994。

区先发展起来，这是一个事关大局的问题，内地要顾全这个大局。反过来，发展到一定的时候，又要求沿海拿出更多力量来帮助内地发展，这也是个大局，沿海也要服从这个大局。他说："什么时候突出地提出和解决这个问题，在什么基础上提出和解决这个问题，要研究。可以设想，在本世纪末达到小康水平的时候，就要突出地提出和解决这个问题。到那个时候，发达地区要继续发展，并通过多交利税和技术转让等方式大力支持不发达地区。"①

邓小平关于让一部分地区、一部分人先富起来的思想，主要是针对过去平均主义"大锅饭"的弊端而提出的。我国原有分配制度的弊端集中表现为平均主义。在城市，表现为企业之间缺乏激励机制，经营成果、经济效益同企业的经济利益不挂钩；企业内部没有对职工奖勤罚懒、奖优罚劣的自主权，职工的工资同他们的岗位、责任、能力、贡献不相符合，未能真正贯彻多劳多得、少劳少得、不劳动者不得食的原则。人们形象地把它称为"企业吃国家的大锅饭，职工吃企业的大锅饭"。在农村，没有明确的生产责任制，农民的劳动报酬同他们的劳动成果相脱节，普遍存在"干多干少一个样，干好干坏一个样"的情况。

平均主义思想在我国分配领域长期占统治地位，主要原因有两个：一个是小生产的绝对平均主义思想在我国有着广泛的社会基础和很深的历史渊源。旧中国是小生产者占绝对优势的国家，为了反抗封建主义残酷的经济剥削和政治压迫，历代农民革命都打出了平均主义的旗号，如"均贫富，等贵贱"，"无处不均匀，无人不饱暖"，等等。这种小生产者的平均主义思想，至今在人们头脑中仍然根深蒂固地存在着。另一个原因是对社会主义理解上的偏差，把社会主义的"平等"理解为"平均"，把"共同富裕"理解为"平均富裕"。由于有这种认识，在分配上就采取平均主义做法，抹杀了客观上存在的各种差别。宁愿大家一起受穷，也不让一部分人先富，以致发展到在"文化大革命"十年动乱中，提出"穷则革命富则修"。这种理论上的颠倒、思想上的混乱，对国民经济的发展造成了极大

① 《邓小平文选》，第3卷，374页，北京，人民出版社，1993。

的危害。

邓小平关于让一部分地区、一部分人先富起来，逐步达到共同富裕的思想，是在理论上、思想上的拨乱反正。只有克服平均主义，才能真正贯彻按劳分配的原则，才能调动千百万劳动者的社会主义积极性，促进社会生产力的发展。同时，我们还必须认识到，实现共同富裕不可能是大家在同一条线上齐步走，平均地提高富裕程度。唯物辩证法告诉我们，事物的发展总是波浪式地前进，从量变到质变，从部分质变到整体质变。在事物发展过程中，平衡是相对的，不平衡是绝对的，实现共同富裕也不例外。如果违背事物发展规律，不让一部分地区、一部分人先富，追求完全平均的同步富裕，只会导致共同贫穷。实现共同富裕的过程，只能是一部分地区、一部分企业、一部分人率先致富。一方面，一部分人先富，必然产生极大的示范力量，影响左邻右舍，带动其他地区、其他企业、其他人向他们学习。这样，就会使整个国民经济不断地波浪式地向前发展，使全体社会成员都能比较快地富裕起来。另一方面，一部分地区、企业、个人先富，才能增强国家、地方、集体的经济实力，经济实力增强了，帮助后进地区、企业、个人就有了物质基础，从而为他们早日摆脱贫困，走上共同富裕之路创造必要的条件。

对于在一部分人先富起来的过程中出现的某些社会成员之间收入过分悬殊的问题，也必须认真加以解决，以防止贫富两极分化现象的产生。邓小平反复强调："我们提倡一部分地区先富裕起来，是为了激励和带动其他地区也富裕起来，并且使先富裕起来的地区帮助落后的地区更好地发展。提倡人民中有一部分人先富裕起来，也是同样的道理。"① 他还进一步指出："社会主义最大的优越性就是共同富裕，这是体现社会主义本质的一个东西。如果搞两极分化，情况就不同了，民族矛盾、区域间矛盾、阶级矛盾都会发展，相应地中央和地方的矛盾也会发展，就可能出乱子。"② 因此，在走向共同富裕的过程中，必须采取得力措施，对合法的较高收入予以允许和保护，并依法加以必要的调节；对非法的收入，必须坚决有效

---

① 《邓小平文选》，第3卷，111页，北京，人民出版社，1993。

② 同上书，364页。

地依法处理。只有这样，才能真正实现共同富裕的目标。同时，我们在处理先富、后富和共富的关系时，要从大局看问题，以防引起社会动荡。重要的是，要鼓励大家动脑筋想办法发展我们的经济，要有开拓的精神，不要去损害发展经济的积极性，损害了对社会主义事业不利。

让一部分地区、一部分人先富起来并逐步达到共同富裕的政策，牵动着各方面人们的利益关系，引起人们的普遍关切。要承认不平衡，同时要从不平衡逐步达到相对的平衡，逐步实现共同富裕，这需要一个过程，需要在大局之下的自觉和共识，需要自力更生和相互支持，需要正确的政策和办法。富裕地区帮助贫困地区，主要有两条途径：一是多创利税，为国家多作贡献，国家财力增强了，就能多增加扶贫基金。二是大力开展地区之间的横向联系，在资金、技术、人才等方面加强合作与交流，这对贫困地区来说更加重要。先富起来的人帮助困难户，也应主要采取传授技艺、合伙经营、借贷资金等方法，帮助困难户自力更生，生产致富。决不能搞“吃大户”，搞平均主义，这样只能导致共同贫穷。实践已经证明并将继续证明，邓小平提出的让一部分地区、一部分人先富起来，带动和帮助越来越多的地区和人们富裕起来的发展战略，是加速发展、达到共同富裕的正确途径。

二、全面建成小康社会的目标和任务

邓小平用我国历史上“小康”的概念，赋予其新的内容，表达在社会主义初级阶段一定时期内经过努力能够实现的目标。他指出：“所谓小康社会，就是虽不富裕，但日子好过。我们是社会主义国家，国民收入分配要使所有的人都得益，没有太富的人，也没有太穷的人，所以日子普遍好过。更重要的是，那时我们可以进入国民生产总值达到一万亿美元以上的国家的行列，这样的国家不多。”① 经过全国人民的努力，20 世纪末我国

① 《邓小平文选》，第 3 卷，161～162 页，人民出版社，1993。

已经胜利实现了“三步走”战略的第一步和第二步的目标，人民生活总体上达到小康水平，这是中华民族发展史上的一个新的里程碑。党的十六大深刻分析了党和国家面临的新形势和新任务，从我国总体上实现的小康还是低水平、不全面、发展很不平衡的小康实际出发，明确提出要在21世纪头20年，集中力量，全面建设惠及十几亿人口的更高水平的小康社会，使经济更加发展、民主更加健全、科教更加进步、文化更加繁荣、社会更加和谐、人民生活更加殷实。

党的十六大规定的全面建设小康社会的目标是：

第一，在优化结构和提高效益的基础上，国内生产总值到2020年力争比2000年翻两番，综合国力和国际竞争力明显增强。基本实现工业化，建成完善的社会主义市场经济体制和更具活力、更加开放的经济体系。城镇人口的比重较大幅度提高，工农差别、城乡差别和地区差别扩大的趋势逐步扭转。社会保障体系比较健全，社会就业比较充分，家庭财产普遍增加，人民过上更加富足的生活。

第二，社会主义民主更加完善，社会主义法制更加完备，依法治国基本方略得到全面落实，人民的政治、经济和文化权益得到切实尊重和保障。基层民主更加健全，社会秩序良好，人民安居乐业。

第三，全民族的思想道德素质、科学文化素质和健康素质明显提高，形成比较完善的现代国民教育体系、科技和文化创新体系、全民健身和医疗卫生体系。人民享有接受良好教育的机会，基本普及高中阶段教育，消除文盲。形成全民学习、终身学习的学习型社会，促进人的全面发展。

第四，可持续发展能力不断增强，生态环境得到改善，资源利用效率显著提高，促进人与自然的和谐，推动整个社会走上生产发展、生活富裕、生态良好的文明发展道路。

党的十七大顺应国内外形势的新变化和各族人民过上更好生活的新期待，把握经济社会发展趋势和规律，坚持中国特色社会主义经济建设、政治建设、文化建设、社会建设的基本目标和基本政策构成的基本纲领，在十六大确立的全面建设小康社会目标的基础上，对全面建设小康社会目标提出了更高的要求。

第一，增强发展协调性，努力实现经济又好又快发展。转变发展方式取得重大进展，在优化结构、提高效益、降低消耗、保护环境的基础上，实现人均国内生产总值到 2020 年比 2000 年翻两番。社会主义市场经济体制更加完善。自主创新能力显著提高，科技进步对经济增长的贡献率大幅上升，进入创新型国家行列。居民消费率稳步提高，形成消费、投资、出口协调拉动的增长格局。城乡、区域协调互动发展机制和主体功能区布局基本形成。社会主义新农村建设取得重大进展。城镇人口比重明显增加。

第二，扩大社会主义民主，更好保障人民权益和社会公平正义。公民政治参与有序扩大。依法治国基本方略深入落实，全社会法制观念进一步增强，法治政府建设取得新成效。基层民主制度更加完善。政府提供基本公共服务能力显著增强。这些新的更高要求的最大特点是扩大社会主义民主，突出强调有序扩大公民政治参与。既充分反映了人民的新期待，也体现了我们党在社会主义初级阶段条件下有序推进政治体制改革的决心和基本路径。

第三，加强文化建设，明显提高全民族文明素质。社会主义核心价值体系深入人心，良好思想道德风尚进一步弘扬。覆盖全社会的公共文化服务体系基本建立，文化产业占国民经济比重明显提高、国际竞争力显著增强，适应人民需要的文化产品更加丰富。

第四，加快发展社会事业，全面改善人民生活。现代国民教育体系更加完善，终身教育体系基本形成，全民受教育程度和创新人才培养水平明显提高。社会就业更加充分。覆盖城乡居民的社会保障体系基本建立，人人享有基本生活保障。合理有序的收入分配格局基本形成，中等收入者占多数，绝对贫困现象基本消除。人人享有基本医疗卫生服务。社会管理体系更加健全。

第五，建设生态文明，基本形成节约能源资源和保护生态环境的产业结构、增长方式、消费模式。循环经济形成较大规模，可再生能源比重显著上升。主要污染物排放得到有效控制，生态环境质量明显改善。生态文明观念在全社会牢固树立。在我们党的全国代表大会文献中第一次明确提出符合当今世界发展潮流的建设生态文明的目标，既反映了广大人民群众的迫切愿望，又是落实科学发展观的重要内容，将对我国转变发展方式和保护生态环境具有重要导向作用。

党的十八大根据我国经济社会发展实际，在十六大、十七大确立的全面建设小康社会目标的基础上，又提出了新的要求。

第一，经济持续健康发展。转变经济发展方式取得重大进展，在发展平衡性、协调性、可持续性明显增强的基础上，实现国内生产总值和城乡居民人均收入比2010年翻一番。科技进步对经济增长的贡献率大幅上升，进入创新型国家行列。工业化基本实现，信息化水平大幅提升，城镇化质量明显提高，农业现代化和社会主义新农村建设成效显著，区域协调发展机制基本形成。对外开放水平进一步提高，国际竞争力明显增强。

第二，人民民主不断扩大。民主制度更加完善，民主形式更加丰富，人民积极性、主动性、创造性进一步发挥。依法治国基本方略全面落实，法治政府基本建成，司法公信力不断提高，人权得到切实尊重和保障。

第三，文化软实力显著增强。社会主义核心价值体系深入人心，公民文明素质和社会文明程度明显提高。文化产品更加丰富，公共文化服务体系基本建成，文化产业成为国民经济支柱性产业，中华文化走出去迈出更大步伐，社会主义文化强国建设基础更加坚实。

第四，人民生活水平全面提高。基本公共服务均等化总体实现。全民受教育程度和创新人才培养水平明显提高，进入人才强国和人力资源强国行列，教育现代化基本实现。就业更加充分。收入分配差距缩小，中等收入群体持续扩大，扶贫对象大幅减少。社会保障全民覆盖，人人享有基本医疗卫生服务，住房保障体系基本形成，社会和谐稳定。

第五，资源节约型、环境友好型社会建设取得重大进展。主体功能区布局基本形成，资源循环利用体系初步建立。单位国内生产总值能源消耗和二氧化碳排放大幅下降，主要污染物排放总量显著减少。森林覆盖率提高，生态系统稳定性增强，人居环境明显改善。

21世纪的头20年，对我国来说，是一个必须紧紧抓住并且可以大有作为的重要战略机遇期。到2020年全面建成小康社会目标实现之时，我们这个历史悠久的文明古国和发展中社会主义大国，将成为工业化基本实现、综合国力显著增强、国内市场总体规模位居世界前列的国家，成为人民富裕程度普遍提高、生活质量明显改善、生态环境良好的国家，成为人民享有更加充分民主权利、具有更高文明素质和精神追求的国家，成为各方面制度更加完善、社会更加充满活力而又安定团结的国家，成为对外更加开放、更加具有亲和力、为人类文明作出更大贡献的国家。

三、“三步走”战略的实施及其重大意义

邓小平分三步走、基本实现社会主义现代化、实现中华民族伟大复兴的战略思想，既丰富和发展了毛泽东关于我国经济和社会发展的战略思想，又有力地指导着我国社会主义现代化建设的胜利发展。

我国在提前实现了“三步走”战略的第一步和第二步战略目标之后，为了把第二步战略和第三步战略很好地衔接起来，根据邓小平关于分阶段、有步骤实现我国现代化的战略思想，党的十五大将“三步走”战略中的第三步进一步具体化，提出了三个阶段性目标：21 世纪第一个 10 年实现国民生产总值比 2000 年翻一番，使人民的小康生活更加宽裕，形成比较完善的社会主义市场经济体制；再经过 10 年的努力，到建党 100 年时，使国民经济更加发展，各项制度更加完善；到 21 世纪中叶建国 100 年时，基本实现现代化，建成富强民主文明的社会主义国家，从而使“三步走”的战略更加具体。党的十六大明确提出，要在 21 世纪的头 20 年集中力量，全面建设惠及十几亿人口的更高水平的小康社会，并使之成为实现现代化建设第三步战略目标必经的承上启下的关键发展阶段。党的十八大在十六大、十七大确立的全面建设小康社会目标的基础上，进一步提出全面建成小康社会的目标。在全国人大十二届一次会议闭幕会上，习近平又把第三步战略目标称为“中国梦”。这些都是对“三步走”发展战略理论的运用、深化和发展。

邓小平分三步走、基本实现社会主义现代化、实现中华民族伟大复兴的战略思想具有十分重要的理论价值和实践意义。

第一，邓小平分三步走、基本实现社会主义现代化、实现中华民族伟大复兴的战略思想具有重要的理论价值。

在建国以前，毛泽东多次提出要使中国从农业国变为工业国的设想。中华人民共和国成立后，实现社会主义现代化，始终是中国共产党领导中国人民追求、奋斗的目标。在1954年9月召开的第一届全国人民代表大会上，周恩来在《政府工作报告》中指出："我国的经济原来是很落后的；如果我们不建设起强大的现代化的工业、现代化的农业、现代化的交通运输业和现代化的国防，我们就不能摆脱落后和贫困，我们的革命就不能达到目的。"这是关于中国实现四个现代化的总体设想，是四个现代化的最早提法。1959年冬，毛泽东在读苏联《政治经济学教科书》的谈话中指出："建设社会主义，原来要求是工业现代化，农业现代化，科学文化现代化，现在要加上国防现代化。"1964年12月第三届全国人民代表大会第一次会议上，周恩来在《政府工作报告》中郑重地提出：要在本世纪末实现农业、工业、国防和科学技术现代化。至此，"四个现代化"经济发展战略目标正式确立。

以毛泽东为代表的党的第一代中央领导集体，还设想实现我国经济发展战略目标的具体步骤是：分两步走，用100年左右的时间实现四个现代化。1961年9月，毛泽东在会见英国元帅蒙哥马利时说："建设强大的社会主义经济，在中国，五十年不行，会要一百年，或者更多的时间。在你们国家，资本主义的发展，经过了好几百年。十六世纪不算，那还是在中世纪。从十七世纪到现在，已经有三百六十多年。在我国，要建设起强大的社会主义经济，我估计要花一百多年"①。翌年3月，周恩来在第二届全国人民代表大会第三次会议上也阐述了类似的思想。在1963年9月的中央工作会议上，根据毛泽东的建议，提出了实现四个现代化分"两步走"的设想。第三届全国人民代表大会第一次会议正式提出：为了实现四个现代化的伟大历史任务，从第三个五年计划开始，我国国民经济发展，可以按两步来考虑：第一步，建立一个独立的比较完整的工业体系和国民经济体

① 《毛泽东文集》，第8卷，301页，北京，人民出版社，1999。

系；第二步，全面实现农业、工业、国防和科学技术的现代化，使我国经济走在世界的前列。但是，从党的八大到十一届三中全会以前，在长达20年的时间里，我们在经济建设上急于求成，在形势分析和工作指导上夸大阶级斗争，搞政治运动，使社会主义现代化建设时而徘徊不前，时而遭到挫折，现代化建设事业进展非常缓慢。

十一届三中全会以后，党的工作重心转移到社会主义现代化建设上来，中国人民加快了奔向社会主义现代化目标的步伐。邓小平恢复、坚持了以毛泽东为代表的党的第一代中央领导集体提出来的社会经济发展战略，并注入了时代精神，明确提出了“分三步走，基本实现现代化”的社会经济发展战略目标。

在经济文化比较落后、生产力水平低下的国家里，实现社会经济发展战略目标，实现现代化，必然会遇到许多困难和复杂的问题。以毛泽东为代表的党的第一代中央领导集体对如何实现社会主义的社会经济发展战略目标进行了可贵的探索，取得一些重要成果，但从总体上来说，还没有形成深刻、系统、全面的认识，而且很多正确的东西后来又被弃之不用。以邓小平为代表的党的第二代中央领导集体，继承、发展了毛泽东等老一辈革命家对社会主义建设客观规律认识的成果，对如何处理经济发展战略中的诸多关系有了系统、深刻、全面的认识。

首先，关于如何实现社会经济发展的战略目标问题。毛泽东强调阶级斗争，“以阶级斗争为纲”，通过政治运动，“抓革命，促生产”，促进经济发展，结果使党的工作重心偏离正确轨道，经济建设受到冲击，严重阻碍了社会经济发展战略目标的实现。邓小平强调社会主义阶段的最根本任务是发展社会生产力，我们要建设的有中国特色的社会主义是不断发展生产力的社会主义。邓小平把发展社会生产力作为实现社会主义经济发展战略目标的根本方法和根本手段。为了发展社会生产力，邓小平提出必须进行改革，从根本上改变束缚生产力发展的经济体制，建立起充满生机和活力的新经济体制，以促进生产力的发展。

其次，在实现经济发展战略目标的过程中，如何处理“一主”与“多从”及“先富”与“后富”的关系。维护公有制的主体地位是体现社会主义本质的前提。毛泽东和邓小平都坚持公有制为主体的这一社会主义的根本原则，但毛泽东更强调社会主义公有制的单一性结构。邓小平则认为公有制的实现形式和以公有制为主体的所有制结构，归根到底只能根据生产力解放和发展的实际要求来确定。他指出，在所有制结构上片面强调公有制“纯而又纯”、“一大二公”的观点是错误的，不能脱离社会主义初级阶段的生产力发展水平搞单一的公有制，而应该允许个体经济、私营经济、外资经济等作为社会主义公有制经济必要的有益的补充。毛泽东和邓小平都把按劳分配作为社会主义个人消费品的分配原则，认为这样就不会产生贫富不均的现象。但是，社会主义初级阶段所有制形式的多样性和生产社会化的不成熟，决定了我国现阶段还必须在一定范围内承认和允许其他一些分配形式的存在，只能实行以按劳分配为主体，其他分配方式为补充的分配原则。因此，邓小平强调：“社会主义的目的就是要全国人民共同富裕，不是两极分化。”① 但是，“我们的政策是让一部分人、一部分地区先富起来，以带动和帮助落后的地区”②。我们坚持走社会主义道路，根本目的是实现共同富裕，但共同富裕并不是搞平均主义，不等于同时、同步富裕。

再次，关于计划经济与市场经济的问题。毛泽东是在计划经济体制内探索如何实现社会主义经济发展战略目标的。尽管毛泽东本人对这种“原则和苏联相同”的经济运行机制也很不满意，并提出过一些改革的设想，但始终未能突破这一基本框架的束缚。邓小平关于市场经济与社会主义不是根本矛盾的，社会主义也可以搞市场经济，计划多一点还是市场多一点，不是社会主义与资本主义的本质区别，计划和市场都是经济手段等论述，从根本上打破了把计划与市场作为社会主义与资本主义本质区别的传统观念，实现了社会主义认识史上具有重大意义的理论突破，从而把如何实现社会经济发展战略目标的问题，放到了社会主义市场经济体系结构中去考虑和运用。

第二，邓小平分三步走、基本实现社会主义现代化、实现中华民族伟

① 《邓小平文选》，第3卷，110～111页，北京，人民出版社，1993。

② 同上书，155页。

大复兴的战略思想具有重要的实践意义。

理论的价值在于指导社会实践，一个有价值的理论必然会产生相应的社会实践绩效。在邓小平经济发展战略思想的指导下，我国的现代化建设取得了巨大成绩。原定1990年国民生产总值翻一番，实现温饱这一目标早在1987年已提前实现。1987年10月召开的党的十三大宣布，十二大提出的我国经济发展的第一步战略目标已基本实现。以企业改革为中心的城市改革在农村改革的推动下逐步全面展开，并很快取得了成效，我国的经济实力有了巨大增长，整个国民经济上了一个新台阶。1995年，原定到20世纪末实现国民生产总值比1980年翻两番的战略目标提前实现。由于实现了经济翻番，随之而来的便是人民生活质量的改善。人民的健康状况、营养水平、平均寿命等生活质量指标，已接近或达到中等收入国家水平。这个成绩是非常了不起的。虽然我国经济技术和生活水平还未彻底摆脱落后，我们达到的小康还是低水平的、不全面的、发展很不平衡的小康，要建设惠及十几亿人口的更高水平的小康社会，并进而基本实现社会主义现代化，实现中华民族的伟大复兴，还要继续进行奋斗。但毕竟如邓小平所讲的：中国的综合国力大大增强了，在世界上的地位、作用大大加强了。

第六章　邓小平与中国特色社会主义经济建设

一、邓小平的社会主义市场经济思想

建立什么样的经济体制，是我国经济体制改革的核心，也是建设中国特色社会主义的重大问题。邓小平以发展马克思主义的巨大理论勇气，对“计划”和“市场”这一曾经被人们长期作为区分社会主义与资本主义本质属性的问题，进行了深入的探讨，提出了市场经济与社会主义不是根本矛盾的，社会主义也可以搞市场经济，“计划”和“市场”都是经济手段等一系列观点，从根本上打破了把“计划”与“市场”作为区分社会主义与资本主义本质属性的传统观念，把人们从以往姓“社”姓“资”的思想纠缠中解放出来，从而深化了对于社会主义本质与特征的认识。党的十四大根据改革开放实践发展的要求和邓小平关于社会主义与市场经济关系的基本思想，确定了建立社会主义市场经济体制的改革目标，并从原则上指明了实现这一目标的途径。这是我国经济体制改革在实践和理论上的重大突破。建立与完善社会主义市场经济体制，不仅关系到我国经济体制改革的深入与发展，而且关系到整个中华民族在21世纪的振兴与发达。随着实践的发展，人们越来越认识到，走向市场是一个正确的选择。

（一）邓小平社会主义市场经济理论的形成

选择社会主义市场经济体制，是中国新时期改革开放和社会主义现代化建设实践发展的必然结果，也是邓小平对于社会主义经济学进行不懈理论探索的结果。以市场为取向的改革，为我们建立社会主义市场经济体制共识的形成提供了实践基础；邓小平创立的崭新的社会主义经济理论，则为我们最终选择社会主义市场经济体制奠定了理论基础。

1978年12月召开的中共十一届三中全会，拉开了我国经济体制改革的序幕。我国经济体制的改革，发轫于农村。其主要内容包括：

第一，建立以家庭联产承包为主的生产责任制，废除人民公社。农业家庭联产承包责任制采取了统一经营与分散经营相结合的方式，使集体优越性和个人积极性同时得到发挥。家庭联产承包责任制的实施，一是改变了过去人民公社体制下的平均主义分配方式，使农民的劳动与收入直接联系起来，极大地提高了农民的生产积极性；二是确立了家庭经营的主导地位，实现了土地所有权与经营权的分离，赋予农民对土地的经营权利，土地等生产资料与农民直接结合，适合农业分散劳动的特点，使农业生产中资源的配置趋向合理，提高了劳动效率；三是促进了农业生产结构的调整，使社会分工得到进一步发展，为农村商品经济的发展奠定了基础，也为乡镇企业的发展开辟了更为广阔的道路。

第二，建立市场机制，完善双层经营体制。长期困扰我国农业生产发展的一个重大问题就是缺乏市场机制。长期以来，国家对粮棉油等主要农产品实行统购统销、分类管理的制度。随着经济的发展，这种计划经济体制下形成的制度愈发显示出其弊端和缺陷。随着农村改革的深入，从1985年开始，除个别品种外，国家不再向农民下达农产品统购、派购任务，并按照不同情况，分别实行合同定购和市场收购，随后又逐步提出要开放农村生产要素市场和形成以批发为中心的农产品市场体系。这就从根本上改变了我国实行几十年的统购统销制度，为农村市场机制的建立奠定了重要基础。同时，为克服家庭经营基础不稳、规模狭小、缺乏技术进步的动力等弱点，又在农村开始探索新的经营方式。一是建立各种社会化的服务体系；二是建立多种形式、多种层次的经济联合体，从而既发挥了农民从事家庭经营、个体经营的积极性，又发挥了其联合起来、共同发展的积极性；三是在稳定家庭经营的同时，完善双层经营体制。随着双层经营体制的建立和完善，我国农村经济的发展必将出现新的生机和活力。

第三，乡镇企业异军突起，为农村现代化闯出一条新路。党的十一届三中全会之后，乡镇企业伴随着我国农村经济体制改革的发展，以惊人的速度迅速崛起于中国大地，并成为国民经济的重要支柱之一。乡镇企业是我国农民的创造，又直接得益于对计划经济体制的改革。经过十几年的探索和发展，乡镇企业逐步走上健康发展的道路。乡镇企业的发展，成功地实现了我国农村劳动力向其他各产业的转移，为解决农村剩余劳动力的转移找到了一条切实可行的途径，极大地促进了农业生产力的发展，既增加了农民的收入，也为农村社会的安定、农民生产方式和思想观念的转变奠定了坚实的基础。

农村经济体制改革的成功，带动和促进了我国以城市为中心的经济体制的改革和市场经济体制的建立。1984 年 10 月，中共十二届三中全会以后，城市经济体制改革从微观经济基础到宏观管理体制全面展开，在一系列重大问题上取得了突破性进展。对计划经济体制的改革主要体现在这样几个方面：

第一，把国有企业推入市场。为了使国有企业进入市场，采取了给国有企业以各种经营自主权的一系列政策和措施。从贯彻各种有关规定到落实《全民所有制工业企业法》、《全民所有制工业企业转换经营机制条例》，从总体上看，国有企业已经开始在不同程度上扩大了自主决策的权力，能够根据市场供求变化不断调节自身的经营活动。

第二，进行价格改革。由过去单一的固定价格改为国家牌价、国家指导价和市场调节价三种形式，对工业生产资料实行计划内的部分由国家统一定价和计划外的部分由市场调节的双轨制价格，放开了一部分工业消费品的价格。在全部社会商品中，由计划决定生产的生产资料产品已降至 30％以下，而消费品已不足 10％。

第三，改变统购包销的单一流通形式，建立多渠道的流通网络。随着生产企业和流通企业自主权的扩大，自销、选购、产销一体化的流通形式应运而生，初步形成了以国有商业为主导、多种经济成分参与的流通体制，为商品市场的形成创造了重要条件。同时，资本市场开始形成，劳动力市场对人才流动起了积极作用，为市场交易提供服务的各种组织机构均已出现并开始发挥重要作用。

第四，初步建立起宏观调控体系，较好地发挥了财政货币政策对经济运行的调控作用。改革税收体制，发挥税率对财务分配的调节作用；改革投资体制，开始用经济手段控制投资。此外，还初步建立和健全了各种经济法规。

第五，积极发展对外经济关系，并相继建立了深圳、珠海、汕头、厦门、海南经济特区。特区的经济活动主要依靠市场调节，成为我国实行市场经济的特殊实验区。同时，还开放了沿海城市和内陆省会城市，开放沿海、沿江、沿边地带等，形成点、线、面结合的多层次的开放格局，加快了国内市场与国际市场的接轨，开始按国际市场的规则处理对外经济关系。

经过 20 多年的改革，我国的经济体制已发生明显变化，它包括所有制结构的多元化，经济主体的市场化，政府对经济管理的间接化，等等。这些变化集中表现为市场作用的不断扩大和改革的不断深入。

党的十一届三中全会，拉开了我国改革开放的序幕，也使党对社会主义市场经济的认识进入一个新的阶段。在我国经济体制从计划经济向社会主义市场经济的转变中，能否冲破计划经济是社会主义、市场经济是资本主义的传统观念的禁锢，是一个关键性的条件。我国社会主义建设的实践和世界范围经济发展的实践，使我们必须思考这样一个问题：市场经济是社会化大生产所必需的，应该解放思想，大胆探索适合实践发展要求的社会主义市场经济理论。邓小平坚持马克思主义基本原理与我国社会主义经济建设实践相结合的原则，立足于中国的国情和改革的实践，并善于总结国际上的经验教训，对创立社会主义市场经济理论作出了重大贡献。

1979 年 11 月 26 日，邓小平在会见美国不列颠百科全书出版公司编委会副主席吉布尼和加拿大麦吉尔大学东亚研究会主任林达光等人的谈话中指出："说市场经济只存在于资本主义社会，只有资本主义的市场经济，这肯定是不正确的。社会主义为什么不可以搞市场经济，这个不能说是资本主义。"最早明确地冲破了把计划经济与市场经济作为区分社会主义和资本主义标志的传统观点。他认为："市场经济不能只说是资本主义的。市场经济，在封建社会时期就有了萌芽。社会主义也可以搞市场经济。"实行市场经济，"这是社会主义利用这种方法来发展社会生产力"①，它不会影响社会主义的发展，我们实行的市场经济，归根到底是有利于社会主义的。尽管他在当时还不可能不强调计划经济为主的问题，但是，他把市场经济同社会主义联系起来，对于突破以往在这个问题上的思想束缚，无疑具有极其重要的意义。

1981年6月，中共十一届六中全会通过的《关于建国以来党的若干历史问题的决议》指出，必须实行计划经济，同时发挥市场调节的辅助作用，根据我国的实际情况，建立与生产力状况相适应的经济模式。

1982年召开的党的十二大提出"计划经济为主，市场调节为辅"的改革原则，以及对不同类型的企业分别实行指令性计划、指导性计划和市场调节的改革模式。并且认为，只有通过计划经济的综合平衡和市场调节的辅助作用，才能保持国民经济的协调发展。这就把市场机制正式引入我国经济体制的目标模式，对于突破单一的计划经济体制，发挥市场调节的作用产生了积极的影响。

1984年召开的党的十二届三中全会通过了《关于经济体制改革的决定》。这是我国经济体制改革的重要指导性文件。《决定》指出，商品经济是社会经济发展不可逾越的阶段，要突破把计划经济同商品经济对立起来的传统观念。提出社会主义计划经济必须自觉依靠和运用价值规律，是在公有制基础上的有计划的商品经济的论断。这一提法比"计划经济为主，市场调节为辅"的提法大大前进了一步。《决定》为我国经济体制的改革和建立社会主义市场经济体制提供了新的理论指导。

1985年10月23日，邓小平在会见美国高级企业家代表团时进一步指

---

① 《邓小平文选》，2版，第2卷，236页，北京，人民出版社，1994。

出："社会主义和市场经济之间不存在根本矛盾。问题是用什么方法才能更有力地发展社会生产力。我们过去一直搞计划经济，但多年的实践证明，在某种意义上说，只搞计划经济会束缚生产力的发展。把计划经济和市场经济结合起来，就更能解放生产力，加速经济发展。"① 1987 年 2 月 6 日，邓小平在同中央几位负责同志的谈话中，再次指出："为什么一谈市场就说是资本主义，只有计划才是社会主义呢？计划和市场都是方法嘛。只要对发展生产力有好处，就可以利用。它为社会主义服务，就是社会主义的；为资本主义服务，就是资本主义的。好像一谈计划就是社会主义，这也是不对的。""我们以前学苏联，搞计划经济。后来又讲计划经济为主，现在不要再讲这个了"②。显然，在这两次讲话中，邓小平已经把计划与市场的问题从社会制度的属性的范畴中剥离出来，而作出这一努力所使用的方法则是生产力标准。正是在此基础上，党的十三大明确提出社会主义有计划的商品经济的体制应是计划与市场内在统一的体制，要善于运用计划调节和市场调节这两种形式。这就否定了把计划与市场对立起来的观念，表明党对社会主义市场经济模式的探索又迈出了重要的一步。

1989 年 6 月 9 日，邓小平针对当时的形势重申："我们要继续坚持计划经济与市场调节相结合，这个不能改"③。此后，邓小平又针对由于国内国际政治风波影响而使一些人在思想认识上出现的反复，强调"必须从理论上搞懂，资本主义与社会主义的区分不在于是计划还是市场这样的问题"④，强调"两者都是手段"⑤。这就把问题基本讲透了。

1992 年初，邓小平在视察南方谈话中系统地阐明了自己对于这一问题的一贯思想。他指出："计划多一点还是市场多一点，不是社会主义与资本主义的本质区别。计划经济不等于社会主义，资本主义也有计划；市场经济不等于资本主义，社会主义也有市场。计划和市场都是经济手段。"⑥

---

① 《邓小平文选》，第 3 卷，148～149 页，北京，人民出版社，1993。
② 同上书，203 页。
③ 同上书，306 页。
④ 同上书，364 页。
⑤ 同上书，367 页。
⑥ 同上书，373 页。

这样，就对社会主义是否可以搞市场经济这个长期争论不休的问题作出了清楚、透彻、精辟的总回答，从根本上解除了把计划经济和市场经济看作属于社会基本制度范畴的思想束缚。这一思想逐步成为全党的共识。

1992 年 6 月，根据邓小平关于社会主义市场经济理论的一系列论述，江泽民在中央党校的讲话中，首次提出了建立社会主义市场经济体制的目标，并指出建立新的市场经济体制的关键是在宏观控制下，更加重视市场在资源配置方面的作用。10 月，党的十四大正式确定把建立社会主义市场经济体制作为经济体制改革的目标。1993 年 11 月，党的十四届三中全会通过的《关于建立社会主义市场经济体制若干问题的决定》，进一步勾画出建立社会主义市场经济体制的基本框架和蓝图，把党的十四大确立的建立社会主义市场经济体制的目标和基本原则加以系统化和具体化。

党对建立社会主义市场经济体制的认识是不断深化和完善起来的，这既说明了这一探索过程的艰辛，也表明以邓小平为代表的中国共产党人坚持马克思主义普遍原理与中国社会主义现代化建设相结合的原则，具有实事求是、锐意进取、大胆创新、不固守传统和教条、敢于突破禁区的理论勇气。

（二）邓小平社会主义市场经济思想的主要内容

邓小平关于社会主义市场经济的论述，集中回答了社会主义为什么必须与市场经济相结合、社会主义能否与市场经济相结合、社会主义怎样与市场经济相结合等基本问题，提出了一系列重要的原则，为我们正确认识和解决社会主义与市场经济关系，深化以社会主义市场经济体制为目标的经济体制改革指明了方向。

1. 社会主义应该与市场经济相结合

邓小平从怎样才能更有力地发展社会生产力这一标准出发，观察和评价计划经济与市场经济对生产力发展的作用，科学地回答了社会主义制度为什么必须与市场经济相结合这一重大理论和实践问题。

首先，建国以来我国经济发展的经验教训一再表明，只搞计划经济会束缚生产力的发展。把计划经济和市场经济结合起来，有利于解放生产力、加速经济发展。由坚持高度集中的计划经济体制到提出计划经济为主、市场调节为辅，再到认为只搞计划经济、排斥市场经济是原有经济体制的一个重大的弊端，必须把社会主义制度与市场经济结合起来，建立社会主义市场经济体制，这是党对社会主义经济规律认识过程中的一个重大飞跃。它不仅体现了解放和发展生产力这个社会主义的根本任务，体现了改革的目的，而且对于打破姓“社”姓“资”的思维方式具有重要的意义。有利于发展生产力，是把社会主义与市场经济结合起来的一个最重要的原因。

其次，邓小平从市场是联结生产和消费的纽带的角度阐明了市场经济对于发展生产、改善人民生活的极端重要性，从而回答了社会主义为什么必须与市场经济结合的问题。邓小平认为，从斯大林开始的高度集中的计划经济体制，消费和生产的关系通过国家计划用行政命令来调节，排斥市场作用，企业不能通过市场与消费相连接，消费不能起到引导和刺激生产的作用，只能是生产什么，就消费什么，使消费和生产在低水平上循环，这就使社会主义国家的经济发展和人民生活的改善都处于缓慢甚至停滞的状态，同西方国家的差距越拉越大，引起人民群众的强烈不满，这是苏联和东欧一些社会主义国家发生剧变的一个重要原因。

再次，邓小平还从获得信息的重要性说明了社会主义也必须搞市场经济。现代社会是信息社会，无论社会主义国家还是资本主义国家，都需要获得真实准确的信息，这是科学决策的前提。在计划经济下，信息的传递主要是纵向的，横向信息闭塞。而市场对资源配置状况的反应信号灵敏，并具有开放性的特点，通过市场上的各种经济信号能获取国内和世界上的经济信息。邓小平强调指出：“重要的是，切不要把中国搞成一个关闭性的国家。”①“不搞市场，连世界上的信息都不知道，是自甘落后。”② 这方面我们过去确有不少教训，落后了还不知道。

邓小平坚定地主张必须把社会主义制度与市场经济结合起来，其核心思想是，要把社会主义制度的优越性与资本主义国家发展市场经济的经验

① 《邓小平文选》，第3卷，306页，北京，人民出版社，1993。

② 同上书，364页。

和方法结合起来，以加快生产力的发展。他说："我们发挥社会主义固有的特点，也采用资本主义的一些方法（是当作方法来用的），目的就是要加速发展生产力。"① 又说："社会主义要赢得与资本主义相比较的优势，就必须大胆吸收和借鉴人类社会创造的一切文明成果，吸收和借鉴当今世界各国包括资本主义发达国家的一切反映现代社会化生产规律的先进经营方式、管理方法"②。由此可见，邓小平以是否有利于生产力的发展为标准对计划与市场这两种经济手段的作用所作的评价，不仅解决了社会主义制度为什么必须与市场经济结合的问题，而且为这一结合的成败提供了一个客观的标准。也就是说，看市场经济与社会主义制度（或市场经济与公有制）结合得好不好，关键看生产力有多大发展，综合国力有多大提高，人民生活有多大改善。

2. 社会主义能够与市场经济相结合

邓小平关于"社会主义和市场经济不存在根本矛盾"的论断，以及"计划和市场都是方法"，"不是社会主义与资本主义的本质区别"的观点，从根本上解决了社会主义能够与市场经济结合这一重大理论和实践问题。

市场经济能否同社会主义制度相结合，这是从马克思开始创立科学社会主义学说时起就遇到的一个重大的理论问题，也是一个非常难以解决的问题。马克思指出："**生产资料的全国性的集中**将成为由自由平等的生产者的各联合体所构成的社会的全国性的基础，这些生产者将按照共同的合理的计划进行社会劳动。"③ "劳动时间在不同的生产部门之间有计划的分配，在共同生产的基础上仍然是首要的经济规律"④。恩格斯指出："一旦社会占有了生产资料，商品生产就将被消除，而产品对生产者的统治也将随之消除。社会生产内部的无政府状态将为有计划的自觉的组织所代替。"⑤

从上述论述可以看出，马克思、恩格斯是按照这样的思路得出计划调

① 《邓小平文选》，第3卷，149页，北京，人民出版社，1993。

② 同上书，373页。

③ 《马克思恩格斯选集》，2版，第3卷，130页，北京，人民出版社，1995。

④ 《马克思恩格斯全集》，中文1版，第46卷上册，120页，北京，人民出版社，1979。

⑤ 《马克思恩格斯选集》，2版，第3卷，633页，北京，人民出版社，1995。

节的社会主义属性和市场调节的资本主义属性的：

首先，从计划调节看，计划是社会化大生产的客观要求，但社会化大生产为计划调节提供的只是物质条件，在现实经济生活中，要建立起计划调节机制，必须实行与之相适应的产品经济，而产品经济的前提条件则是用公有制取代私有制，这样就形成了以社会化大生产为基础的“社会主义公有制→产品经济→计划调节”的公式。在这里，作为计划调节物质条件的社会化大生产与作为计划调节根本条件的公有制是结合在一起的，通过产品经济的形式，使计划成为整个社会经济活动的直接调节者。

其次，从市场调节来看，市场是商品经济的必然产物，商品经济的运行是由其基本规律——价值规律来自发调节的，价值规律的作用又是通过市场机制得到贯彻的，价值规律调节与市场调节是内容与形式的关系，是一回事，商品经济必然是市场调节。而商品经济的存在又是以生产资料的私有制为根本条件的。这就又形成了“资本主义私有制→商品经济→市场调节”的公式。资本主义私有制经济是商品生产的最高形式，市场也就成为社会经济活动的直接调节者。

需要指出的是，马克思、恩格斯对“计划”与“市场”的结论是根据当时的社会经济条件作出的，恩格斯晚年已经根据资本主义制度的某些变化提出了资本主义的“计划性”和未来社会实行市场机制的问题，可惜未能引起人们的注意。

马克思、恩格斯关于“计划”和“市场”属性的这两个结论，之所以能够在长达几十年的时间里成为社会主义经济运行的调节理论，一个核心的问题，是没有从理论上解决社会主义公有制与商品经济是否可以共存的问题。而当人们经过几十年的实践终于认识到社会主义公有制与商品经济是可以共存的，那么，摒弃已经过时的“计划”与“市场”的社会制度属性的观点，就成为理所当然的了。邓小平正是在总结实践经验的基础上，从社会主义经济发展的实际出发，实事求是地对计划与市场的属性问题作出了科学的回答。

首先，从理论上明确地提出“计划”和“市场”、计划经济和市场经济都是发展生产力的手段、方法，而不属于社会经济制度的范畴，不能作为区分社会主义和资本主义的标志。邓小平反复强调：计划和市场都是发展生产力的方法、手段，不是社会主义和资本主义的本质区别。他多次提到我们搞了几十年社会主义，并没有完全搞清楚什么是社会主义。其中，当然也包括对“计划”、“市场”与社会主义的关系问题上的模糊观念。

其次，从历史发展的角度，指出市场经济并非资本主义的专利品，它可以与不同经济制度相结合。邓小平认为，说市场经济只限于资本主义社会，资本主义的市场经济，这肯定是不正确的。事实上人们早已接受斯大林提出的不能把商品生产和资本主义混为一谈的正确观点，认识到商品生产作为一种社会生产形式是可以为不同的社会制度（当然包括社会主义制度）服务的，但是，往往忽视了商品经济和市场经济的内在联系。有商品生产就要交换，就有了市场，市场就会对经济生活发挥一定的调节作用，只是在商品经济发展的不同阶段其作用的范围和程度不同而已。邓小平正是看到了市场经济与商品经济的这种内在联系，从总结历史来说明市场作为一种资源配置方式，是可以与不同社会制度相结合的。既然承认社会主义经济是商品经济，当然也就会得出“社会主义也可以搞市场经济”的结论。

再次，从现实经济生活的实践看，资本主义与社会主义的区分，确实不在于是“计划”还是“市场”这样的问题。资本主义从自由竞争向垄断过渡，特别是20世纪30年代大危机以来，资本主义市场经济已经有了计划控制；而社会主义在其经济发展的过程中，也已逐步从忽视市场作用到重视市场作用。问题是人们还没有从思想上冲破过去长期形成的一些传统观念，总是把“计划”与“市场”作为区分社会主义与资本主义的一个标志，在这种传统观念的禁锢下，往往不敢承认客观存在的事实，或者虽承认“计划”和“市场”作为手段、机制在两种社会制度下都可以用，但又强调“计划”不等于计划经济、“市场”也不同于市场经济，实际上仍然固守计划经济与市场经济是两种制度的区别。邓小平关于“计划”与“市场”都是方法、手段的论述，就使人们不仅从理论上，而且在实践上基本上解决了这一问题。

十一届三中全会以来，我国经济体制改革的理论和实践的发展，证明了邓小平上述这些思想观点的正确性。我国经济体制改革深化的每一步，都没有离开对市场机制作用的认识这条线索。从农村改革到城市改革，可以说，实际上都是使生产者逐步成为市场主体，为他们进入市场创造条件；而逐步放开价格，逐步构建由市场形成价格的机制，又是发挥市场对资源配置作用的过程。同时，从改革的实践效果看，我国逐步强化市场机制作用的改革过程，不仅没有削弱社会主义的基本经济制度，而且使我国进入了一个经济发展较快、人民生活提高较大、社会主义制度更加巩固的新时期。当然，由于市场经济本身所存在的局限性等原因，在社会主义与市场经济结合的过程中，也会出现一些矛盾和问题。但是，这些矛盾不是市场经济与社会主义制度的根本矛盾，而是在社会主义制度下通过国家加强宏观调控，加强法制和管理，加强精神文明建设能够解决的矛盾。

认识社会主义与市场经济不存在根本矛盾，还需要对市场和社会主义这两个概念给予新的理解，也就是说现实的市场经济已不是古典的完全自由放任的市场经济，而是有国家干预和调控的现代市场经济；现实的社会主义也不是我们原来所理解的实行单一的全民所有制或公有制的“纯而又纯”的社会主义，而是以公有制为主体的多种经济共同发展，以按劳动分配为主体、其他分配方式为补充的社会主义。

3. 社会主义如何与市场经济相结合

邓小平关于坚持和发展社会主义的有关论述，为实现社会主义与市场经济的结合，为社会主义市场经济体制的建立，指出了正确的方向。

首先，市场经济与社会主义的结合，实质上是一个如何利用资本主义国家反映现代社会化生产规律的方法来发展社会主义的问题。邓小平指出：社会主义的市场经济，“虽然方法上基本上和资本主义社会的相似，但也有不同，是全民所有制之间的关系，当然也有同集体所有制之间的关系，也有同外国资本主义的关系，但是归根到底是社会主义的，是社会主义社会的”①。在这里，方法上“基本相似”而所有制关系性质的“不同”，

① 《邓小平文选》，2版，第2卷，236页，北京，人民出版社，1994。

就是方法和制度的关系问题。社会主义制度与市场经济相结合本质上也就是一个在社会主义经济中如何运用市场经济的方法的问题。社会主义市场经济是一个新事物，要把握“市场经济一般”的方法，只能向已有几百年历史的资本主义市场经济学习其“方法”。所以，邓小平反复强调要采用资本主义的一些方法，对于反映市场经济一般规律的资本主义方法，主张大胆借鉴和试验，用它们来为社会主义服务。这里最重要的是要把它们作为“方法”、手段，而不是作为目的，目的是加速发展生产力，最终实现共同富裕。同时，又要注意它们对社会主义是有用还是无用或有害。有些资本主义的方法，如用牺牲工人健康来增加利润，以及靠色情服务、赌博发财致富等，则是我们无论如何也不应该使用的。

其次，在以建立社会主义市场经济为目标的经济体制改革中，必须坚持社会主义原则。关于经济体制改革应该遵循的基本原则，邓小平反复强调我们在改革中要始终坚持两条根本原则：一条是公有制经济始终占主体地位，一条是发展经济要走共同富裕的道路，始终避免两极分化。这是从社会主义生产资料所有制的基础和分配关系这样两个经济制度的基本方面来区分社会主义市场经济与资本主义市场经济的界限，是从根本上对我国市场经济取向、改革方向的保证。离开了这两条，社会主义都没有了，当然，也就谈不到它与市场经济的结合。

再次，在搞市场经济的过程中，也会产生一些消极的东西。邓小平不仅清醒地估计到了这一点，而且提出了必须坚持“两手抓，两手都要硬”的方针，提出要通过加强社会主义精神文明建设、健全民主法制、打击严重犯罪活动等措施，来解决由于搞市场经济而出现的消极现象。邓小平认为，随着经济的发展，随着科学文化和教育水平的提高，随着民主和法制建设的加强，目前社会上那些消极现象也必然会逐步减少并最终消除。

总之，我们所要建立的社会主义市场经济，既不同于过去的社会主义计划经济，也不同于资本主义的市场经济，是同社会主义基本制度相结合、能够更好地发挥计划与市场两种经济手段长处的崭新的经济体制。

二、中国特色社会主义经济体制和基本经济制度的确立

十一届三中全会开始的经济体制改革，促进了我国社会主义经济体制由计划经济向市场经济的转变。随着社会主义市场体制的建立和逐步完善，我国社会主义初级阶段的基本经济制度和分配制度也得到逐步确立和完善。

（一）社会主义市场经济体制的建立与完善

改革开放的实践，推动了我国从计划经济向市场经济的转变。

第一，农村家庭联产承包责任制的推行，乡镇企业的兴起，加速了农村经济市场化的进程。农业家庭联产承包责任制的实施不仅带来了连续多年农业的大幅度增产，更重要的是破除了“一大二公”的人民公社所有制结构及其平均主义分配方式，极大地提高了农民的生产积极性；实现了土地所有权与经营权的分离，赋予农民对土地的经营权利，使农业生产中资源的配置趋向合理，提高了劳动效率；促进了农业生产结构的调整，使社会分工得到进一步发展，为农村商品经济的发展奠定了基础。

随着农村改革的深入，长期以来国家对粮棉油等主要农产品实行统购统销、分类管理的制度愈发显示出其弊端和缺陷。从1985年开始，除个别品种外，国家不再向农民下达农产品统购、派购任务，并按照不同情况，分别实行合同定购和市场收购，随后又逐步提出要开放农村生产要素市场和形成以批发为中心的农产品市场体系。这种对我国实行几十年的统购统销制度的改变，为农村市场机制的建立奠定了重要基础。同时，为克服家庭经营基础不稳、规模狭小、缺乏技术进步的动力等弱点，又在农村开始探索建立各种社会化的服务体系、建立多种形式多种层次的经济联合体等新的经营方式。我国农村经济的发展出现了前所未有的生机和活力。

农村改革的同时，我国农民创造的乡镇企业以惊人的速度发展，并成为我国国民经济的重要支柱之一。乡镇企业逐步走上健康发展的道路，成

功实现了我国农村劳动力向其他各产业的转移，为解决农村剩余劳动力的转移找到了一条切实可行的途径，极大地促进了农业生产力的发展，既增加了农民的收入，也带动了城市非国有经济的发展。

第二，多种经济成分参与的流通体制的逐步形成，促进了物资、劳力、资金、技术、信息在城乡市场的流动，初步显示了市场的作用和活力。

农村经济体制改革的成功，带动和促进了我国以城市为中心的经济体制的改革。日益壮大的城乡非国有经济的发展，要求对整个国民经济体系首先是价格体系、流通体系、金融体系进行相应的改革；国有企业在指令性计划束缚之下严重缺乏活力的状况，也要求突破计划经济的框架，进行总体性的市场取向改革。党的十二届三中全会以后，改革重点由农村转向城市，中国出现全面改革的局面，对计划经济体制的改革实现了突破：其一，把国有企业推入市场。采取了给国有企业以各种经营自主权的一系列政策和措施，从贯彻各种有关规定到落实《全民所有制工业企业法》、《全民所有制工业企业转换经营机制条例》，国有企业总体上已经开始在不同程度上扩大了自主决策的权力，能够根据市场供求变化不断调节自身的经营活动。其二，进行价格改革。由过去单一的固定价格改为国家牌价、国家指导价和市场调节价三种形式，对工业生产资料实行计划内的部分由国家统一定价和计划外的部分由市场调节的双轨制价格，放开了一部分工业消费品的价格。其三，改变统购包销的单一流通形式，建立多渠道的流通网络。随着生产企业和流通企业自主权的扩大，自销、选购、产销一体化的流通形式应运而生，初步形成了以国有商业为主导、多种经济成分参与的流通体制，为商品市场的形成创造了重要条件。同时，资本市场开始形成，劳动力市场对人才流动起了积极作用，为市场交易提供服务的各种组织机构均已出现并开始发挥重要作用。其四，初步建立起宏观调控体系，较好地发挥了财政货币政策对经济运行的调控作用。

第三，对外开放有力地推动了我国经济与国际市场的衔接。

积极发展对外经济关系，并相继建立了深圳、珠海、汕头、厦门、海南等经济特区。一方面，通过大力发展外向型经济，在世界市场的激烈竞争中使中国面对国际市场，调整产业结构、产品结构，加快经济体制改革和企业经营机制的转换。另一方面，通过建立特区，使其经济活动主要依靠市场调节，成为我国实行市场经济的特殊实验区。其后还逐步开放了其他沿海城市和内陆省会城市，开放了沿海、沿江、沿边地带等，形成点、线、面结合的多层次的开放格局，加快了国内市场与国际市场的接轨，开始按国际市场的规则处理对外经济关系。

总之，20 世纪 80 年代以来，以市场经济为取向的经济体制改革的全面推进，为人们取得建立社会主义市场经济体制的共识提供了实践基础。

根据邓小平的社会主义市场经济的思想和我国经济体制改革的实践，1992 年 6 月，江泽民在中央党校省部级干部进修班上的讲话中第一次提出使用"社会主义市场经济体制"作为新经济体制的建议。党的十四大明确把建立社会主义市场经济体制作为我国经济体制改革的目标，初步解决了关系社会主义现代化建设全局的重大问题。

1993 年 11 月，党的十四届三中全会通过的《关于建立社会主义市场经济体制若干问题的决定》，初步勾画出建立社会主义市场经济体制的基本框架和蓝图，把建立社会主义市场经济体制的目标和基本原则加以系统化和具体化。十年后的 2003 年，党的十六届三中全会作出的《关于完善社会主义市场经济体制若干问题的决定》，根据实践发展的要求，对进一步完善社会主义市场经济体制提出了明确的目标和任务。党的十七大提出了要在完善社会主义市场经济体制方面取得重大进展，"从制度上更好发挥市场在资源配置中的基础作用"。党的十八大，则根据我国经济发展环境的重大变化和加快转变经济发展方式的新要求，提出要在转变政府职能、完善基本经济制度、加强和改善宏观调控、改革财税体制和金融体制等重点领域和关键环节深化经济体制改革。

从计划经济到市场经济，把社会主义与市场经济结合起来，这是对传统社会主义经济理论的革命性变革和挑战。

第一，计划经济和市场经济都是手段和方法的论断，突破了过去公认的计划经济和市场经济是代表社会主义和资本主义两种经济制度本质属性的观念。在社会化大生产条件下，社会资源的配置基本上有两种方式。一种是计划经济的方式，即以国家计划为中心，用行政命令的方法在社会范围内进行分配。社会主义国家都曾经采用过这种分配方式。这种社会资源配置方式虽然在一定时期发挥过积极作用，但随着分工的扩大，供求关系日益复杂，信息收集和反馈成本高，集中分配难以正确反映实际情况，因而经济运行效益差，资源浪费很大。于是，进入 20 世纪 60 年代以后，社会主义国家先后开始探索引入市场资源配置方式的改革。另一种是市场经济的配置方式，即以市场为基础来配置社会资源。这种配置社会资源方式的优点，从资本主义的自由竞争阶段看，主要是：利益直接驱动，调动众多经济主体对市场的关心；价格信号比较灵敏，促进生产和需求的及时协调；公平竞争，有利于社会资源的优化配置。但是，这种完全靠自由市场配置资源的方式也有其局限性、盲目性等固有的缺陷，甚至导致经济危机。所以，资本主义的自由市场经济发展到一定阶段，也要求政府实行某些宏观调控措施，从而使古典的自由市场经济逐渐转变为现代市场经济。马克思主义经典作家已经看到了这一变化趋势。恩格斯在 1891 年曾指出："如果我们从**股份公司**进而来看那支配着和垄断着整个工业部门的托拉斯，那末，那里不仅**私人生产**停止了，而且**无计划性**也没有了。"① 1917 年，列宁再次强调了恩格斯的这个观点，并指出："现在资本主义正直接向它更高的、有计划的形式转变。"②

第二，社会主义制度与市场经济二者之间不存在着根本矛盾的论断，解决了社会主义能够与市场经济结合这一重大理论和实践问题。实践表明，商品经济是我国社会主义不可逾越的阶段，商品经济和社会主义社会共始终。而在商品经济条件下，资源配置和经济运行不能离开市场经济的形式，只是在商品经济发展的不同阶段其作用的范围和程度不同而已。所以，社会主义经济也就必然与市场经济发生联系，从而使市场经济成为社会主义经济的内在要求和必然的实现形式。

第三，计划和市场要结合的论断，使两者优势互补、劣势互克，找到了社会主义经济发展的有效途径。邓小平认为，单纯搞计划经济，不能解

---

① 《马克思恩格斯全集》，中文 1 版，第 22 卷，270 页，北京，人民出版社，1965。
② 《列宁全集》，中文 2 版，第 29 卷，436 页，北京，人民出版社，1985。

决发展生产力的问题，只有把计划经济与市场经济结合起来，才能加快社会主义生产力的发展。这表明，我们所要搞的社会主义市场经济，绝不是古典的自由放任的市场经济。市场和计划之所以要结合，是因为市场经济和计划经济在资源的配置和经济运行活动中，各有自己的优势和缺陷。市场经济有利于调动众多的微观经济主体的积极性，把经济搞活；有利于及时地实现社会资源的流动和优化配置，提高经济效益；有利于较快地提高社会总的生活水平和质量。其缺陷主要是：在资源的配置上，有一定的盲目性和局限性；在收入的分配上，会造成社会分配不公，加剧贫富的矛盾；在意识形态和社会生活方面，会产生拜金主义、道德缺失等现象。计划经济有利于社会经济的协调发展，有利于公益事业的建设，有利于经济的有序运行。其缺陷主要是：容易产生瞎指挥和官僚主义，把经济搞死，降低经济运行效率。所以，把市场经济和计划经济这“两只手”结合起来，正好起到了优势互补、劣势互克的作用，从而更加适应社会化商品经济的发展。市场和计划的结合是社会主义市场经济的特殊要求。

（二）中国特色社会主义基本经济制度的确立和完善

我国经济体制由计划向市场改革的不断深化，推动了我国社会主义基本经济制度的完善和发展，以公有制为主体、多种所有制经济共同发展的社会主义初级阶段的基本经济制度的确立，既是社会主义制度的根本要求，又鲜明地体现了社会主义初级阶段生产力发展的客观需要。公有制是社会主义经济制度的基础，是社会主义生产关系区别于资本主义的本质特征，是劳动人民当家作主的经济基础，也是社会化大生产的客观要求。必须坚持以公有制作为社会主义经济制度的基础，使之牢牢占据主体的地位。没有作为主体地位的公有制经济，就不能确保我国社会的社会主义性质，就不能坚持社会主义道路，就不能巩固和发展社会主义制度。同时，由于现阶段的生产力还不发达，生产社会化的程度还不高，发展还很不平衡，需要在公有制为主体的条件下发展多种所有制，以适应生产力的要求。离开了多种所有制，就背离了社会主义初级阶段的实际，就会重犯超越阶段、片面求公求纯的错误。一切符合“三个有利于”标准的所有制形式，都可以而且应该用来为发展社会主义服务。

坚持和完善社会主义初级阶段基本经济制度必须做到两个“毫不动摇”和一个“统一”。即必须毫不动摇地巩固和发展公有制经济，必须毫不动摇地鼓励、支持和引导非公有制经济发展；必须把坚持公有制为主体，促进非公有制经济发展，统一于社会主义现代化建设的进程中，不能把这两者对立起来。

坚持公有制的主体地位，是社会主义的一条根本原则。坚持以公有制为主体，就是坚持社会主义方向。邓小平指出：“一个公有制占主体，一个共同富裕，这是我们所必须坚持的社会主义的根本原则”①。又指出：“我们允许个体经济发展，还允许中外合资经营和外资独营的企业发展，但是始终以社会主义公有制为主体。”② 坚持公有制的主体地位，是由公有制的性质和它在国民经济中的作用决定的。

坚持公有制为主体，是实现最广大人民根本利益和共同富裕的重要保证。社会主义最大的优越性就是共同富裕，不搞两极分化。共同富裕的制度保证就是公有制。邓小平说：“只要我国经济中公有制占主体地位，就可以避免两极分化。”③ 公有制经济是排斥剥削的，生产的财富，第一归国家，第二归人民。坚持公有制为主体，就不会产生新的资产阶级。公有制经济不仅包括国有经济和集体经济，还应包括混合所有制经济中的国有成分和集体成分。国有经济，即社会主义全民所有制经济。它是指全体社会成员共同占有生产资料的公有制形式。我国现阶段的全民所有制经济的生产资料由国家代表全体人民所有，采取国家所有制形式，称国有经济。集体经济，即社会主义集体所有制经济。它是指由部分劳动群众共同占有生产资料的一种社会主义公有制形式。混合所有制经济是指由不同所有制经济，以控股、参股等不同方式投资形成法人财产，由企业法人经营企业。目前混合所有制经济主要有股份制企业、跨所有制组成的企业及企业集团、中外合资和中外合作企业等。这些企业中的国有成分和集体成分，最

---

① 《邓小平文选》，第3卷，111页，北京，人民出版社，1993。

② 同上书，110页。

③ 同上书，149页。

终所有权属于国家和集体，国家和集体行使所有者的权益，也属于公有制经济。

我国社会生产力发展水平的多层次性和所有制结构的多样性，决定了非公有制经济在我国必然成为社会主义市场经济的重要组成部分。鼓励、支持和引导非公有制经济发展，成为完善和发展我国社会主义基本经济制度的必然要求。非公有制经济包括个体经济、私营经济、混合所有制经济中的非公有制成分等。毫不动摇地鼓励、支持和引导非公有制经济发展，是社会主义初级阶段生产关系适应生产力发展水平的客观要求，是发展社会主义市场经济的客观要求，关系着社会主义初级阶段基本经济制度的坚持和完善。非公有制经济与市场经济有着天然的联系。它具有明晰的产权、自主的经营决策、灵活的运行机制，这与市场经济的要求是天然吻合的。它的存在和发展，不仅有利于促进资源的优化配置和利用，而且有助于市场交易秩序和市场竞争体系的形成，为我国的市场经济的发展提供了必要条件。发展非公有制经济也是经济全球化的客观要求。在经济全球化的大背景下，世界范围内的信息、资本和技术的快速流动，各国资本的相互融合，资源在全球范围内的优化配置和共享，是各国经济不可阻挡的大趋势。外国资本和技术与本国资本和技术的融合，是我国市场经济融入世界经济大市场实现加速发展的必要条件。作为非公有制经济的“三资企业”，在这样的大舞台上将发挥日益重要的作用。

改革开放以来，我国在所有制方面，纠正了过去追求“一大二公三纯”的错误观念，鼓励发展多种所有制经济，使各种非公有制经济迅速发展，对增强经济活力，调动群众和社会各方面的积极性，加快生产力发展，发挥了重要作用。非公有制经济的存在和发展已经成为中国社会主义市场经济发展不可缺少的重要组成部分，甚至可以说，没有多种多样的所有制的存在和发展，就没有我国今天的国民经济的繁荣。

促进各种所有制共同发展是坚持和完善社会主义初级阶段基本经济制度的一个重要任务。坚持公有制为主体，促进非公有制经济发展，统一于社会主义现代化建设的进程中，不能把这两者对立起来。在我国，公有制经济和非公有制经济不仅可以并存，通过交换在企业外部发生联系，而且能够在企业内部结合，形成混合所有制经济。混合所有制是我国所有制格局变化的重要特征之一。市场经济作为开放的经济，无论是新增投资或是存量资产，都在竞争和产业结构调整中不停地流动着。企业有的会破产，有的相互之间可以兼并联合。这种资产在企业间分解或整合的过程中，必然涉及不同所有制在企业的内部交融，这是市场经济优化资源配置的必然趋势。国有企业可以通过不同所有制在企业内部的结合，吸收非公有经济产权清晰的优点，推动国有企业改革，做到产权清晰，责权明确，政企分开，同时也有利于改变私营企业观念褊狭、保守的家族式管理的弊病。

（三）中国特色社会主义分配制度的确立和完善

改革开放以来，我国逐步打破平均主义的分配方式，形成按劳分配为主体、多种分配方式并存的多元化分配格局。改革开放以来我国分配体制改革的历史，大体可分为三个阶段。

第一阶段，在指导思想上强调打破平均主义，允许和鼓励一部分人先富起来，在制度和政策上强调按劳分配。1978 年 12 月党的十一届三中全上，首次提出了克服平均主义的要求。随后，逐渐在农村普遍推行家庭联产承包责任制，实行“交够国家的、留够集体的、剩下都是自己的”原则，从根本上打破了过去平均主义的分配方式，贯彻了按劳分配的原则，调动了农民的生产积极性。1984 年 10 月党的十二届三中全会通过的《关于经济体制改革的决议》，提出让一部分地区和一部分人通过诚实劳动和合法经营先富起来、然后带动更多的人走向共同富裕的政策。经济体制改革的重点由农村转向城市，为调动企业生产经营积极性，全会提出了“建立多种形式的经济责任制，认真贯彻按劳分配原则”，做到“责、权、利相结合，国家、集体、个人利益相统一，职工劳动所得同劳动成果相联系”。可以说，企业内部的近乎平均主义的分配方式从此彻底失去了制度基础。

第二阶段，提出了实行以按劳分配为主体、其他分配方式为补充的分配制度。1987 年 10 月召开的党的十三大，提出了“以按劳分配为主体、其他分配方式为补充”，在促进效率提高的前提下促进社会公平的要求，这是效率优先、兼顾公平原则的雏形，是收入分配理论的巨大进步，多种分配方式更进一步具体化。

第三阶段，提出把按劳分配与按生产要素分配结合起来，允许和鼓励生产要素参与分配，确立了以按劳分配为主体、多种分配方式并存的分配制度。1992 年 10 月党的十四大提出建立社会主义市场经济体制目标模式，这是社会主义经济理论的重大创新。在分配政策上有两个突破：一是突破了十三大提出的其他方式为补充，第一次提出“多种分配方式并存的分配制度”，其他分配方式从补充上升到制度层面，地位发生了重大变化。二是在公平与效率这个“两难”选择上，第一次提出效率优先，兼顾公平的原则。党的十五大总结了建国以来特别是改革开放的经验教训，第一次提出了在坚持按劳分配为主体、多种分配方式并存的分配制度的基础上，允许和鼓励资本、技术等生产要素参与分配。2002 年党的十六大进一步提出要“确立劳动、资本、技术和管理等生产要素按贡献参与分配的原则”，完善了按劳分配为主体，多种分配方式并存的分配制度。

我国社会主义初级阶段的个人收入分配制度，必须与公有制为主体、多种所有制共同发展的基本经济制度相适应。同时，分配方式又要与市场经济的规则相适应。

实行按劳分配，是坚持社会主义的重要内容。社会主义制度赖以建立的经济基础，是生产资料公有制及其与之相适应的分配方式即按劳分配。实行按劳分配，劳动成为个人收入分配的依据，这就从根本上消除了剥削制度产生的基础条件。尽管在社会主义初级阶段，还存在着按劳分配以外的其他分配方式，但只要在坚持公有制主体地位的基础上真正贯彻按劳分配原则，就能把公有制内部的一切积极因素调动起来，发展和壮大公有制经济，使社会主义制度的基础得以巩固。

实行按劳分配是推动社会主义市场经济发展的有效途径。市场经济发展的动力来源于人们对自身物质利益的追求，社会主义公有制经济也不例外。与非公有制经济不同，公有制经济范围内劳动者物质利益实现的主要形式是按劳分配。邓小平指出：“社会主义是共产主义第一阶段，这是一个很长的历史阶段，必须实行按劳分配，必须把国家、集体和个人利益结合起来，才能调动积极性，才能发展社会主义的生产”①。按劳分配的本质是否定剥削，同时承认利益差别。从这个意义上说，按劳分配与市场经济在社会主义制度下实现了统一。

个体经济、私营经济、中外合资经济、港澳台资经济等非公有制经济的存在和公有制实现形式的多样化，决定了社会主义初级阶段必然存在按劳分配以外的多种分配方式。按劳分配以外的多种分配方式，其实质就是按生产要素的贡献状况进行分配。

三、中国特色社会主义经济建设的创新

社会主义市场经济理论的形成和完善，社会主义市场经济体制的确立，不仅对中国，而且对世界都是具有历史意义的重大创新。围绕这一重大创新，党还实现了经济制度和经济发展战略等方面的一系列创新，形成了崭新的中国特色社会主义经济理论体系。

（一）社会主义经济体制的创新

社会主义市场经济理论的提出，是对以往社会主义经济理论，特别是对一般市场经济理论的突破和创新，具有十分重要的意义。

首先，社会主义市场经济理论的提出，是对传统社会主义经济理论的突破，丰富和发展了马克思主义的经济理论。传统社会主义经济学主张单一的公有制，资源分配采取指令性计划，并把按劳分配作为社会主义的唯一分配原则。认为，计划经济以公有制为基础，是社会主义的特征；市场经济以私有制为基础，是资本主义的特征。而社会主义市场经济理论则以全新的视角来看待“计划”和“市场”，把“计划”和“市场”都作为经济手段，不再作为区分社会主义和资本主义的本质特征。这一崭新的理论观点，从根本上结束了计划经济和市场经济是否属于社会基本制度范畴的

① 《邓小平文选》，2版，第2卷，351页，北京，人民出版社，1994。

争论，解除了长期以来抽象争论姓“资”姓“社”的束缚，极大地促进了人们的思想解放。随着我国经济体制改革的深入，我国所有制结构逐步由单一的公有制向以公有制为主体、多种经济成分并存转变，并实行了以按劳分配为主体，多种分配方式并存的分配制度，市场在国家宏观调控下对资源配置起到了基础性作用。

其次，社会主义市场经济理论的提出，特别是社会主义市场经济体制的确立，突破了传统的社会主义计划经济体制和社会主义建设模式。在以往高度的计划经济中，整个社会的经济活动都由国家进行集中管理，国家通过指令性计划，将企业直接纳入宏观经济运行的轨道。由于计划的非规范性和非经济性，造成资源配置的不合理和效率的低下，窒息了企业的活力。而社会主义市场经济体制，则减少了国家对企业的直接干预，可以更好地发挥市场的作用，使市场在国家宏观调控下对资源配置起基础性作用。企业按市场的取向进行改革，逐步成为市场主体，成为独立的商品生产者和经营者。社会主义市场经济体制把计划的优点和市场的长处都很好地保留和借鉴过来，并使之结合起来，既不同于传统的社会主义计划经济体制，又有别于资本主义的市场经济体制，是一种全新的创造。

再次，社会主义经济体制的确立，有利于实现我国与国际市场的接轨，形成统一和开放的国内和国际市场，从而促进我国社会生产力的解放和发展，推动社会主义现代化的进程。市场经济不是封闭的，而是开放型的经济，确立社会主义市场经济体制，对于我们从中国国情出发，借鉴世界各国包括资本主义发达国家一切反映社会化生产和市场经济一般规律的经验，与国际市场接轨，更多地进入国际市场，并不断提高竞争能力有着积极推动作用。反之，如果不熟悉国际市场规则，缺乏市场意识，就不能在竞争愈来愈激烈的国际市场中站住脚，不能立足于世界民族之林。

我国作为一个发展中的社会主义国家，经济实力与发达国家相比还有很大差距，确立社会主义市场经济体制，引入竞争机制，发挥市场的作用，不仅有利于解放和发展生产力，增强社会主义经济的活力，增强社会主义中国的综合国力，而且从根本上来说，也有利于发挥社会主义制度的优越性，有利于社会主义的巩固和发展，有利于把我国建设成为富强、民主、文明、和谐的社会主义现代化国家这一奋斗目标的实现。

（二）社会主义经济制度的创新

社会主义建设的经验教训告诉我们，判断一种所有制结构是否具有合理性和优越性，不能从概念出发，而必须从生产力发展的实际情况出发。

十一届三中全会以后，随着改革开放的逐渐展开，党对社会主义经济制度的认识不断深化，先是认识到“劳动者的个体经济是公有制经济必要的补充”；接着又把私营经济、中外合资合作经济、外商独资经济与个体经济一起作为公有制经济“必要的和有益的补充”；随后又强调多种经济成分长期共同发展，不是权宜之计，而是一项长期的方针。

党的十四届三中全会通过的《关于建立社会主义市场经济体制若干问题的决定》指出，经过十多年的改革，我国的经济体制发生了巨大变化，以公有制为主体的多种经济成分共同发展的格局初步形成，建立社会主义市场经济体制必须“坚持以公有制为主体、多种经济成分共同发展的方针”。

党的十五大第一次明确提出，以公有制为主体、多种所有制经济共同发展，是我国社会主义初级阶段的基本经济制度。社会主义初级阶段基本经济制度的确立，充分体现了党在所有制理论上的创新，标志着党对社会主义经济制度的认识达到了一个新的高度。党的十六大进一步强调，要根据解放和发展生产力的要求，坚持和完善这一基本经济制度。党的十七大再次重申了这一制度，强调要形成各种所有制经济平等竞争、相互促进的新格局。

以公有制为主体、多种所有制经济共同发展的社会主义初级阶段的基本经济制度，既是社会主义制度的根本要求，又鲜明地体现了社会主义初级阶段生产力发展的客观需要。公有制是社会化大生产的客观要求，是社会主义经济制度的基础，也是社会主义生产关系区别于资本主义的本质特征，没有作为主体地位的公有制经济，就不能确保我国社会的社会主义性质，就不能坚持社会主义道路；同时，由于现阶段的生产力还不发达，生产社会化的程度还不高，发展还很不平衡，又需要在公有制为主体的条件下发展多种所有制，以适应生产力的要求。党对社会主义初级阶段基本经济制度的新认识，实现了对社会主义所有制理论的创新和发展，为坚持和完善社会主义初级阶段基本经济制度，调整和优化我国所有制结构进一步指明了方向。

任何一种社会经济制度都有一定的所有制基础，占主体地位的所有制决定社会的性质。社会主义经济制度的所有制基础是公有制。只有坚持社会主义公有制的主体地位，才能巩固和发展社会主义制度。但是，怎样认识公有制的内涵及其实现形式，怎样认识公有制的主体地位，以及怎样认识公有制与其他非公有制经济的关系这些问题，长期以来未能得到真正解决。十一届三中全会以后，伴随着经济体制改革和社会主义市场经济体制的建立，党在对社会主义经济制度的认识上，逐渐形成了一系列崭新的理论观点：公有制经济不仅包括国有经济和集体经济，还应该包括混合所有制经济中的国有成分和集体成分；公有制经济的主体地位主要体现在公有资产在社会总资产中占优势，国有经济起主导作用，集中体现在其对国民经济的控制力上；公有制与公有制实现形式是两个既有联系又有区别的概念；股份制是现代企业制度的重要组织形式，是资本集中的一种形式，也是公有制与市场经济相结合的有效实现形式；股份合作制是融股份制形式与合作制形式为一体的新的公有制形式；坚持公有制为主体，促进非公有制经济发展，统一于社会主义现代化建设的进程中等。过去我们在认识上的一个重要失误，就是把公有制和公有制的实现形式混为一谈，以为公有制的实现形式就是传统的国有企业和农村集体经济组织。以公有制为主体、多种所有制经济共同发展的基本经济制度的确立，集中体现了党在社会主义经济制度理论方面的重要创新。

（三）社会主义分配制度的创新

按劳分配是社会主义的分配原则之一。马克思在《资本论》中提出了按劳分配个人消费品的社会主义分配原则，在《哥达纲领批判》中进一步作了系统、深刻的阐述。邓小平指出："社会主义是共产主义第一阶段，这是一个很长的历史阶段，必须实行按劳分配，必须把国家、集体和个人利益结合起来，才能调动积极性，才能发展社会主义的生产”①。按劳分配以外的多种分配方式，其实质就是按生产要素的贡献状况进行分配。党在新时期提出要坚持按劳分配为主体、多种分配方式并存，把按劳分配和按生产要素分配结合起来，允许和鼓励资本、技术等生产要素参与分配等重要观点，并逐渐建立了按劳分配为主体、多种分配方式并存的分配制度，这是我国收入分配制度领域的重大创新。

改革开放以来，我国分配制度的改革创新经历了一个逐渐变化的过程。党的十一届三中全会首次提出克服平均主义的要求。随后，普遍推行家庭联产承包责任制，从根本上打破过去平均主义的分配方式，在农村贯彻了按劳分配的原则，调动了农民的生产积极性。党的十二届三中全会提出“建立多种形式的经济责任制，认真贯彻按劳分配原则”，做到“责、权、利相结合，国家、集体、个人利益相统一，职工劳动所得同劳动成果相联系”以后，企业内部近乎平均主义的分配方式也失去了政策和制度的基础。党的十三大提出“以按劳分配为主体、其他分配方式为补充”，以及在促进效率提高的前提下促进社会公平等观点，收入分配制度方面发生重大变化。党的十四大在分配政策上有两个突破：一是第一次提出“多种分配方式并存的分配制度”，把其他分配方式从“补充”的地位上升到制度层面；二是在公平与效率“两难”选择上，第一次提出效率优先、兼顾公平的原则。党的十五大在正式提出社会主义初级阶段按劳分配为主体、多种分配方式并存分配制度的同时，提出应允许和鼓励资本、技术等生产要素参与分配的观点。党的十六大进一步提出要“确立劳动、资本、技术和管理等生产要素按贡献参与分配的原则”，完善了按劳分配为主体，多种分配方式并存的分配制度。党的十七大则把这一分配方式正式确立为制度目标，提出要“健全劳动、资本、技术、管理等生产要素按贡献参与分配的制度”。

社会主义初级阶段按劳分配为主体、多种分配方式并存的分配制度，是由我国现阶段的所有制结构、经营方式和市场经济等多种因素综合决定

① 《邓小平文选》，2版，第2卷，351页，北京，人民出版社，1994。

的。首先，从所有制结构来说，由于社会主义初级阶段的所有制结构是以公有制为主体的，因而分配制度中必然以按劳分配为主体；又由于所有制结构包含了多种所有制经济成分，为了适应所有权和投资主体多样化的实际，必然要求分配方式的多样化。其次，从经营方式来说，由于社会主义市场经济中存在着多种经营方式，如承包、租赁、资产经营等不同经营方式，收入分配方式也应有所不同。再次，从市场经济本身的要求来说，在市场经济条件下，由于劳动、资本、土地、技术、信息等生产要素，都是按照市场经济的原则投入到经济活动中的，按生产要素分配也就成为必然。

（四）经济发展战略方面的创新

改革开放以来，适应社会主义市场经济的发展，中国共产党在经济发展战略上相继提出了建设创新型国家、走中国特色新型工业化道路、建设社会主义新农村、统筹区域协调发展、建设资源节约型和环境友好型社会，实现国民经济又好又快发展等重大战略思想，实现了党在经济发展战略上的一系列创新。

第一，建设创新型国家。中国共产党历来十分重视科学技术的作用。改革开放以来，邓小平多次强调，实现现代化，科学技术是关键，基础在教育。江泽民也反复强调，科技创新越来越成为当今社会生产力解放和发展的重要基础与标志，越来越决定着一个国家、一个民族的发展进程。有没有创新能力，能不能进行创新，是当今世界范围内经济和科技竞争的决定性因素。以胡锦涛为总书记的党中央从全面建设小康社会、开创中国特色社会主义事业新局面的全局出发，综合分析世界发展大势和我国所处历史阶段，作出了推进自主创新、建设创新型国家的重大决策。这是顺应时代特征和事关我国发展全局的战略抉择，是全面贯彻落实科学发展观、全面建设小康社会的客观需要。建设创新型国家，就要把增强自主创新能力作为发展科学技术的战略基点，走中国特色自主创新道路，推动科学技术的跨越式发展；就要把增强自主创新能力作为调整经济结构、转变经济发展方式的中心环节，推动国民经济又快又好发展；就要把增强自主创新能力作为国家战略，贯穿到现代化建设各个方面，激发全民族创新精神，培养高水平创新人才，形成有利于自主创新的体制机制，大力推进理论创新、制度创新、科技创新，不断巩固和发展中国特色社会主义伟大事业。为此，必须高度重视提高原始创新能力，在关键领域掌握更多的自主知识产权，在科学前沿和战略高技术领域占有一席之地；必须注重提高国家集成创新能力，使各种相关技术有机融合，形成具有市场竞争力的产品和产业；同时把对引进技术的消化吸收再创新，作为增强国家创新能力的重要方面。

第二，走新型工业化道路。工业化一般是指传统的农业社会向现代化工业社会转变的过程。工业化是现代化的基础和前提，高度发达的工业社会是现代化的重要标志。从20世纪50年代初期开始至70年代末，我们已经把一个落后的农业大国建设成为拥有独立的、比较完整的，并有一部分现代化水平的工业体系和国民经济体系的国家。但是，我国的工业化任务还远未完成。党的十六大指出，我国在新世纪头20年经济建设的主要任务之一，是基本实现工业化，并郑重地提出，要“走新型工业化道路”。党的十七大再次强调，“要坚持走中国特色新型工业化道路”。这就要求，必须处理好工业化与信息化的关系，坚持以信息化带动工业化，以工业化促进信息化，使信息化与工业化融为一体；必须处理好新型工业化与经济结构调整的关系，促进经济增长“由主要依靠第二产业带动向依靠第一、第二、第三产业协同带动转变”，逐步实现农业由弱变壮、工业由大变强、加速发展现代服务业，提高其水平和比重；必须正确处理技术进步与发挥劳动力资源丰富的优势的关系，在强调产业技术进步，改造传统产业、提高其技术水平和资本有机构成的同时，进一步调整所有制结构，大力发展劳动力就业容量较大的各类中小企业。走新型工业化道路，就是要走出一条科技含量高、经济效益好、资源消耗低、环境污染少、人力资源优势得到充分发挥的工业化道路。

第三，建设社会主义新农村。农业、农村和农民问题，是我国革命、建设和改革的根本问题。毛泽东从我国国情出发，提出“农业是国民经济的基础”，发展工业必须和发展农业同时并举。邓小平紧密结合改革开放和现代化建设的实际，多次强调农业问题的重要性。他指出："农业是根本，不要忘掉"①。认为，农业与农村、农民问题紧密联系在一起。有了农业的发展，才会有农村经济的发展，农民的生活水平才会不断提高。江泽民也指出："我国的基本国情决定了，抓住农村这个大头，就有了把握经济社会发展全局的主动权。"② 改革开放以来，中国共产党先后制定了许多具体政策解决农村问题，使农业得到加强、农村得到发展、农民得到实惠，为推动经济社会发展、保持社会稳定创造了重要条件。但也必须看到，制约农业和农村发展的深层次矛盾尚未消除，农村基础薄弱、农村发展滞后的局面尚未根本改变，解决好"三农"问题依然是一项长期的任务。十六大以来，党强调要把解决好"三农"问题作为全党工作的重中之重，坚持走统筹城乡发展的道路。胡锦涛在党的十六届四中全会上，明确提出了"两个趋向"的重要论断，即在工业化初始阶段，农业支持工业、为工业提供积累是带有普遍性的趋向；但在工业化达到相当程度后，工业反哺农业、城市支持农村，实现工业与农业、城市与农村协调发展，也是带有普遍性的趋向。进入新世纪，党中央采取的一系列重大措施，标志着具有我国特点的以工促农、以城带乡长效机制正在形成。建设社会主义新农村的总体要求是：生产发展、生活宽裕、乡风文明、村容整洁、管理民主。这五句话二十个字，全面体现了当前和今后一个时期"三农"工作的主要方面，不仅勾画出了现代化农村的美好图景，而且提出了解决"三农"问题的系统思路。

第四，统筹区域发展。我国地域辽阔，由于历史、地理、文化、资源等方面的原因，长期以来经济发展存在着东部沿海经济比较发达、中部经济次发达、西部经济不发达三个不同地带。我国区域的协调发展，主要是处理好东部和中西部的关系、沿海和内地的关系。早在20世纪50年代中期，毛泽东在《论十大关系》中就提出了正确认识和处理沿海与内地关系的问题。1988年，邓小平提出了促进东西部地区经济合理布局和协调发展

① 《邓小平文选》，第3卷，23页，北京，人民出版社，1993。

② 中央文献研究室编：《江泽民论有中国特色社会主义（专题摘编）》，121页，北京，中央文献出版社，2002。

的“两个大局”重要思想，即在实施“三步走”的发展战略时，有一个地域发展步骤的布局：第一步，在20世纪末进入小康社会前，我国经济和社会发展的大局，是较快地发展沿海，带动国民经济发展；第二步，从20世纪末进入小康社会之时起，我国经济和社会发展的大局，是在继续发展沿海的同时，突出地提出和解决内地的发展，以逐步解决地区差距的问题。1999年，根据邓小平“两个大局”的战略思想和我国东中西部经济社会发展的实际，党中央正式决定实施西部大开发战略，提出了通过几十年乃至整个世纪的艰苦努力，建设一个经济繁荣、社会进步、生活安定、民族团结、山河秀美的西部地区的战略目标。进入新世纪，党中央又根据我国区域发展的实际情况和全面建设小康社会、推进现代化建设的要求，进一步提出了实施区域发展的总体战略：深入推进西部大开发，全面振兴东北地区等老工业基地，大力促进中部地区崛起，积极鼓励东部地区率先发展，形成分工合理、特色明显、优势互补的区域产业结构，推动各地区共同发展。

第五，建设资源节约型、环境友好型社会。节约资源和保护环境是我国的一项基本国策。党的十六大确立了可持续发展的战略。十六大以来，党中央按照科学发展观的基本要求，提出了“统筹人与自然和谐发展”的方针，把建设资源节约型、环境友好型社会确立为国民经济与社会发展的战略任务。党的十七大进一步指出，坚持节约资源和保护环境的基本国策，关系人民群众切身利益和中华民族生存发展。必须在全党全社会牢固树立和大力倡导生态文明观念，确实把它放在我国工业化、现代化发展战略的突出位置，落实到每个单位、每个家庭。这是继提出实施可持续发展的重大决策以来党对社会主义现代化建设规律认识的新飞跃，是统筹人与自然和谐发展、促进可持续发展的重大举措。建设生态文明是建设资源节约型、环境友好型社会的内在要求。改革开放以来，党相继提出了建设社会主义物质文明、精神文明、政治文明的要求。党的十七大又明确提出了建设生态文明的目标。生态文明既包括了人类对传统文明形态特别是工业文明进行深刻反思和探索的认识成果，又包括了人类在发展物质文明过程中保护和改善生态环境的实践成果，表现为人与自然和谐程度的提高和人们生态观念的增强，是对马克思主义社会文明思想的重大创新和发展。

上述五个方面的重大战略思想，都是紧紧围绕着实现国民经济又好又快发展这一根本方针而提出和展开的。实现国民经济又好又快发展，是在经济工作中贯彻落实科学发展观的本质要求和具体体现。所谓“好”，就是要保持发展的稳定性，防止出现大起大落；就是要增强发展的协调性，防止发展的片面性；就是要提高发展的效益性，防止增长代价过大；就是要实现发展的持续性，防止发展不能永续；就是要保障发展的普惠性，使发展成果由广大人民共享，防止收入分配差距过大，出现两极分化。无论是从现实出发还是从未来着眼，都要求我们必须“好”字当前，坚持“好”中求“快”，努力实现“又好又快发展”。促进国民经济又好又快发展，要把“好”放在前面，同时又要保持一定的发展速度。我国现在仍然是一个发展中国家，速度问题仍然十分重要。当然，我们所说的较快的经济增长速度，应当是在结构优化、效益提高、节约资源、保护环境基础上的速度，是增长的质量和竞争力不断提升、能够稳定持续发展的速度，是重大关系比较协调、人民得到实惠比较多的速度。促进国民经济又好又快发展，实现未来经济发展目标，关键是要在加快转变经济发展方式、完善社会主义市场经济体制方面取得重大进展。因此，进一步深化对社会主义市场经济规律的认识，从制度上更好发挥市场在资源配置中的基础性作用，形成有利于科学发展的宏观调控体系，具有特别重要的意义。

第七章　邓小平与中国特色社会主义政治建设

一、邓小平的政治体制改革思想

在推进经济体制改革的同时，积极推进政治体制的改革，按照民主化和法制化紧密结合的要求，努力建设社会主义的法治国家，以适应社会主义现代化建设及党和国家政治生活民主化的需要，这是十一届三中全会以来邓小平首先提出并反复强调的一个基本方针，反映了政治体制改革与民主法制建设之间的内在统一。

（一）邓小平政治体制改革思想的形成

早在1978年10月召开的中国工会第九次全国代表大会上，邓小平就指出，为了提高经济发展速度，“各个经济战线不仅需要进行技术上的重大改革，而且需要进行制度上、组织上的重大改革”①。同年12月，在中共十一届三中全会召开前的中央工作会议上邓小平说，认真总结了过去的

① 《邓小平文选》，2版，第2卷，136页，北京，人民出版社，1994。

经验，尤其是“文化大革命”期间破坏社会主义民主和法制的教训，指出由于我国政治体制方面存在的一些弊端，“在过去一个相当长的时间内，民主集中制没有真正实行，离开民主讲集中，民主太少”①。因而，特别需要强调民主，提出“必须使民主制度化、法律化，使这种制度和法律不因领导人的改变而改变，不因领导人的看法和注意力的改变而改变”②。这里，实际上已经初步提出了我国政治体制改革的基本目标，即发展社会主义民主法治的问题。1979 年 10 月，邓小平在中国文学艺术工作者第四次代表大会的祝词中，第一次明确提出要改革政治体制的问题。他说：“我们要在大幅度提高社会生产力的同时，改革和完善社会主义的经济制度和政治制度，发展高度的社会主义民主和完备的社会主义法制。”③

1980 年 8 月 18 日，邓小平在中央政治局扩大会议上发表了《党和国家领导制度的改革》的著名讲话，就领导制度、组织制度这一带有根本性、全局性、稳定性和长期性的问题，系统总结了我国民主政治建设的经验教训，尤其是“文化大革命”破坏社会主义民主和法制的教训，深刻分析了现行领导制度中存在的各种弊端，提出了要改革党和国家领导制度及其他制度，“从制度上保证党和国家政治生活的民主化、经济管理的民主化、整个社会生活的民主化，促进现代化建设事业的顺利发展”④ 的基本要求。我国原有的政治体制是在过去历史条件下的产物。它对于克服新中国成立初期的困难，粉碎帝国主义的封锁和颠覆威胁，对于完成社会主义改造，建立社会主义经济制度，对于促进社会主义建设，增强国力和促进国家的统一，都起过重大的作用。但是，随着经济和社会的发展，也逐渐暴露出一些弊端。正如邓小平所指出的，存在着官僚主义现象、权力过分集中的现象、家长制现象、干部领导职务终身制现象、形形色色的特权现象等种种弊端。这些弊端的存在，不利于发展社会主义民主，不利于健全社会主义法制，不利于调动各方面的积极性，不利于社会主义现代化建

① 《邓小平文选》，2 版，第 2 卷，144 页，北京，人民出版社，1994。

② 同上书，146 页。

③ 同上书，208 页。

④ 同上书，336 页。

设，不利于保证国家的长治久安和稳定发展。上述弊端的产生，有其历史上的原因，正如邓小平所指出的，“旧中国留给我们的，封建专制传统比较多，民主法制传统很少”①；也有思想上和作风上的问题，“与某些领导人的思想、作风有关”②；但更重要的还是体制上的原因，即领导制度、组织制度、工作制度等方面存在着弊端，要克服这些弊端，必须进行政治体制改革。与此同时，全党对加强社会主义法制的认识也在不断增强。1981年6月，中共十一届六中全会通过的《关于建国以来党的若干历史问题的决议》指出，要完善国家的宪法和法律并使之成为任何人都必须严格遵守的不可侵犯的力量。1982年12月，五届全国人大五次会议通过宪法修改草案。新宪法对加强我国社会主义民主法制建设发挥了巨大的推动作用。

随着经济建设的发展和经济体制改革的逐步深入，1986年以后邓小平进一步强调政治体制改革在整个改革大业中的重要性，并对政治体制改革的必要性，政治体制改革的目的、目标和任务，政治体制改革应该遵循的原则等问题，作了进一步的阐述，从而比较完整地形成了中国政治体制改革的基本思想。

关于政治体制改革的必要性。首先，邓小平从推进经济体制改革的角度讲到政治体制改革，他指出：“政治体制改革同经济体制改革应该相互依赖，相互配合。只搞经济体制改革，不搞政治体制改革，经济体制改革也搞不通，因为首先遇到人的障碍。事情要人来做，你提倡放权，他那里收权，你有什么办法？从这个角度来讲，我们所有的改革最终能不能成功，还是决定于政治体制的改革。”③ 我国原有的政治体制中的一些具体制度是适应高度集中的计划经济体制而建立和形成的，如不加以改革就必然会造成官僚主义，带来诸如高高在上，滥用权力，墨守成规，人浮于事，不讲效率等严重后果，并严重妨碍着社会主义市场经济体制的建立，不利于人民群众积极性、创造性的发挥。正如邓小平所指出的：“不改革政治体制，就不能保障经济体制改革的成果，不能使经济体制改革继续前进，

① 《邓小平文选》，2版，第2卷，332页，北京，人民出版社，1994。

② 同上书，333页。

③ 《邓小平文选》，第3卷，164页，北京，人民出版社，1993。

就会阻碍生产力的发展，阻碍四个现代化的实现。”① 其次，政治体制改革是实现社会主义政治制度自我完善和发展的重要途径。诚然，社会主义民主是人类历史上第一次真正使多数人享有的新型民主，具有强大的生命力和优越性。人民代表大会制度，共产党领导的多党合作和政治协商制度以及民族区域自治制度等，都是适合我国人民当家作主的政治制度。但是，由于我国社会主义社会的历史还不长，社会主义民主制度还需要经历一个不断发展和完善的过程。只有根据经济文化的发展和人民日益增长的当家作主的要求，不断发展社会主义民主政治，特别是推进政治体制创新，才能保持社会主义民主制度的生机和活力。最后，政治体制改革是实现国家长治久安的根本大计。改革开放之初，针对我国原有政治体制弊端对国家稳定所造成的危害，邓小平强调指出：“领导制度、组织制度问题更带有根本性、全局性、稳定性和长期性。这种制度问题，关系到党和国家是否改变颜色，必须引起全党的高度重视”②。后来他又讲道：“一个国家的命运建立在一两个人的声望上面，是很不健康的，是很危险的。”③ 只有对这些弊端进行有计划、有步骤而又坚决彻底的改革，人民才会信任我们的领导，才会信任党和社会主义，我们的事业才有无限的希望。

关于政治体制改革的目标和任务。邓小平指出，政治体制改革的总目标有三条，“第一，巩固社会主义制度；第二，发展社会主义社会的生产力；第三，发扬社会主义民主，调动广大人民的积极性”④。这就从政治体制改革的总体目标、长远目标和近期的具体目标几个层次上指明了我国政治体制改革的目标。政治体制改革的总目标和长远目标为我们展示了社会主义民主政治建设的美好前景。但实现这一目标是一个长期的、艰巨的任务，要经过长期的努力才能实现。在这个过程中，要经过若干个阶段。因此，又要制定一些近期目标。政治体制改革的近期目标，就是要增强党与行政机构以及整个国家领导机关的活力；克服官僚主义，提高工作效率；

---

① 《邓小平文选》，第 3 卷，176 页，北京，人民出版社，1993。

② 《邓小平文选》，2 版，第 2 卷，333 页，北京，人民出版社，1994。

③ 《邓小平文选》，第 3 卷，311 页，北京，人民出版社，1993。

④ 同上书，178 页。

充分调动人民群众和各行各业以及基层的积极性，从而在政治上创造出比资本主义国家更高、更切实的民主。政治体制改革的目标决定着政治体制改革的内容，我国政治体制改革的基本内容可以概括为以下六个方面：其一，改革和完善党的领导方式和执政方式。改革和完善党的领导方式和执政方式，对于推进社会主义民主政治建设，具有全局性作用。其二，深化行政管理体制改革。邓小平指出，机构改革是一场革命，“如果不搞这场革命，让党和国家的组织继续目前这样机构臃肿重叠、职责不清，许多人员不称职、不负责，工作缺乏精力、知识和效率的状况，这是不可能得到人民赞同的”①。其三，改革干部人事制度。要废除干部领导职务终身制，建立离退休制度，实现干部队伍革命化、年轻化、知识化、专业化，建设高素质的干部队伍。其四，改革和完善决策机制。实现决策的科学化、民主化，直接关系到国家的兴衰和社会主义现代化事业的成败。改革和完善决策机制的目标，就是要完善深入了解民情、充分反映民意、广泛集中民智、切实珍惜民力的决策机制，推进决策的科学化和民主化。其五，完善民主监督制度。改革和完善权力运行机制的目标，就是要建立结构合理、配置科学、程序严密、制约有效的权力运行机制，从决策和执行等环节加强对权力的制约和监督。其六，推进司法体制改革。要按照公正司法和严格执法的要求，完善司法机关的机构设置、职权划分和管理制度，进一步健全权责明确、相互配合、相互制约、高效运行的司法体制，保障在全社会实现公平和正义。

关于政治体制改革必须坚持的原则。邓小平认为，一般地讲政治体制改革都讲民主化，但民主化的含义并不十分清楚。任何国家的民主，都离不开那个国家的历史文化传统、经济发展状况和社会制度。我们所要建设的民主，不是抽象的民主，而是具体的民主，不是照搬资本主义国家的民主，而是适合自己国情的民主，即“社会主义民主或称人民民主，而不是资产阶级的个人主义的民主”②。因此，“一定要把社会主义民主同资产阶级民主、个人主义民主严格地区别开来”③。邓小平还指出：“资本主义社

① 《邓小平文选》，2版，第2卷，396页，北京，人民出版社，1994。
② 同上书，175页。
③ 同上书，176页。

会讲的民主是资产阶级的民主，实际上是垄断资本的民主，无非是多党竞选、三权鼎立、两院制。”[①]“三权分立”是指资产阶级国家按照所谓分权的原则将立法权、行政权、司法权分别由议会、政府、法院来行使。“两党制”或“多党制”是指资产阶级国家由两个或多个政党扮演执政和在野两种互相对立的角色，对立的政党互相争斗、轮流上台执政。受中国特殊的国情及中国民主政治的性质所决定，中国特色社会主义政治的建设不能也无法搬用西方资本主义的民主模式。首先，推进政治体制改革，必须坚持四项基本原则，坚持正确的政治方向。政治体制改革是为了坚持社会主义基本政治制度，保持和发展自己的优势，克服原有体制的弊端，使之充满生机和活力，而不是要改变社会主义的根本制度。邓小平强调，“在改革中坚持社会主义方向，这是一个很重要的问题”[②]。其次，推进政治体制改革，必须坚持从中国的国情出发，坚定不移地走中国特色社会主义政治发展道路。一个国家实行什么样的民主制度，应该与这个国家的国情和性质相适应。政治体制改革是中国共产党领导人民为完善社会主义制度而进行的伟大政治实践，必须从中国社会主义初级阶段的基本国情出发，适应国家发展战略的总体要求和战略步骤的要求，中国绝不能也不会复制其他民主政治模式。最后，推进政治体制改革，必须有步骤、有秩序地进行。政治体制改革同经济体制改革一样，是一项复杂的系统工程，而且政治体制改革比经济体制改革更为复杂和艰巨。邓小平不止一次地告诫人们，必须懂得，政治体制改革是一项艰巨的、长期的任务。“改革党和国家领导制度的方针必须坚持，但是，方法要细密，步骤要稳妥。”[③]“每项改革涉及的人和事都很广泛，很深刻，触及许多人的利益，会遇到很多的障碍，需要审慎从事”[④]。进行这样的改革，就必须坚持中国共产党的领导。因为，只有在中国共产党的领导下才能保证改革的决策正确，保证改革有步骤、有秩序地进行，保证国家团结稳定的政治局面。

---

① 《邓小平文选》，第3卷，240页，北京，人民出版社，1993。
② 同上书，138页。
③ 《邓小平文选》，2版，第2卷，359页，北京，人民出版社，1994。
④ 《邓小平文选》，第3卷，176页，北京，人民出版社，1993。

（二）邓小平关于政治体制改革和政治建设思想的丰富发展

1987 召开的党的十三大根据邓小平关于政治体制改革的思想，提出“把政治体制改革提上全党日程的时机已经成熟”。十三大还把政治体制改革的长远目标概括为建立高度民主、法制完备、富有效率、充满活力的社会主义政治体制，表明了我国政治体制改革的总方向。

党的十三届四中全会以后，江泽民继承和发展了邓小平通过政治体制改革加强社会主义民主法制建设的思想。党的十四大在提出建立社会主义市场经济体制目标的同时，强调要积极推进政治体制改革，使社会主义民主和法制建设有一个较大的发展。党的十四届三中全会就加强法制建设问题作了全面部署，提出遵循宪法规定的原则，加快经济立法，适时修改和废止与建立社会主义市场经济体制不相适应的法律法规，逐步建立起适应社会主义市场经济体制的法律体系。1996 年，江泽民在中共中央举办的法制讲座上，明确提出了“实行和坚持依法治国，保障国家的长治久安”的要求。随后，八届全国人大四次会议根据党中央的建议，把“依法治国，建设社会主义法治国家”作为一个基本方针，明确载入《国民经济和社会发展“九五”计划和 2010 年远景目标纲要》。党的十五大从我国经济体制改革的深入和社会主义现代化跨世纪的发展需要出发，提出继续推进政治体制改革，进一步扩大社会主义民主，健全社会主义法制，依法治国，建设社会主义法治国家，并把其作为“党领导人民治理国家的基本方略”。1999 年 3 月，在九届全国人大二次会议上，“依法治国，建设社会主义法治国家”这一治国方略，被正式写入宪法修正案。从此，我国的社会主义民主法制建设进入了一个新的发展时期。进入 21 世纪，江泽民明确提出“政治文明”建设的问题，强调发展社会主义民主政治，建设社会主义政治文明，是社会主义现代化建设的重要目标。党的十六大把社会主义政治文明与物质文明、精神文明一起作为我国社会全面发展的三大基本目标。

党的十七大指出，深化政治体制改革，必须坚持正确的政治方向，以保证人民当家作主为根本，以增强党和国家活力、调动人民积极性为目标，扩大社会主义民主，建设社会主义法治国家，发展社会主义政治文明。应该说，从党的十五大到十七大，随着党对政治体制改革和民主法制建设认识的不断深入，依法治国基本方略的落实有了更为坚实的理论和实践基础。

党的十八大指出，政治体制改革是我国全面改革的重要组成部分。必须继续积极稳妥推进政治体制改革，发展更加广泛、更加充分、更加健全的人民民主。必须坚持党的领导、人民当家作主、依法治国有机统一，以保证人民当家作主为根本，以增强党和国家活力、调动人民积极性为目标，扩大社会主义民主，加快建设社会主义法治国家，发展社会主义政治文明。要更加注重改进党的领导方式和执政方式，保证党领导人民有效治理国家；更加注重健全民主制度、丰富民主形式，保证人民依法实行民主选举、民主决策、民主管理、民主监督；更加注重发挥法治在国家治理和社会管理中的重要作用，维护国家法制的统一、尊严、权威，保证人民依法享有广泛权利和自由。要把制度建设摆在突出位置，充分发挥我国社会主义政治制度的优越性，积极借鉴人类政治文明有益成果，绝不照搬西方政治制度模式。

二、中国特色社会主义政治制度的完善和发展

邓小平指出："没有民主就没有社会主义，就没有社会主义的现代化。"① 民主历来是我们党始终不渝的基本奋斗目标之一。社会主义制度的建立开辟了社会主义民主的新纪元。按照马克思主义政治学的观点，民主政治首先和主要是指一种国家制度，是按多数人的意志形成国家政权和根据多数人的意志实行统治的国家制度。社会主义民主政治的实现，在人类历史上第一次建立起了由全体人民组成的国家政权和国家一切权力属于人民的国家制度。这两个方面，也就是我们通常所说的社会主义国家的国体和政体。它们是紧密相联、不可分割的。它们相互统一的发展过程，就是

① 《邓小平文选》，2版，第2卷，168页，北京，人民出版社，1994。

社会主义民主政治的建设过程。邓小平把马克思列宁主义、毛泽东思想关于无产阶级专政的基本原理，同当代中国社会主义民主政治建设的现实情况相结合，明确提出加强人民民主专政，坚持和完善人民代表大会制度和共产党领导下的多党合作制度，以及不能照搬西方资产阶级民主模式等重要观点，为建设中国特色的社会主义民主政治规定了基本的任务和目标。

（一）坚持实行人民民主专政国体

人民民主专政是马克思主义无产阶级专政理论同中国革命具体实践相结合的产物，是具有中国特色的无产阶级专政。人民民主专政的国体，是一种更适合于中国国情的新型民主和新型专政的结合。

首先，坚持实行人民民主专政，就要对广大人民群众实行充分的民主。人民民主专政的阶级基础是工人阶级领导下的工农联盟。在社会主义建设时期，知识分子的绝大部分已经成为工人阶级的一部分。工人、农民、知识分子是人民民主专政的基本力量。而且，在长期的革命和建设中，我国还形成了有各民主党派和各人民团体参加的，包括全体社会主义劳动者、拥护社会主义的爱国者和拥护祖国统一的爱国者的广泛的统一战线。上述社会成员占了全国人口的绝大多数，是社会主义国家的主人，理应享受最广泛、最充分的民主。同时，由于建立了以生产资料公有制为主体的所有制关系，广大人民群众平等地享有管理国家、管理经济、管理文化教育等各项事业的权利。社会主义的经济基础，决定了广大人民群众应该享有充分的民主。我国人民民主专政的社会主义国家政权的建立，标志着我国人民已争得了民主，反映了我国人民成为国家和社会主人的事实。这一事实是不容否定的。但是，也必须看到，在民主的实践方面，我们过去做得还很不够，并且有过不少失误。林彪、“四人帮”宣传什么“全面专政”，对人民实行封建法西斯专政，人民的民主权利遭到践踏，人民遭受了本来不应有的苦难。“粉碎‘四人帮’以后，特别是三中全会以后，我们一直在努力发扬民主。现在这方面的工作做得还很不够”①，所以还要

① 《邓小平文选》，2 版，第 2 卷，372 页，北京，人民出版社，1994。

不断发展和完善人民民主专政。

邓小平指出，我们要发展的民主是社会主义民主，这就决定了我们的民主建设必须坚持四项基本原则。只有坚持社会主义道路，大力发展生产力，人民民主制度的物质基础才能得到充分发展，人民民主专政才能得以巩固，人民民主权利才能具有实质内容。如果走资本主义道路，必然最终使人民在政治上丧失已经得到的权利。同样，只有坚持共产党的领导，坚持马克思列宁主义、毛泽东思想，才能保证社会主义民主政治建设有正确的路线方针指导，才能保证人民的利益得到集中反映，保证人民团结一致去发展民主，坚持以经济建设为中心，去建设中国特色的社会主义。

其次，坚持实行人民民主专政，必须对极少数敌视和破坏社会主义建设的敌对分子进行专政。我们在重视人民民主专政民主职能的同时，绝不应忽视其专政的职能。这是因为，在社会主义社会，剥削阶级作为一个阶级虽然已经消灭了，但是“仍然有反革命分子，有敌特分子，有各种破坏社会主义秩序的刑事犯罪分子和其他坏分子，有贪污盗窃、投机倒把的新剥削分子，并且这种现象在长时期内不可能完全消灭”①。诚然，我们同他们的斗争虽然已不同于历史上阶级对阶级的斗争，但仍然是一种特殊形式的阶级斗争。由于我们处在一个复杂的国际环境中，也由于我们的社会主义制度还处在初级阶段，还有许多不完善、不成熟的地方，而在改革开放、发展社会主义市场经济的形势下，资产阶级和其他剥削阶级的腐朽思想又不可避免地会侵入到我们的队伍中，发生某些严重危害人民利益的腐败现象，甚至由此引发一些社会政治问题。鉴于这种特殊形式阶级斗争的长期存在，人民民主专政的专政职能不能削弱，只能加强。不对一切反社会主义的分子实行专政，就不能有社会主义民主。“这种专政是国内斗争，有些同时也是国际斗争，两者实际上是不可分的。因此，在阶级斗争存在的条件下，在帝国主义、霸权主义存在的条件下，不可能设想国家的专政职能的消亡，不可能设想常备军、公安机关、法庭、监狱等等的消亡。它们的存在同社会主义国家的民主化并不矛盾，它们的正确有效的工作不是

---

① 《邓小平文选》，2版，第2卷，169页，北京，人民出版社，1994。

妨碍而是保证社会主义国家的民主化。事实上，没有无产阶级专政，我们就不可能保卫从而也不可能建设社会主义。”①

（二）坚持和完善人民代表大会这一根本政治制度

马克思主义认为，政体是指国家组织形式。国体决定政体，政体表现国体，适应国体。在我国，与人民民主专政国体相适应的最好的政体，就是人民代表大会制度。

所谓人民代表大会制，就是我国人民在中国共产党的领导下，在总结革命政权建设经验的基础上，根据民主集中制原则，组织各级人民代表大会，并以人民代表大会为基础，建立全部国家机构，实现人民当家作主的一种根本政治制度。它是国家政治制度中的一个重要组成部分，是我国社会主义民主的一种基本表现形式。

作为我国根本政治制度的人民代表大会制，是在我国人民革命斗争过程中建立并发展起来的。人民代表大会制度作为我国根本的政治制度，是由我国的国家本质所决定的。我国是人民民主专政的社会主义国家，它的本质特征是人民当家作主。这一本质特征在宪法中的集中表现，就是国家的“一切权力属于人民”。为了保证全体人民充分参与国家权力的行使，我国宪法规定：“人民行使国家权力的机关是全国人民代表大会和地方各级人民代表大会。”这一规定和其他一些条文的规定表明，在我国，“一切权力属于人民”的宪法原则，主要是通过人民代表大会制度来实现的。也就是说，我国国家政权的组织形式是建立从中央到地方各级人民代表大会的体系。人民通过民主选举，选出各级人民代表，由他们组成各级权力机关，代表人民管理国家事务，行使国家权力。体现全国人民意志的法律、适合局部地区需要的地方性法规，由全国和地方各级人大讨论并作出决定。各级人民代表大会组织各级人民政府作为各级国家行政机关。人民政府、人民法院和人民检察院分别行使国家行政权、审判权和检察权。它们由人民代表大会产生，向人民代表大会负责并报告工作。

① 《邓小平文选》，2版，第2卷，169页，北京，人民出版社，1994。

人民代表大会制度之所以能够成为我国的根本政治制度，还因为它在我国人民统一和集中地行使国家权力、贯彻民主集中制原则方面，具有巨大的优越性。

第一，它体现了国家政权的民主性。人民代表大会制度是保障人民民主的政治制度。它的民主性主要表现在：首先，我国的各级人民代表大会是由选民或选举单位选出的代表组成的。县（市）、市辖区、乡、民族乡、镇人民代表大会的代表由选民直接选举产生。因此，各级人民代表大会具有最广泛的群众基础，能够得到群众的充分信任和支持，这是它具有极大的组织力量和动员力量的重要条件。其次，各级人民代表大会具有极其广泛的代表性。各民族、各民主党派、人民解放军、各人民团体、各阶层、各地区都有代表参加各级人民代表大会的工作，因而由它所制定的法律以及由它讨论和决定的重大问题，能充分体现人民的意志，照顾到各方面的利益和要求。

第二，它有利于实现国家权力的集中和统一。这种集中主要表现在：各级人民代表大会既是议事机关，又是工作机关，由它统一行使国家权力。全国人民代表大会是我国的最高国家权力机关，也是我国行使国家立法权的机关。只有它才有权制定和修改宪法、法律，决定国家重大问题。国务院是它的执行机关，对它负责，向它报告工作，接受它的监督；最高人民法院、最高人民检察院也都要对它负责，向它报告工作，接受它的监督。全国人民代表大会在我国的政治生活和国家权力机关体系中具有全权的地位。它使分散的意志通过人民选出的代表，集中到各级人民代表大会上来，形成地方和全国人民的统一意志，从而便利人民群众经常通过这一制度参加国家管理，充分发挥人民群众的积极性和创造性，把人民的智慧和力量结成一个统一的整体。

第三，它既有利于中央统一领导，又有利于地方主动性、积极性的发挥。在我国，中央与地方的关系，是整体与部分之间的关系。部分服从整体，下级服从上级，地方服从中央，这是民主集中制原则的要求。按照这一要求，全国人民代表大会制定的法律及通过的决议和各项决定，必须体现全国和各地的情况及要求，有利于调动中央和地方两个积极性。同时，地方各级人民代表大会通过的法律、法规又要符合宪法和全国统一的法律的要求。只有这样，才能使我们的国家机构形成为一个坚强有力的整体，顺利地实现人民民主专政所担负的对内对外的繁重任务。

当然，我们也必须看到，我国的社会主义尚处于初级阶段，中国特色社会主义的政治、经济、文化都处在不断发展和完善的过程中，人民代表大会制度不可能脱离整个经济基础和上层建筑的发展水平和阶段，必然存在着一些需要改革和改善的地方。人民代表大会制度的建设和完善面临的主要任务有：调整各级党委与各级人民代表大会及其常委会的关系，改变过去那种党政不分、党组织干预法律规定属于人民代表大会职权范围内事务的现象，切实保障人民代表大会作为国家权力机关的地位；进一步完善人民代表大会的各项制度，加强人民代表大会的立法工作、法律监督和工作监督，坚决纠正有法不依、执法不严、以官代法、以权代法的现象；进一步密切各级人民代表大会同人民群众的联系，继续改进与完善选举制度，更好地发挥人民代表的作用。

我国实行的人民代表大会制度，是人民奋斗的成果和历史的选择。坚持和完善这个根本政治制度，对于坚持党的领导和社会主义制度、实现人民民主具有决定性的意义。我们深信，只要坚持人民代表大会制度，并随着实践的发展而不断改革和完善这种制度，就能充分发挥亿万人民当家作主的积极性和主动性，巩固我国的社会主义制度，完成建设富强、民主、文明的社会主义现代化国家的伟大任务。

（三）坚持和完善共产党领导的多党合作和政治协商基本政治制度

实行共产党领导的多党合作和政治协商制度，是我国的历史和现实条件决定的，是我国近代国情发展的必然结果。

中国共产党在长期革命斗争中，一直把民主党派作为自己的同盟者，积极争取与联合他们进行反帝反封建的伟大斗争。各个致力于民族复兴、社会进步的民主党派，在新民主主义革命斗争中，逐渐认识到中国共产党的方针政策的正确性，因而逐步抛弃了“中间路线”的主张，团结到共产党的旗帜下，接受共产党的领导，形成了同共产党亲密合作的关系，走上了共产党领导的多党合作的道路。新中国成立前夕，我们又建立了与共产党领导的多党合作制相适应的政治协商制度，即在中国共产党领导下，各政党、各人民团体、各少数民族人士和社会各界代表，以中国人民政治协商会议为组织形式，经常就国家的大政方针进行民主的、平等的、认真的讨论和协商的一种制度。中国共产党领导的多党合作和政治协商制度，在社会主义革命和建设中发挥了重大作用。在新的历史时期，建设富强、民主、文明的社会主义现代化国家，是中国共产党和民主党派的共同愿望，共同的斗争历史和现实的政治基础决定了中国必须实行共产党领导的多党合作和政治协商制度。

共产党领导的多党合作和政治协商制度，是我国的一项基本政治制度，是加强社会主义民主政治建设的一个重要内容。坚持共产党的领导是多党合作的首要原则。中国共产党对各民主党派的领导是政治领导，即政治原则、政治方向和重大方针政策的领导。实行共产党的领导，并不是包办各民主党派的内部事务，代替民主党派的具体工作，而是通过提出明确的路线、方针和政策，使民主党派有一个正确的政治方向，以便更好地开展工作。

在共产党领导的多党合作中，各民主党派发挥着重大作用。我国现有的八个民主党派（民革、民盟、民建、民进、农工党、致公党、九三学社、台盟）大多是抗日战争和解放战争期间成立的。这些民主党派原来是以民族资产阶级、城市小资产阶级以及同这些阶级相联系的知识分子和其他爱国民主人士为主体的具有阶级联盟性质的政党。经过社会主义革命，现在这些民主党派早已成为各自所联系的一部分社会主义劳动者和一部分拥护社会主义的爱国者的政治联盟，是致力于社会主义事业的政党。在共产党领导的多党合作中，民主党派参加国家政权和国家事务管理，参加国家大政方针和社会生活重大问题的协商讨论，并根据各自的特点向共产党和人民政府提出建议、意见和批评，积极开展为社会主义建设、为人民服务的各类活动等，发挥着重要的作用。

作为我国民主政治的一项基本制度，共产党领导的多党合作和政治协商制度还有待于不断完善。我国的统一战线在 1957 年以后曾长期受“左”

的思想的影响，特别是在“文化大革命”中，民主党派和人民政协曾一度被迫停止活动，其地位和作用也被不适当地加以否定。粉碎“四人帮”以后，共产党领导的多党合作和政治协商制度虽然得到了恢复和发展，但还存在着一些亟待改进完善的地方。首要的问题，是提高同民主党派长期共存的必要性和重要性的认识。同时，各民主党派要加强自身建设，发挥参政议政职能；人民政协的性质、地位、职能也需要从宪法和法律上进一步明确，以便更好地发挥其参政议政重要场所和政治协商民主监督的作用。

（四）坚持和完善民族区域自治制度

世界上的多民族国家在处理民族问题方面有不同的制度模式，中国采用的是民族区域自治。民族区域自治是在国家统一领导下，各少数民族聚居的地方设立自治机关，行使自治权，实行区域自治。中国采用民族区域自治的办法解决民族问题，是根据本国的历史发展、文化特点、民族关系和民族分布等具体情况作出的制度安排，是中国的一项基本政治制度。这种制度实际上是一种民族自治和区域自治结合的制度。民族区域自治的核心，是保障少数民族当家作主，管理本民族、本地方事务的权利。

坚持和完善民族区域自治制度，进一步促进少数民族和民族地区的繁荣发展，要从法律上保证各少数民族管理本民族内部事务的权利，赋予民族自治地区更多的自主权；从财政、物资、技术等方面帮助少数民族发展经济和文化事业，帮助民族自治地区从当地民族中大量培养各级干部、各种专业人才和技术人员；巩固和发展平等、团结、互助的社会主义民族关系，促进各民族共同繁荣进步。

实行民族区域自治制度，符合我国国家统一的历史主流和社会主义原则，符合各民族经济文化发展的需要，符合各民族大杂居、小聚居的特点。实践证明，实行民族区域自治制度既能保证少数民族在自己的聚居区内实现当家作主的权利，又能维护祖国的统一和增强各民族的团结。实行民族区域自治制度有利于充分发挥各民族进行社会主义现代化建设的积极性和创造性，促进各民族共同繁荣与进步，利于巩固国家的稳定和统一，抵御国内外敌对势力的颠覆和破坏。

（五）坚持和完善基层群众自治制度

我国是一个有13亿多人口的大国，社会管理层次较多，人民生产生活重心在基层，基层公共事业的发展和基层公共事务的管理涉及人民群众的切身利益，基层民主同人民群众的利益息息相关。扩大基层民主，是完善发展中国特色社会主义民主政治的必然趋势和重要基础。

改革开放以来，我国基层民主不断扩大，公民有序的政治参与渠道增多，民主的实现形式日益丰富。城乡广大人民群众已经建立了以农村村民委员会、城市居民委员会和企业职工代表大会为主要内容的基层民主自治体系。广大人民在城乡基层群众性自治组织中，依法直接行使民主选举、民主决策、民主管理和民主监督的权利，对所在基层组织的公共事务和公益事业实行民主自治。基层民主作为国家制度民主的具体化，具有全体公民广泛和直接参与的特点，是社会主义民主广泛而深刻的实践。

党的十七大首次把基层群众自治制度纳入中国特色社会主义民主政治制度的基本范畴，明确指出："人民依法直接行使民主权利，管理基层公共事务和公益事业，实行自我管理、自我服务、自我教育、自我监督，对干部实行民主监督，是人民当家作主最有效、最广泛的途径，必须作为发展社会主义民主政治的基础性工程重点推进。"强调要进一步健全基层党组织领导的充满活力的基层群众自治机制，扩大基层群众自治范围，完善民主管理制度，把城乡社区建设成为管理有序、服务完善、文明祥和的社会生活共同体。

总之，中国特色社会主义民主制度适应了中国历史与国情对政治制度提出的总体要求，保持了国家长期稳定发展，提高了社会主义社会的生产力水平，符合最广大人民的根本利益，在促进经济发展、社会和谐中体现出明显的制度优势。

三、中国特色社会主义政治建设的创新

（一）中国特色社会主义政治建设不能照搬西方民主模式的思想

邓小平认为，一般地讲政治体制改革都讲民主化，但民主化的含义并不十分清楚。任何国家的民主，都离不开那个国家的历史文化传统、经济发展状况和社会制度。我们所要建设的民主，不是抽象的民主，而是具体的民主，不是照搬资本主义国家的民主，而是适合自己国情的民主，即“社会主义民主或称人民民主，而不是资产阶级的个人主义的民主”①。因此，“一定要把社会主义民主同资产阶级民主、个人主义民主严格地区别开来”②。邓小平还指出：“资本主义社会讲的民主是资产阶级的民主，实际上是垄断资本的民主，无非是多党竞选、三权鼎立、两院制。”③“三权分立”是指资产阶级国家按照所谓分权的原则将立法权、行政权、司法权分别由议会、政府、法院来行使。“两党制”或“多党制”是指资产阶级国家由两个或多个政党扮演执政和在野两种互相对立的角色，对立的政党互相争斗、轮流上台执政。由于中国特殊的国情及中国民主政治的性质所决定，中国特色社会主义政治建设不能也无法搬用西方资本主义的民主模式。

“三权分立”的原则在对封建专制的斗争中起过历史的进步作用，它在一定程度上确实起到了限制权力集中，防止滥用权力的作用。但是，它实际上是以分权的形式来掩盖资产阶级专政的本质的。“三权分立”的政治制度在实践中的表现是以权力对抗权力，以权力制衡权力。其实质最初是资产阶级和封建贵族分享政权，以后逐步让位于资产阶级内部不同利益集团之间的分权。实行“三权分立”的政治制度是由以私有制为主要内容的资本主义经济基础决定的，是与资产阶级掌握国家政权的性质相适应

---

① 《邓小平文选》，2版，第2卷，175页，北京，人民出版社，1994。
② 同上书，176页。
③ 《邓小平文选》，第3卷，240页，北京，人民出版社，1993。

的。“三权分立”的原则和制度不符合我国国情，不符合社会主义人民政权的性质和要求。

第一，“三权分立”是资产阶级用以调节其内部矛盾的政治体制。资产阶级的根本经济利益和政治利益同无产阶级是完全对立的。资产阶级内部各集团、各派别在剥削和压迫无产阶级问题上是完全一致的。但是，就其内部垄断集团的关系而言，它们因为追逐剩余价值又产生了无法调和的矛盾。因而，为了维护整个资产阶级的共同统治，必须寻找一种既能把无产阶级排斥在权力中心之外，置于资产阶级统治之下，又能够保证资产阶级内部各集团、各派别之间相互制约，调节、缓和其矛盾的政治体制。它既能防止或抑制某个垄断集团独霸权力，又能使资产阶级社会得以正常运行。可见，“三权分立”是阶级对抗和利益矛盾的产物。我国是社会主义国家，剥削阶级作为一个阶级已经消灭，生产资料公有制占主体，广大人民群众的经济利益和政治利益是根本一致的，因而没有“三权分立”赖以存在的阶级基础。

第二，“三权分立”的体制是虚伪的。根据马克思主义的国家学说，资本主义国家乃是资产阶级一个阶级专政的政权，“三权分立”的议会制不过是掩盖其阶级统治的最好政治外壳。马克思、恩格斯、列宁在谈到资产阶级议会制时都认为，它是“每隔几年决定一次究竟由统治阶级中的什么人在议会里镇压人民、压迫人民”①。对广大劳动者来说，它是不折不扣的骗局。在这种制度下，尽管人民在表面上享受一定的民主权利，一些共产党人和工人代表也可能当选为国会议员，但人民群众永远不能当家作主，更不能摆脱被压迫受剥削的地位。以美国总统选举为例，从理论上讲，只要生在美国，年满 35 岁，在美国居住 14 年以上的美国公民都享有被选为总统的权利。但是，实际上只有一些大垄断财团在挑选总统中起决定作用，而当选的总统又无一例外地都是资产阶级的代表人物。任何美国人都知道，“金钱是政治活动的母乳和润滑剂”。

第三，“三权分立”在实践中相互牵制，效率很低。资产阶级在实行

① 《列宁选集》，3 版，第 3 卷，150 页，北京，人民出版社，1995。

“三权分立”的实践中，或是互相牵制，议而不决，决而不行；或是争权夺利，内部打架，造成麻烦，甚至“三权”之间失去平衡，失去制衡作用。主要表现是行政权力越来越大，凌驾于立法权之上，使资产阶级鼓吹的体现“民主”的议会机关成为虚设。邓小平指出：一些西方国家搞三权分立、多党制，“这使它们每个国家的力量不可能完全集中起来，很大一部分力量互相牵制和抵消”①。“社会主义国家有个最大的优越性，就是干一件事情，一下决心，一做出决议，就立即执行，不受牵扯。”② 就这个范围来说，我们的效率是高的。我们不能搬用西方的“民主”，不能搬用西方的“三权分立”，而要搞社会主义民主，要保证社会主义的优越性。“实际上，西方国家也并不都是实行三权鼎立式的制度”③。

中国不能实行“三权分立”的资本主义政治体制，中国也不能实行在西方通行的“两党制”或“多党制”的政党制度。这主要是因为：

第一，中国不存在“两党制”或“多党制”的社会经济基础。政党制度是上层建筑，是由一定的经济基础决定并为其服务的。西方的“多党制”或“两党制”，都是伴随着资本主义经济发展而产生的一种为资产阶级利益服务的政治制度。资本主义私有制必然造成资产阶级内部为了追逐高额利润而进行激烈竞争，因而必然形成不同的利益集团。这些集团因其共同的利益而彼此联系在一起，但又因各自的不同利益而彼此争权夺利。这种状况反映在政治上，就会形成代表不同利益集团的一些政党，通过政党之间在国家权力上的争斗来实现各自所代表的集团利益。中国是一个社会主义国家，生产资料公有制占主导地位，虽然还存在着阶级、阶层的区别和差异，但全体人民的根本利益是一致的，建设社会主义现代化的奋斗目标是一致的。

第二，中国近现代历史早已证明，“多党制”在中国行不通。20 世纪之初，即民国年间，由于《中华民国临时约法》规定了实行“议会制”、“内阁制”，因此中国政治舞台上曾一度出现了一股组党热潮，形形色色的

---

① 《邓小平文选》，2 版，第 2 卷，267 页，北京，人民出版社，1994。

② 《邓小平文选》，第 3 卷，240 页，北京，人民出版社，1993。

③ 同上书，307 页。

大小政党达300多个，大有政党林立之势。有的人也因此认为中国具备了搞“多党制”的社会条件。以资产阶级革命家宋教仁为主要代表的一些人，幻想在中国搞“多党制”，并限制袁世凯的独裁统治。为此，他到处游说，组织政党，并赢得了议会选举。但是，他很快被袁世凯指派的反动势力暗杀，成为中国推行“多党制”的牺牲品。在国民党统治时期，也曾有一些民主党派的代表人物对资产阶级国家的“多党制”抱有幻想，希望在中国建立欧美那样的资产阶级民主制度，结果均以失败而告终。事实证明，在半殖民地半封建的中国，帝国主义支持下的封建买办势力是从不允许任何政治力量同它分庭抗礼的。而软弱的中国民族资产阶级也无力组织一个强有力的政党来同封建买办势力抗衡。

第三，在中国实行“多党制”或“两党制”必然会造成政局动荡和国家分裂。西方的“两党制”和“多党制”的统治形式，是垄断资产阶级用以麻痹劳动人民的一种手段和方法。无论是“两党制”还是“多党制”，尽管各政党表面上扮演着相互对立的两个角色或多个角色，但作为反对党，它们反对的并不是资产阶级政权本身，而是当时在台上的执政党，为自己上台铺平道路。资产阶级政党无论哪个上台执政，都是代表整个资产阶级实行专政，并不改变这种政权的阶级实质和内容。正如邓小平所指出，资本主义国家的多党制，“是资产阶级互相倾轧的竞争状态所决定的，它们谁也不代表广大劳动人民的利益”①。需要指出的是，由于“两党制”和“多党制”这种形式给资本主义国家的政治生活涂上了一层“民主”色彩，因而具有掩盖资产阶级专政的阶级实质、模糊无产阶级的阶级意识和政治视线的作用。资本主义国家把给人民带来危害的责任推给在台上执政的政党，从而给人们以错觉，危害似乎与资产阶级统治无关。幻想引进西方资产阶级国家的“多党制”或“两党制”来推进中国政治民主化进程，无疑是错误的。设想一下，在中国这样一个有十几亿人口、又具有小资产阶级深远影响的大国，推行西方的多党政治，在党派数目上也许是会创世界纪录的，必然会造成党派纷争、秩序混乱、政局动荡、国家分裂，经济

① 《邓小平文选》，2版，第2卷，267页，北京，人民出版社，1994。

发展和社会进步就无从谈起。

在民主政治建设上，我们还要注意揭穿西方国家所制造的“人权”骗局，正确认识人权与国权的关系，认识在人权问题上我们与西方世界本质上的区别。邓小平指出：“人们支持人权，但不要忘记还有一个国权。谈到人格，但不要忘记还有一个国格。”① “西方的一些国家拿什么人权、什么社会主义制度不合理不合法等做幌子，实际上是要损害我们的国权。搞强权政治的国家根本就没有资格讲人权，他们伤害了世界上多少人的人权！”② 我们主张的人权和我们社会主义的民主政治制度是一致的。我们致力于维护和保障我国的国权和公民的人权，并把生存权、发展权放在首位，使公民全面享有我国宪法规定的各项基本权利，体现了社会主义民主的优越性。

（二）民主建设必须同法制建设紧密结合的思想

发展社会主义民主，必须同健全社会主义法制紧密结合起来，这是邓小平在新时期反复强调的一个重要思想。邓小平指出：“为了保障人民民主，必须加强法制。”③ “做到有法可依，有法必依，执法必严，违法必究”④。他认为，“我们的民主制度还有不完善的地方，要制定一系列的法律、法令和条例，使民主制度化、法律化”⑤，强调民主和法制这两个方面都应该加强。民主要法制化，法制要保障民主。社会主义民主是民主化与法制化的统一，不能把二者割裂开来。社会主义法制是社会主义民主制度化、法律化的体现。社会主义民主与社会主义法制是相互依存、不可分割的。社会主义民主是社会主义法制的内容和基础，社会主义法制是社会主义民主的体现和保障。只有在充分发扬社会主义民主的基础上，才能建立与健全社会主义法制，也只有认真贯彻执行社会主义法律，坚持以法治国，使广大人民群众在党的领导下，依照宪法和法律规定，通过各种途径

---

① 《邓小平文选》，第3卷，331页，北京，人民出版社，1993。

② 同上书，348页。

③ 《邓小平文选》，2版，第2卷，146页，北京，人民出版社，1994。

④ 同上书，146～147页。

⑤ 同上书，359页。

和形式管理国家事务，管理经济文化事业，管理社会事务，保证国家各项工作都依法进行，才能逐步实现社会主义民主的制度化、法律化，才能切实保障人民民主权利的实现。

社会主义民主是社会主义法制的内容和基础。首先，社会主义民主是社会主义法制产生的前提。不建立社会主义国家政权，人民事实上没有掌握国家权力，也就不可能把自己的意志上升为法律，从而也就不可能产生社会主义法制。正如列宁所说："如果没有政权，无论什么法律，无论什么选出的机关都等于零。"① 其次，社会主义民主决定社会主义法制的内容和性质。近代意义上的法制，都与民主密切联系，有什么性质的民主，就有什么性质的法制。社会主义国家是新型民主与新型专政相结合的政权，人民是国家的主人，保障人民民主是社会主义国家不可动摇的原则。因此，作为治国工具的社会主义法制，必须同社会主义民主紧密联系，把保障和实现人民民主权利，特别是人民行使管理国家事务的权利，作为法制的出发点和归宿。它要求法律对人民负责，并由人民加以监督。这是我国法制的社会主义性质的根本体现。再次，社会主义民主是社会主义法制的力量源泉。社会主义法制的建立和加强，法制措施的有效实施，都必须依靠人民群众的力量，而要调动人民群众的积极性，又必须发扬社会主义民主。只有依靠人民，经过民主程序，采用民主办法，社会主义法制才能发挥作用。

社会主义法制是社会主义民主的体现和保障。首先，社会主义法制规定了民主权利的范围，为实现人民的民主权利指明了方向。在社会主义国家中，人民民主权利不是"天赋的"，而是在共产党领导下，通过人民群众的斗争实现的，具有很大的广泛性。我国宪法和法律对人民当家作主的权利和各种民主权利都作出了具体、明确的规定。把这些民主权利制度化、法制化，就使人们知道可以做什么，应当做什么，不应当做什么，怎样做是合法的，怎样做是违法的，从而使全国人民在行使民主权利时有了明确方向，保证其得以真正实现。其次，社会主义法制规定了人民行使民

① 《列宁全集》，中文2版，第13卷，309页，北京，人民出版社，1987。

主权利的条件，为人民正确行使民主权利提供了法律依据和保证。社会主义民主是在宪法和法律范围内的民主，社会主义法制保证公民充分行使宪法和法律赋予的民主权利，它既禁止一切侵犯人民民主权利的行为，又反对极端民主化和无政府主义行为；它既保障人民的民主权利不受任何侵犯，又要求公民自觉地履行宪法和法律规定的义务，任何人不得例外。同时，社会主义法制还规定了人民行使各项民主权利的程序和方法，这也是保障民主实现的必要条件。我国的宪法和有关法律规定了实现民主的一系列程序，特别是政治上行使管理国家权利的程序。人民运用这一法律武器，既可以维护自身的合法权益，又可以监督政府各部门的行政行为，促进行政机关及其人员依法行政、恪尽职守。再次，社会主义法制规定了对破坏人民民主权利的行为实行制裁的措施，为捍卫社会主义民主提供了强大武器。在社会主义初级阶段，由于还存在着阶级斗争，存在着一小撮反对人民民主专政的敌对势力，因而捍卫社会主义民主的斗争并没有结束。同时，在人民内部，由于受剥削阶级思想的影响和国际阶级斗争的影响，也不可避免地会产生各种损害社会主义民主的不法行为，这就需要运用强制手段予以制裁和惩治，以保障人民的民主权利。社会主义法制由于以国家暴力为后盾，具有强制执行的特性，它可以根据犯罪分子破坏和损害人民民主权利的情节和后果，给予不同形式和程度的法律制裁。因而，社会主义法制能够成为人民群众同敌对势力及违法犯罪分子进行斗争、捍卫社会主义民主的强大武器。

邓小平把发展社会主义民主同健全社会主义法制紧密结合起来的重要思想，反映了发展社会主义市场经济和民主政治的需要，为党的第三代中央领导集体将坚持党的领导、发扬人民民主和依法治国统一起来，提出依法治国、建设社会主义法治国家，从制度上和法律上保证党的基本路线、基本纲领、基本政策的贯彻实施，提供了重要的基础。

（三）依法治国的基本方略

从20世纪50年代新中国第一部宪法的制定及党的八大提出加强人民民主法制的任务，到党的十五大正式提出依法治国基本方略，中国社会主义法治化目标的确立经历了一个较长的过程。依法治国，就是广大人民群众在党的领导下，依照宪法和法律的规定，通过各种途径和形式来管理国家事务，管理经济文化事业，管理社会事务，保证国家的各项工作都依法进行，逐步实现社会主义民主的制度化、法律化，使这种制度和法律不因领导人的改变而改变，不因领导人看法和注意力的改变而改变。

依法治国是发展社会主义民主政治的基本内容。首先，依法治国的主体，是广大人民群众。法治是民主的制度化和法律化，法治的性质是由民主的性质决定的，法治的主体也是由民主的主体决定的。在我国，广大人民群众早已作为国家的主人管理着自己的国家，享受着广泛的民主权利，人民群众作为依法治国的主体，是通过人民代表大会制度体现的。这是由我国社会主义国家和社会的性质决定的，也是社会主义民主同资本主义民主的本质区别。其次，依法治国的客体，是国家的各项工作、事务和事业。在依法治国的过程中涉及上述事务的人员和单位，都应当受到法律的规范。任何国家机关和公职人员在行使权力时必须受到法律制度的约束和监督，并且承担相应的责任，必须做到依法行政，坚持依法治权。最后，宪法是实施依法治国的重要保障。宪法是国家的根本大法，反映了广大人民群众的意志和社会发展的客观规律，具有最大的权威性和最高的法律效力。全国人民、国家机关公职人员和社会团体、企事业组织都必须严格依照以宪法为核心的社会主义法律体系来办事，维护宪法和法律的尊严。任何人、任何组织都没有超越宪法和法律的特权，行政法规和规章都不能同宪法和法律相抵触。

依法治国是进行社会主义现代化建设的必然要求。我国是一个具有浓厚封建专制传统的国家。社会主义现代化建设和民主政治的发展都要求我们努力消除历史上遗留下来的人治因素，建构法治社会制度和法治国家制度，完成向法治社会、法治国家的转变。“法制”和“法治”虽一字之差，但其内涵却有很大区别，从“法制”到“法治”是一个深刻的观念变革，表明中国不仅要加强法律制度的建设，而且要彻底改变传统的“人治”方式。法治是与“人治”相对立的，其核心是依法办事，保证国家的各项方针、政策能够反映广大人民的意愿，防止个人专制。那种建立在领导者个人魅力基础上的政治权威体系已经丧失了其存在的社会基础，并与社会主义民主的本质——人民当家作主相悖，“人治”必然让位于“法治”。

依法治国是人民当家作主的基本保证。人民取得的民主权利，如果不上升为制度和法律，并使这种制度和法律具有稳定性、连续性和权威性，人民的民主权利就没有保障。首先，依法治国既是社会主义民主政治建设的内在要求，也是实现社会主义民主的根本保证。发展社会主义民主，无论是坚持和完善人民民主专政的国体、坚持和完善人民代表大会制度的政体，还是保障人民的主人翁地位、保证公民享有广泛的权利与自由、尊重和保障人权，都离不开完备的社会主义法制和法治。其次，依法治国是发展社会主义市场经济的客观需要。市场经济作为法治经济，其各个环节都必须由法制加以保障、调节和促进。市场主体的活动，市场体系的维系，市场对资源配置基础性作用的发挥，国家对市场的宏观调控，都需要法律的规范、引导、制约和保障。在国际经济交往中，也需要按国与国之间约定的法则和国际惯例办事。最后，依法治国是社会文明和社会进步的重要标志。法是人类文明的产物，是社会从个别的自发性向自觉的规范性调整的结果。法治本身所具有的稳定、连续、明确性，平等、公正、公开性，严密、规范、科学性，强制、至上、权威性等特征，决定了它是人类社会追求文明进步的重要目标和标志。依法治国意味着用法律来调整人们之间的社会关系、权利与义务关系，建立一整套完善的法律制度和法治原则，并严格依法办事，这些都是社会文明成果的表现。

（四）坚持党的领导、人民当家作主、依法治国的有机统一的思想

党的十七大报告指出，推进社会主义民主政治建设，必须坚持正确的政治方向，以保证人民当家作主为根本，以增强党和国家活力、调动人民积极性为目标，扩大社会主义民主，建设社会主义法治国家，发展社会主义政治文明。十七大在新的历史起点上为探索人民民主的实现形式，推进社会主义民主制度化、规范化、程序化，提出了一系列重要的要求。

第一，坚持和完善党领导全局、协调各方的领导核心作用。中国共产党的领导地位，是在中国革命、建设和改革的长期实践中逐步形成的，是

历史的选择、人民的选择。从根本上说，没有党的领导，就没有现代中国的一切。社会主义民主建设离不开共产党的领导。不要共产党领导的民主，绝不是社会主义的民主；离开了共产党的领导，社会主义民主政治的建设就可能走偏方向。坚持党对社会主义民主建设的领导，必须提高党的领导水平和执政能力，推进党内民主建设。党的领导水平和执政能力的高低，关系到社会主义民主建设的成败。民主这一社会主义建设的基本目标不是可以孤立实现的，它必须与经济文化的发展相协调。只有经济文化得到了高度的发展，人民的民主意识和思想文化素质才会得到极大的提高，民主的目标才能实现。要完成这些长期、艰巨和复杂的任务，就必须按照科学执政、民主执政、依法执政的要求，提高党的领导水平和执政能力，否则只能是一句空话。党内民主的状况直接关系到国家政治生活的民主。以扩大党内民主来带动人民民主，是发展社会主义民主政治的一条切实可行、易于见效的途径。如果党内民主搞得不好，人民民主、社会主义民主就不可能建设好；相反，党内民主搞好了，就会直接影响到人民群众政治参与的热情，对全社会范围内的民主建设必然会产生巨大的推动作用。

第二，扩大公民政治参与，坚持人民当家作主。公民的政治参与是指公民依法通过一定的程序和方式参加政治活动，直接或间接地影响政治决策的行为。它是政治关系中公民政治权利得以实现的重要方式，反映着公民在社会政治生活中的地位和作用。实现公民有序的政治参与是发展人民民主的内在要求，也是人民当家作主的主要形式。改革开放以来，随着政治体制改革的进行和社会主义市场经济的发展，人民的民主意识不断增强，公民政治参与的意识和程度都获得了显著的发展。但同时，生产力水平较低、公民文化素质不高、民主法治不健全等因素又影响和制约着公民政治参与的积极性、主动性。扩大公民的政治参与，必须在坚持和完善人民代表大会制度的前提下，探索公民参与政治的更多形式。为此，党的十七大报告强调指出，通过体制创新，健全民主制度，丰富民主形式，拓宽民主渠道，从各个层次、各个领域扩大公民有序政治参与，保障人民的知情权、参与权、表达权、监督权，不断扩大和保障广大人民的民主权利，不断增强党和国家的活力。

第三，认真落实依法治国的基本方略。发展社会主义民主，必须同健全社会主义法制、实行依法治国紧密结合。社会主义民主与社会主义法制是相互依存、不可分割的。社会主义民主是社会主义法制的内容和基础，社会主义法制是社会主义民主的体现和保障。只有在充分发扬社会主义民主的基础上，才能建立与健全社会主义法制，也只有认真贯彻执行社会主义法律，坚持依法治国，使广大人民群众在党的领导下，依照宪法和法律规定，通过各种途径和形式管理国家事务，管理经济文化事业，管理社会事务，保证国家各项工作都依法进行，才能逐步实现社会主义民主的制度化、法律化，才能切实保障人民民主权利的实现。落实依法治国的基本方略，就要坚持科学立法、民主立法，完善中国特色社会主义法律体系；坚持公民在法律面前一律平等，维护社会公平正义，维护社会主义法制的统一、尊严、权威。同时，深入开展法制宣传教育，弘扬法治精神，形成自觉学法、守法、用法的社会氛围。

一个国家实行什么样的政治制度，走什么样的民主法治道路，要与一国的国情相适应。中国特色社会主义政治制度，根植于中华民族几千年来赖以生存和发展的广阔沃土，产生于中国共产党和人民为争取民族独立、人民解放和国家富强而进行的伟大实践，是适合中国国情和社会进步要求的选择。列宁曾指出："一切民族都将走向社会主义，这是不可避免的，但是一切民族的走法却不会完全一样，在民主的这种或那种形式上，在无产阶级专政的这种或那种形态上，在社会生活各方面的社会主义改造的速度上，每个民族都会有自己的特点。"① 社会主义民主制度作为人类历史上一种崭新的政治制度，与资本主义相比在性质上有着本质的区别。在中国，包括人民代表大会制度、多党合作和政治协商制度、民族区域自治制度以及基层群众自治制度在内的社会主义政治制度，为实现人民当家作主、维护与促进民族团结和国家统一提供了可靠的政治保障。我国社会主义建设和改革的历史经验表明，经济建设不能急于求成，政治建设更不能急于求成。发展社会主义民主，是整个社会主义阶段的历史任务，我们应

---

① 《列宁全集》，中文 2 版，第 28 卷，163 页，北京，人民出版社，1990。

该有长期的思想准备。建设社会主义民主政治，需要从我国的国情出发，在党的领导下有步骤、有秩序地推进。社会主义愈发展，民主也愈发展。我们相信，只要我们坚定不移地走中国特色社会主义政治发展道路，不断深化政治体制改革，推进社会主义民主法治的发展，我们一定能够更好地发挥我国政治制度的特点和优势，并使它在21世纪展现出更加蓬勃的生命力。

（五）坚持中国特色社会主义政治发展道路

改革开放以来，我们总结发展社会主义民主正反两方面经验，强调人民民主是社会主义的生命，坚持国家一切权力属于人民，不断推进政治体制改革，社会主义民主政治建设取得重大进展，成功开辟和坚持了中国特色社会主义政治发展道路，为实现最广泛的人民民主确立了正确方向。习近平指出，“坚持中国特色社会主义政治发展道路，关键是要坚持党的领导、人民当家作主、依法治国有机统一，以保证人民当家作主为根本，以增强党和国家活力、调动人民积极性为目标，扩大社会主义民主，发展社会主义政治文明。”① 党的领导、人民当家作主和依法治国的有机统一，体现了社会主义国家政权的性质和我国人民民主的性质，是中国特色社会主义政治发展道路的根本要求和基本特征。

党的领导是实现社会主义民主的根本保证。中国是一个具有13亿人口、经济文化比较落后且发展很不平衡的发展中大国，人民利益的广泛性和多样性，实现人民利益所具有的复杂性、艰巨性，都要求必须有一个能够代表广大人民群众利益、集中反映和有效体现人民群众意志的政治核心，以团结、凝聚和带领人民把建设和改革事业不断推向前进。而正反两方面的实践都证明，只有中国共产党，才能担负起这样的历史重任。只有坚持中国共产党对中国特色社会主义政治建设的领导，才能坚持中国民主发展的社会主义方向，使民主与集中、民主与科学紧密地结合起来，使社会政治发展既满足人民群众的民主诉求，又合乎社会发展的客观规律，使

① 《习近平谈治国理政》，139页，北京，外文出版社，2014。

人民当家作主和依法治国具有可靠的根本保证。

人民当家作主是社会主义民主政治的本质和核心。人民民主是社会主义的生命，人民当家作主是实现人民民主的前提和基础。只有真正实现人民当家作主，才能保证社会主义国家各项事业的发展符合人民群众的利益和愿望，离开人民当家作主，不受人民群众的监督，党的领导和依法治国就会偏离正确方向，就会改变其根本性质。同时，发扬人民民主又是加强和改善党的领导的有效途径。党只有领导人民创造各种有效的当家作主的民主形式，坚持依法治国，才能充分实现人民群众当家作主的权利，巩固自己的执政地位。

依法治国是社会主义民主的有效途径和可靠保障。法治是一个国家发展的重要保障，是治国理政的基本方式。依法治国是党领导人民治理国家的基本方略。依法治国，就是要使广大人民群众在党的领导下，依照宪法和法律的规定，通过各种民主途径和形式管理国家事务、管理经济文化事业、管理社会事务，保证国家各项工作都能够依法、有序进行。中国共产党领导人民制定宪法和法律，并带头严格遵守和维护宪法和法律，就能够使社会主义民主和法治更好地结合起来，加快社会主义法治国家建设。

党的十一届三中全会以来，社会主义民主和法制建设取得了举世瞩目的成就。但是，还必须看到，由于我国社会仍处于社会主义初级阶段，经济文化比较落后的基本状况还没有从根本上彻底改变。因此，我国的政治体制改革和民主政治建设，必须经过一个长时期的反复的实践过程，不可能一蹴而就，只能稳步地有秩序地推进和发展。

第八章　邓小平与中国特色社会主义文化建设

一、邓小平的社会主义精神文明建设思想

社会主义精神文明是社会主义的重要特征，是现代化的重要目标和保证。邓小平强调，要在搞好物质文明建设的同时，切实把精神文明建设提到更加突出的地位，坚持以马克思列宁主义、毛泽东思想为指导，立足本国而又面向世界、继承传统而又体现时代特征，努力提高全民族的思想道德素质和教育科学文化水平，培养有理想、有道德、有文化、有纪律的社会主义公民。只有这样，才能为发展社会主义市场经济、发展社会主义民主政治提供不可缺少的精神条件，并为创造崭新的社会主义中华文明奠定牢固基础。

（一）社会主义精神文明建设思想的提出

社会主义精神文明建设思想，是伴随着拨乱反正任务的完成、全面改革的展开和经济建设的发展而逐渐形成的。

十一届三中全会以后，随着党在指导思想上的转变，建国以来许多历史遗留问题和实际生活中出现的新问题不断得到解决，我国在经济上和政

治上都出现了很好的形势，全民族精神面貌焕然一新，意气风发地开始了社会主义现代化建设的新长征，从而也为社会主义精神文明建设理论的形成提供了现实基础。

1979年10月，邓小平在中国文学艺术工作者第四次代表大会上的祝词中，第一次提出了社会主义精神文明的概念。指出："我们要在建设高度物质文明的同时，提高全民族的科学文化水平，发展高尚的丰富多彩的文化生活，建设高度的社会主义精神文明。"① 在1980年12月召开的中央工作会议上，邓小平进一步指出："所谓精神文明，不但是指教育、科学、文化（这是完全必要的），而且是指共产主义的思想、理想、信念、道德、纪律，革命的立场和原则，人与人的同志式关系，等等。"② 这是对社会主义精神文明含义、内容所作的比较全面的阐述，实际上已经把精神文明建设概括为教育科学文化建设和思想道德建设两个基本方面。在此基础上，1982年7月，邓小平在军委座谈会上的讲话中又明确提出了精神文明建设的根本任务"主要是使我们的各族人民都成为有理想、讲道德、有文化、守纪律的人民"③。

党的十二大把社会主义精神文明作为社会主义的重要特征，明确提出并作了深入阐述。十二大报告指出："社会主义精神文明是社会主义的重要特征，是社会主义制度优越性的重要表现。过去在讲到社会主义特征的时候，人们往往强调剥削制度的消灭和生产资料的公有，按劳分配，国民经济有计划按比例的发展，以及工人阶级和劳动人民的政权。人们还强调，高度发达的生产力和比资本主义更高的劳动生产率，作为社会主义发展的必然要求和最终结果，也是它的特征。这些无疑都是正确的，但是还不足以完全包括社会主义的特征。社会主义还必须有一个特征，就是以共产主义思想为核心的社会主义精神文明。没有这种精神文明，就不可能建设社会主义。"④ 报告还深刻论述了社会主义精神文明建设的内容，并强调

① 《邓小平文选》，2版，第2卷，208页，北京，人民出版社，1994。
② 同上书，367页。
③ 同上书，408页。
④ 《中国共产党第十二次全国代表大会文件汇编》，29～30页，北京，人民出版社，1982。

指出："我们在建设高度物质文明的同时，一定要努力建设高度的社会主义精神文明"，"是否坚持这样的方针，将关系到社会主义的兴衰和成败"①。十二大对精神文明一系列问题的阐述，标志着邓小平社会主义精神文明建设理论的初步形成。

十二大以后，随着改革开放和现代化建设的全面展开，精神文明建设也取得重大进展。在邓小平理论和党的基本路线指引下，我们党发挥马克思主义的科学精神和创造活力，对社会主义的认识提高到新的水平；全国安定团结，民主法制逐步健全，广大干部和群众积极性显著提高；群众性的精神文明建设活动广泛展开，积累了许多新鲜经验；尊重知识、尊重人才的社会风尚逐渐树立，教育科学文化日趋繁荣；党的优良传统在发扬，党风和社会风气在好转，精神文明建设逐渐被作为社会主义现代化建设的战略目标，社会主义精神文明建设理论也日趋成熟。

1986 年 9 月，中共十二届六中全会在初步总结新时期精神文明建设经验的基础上，适应改革开放和现代化建设需要，通过了《关于社会主义精神文明建设指导方针的决议》，从我国社会主义现代化建设总体布局的角度，阐述了精神文明建设的战略地位、根本任务、指导思想和工作方针等一系列基本问题。但是，由于随后发生的资产阶级自由化泛滥以至政治风波，这个决议的精神在当时并未得到很好贯彻。

（二）精神文明建设思想的丰富发展

随着改革开放的深入，邓小平精神文明建设理论得到进一步完善和深化。1996 年 10 月，中共中央召开的十四届六中全会又通过《关于加强社会主义精神文明建设若干重要问题的决议》，强调指出，加强社会主义精神文明建设是一项重大战略任务，进一步明确了社会主义精神文明建设的基本任务、指导思想和奋斗目标，并要求努力提高全民族思想道德素质，积极发展社会主义文化事业，深入持久地开展群众性精神文明创建活动，切实增加精神文明建设的投入，加强和改善党对精神文明建设的领导。

① 《中国共产党第十二次全国代表大会文件汇编》，28 页，北京，人民出版社，1982。

《决议》表明，党对社会主义精神文明建设的认识水平达到了前所未有的高度。

从 1986 年 9 月召开的中共十二届六中全会到 1996 年 10 月召开的中共十四届六中全会，这 10 年中，党中央对社会主义精神文明建设作出了两个决议，这不仅反映了党对作为中国特色社会主义重大战略任务的精神文明建设的高度重视，也反映了党对中国社会主义现代化建设客观规律认识的不断深化，说明了精神文明建设在整个社会主义事业中地位的重要。如果说，从十一届三中全会开始拨乱反正到作出第一个决议，党对社会主义精神文明以至整个社会主义现代化建设的认识还只有 8 年的时间，对许多问题的认识，包括精神文明、物质文明以及精神文明本身内在各种关系问题的认识，还不可能很深刻全面，尤其是在对“什么是社会主义、怎样建设社会主义”等一系列根本问题上，还没有产生本质性的突破，党在指导思想上的第二次历史性飞跃还只是开了个头，作为这次飞跃伟大成果的邓小平理论和党的基本路线也还正在形成之中，那么，在党作出第二个决议时的情况，则有了很大的不同。这种变化，不仅表现在经过 80 年代末 90 年代初国内国际政治风波的考验，我国改革开放和社会主义现代化建设已经发展到一个新的阶段，以江泽民为代表的中国共产党人坚持“两手抓、两手都要硬”的方针，从多方面加强精神文明建设，着手克服 80 年代在执行“两手抓”方针过程中出现的“一手比较硬、一手比较软”的情况，作出了积极有效的努力，表现在 1992 年召开的党的十四大，科学地总结了十一届三中全会以来的基本实践和基本经验，确立了邓小平建设中国特色社会主义理论在全党的指导地位，明确要求在建立社会主义市场经济体制的同时把精神文明建设提高到新水平，而且表现在，十四大以来，党中央坚持用邓小平理论武装全党，深入宣传贯彻党的基本路线和基本方针，在经济、政治、思想、文化诸方面采取一系列重大措施，使精神文明建设在物质文明建设取得突出成绩的同时，也取得了积极的进展和明显的效果，对促进我国社会发展和稳定起了重要作用。

中共十四届六中全会《决议》第一次以党的文件的形式，对邓小平理论中关于社会主义精神文明建设的思想进行了系统的阐述。《决议》强调指出，邓小平理论包含着极其丰富的关于精神文明建设的思想，其主要内容有：

第一，关于精神文明建设的地位和现代化的战略布局。强调我们要建设的社会主义国家，不但要有高度的物质文明，而且要有高度的精神文明。只有两个文明都搞好，才是中国特色的社会主义。

第二，关于精神文明建设的任务。强调精神文明建设包括思想道德建设和教育科学文化建设，要教育人民成为“四有”人民，教育干部成为“四有”干部，特别要教育好青年，教育好后代。

第三，关于精神文明建设的指导思想和基本方针。强调必须坚持马克思主义，对马克思主义的信仰是我们的精神动力，实事求是是马克思主义的精髓，解放思想、改革开放要贯彻社会主义现代化全过程，坚持四项基本原则、反对资产阶级自由化也要贯彻社会主义现代化全过程，搞自由化就是把中国引导到资本主义道路，就会破坏安定团结的政治局面；强调要用教育和法律手段清除由于开放带来的一些坏的东西；强调要继承和发扬民族的优秀文化传统和党的优良传统，吸收和借鉴人类社会创造的一切文明成果，反对封建主义残余影响，抵制资本主义腐朽思想的侵蚀。

第四，关于精神文明建设的队伍建设。强调要尊重知识、尊重人才，培养一大批优秀的科学家、教育家、文学艺术家和其他各类专家，思想文化和教育战线上的同志都应当是人类灵魂工程师；强调思想政治工作和思想政治工作队伍决不能削弱，对思想上的不正确倾向要以说服教育为主，开展批评与自我批评，不能简单粗暴，也不能不闻不问。

第五，关于精神文明建设的组织领导。强调党要加强对精神文明建设的领导，下大力气抓，常抓不懈，从具体事件抓起，关键是党风建设和领导干部以身作则。

上述各方面内容，比较系统地概括了邓小平关于精神文明建设的一系列重要思想和观点，是《决议》的一大贡献。

党的十五大从跨世纪发展目标和纲领的角度，阐述了中国特色社会主义文化建设的任务。指出，中国特色社会主义文化，就其主要内容来说，同改革开放以来我们一贯倡导的社会主义精神文明是一致的。文化相对于经济、政治而言，精神文明相对于物质文明而言。只有经济、政治、文化协调发展，只有物质文明和精神文明都搞好，才是中国特色的社会主义。十五大强调，中国特色社会主义的文化是凝聚和激励全国各族人民的重要力量，是综合国力的重要标志。进入新世纪，江泽民又明确指出：在当代中国，发展先进文化，就是发展面向现代化、面向世界、面向未来的，民族的科学的大众的社会主义文化，不断丰富人们的精神世界，增强人们的精神力量，为我国经济发展和社会全面进步提供精神动力和智力支持。强调，在建设中国特色社会主义，发展社会主义市场经济的过程中，要把法制建设与道德建设结合起来，把依法治国和以德治国结合起来。

（三）社会主义精神文明建设的基本任务

社会主义精神文明建设的主要内容包括思想道德建设和教育科学文化建设两个方面，并渗透在整个物质文明建设之中，体现在经济、政治、文化、社会生活的各个方面。

第一，思想道德建设要解决的是整个民族的精神支柱和精神动力问题。其主要内容包括马克思主义的世界观和科学理论，共产主义的理论、信念和道德，同社会主义公有制相适应的主人翁思想和集体主义思想，同社会主义的政治制度相适应的权利义务观念和组织纪律观念，为人民服务的献身精神和共产主义的劳动态度，社会主义、爱国主义和国际主义，等等。社会主义思想道德集中体现着精神文明建设的性质和方向，对社会政治经济的发展具有巨大的能动作用。在改革开放和现代化建设的整个过程中，思想道德建设的基本任务是：坚持爱国主义、集体主义、社会主义教育，加强社会公德、职业道德、家庭美德建设，引导人们树立建设中国特色社会主义的共同理想和正确的世界观、人生观、价值观。建设中国特色的社会主义，最终目的是实现共产主义，应当在全社会认真提倡社会主义、共产主义思想道德。同时，要把先进性要求同广泛性要求结合起来，鼓励支持一切有利于解放和发展社会主义社会生产力的思想道德，一切有利于国家统一、民族团结、社会进步的思想道德，一切有利于追求真善美、抵制假恶丑、弘扬正气的思想道德，一切有利于履行公民权利与义务、用诚实劳动争取美好生活的思想道德，团结和引导亿万人民积极向上，不断提高全民族的思想道德水平。

加强思想建设，必须坚持马克思列宁主义、毛泽东思想，特别是用邓小平理论武装全党、教育干部和人民。这是思想建设的根本。要紧紧把握解放思想、实事求是这个精髓，坚持理论联系实际，正确认识社会发展规律，正确认识国家的命运和前途，坚定建设有中国特色社会主义的信念。祖国统一、民族团结是每一个有爱国心、民族情的中华儿女的共同心愿。必须加强爱国主义教育。"要用历史教育青年，教育人民"①，认识我们选择的道路是正确的，对中国的发展充满信心。同时，还要"告诉人民，包括共产党员在内，应该保持艰苦奋斗的传统"②。

社会主义道德建设以为人民服务为核心，以集体主义为原则，以爱祖国、爱人民、爱劳动、爱科学、爱社会主义为基本要求，主要内容是开展社会公德、职业道德、家庭美德教育，在全社会形成团结互助、平等友爱、共同前进的人际关系。为人民服务是社会主义经济基础的客观要求，是社会主义道德的集中体现。社会主义市场经济的发展，大大拓宽了人们道德实践的范围和领域，为全民族道德素质的提高创造了前提，但也容易诱发个人主义、拜金主义和享乐主义。因此，为人民服务和集体主义教育不仅不能削弱，而且更需要强化，应该大力提倡为人民为社会多做好事的社会主义道德风尚。

第二，教育科学文化建设要解决的是整个民族的科学文化素质和现代化建设的智力支持问题。其主要内容包括教育、科学、文学艺术、新闻出版、广播电视、卫生体育、图书馆等各项文化事业的发展和人民群众知识水平的提高，还包括健康、愉快、生动活泼、丰富多彩的群众性娱乐活动。加强教育科学文化建设，发展文学艺术、新闻出版、哲学社会科学等文化事业，满足人民群众日益增长的精神文化需求，对于提高民族素质，促进经济发展和社会全面进步，具有重要作用。改革开放和社会主义现代化建设的伟大实践，为文化建设注入了新的活力，同时，迫切要求文化事

① 《邓小平文选》，第3卷，206页，北京，人民出版社，1993。

② 同上书，290页。

业有一个大的提高和发展。只有深深植根于人民群众的历史创造活动，继承发扬民族优秀文化和革命文化传统，积极吸收世界文化优秀成果，社会主义的教育科学文化事业才能健康发展，日益繁荣。

第三，思想道德建设和教育科学文化建设是社会主义精神文明建设的两个方面，二者是紧密联系、相辅相成、互相渗透、互相促进的。

思想道德建设决定精神文明建设的性质和方向，为教育科学文化建设提供精神动力和思想保证。教育科学文化知识本身是没有阶级性的，但在为谁服务上却有所不同。这就决定了我们的精神文明建设必须以马克思列宁主义、毛泽东思想、邓小平理论为指导，加强革命的理想、道德和纪律教育。这是社会主义精神文明建设的最显著特征。思想道德建设不仅决定了精神文明的性质，决定了教育科学文化的发展方向，而且关系到社会主义物质文明的建设，关系到党风和社会风气的根本好转，关系到我们是否坚持四项基本原则这一立国之本。其中，党的思想建设是全社会精神文明的支柱，是社会主义精神文明建设的灵魂。马克思列宁主义、毛泽东思想、邓小平理论为社会主义的教育科学文化事业的发展提供了科学的世界观和方法论指导，保证了精神文明建设的社会主义方向。

教育科学文化建设是社会主义精神文明建设的基础，是思想道德建设的重要条件。教育科学文化建设的发展为人们提高思想道德水平创造了条件，没有一定的教育科学文化知识的积累，是不能很好地学习和掌握马克思主义的科学理论，树立辩证唯物主义和历史唯物主义的世界观的。一般而言，愚昧、落后、野蛮往往与无知直接相关。而教育科学文化事业的发展有利于人们正确认识自我、认识社会、认识人生，提高思想道德水平。教育科学文化水平较高的地方，思想道德水平提高也快；反之，思想道德水平的提高则较慢一些。应该承认，教育科学文化的发展不仅是物质文明的重要条件，也为思想道德水平的提高提供了知识前提，是不可忽视的重要条件。在改革开放的今天，一些地方封建思想还很严重，封建迷信还有市场，一个重要原因就是教育落后、文化贫困和科学上的无知。

社会主义精神文明建设的两个方面具有不同的内容、特点，但双方又是相互作用的。教育科学文化的发展对人们思想道德的进步起着重要作用，人们的思想道德的确立和发展又影响着人们聪明才智的发挥，促进教育科学文化的进一步提高和发展。二者密切相联、不可分割，在理论和实践中把二者割裂开来的做法是错误的，也是有害的。

第四，社会主义精神文明建设的根本任务，是适应社会主义现代化建设的需要，培育有理想、有道德、有文化、有纪律的社会主义公民，提高整个中华民族的思想道德素质和科学文化素质。

历史唯物主义认为，人是社会一切活动的主体，社会活动的成就大小，除受到社会环境、历史条件等客观因素制约外，主要取决于人在其中所起的作用，而人的素质是其中极为重要的条件。人的素质是历史的产物，又给历史以巨大的影响。社会生产力的发展，为人的素质提供客观物质基础，促进了人的素质的提高；社会生产力的发展也离不开人的发展，人的素质的提高又对生产力的发展具有重要作用。社会主义制度的确立，为人的素质的全面提高提供了较以往任何时代更大的现实可能性。在社会主义制度下，人们的根本利益是一致的，人和人之间在公有制为主体的生产关系的基础上建立了新型的人际关系。这不仅有利于社会生产力的发展，而且有利于全体公民素质的改善，进而使整个社会的面貌发生深刻的变化。因此，提高全民族的素质，又是社会主义制度自身发展的要求。就处于社会主义初级阶段的中国来说，只有当全国各族人民的素质都得到很大提高，我们才有可能真正摆脱落后局面，赶上和超过世界经济发达国家；而培育“四有”新人则是提高全民族素质的关键所在。

“四有”目标是一个完整的概念，具有丰富的内涵。理想、道德、文化、纪律，它们之间既相互区别，又相互联系。有理想，包括不同的层次。共产主义理想是最高理想，每个共产党员应该具有这种崇高的理想，而对广大的普通群众则没有这种要求。现阶段我国各族人民的共同理想，就是建设中国特色的社会主义，把我国建设成为富强、民主、文明的社会主义现代化国家。有道德，是指每个公民都要遵守社会主义道德的基本要求，并在工作、学习、生活以及人与人的关系等各个方面体现出来。有纪律，就是要遵纪守法，这是一个社会主义新人所必备的重要素质。有理想、有道德、有纪律之间有着内在的一致性，而有纪律又是实现理想和讲究道德的保证。理想、道德、纪律，都是属于精神状态的问题，是社会主义新人区别于其他人的关键所在。有文化，指的是具有现代科学文化知识，它是社会主义新人的基本素质。人只有在有文化的前提下，才可能通晓社会发展规律，确立正确的世界观和掌握科学的方法论，并自觉地按照社会主义道德规范自己的行动，从而成为全面发展的人。提高人民的科学文化素质，与加强理想、道德、纪律的教育一样，是不可忽视的。社会主义精神文明建设是一项亘古未有的伟大工程，必须依靠全社会和全体人民的共同奋斗，充分发挥他们的积极性和首创精神。因此，社会主义精神文明建设根本任务的实现，不仅要靠思想文教战线的干部群众，而且要靠其他战线的干部群众共同努力。它是全党全军和全国各族人民共同的任务。

二、中国特色社会主义文化建设的基本特征和战略地位

文化的含义有广义和狭义之分。广义上的文化是指人类在社会发展的历史过程中所创造的物质财富和精神财富的总和。狭义上的文化是指与经济、政治等并列的，有关人类社会生活的思想理论、道德风尚、文学艺术、教育科学等精神方面的内容。中国特色社会主义文化，就其主要内容来说，同改革开放以来我们一贯倡导的社会主义精神文明是一致的。文明反映了整个社会生活和社会面貌变化，是人类社会发展进步和开化程度的标志。文明是一个整体，包括物质文明、精神文明、政治文明等内容。文化相对于经济、政治而言；精神文明相对于物质文明和政治文明而言。社会主义精神文明建设思想凝结着党对“什么是社会主义、怎样建设社会主义”这个当代中国首要的基本理论问题的深入思考和不懈探索。

（一）中国特色社会主义文化的科学内涵

1991 年，江泽民在庆祝建党 70 周年大会上的讲话中，提出了“有中国特色社会主义文化”的概念，并从经济、政治、文化相互协调发展的角度，阐述了中国特色社会主义文化建设的主要内容。在此基础上，党的十

五大阐述了中国特色社会主义文化建设的基本纲领，标志着中国特色社会主义文化建设理论的形成。江泽民指出："建设有中国特色社会主义的文化，就是以马克思主义为指导，以培育有理想、有道德、有文化、有纪律的公民为目标，发展面向现代化、面向世界、面向未来的，民族的科学的大众的社会主义文化。"① 世纪之交，江泽民又指出，党要始终代表中国先进文化的前进方向，强调"在当代中国，发展先进文化，就是发展有中国特色社会主义的文化，就是建设社会主义精神文明"②。先进文化是符合人类社会发展方向、体现先进生产力发展要求、代表最广大人民根本利益、反映时代进步潮流的文化。它最基本、最直接的价值取向是崇尚和追求先进性。

新世纪新阶段，胡锦涛提出，建设以社会主义核心价值体系为根本的和谐文化。和谐文化，既有浓郁的中国传统文化的底蕴，又具有当代中国先进文化的时代特色，是社会主义先进文化的时代体现，是全体人民团结进步的重要精神支撑。它以崇尚和谐、追求和谐为价值取向，融思想观念、思维方式、行为规范、社会风尚为一体，反映着人们对和谐社会的总体认识、基本理念和理想追求，是中国特色社会主义文化的重要组成部分。在当代中国，建设和谐文化与发展先进文化的指导思想和根本任务是统一的，以社会主义核心价值体系为根本的和谐文化属于先进文化，而当代中国的先进文化也必然表现有和谐的性质。繁荣社会主义先进文化，建设和谐文化，为构建社会主义和谐社会作出贡献，是现阶段我国文化工作的主题。

（二）中国特色社会主义文化的基本特征

中国特色社会主义文化，是中国特色社会主义经济政治的反映，又是为中国特色社会主义经济政治服务的，它具有以下四个特征：

第一，民族性。文化的民族性是经过长期的积淀而形成的，具有相对的稳定性。中国特色社会主义文化源于中华民族五千年的文明史。它要继

① 《江泽民文选》，第 2 卷，17～18 页，北京，人民出版社，2006。
② 江泽民：《论"三个代表"》，158 页，北京，中央文献出版社，2001。

承和发扬我国各民族历史上一切优秀的思想道德和文化成果，继承和发扬那些适应时代变化，能够推动人类进步和文明发展的文化。发扬民族文化，不仅要发扬古代文化，而且重点是发扬近代以来，特别是五四运动以来，中国共产党在领导人民革命和建设社会主义的过程中，在精神和文化方面的创造性成果，形成社会主义的内容和中华民族的形式有机结合的新文化。正如邓小平所指出，我们的文化工作者“应当认真钻研、吸收、融化和发展古今中外艺术技巧中一切好的东西，创造出具有民族风格和时代特色的完美的艺术形式”①。

第二，时代性。中国特色社会主义文化植根于中国特色社会主义的伟大实践。它反映了我国社会主义初级阶段经济的、政治的基本特征，与社会主义的基本经济制度和政治制度结合在一起，又对经济和政治的发展起着巨大的促进作用。我国社会主义初级阶段的主要矛盾和主要任务，决定了文化建设必须要紧紧围绕建设富强、民主、文明、和谐的社会主义现代化强国的根本目标，以社会主义现代化建设为中心，紧扣时代主题，“真实地反映丰富的社会生活，反映人们在各种社会关系中的本质，表现时代前进的要求和历史发展的趋势”②，为建设和发展中国特色社会主义提供良好的文化环境。

第三，开放性。中国特色社会主义文化是立足中国而又面向世界的开放的文化，它既要在民族文化的发展过程中不断发展和创新，又要吸取世界各个国家和民族的优秀思想和文化成果。人类文明的发展过程，是一个不同文化相互影响、相互融合而又相互排斥、冲突的辩证发展过程。任何一个国家、民族的存在与发展都不可能是完全封闭的，也没有一种文化和文明能够在自我封闭的状态下得到发展。先进文化是兼容的文化、开放的文化。中国特色社会主义文化以海纳百川的气魄和胸怀，面对人类创造的一切文明成果，充分显示其生命力和开放性。

第四，群众性。从一般意义上说，文化的广泛性是指文化特权的消解，即文化权力转向平等。中国特色社会主义文化的广泛群众性，是文化

---

① 《邓小平文选》，2版，第2卷，212页，北京，人民出版社，1994。

② 同上书，210页。

广泛性的一种具体化。它表明我们所要建设的文化是从群众中来到群众中去的一种文化。中国特色社会主义文化建设是广大人民群众的事业，人民群众是文化建设的主人。人民是创作的源泉，是文化的根基。我们的文化工作要始终不渝地面向最广大人民群众。在改革开放和社会主义现代化建设的新时期，我们的文化工作者应当着力塑造社会主义的新人，“塑造四个现代化建设的创业者，表现他们那种有革命理想和科学态度、有高尚情操和创造能力、有宽阔眼界和求实精神的崭新面貌”①，把优秀作品奉献给人民，最大限度地满足人民群众的精神文化需求。

（三）中国特色社会主义文化建设的战略地位

十二届六中全会《关于社会主义精神文明建设指导方针的决议》从社会主义现代化建设总体布局的高度，从两个文明相互作用的视角，阐述了正确认识社会主义精神文明建设战略地位的问题，指出：“以马克思主义为指导的社会主义精神文明是社会主义社会的重要特征。在社会主义时期，物质文明为精神文明的发展提供物质条件和实践经验，精神文明又为物质文明的发展提供精神动力和智力支持，为它的正确发展方向提供有力的思想保证。”强调社会主义精神文明建设，必须是推动社会主义现代化建设、促进全面改革和实行对外开放、坚持四项基本原则的精神文明建设。实践证明，对社会主义精神文明建设或者说中国特色社会主义文化建设作这样的定位无疑是正确的，也在实践中发挥了重要作用。但是，由于此后对两个文明一起抓的方针在执行过程中出现过不一贯的情况，发生了一手比较硬、一手比较软的问题，也由于 80 年代末 90 年代初国际国内形势所发生的变化，特别是由于向社会主义市场经济体制的转变所引起的经济和社会生活的许多重大变动，人们的思想认识一时还跟不上形势的发展等原因，在实际工作中出现了种种忽视精神文明、降低精神文明战略地位的现象。诸如：把物质文明与精神文明的关系看成单向的，不承认二者互为目的、互为条件；片面强调物质文明的基础地位，认为物质文明上去

① 《邓小平文选》，2 版，第 2 卷，210 页，北京，人民出版社，1994。

了，精神文明自然会上去，甚至主张只要经济上去了，精神文明受些损失也是值得的；把物质文明与精神文明的关系等同于哲学上的物质与精神的关系，认为精神文明的状况，同物质文明、经济建设没有直接关系等等，对精神文明建设产生了消极的影响。

党的十四届五中全会基于对精神文明和整个社会主义现代化建设形势的正确估计，明确提出要把精神文明建设提到更加重要的地位，并把它正式列入已经组织实施的跨世纪发展纲要，强调“任何情况下，都不能以牺牲精神文明为代价去换取经济的一时发展”。十四届六中全会《关于加强社会主义精神文明建设若干重要问题的决议》又指出：“社会主义精神文明是社会主义社会的重要特征，是现代化建设的重要目标和重要保证。”并强调：“在把物质文明建设搞得更好的同时，切实把精神文明建设提到更加突出的地位，认真解决当前一系列紧迫问题，进一步开创新形势下精神文明建设的新局面，已经成为全党和全国各族人民极其关注的大事。”这是以江泽民为代表的中国共产党人在世纪之交指导社会主义精神文明建设的重大战略构想，反映了党的第三代中央领导集体为坚持和实践邓小平理论，坚持党的基本路线和基本方针，全力推进有中国特色社会主义在21世纪的全面发展和全面进步所作的深刻思考。

第一，把精神文明建设或者说文化建设提到更加突出的地位，符合马克思主义关于人与文明发展统一的基本要求。

马克思主义认为，文明是一个整体。物质文明和精神文明作为人类社会进步的两种基本形态和实现方式，是人类在改造世界的实践中创造的共同财富。文明的发展过程，就是人实现自身解放的过程。归根结底，发展物质文明和精神文明的目的，不是别的，乃是人的自身需要。人的发展，是物质文明与精神文明应该和最终可能统一起来的真正原因。社会主义社会作为人类文明发展的一个必经阶段，不仅需要有较高水平的物质文明，而且需要有较高水平的精神文明。正如邓小平所说：“在社会主义国家，一个真正的马克思主义政党在执政以后，一定要致力于发展生产力，并在这个基础上逐步提高人民的生活水平。这就是建设物质文明。”“与此同时，还要建设社会主义的精神文明，最根本的是要使广大人民有共产主义的理想，有道德，有文化，守纪律。”① 只有物质文明和精神文明都搞好，才是有中国特色的社会主义。

社会文明作为一个整体，既不是一般意义上的物质，也不是一般意义上的精神，而是人类认识和改造自然、社会的一切成果。社会发展中的物质文明与精神文明的关系，不应简单地等同于哲学上物质与精神的关系。首先，哲学上的“物质”概念，是对各种具体物质存在的高度抽象（自然、社会、人），不是物质文明中所指的各种具体的物质成果；同样，哲学上的“精神”概念，也不具有精神文明中“外化”的成果（如科技、教育、文化等）。其次，在哲学上物质与精神的关系中，物质是在先的，精神是在后的，精神是物质发展到一定阶段的产物，是人脑这一高度组织起来的物质的机能和属性。在人产生以前，地球这一人的故乡就产生了；而在物质文明与精神文明的关系中，却没有这种一先一后的关系，二者是伴随人类社会的出现而同时产生的。再次，精神文明的发展，需要由物质文明提供必要的物质基础和前提。在这一点上，可以说是有哲学上物质与精神“决定与被决定”，或者说物质第一性、精神第二性的那种关系，但也不能等同。因为，精神文明的发展并不完全依赖物质文明的发展，它的真正动因，是人们改造客观世界、同时也改造自己的主观世界的实践活动。

物质文明和精神文明的发展，既存在着同生共进性，又存在着非平衡性和非同步性。正是基于这一特点，邓小平和党中央才在新时期坚持以经济建设为中心，进行社会主义现代化建设的条件下，在深化改革、扩大开放、发展社会主义市场经济的过程中，反复强调要坚持“一个中心、两个基本点”的总体战略布局，坚持“两手抓、两手都要硬”的方针，坚持“三个有利于”的标准，把物质文明和精神文明作为建设中国特色社会主义的统一的奋斗目标。一再告诫人们，要防止把物质文明与精神文明割裂开来、对立起来的错误倾向。指出，忽视精神文明建设的目的性，对物质文明和精神文明的统一缺乏本质的认识和把握，是在实际工作中降低精神文明地位作用，产生“一手硬、一手软”现象的重要认识根源。因此，把

---

① 《邓小平文选》，第3卷，28页，北京，人民出版社，1993。

精神文明建设提到更加突出的地位，不仅有助于克服种种“见物不见人”的片面认识，全面准确地理解和掌握马克思主义的文明观，而且有助于全面贯彻党的基本路线和基本方针。

第二，把精神文明建设或者说文化建设提到更加突出的地位，体现了发展社会主义市场经济的迫切需要。

积极推进经济体制从计划经济向市场经济的转变，使市场在社会主义国家宏观调控下对资源配置起基础性作用，使经济活动遵循价值规律的要求，是实现未来我国国民经济和社会发展奋斗目标的关键之所在。但是，经济体制的转变，既要遵循市场经济的一般规律，又要坚持社会主义的方向。我们所要建立的新的市场经济体制，是与社会主义基本制度结合在一起的。这种“结合”，不仅体现在所有制结构上的以公有制为主体的多种经济成分共同发展，分配制度上以按劳分配为主体、其他分配方式为补充，经济运行机制上更好地发挥计划和市场两种手段的长处，体现在政治结构上坚持和完善人民代表大会制度、共产党领导的多党合作和政治协商制度，按照民主化和法制化紧密结合的要求，努力建设社会主义的民主，而且尤其应该体现在要以马克思主义为指导，建设立足本国而又面向世界、继承民族传统而又体现时代特征、吸取古今中外一切精华而又去其糟粕的社会主义精神文明。

社会主义市场经济的发展为社会主义精神文明建设提供了新的契机，注入了新的活力，也向社会主义精神文明建设提出了新的要求。随着经济体制改革的深入和市场经济体制的确立，社会生活中一系列既体现人类现代文明发展共同要求，又符合社会主义基本原则的新观念将逐步形成，注重实践、勇于探索、开拓创新的精神将更加增强，广大群众的科学文化素质将得到进一步提高。

经济体制改革的实践已经证明，发展社会主义市场经济有利于解放和发展社会主义社会的生产力，增强社会主义国家的综合国力，提高人民的生活水平，也有利于增强人们的自立意识、竞争意识、效率意识、民主法制意识和开拓创新精神。从长远来说，社会主义市场经济的发展，将保证我们能够避免资本主义市场经济所带来的精神问题，我们对此应该充满信心。

当然，市场经济自身的弱点和消极方面也会反映到社会精神生活中来，给精神文明建设带来不可忽视的影响。特别是由于社会主义市场经济体制转变会引起经济和社会生活的许多重大变动，而与之相适应的体制、法律、政策、管理的完善需要一个较长的过程，由于社会主义运动在世界范围内出现严重曲折，而发达资本主义国家经济、科技占优势的压力和西方意识形态的渗透将长期存在，还由于封建社会、半殖民地半封建社会遗留的腐朽思想和小生产习惯势力仍有相当影响，因而建设具有中国特色的社会主义精神文明，必将是长期的、复杂的。怎样在以经济建设为中心的前提下，使物质文明建设与精神文明建设相互促进、协调发展，防止和克服“一手硬、一手软”；怎样在深化改革、建立社会主义市场经济体制的条件下，形成有利于社会主义现代化建设的共同理想、价值观念、道德规范，防止和遏制腐败思想和丑恶现象的滋长蔓延；怎样在扩大对外开放、吸收外国优秀文明成果的同时，防止和消除文化垃圾的传播，抵御敌对势力对我国“西化”、“分化”的图谋，所有这些，都是我们必须加以认真解决的历史性课题。

在市场经济与精神文明建设的关系上，有两种不正确的观点值得注意。一是否认二者相容性的观点，即认为搞市场经济必然产生精神文明的“滑坡”，造成所谓“物欲横流”，甚至认为市场经济是“腐败”的根源；二是不适当地夸大市场经济精神的作用，即认为市场经济本身所包含的精神，就是我们所要建立的精神文明。二者虽表现形式不同，但实际上都是把社会主义市场经济与社会主义精神文明对立起来，因而都是有害的、要不得的观点。把社会主义精神文明建设提到更加突出的地位，应该突出发展社会主义市场经济对精神文明的正效应，坚持以发展社会主义市场经济作为加强精神文明建设的现实基础；同时，高度重视市场经济对精神文明产生的负面影响，提高加强精神文明建设的主动性、自觉性。然而，无论从充分发挥市场经济正效应的角度，还是从抑制市场经济负效应的角度，都充分显示了把精神文明建设提到更加突出地位的必要性。

第三，把精神文明建设或者说文化建设提到更加突出的地位，是从整体上推动社会主义现代化建设健康发展的需要。

党的十二届六中全会曾根据邓小平关于加强精神文明建设的思想，提出要以经济建设为中心，坚定不移地进行经济体制改革，坚定不移地进行政治体制改革，坚定不移地加强精神文明建设，并使这几个方面互相配合，互相促进。实践表明，围绕党的“一个中心、两个基本点”的基本路线的要求进行精神文明建设，是体现我国社会主义现代化建设整体战略布局要求的正确指导方针。

党的十四届六中全会《决议》在进一步指出我们进行的精神文明建设是以经济建设为中心，坚持四项基本原则和坚持改革开放的精神文明建设，是继承发扬优良传统而又充分体现时代精神、立足本国又面向世界的精神文明建设的同时，又根据这一基本指导方针，确定了今后 15 年我国社会主义精神文明建设的主要目标。强调实现这一目标要坚持重在建设的方针，要把长远目标同阶段性任务结合起来，切实抓好今后 5 年的工作；要从大局出发，认真解决当前精神文明建设中干部和群众普遍关心的重要问题。要通过切实有效的工作，使社会主义精神文明建设能够以新的面貌进入 21 世纪。

从社会结构的观点分析，发展社会主义市场经济，建设社会主义民主和社会主义精神文明，构成了中国特色社会主义现代文明的整体。社会主义市场经济是现代文明的基础，但不是其全部，市场经济的伦理道德意识，主要反映人们在物质生活领域中的利益关系；社会主义民主是社会主义市场经济本质属性的集中表现，主要反映人们在社会政治生活中的关系，体现社会主义国家一切权力属于人民的基本政治原则和民主治国的精神；社会主义精神文明则是立足于社会主义经济和政治，从深层次上解决人们的理想信念、伦理道德、价值观念、生活方式、科技文化素质等问题，它反映的是社会主义精神生活中的规律，体现一种高尚的民族精神和价值取向，为社会全面发展和进步提供巨大的精神支柱、精神动力和智力支持。上述三个方面处于我国社会结构的不同层面，各自发挥作用，但又相互影响和渗透，共同推动我国社会主义事业的发展。把精神文明建设提到更加突出的地位，不是要降低其他方面因素的作用，而恰是为了使之与其他方面相协调，恢复其本来应有的地位。

三、中国特色社会主义文化建设的创新

中国共产党既是中华优秀传统文化的忠实传承者和弘扬者，又是中国先进文化的积极倡导者和发展者。新时期，党在坚持物质文明和精神文明两手抓、促进文化体制改革、推动文化繁荣发展的过程中，把马克思主义文化理论与中国文化建设的具体实际相结合，实现了中国特色社会主义文化建设的一系列创新。

（一）中国特色社会主义文化建设的理论创新

中国特色社会主义文化建设理论，是马克思主义文化理论与中国具体实际相结合的产物，体现了对中国特色社会主义文化建设的规律性认识，是中国特色社会主义文化建设的根本指导思想。

第一，建设社会主义先进文化的思想。党的十六大指出，全面建设小康社会，必须大力发展社会主义文化，建设社会主义精神文明。当今世界，文化与经济和政治相互交融，在综合国力竞争中的地位和作用越来越突出。文化的力量，深深熔铸在民族的生命力、创造力和凝聚力之中。全党同志要深刻认识文化建设的战略意义，推动社会主义文化的发展繁荣。建设社会主义先进文化，必须牢牢把握先进文化的前进方向，坚持弘扬和培育民族精神，切实加强思想道德建设，大力发展教育和科学事业，积极发展文化事业和文化产业，继续深化文化体制改革。在当代中国，发展先进文化，就是发展面向现代化、面向世界、面向未来的，民族的科学的大众的社会主义文化，以不断丰富人们的精神世界，增强人们的精神力量。必须坚持马克思列宁主义、毛泽东思想和邓小平理论在意识形态领域的指导地位，用“三个代表”重要思想统领社会主义文化建设。中华文明博大精深、源远流长，为人类文明进步作出了巨大贡献。在当代中国人民的伟大奋斗中，必将迎来社会主义文化建设的新高潮，创造出更加灿烂的先进

文化。坚持先进文化的前进方向，最根本的是要坚持马克思主义的指导地位。必须大力推进理论创新，用发展着的马克思主义指导新的实践，不断巩固全国人民团结奋斗的共同思想道德基础。坚持为人民服务、为社会主义服务的方向和百花齐放、百家争鸣的方针，坚持继承和创新相统一，弘扬主旋律，提倡多样化，以科学的理论武装人，以正确的舆论引导人，以高尚的精神塑造人，以优秀的作品鼓舞人，在全社会形成积极向上的精神追求和健康文明的生活方式。

第二，建设社会主义核心价值体系的思想。建设社会主义核心价值体系，是十六大以来党在思想文化建设理论上的一个重大创新，也是党在新形势下加强思想文化建设的重大战略指导思想。改革开放以来，党带领人民成功地探索出了一条中国特色社会主义的发展道路，并在经济、政治、文化、社会建设等方面建立了一套比较成熟的制度和体制。与这些根本性的制度和体制相适应，必然要求有一个主导全社会思想和行为的价值体系。中共十六届六中全会提出："马克思主义指导思想，中国特色社会主义共同理想，以爱国主义为核心的民族精神和以改革创新为核心的时代精神，社会主义荣辱观，构成社会主义核心价值体系的基本内容。"① 党的十七大强调，社会主义核心价值体系是社会主义意识形态的本质体现。要巩固马克思主义的指导地位，坚持不懈地用马克思主义中国化最新成果武装全党、教育人民，用中国特色社会主义共同理想凝聚力量，用以爱国主义为核心的民族精神和以改革创新为核心的时代精神鼓舞斗志，用社会主义荣辱观引领风尚，巩固全党全国各族人民团结奋斗的共同思想基础。要把社会主义核心价值体系融入国民教育、精神文明建设和党的建设全过程，贯穿改革开放和社会主义现代化建设各领域，体现到精神文化产品创作生产传播各方面，坚持用社会主义核心价值体系引领社会思潮，在全党全社会形成统一指导思想、共同理想信念、强大精神力量、基本道德规范。党的十八大强调，社会主义核心价值体系是兴国之魂，决定着中国特色社会主义发展方向。要深入开展社会主义核心价值体系学习教育，用社会主义

① 《十六大以来重要文献选编》(下)，661页，北京，中央文献出版社，2008。

核心价值体系引领社会思潮、凝聚社会共识。社会主义核心价值体系是社会主义先进文化的精髓，基本内容包括马克思主义指导思想、中国特色社会主义共同理想、以爱国主义为核心的民族精神和以改革创新为核心的时代精神、社会主义荣辱观。

第三，文化建设根本目的的思想。中国特色社会主义文化建设必须以满足人民精神文化需求为出发点和落脚点。坚持以人为本，贴近实际、贴近生活、贴近群众，发挥人民在文化建设中的主体作用，坚持文化发展为了人民、文化发展依靠人民、文化发展成果由人民共享，促进人的全面发展，培育有理想、有道德、有文化、有纪律的社会主义公民，提高全民族的思想道德素质和科学文化素质。党的十七大指出，中华民族伟大复兴必然伴随着中华文化繁荣兴盛。要充分发挥人民在文化建设中的主体作用，调动广大文化工作者的积极性，更加自觉、更加主动地推动文化大发展大繁荣，在中国特色社会主义的伟大实践中进行文化创造，让人民共享文化发展成果。十八大进一步强调指出，让人民享有健康丰富的精神文化生活，是全面建成小康社会的重要内容。要坚持以人民为中心的创作导向，提高文化产品质量，为人民提供更好更多精神食粮。

第四，推进文化体制改革、促进文化发展的思想。党的十六届三中全会确定了深化文化体制改革的总体思路和目标。深化文化体制改革的指导思想、原则要求和目标任务是：高举邓小平理论和“三个代表”重要思想伟大旗帜，全面落实科学发展观，坚持社会主义先进文化的前进方向，遵循社会主义精神文明建设的特点和规律，适应社会主义市场经济发展的要求，以发展为主题，以改革为动力，以体制机制创新为重点，以创造更多、更好适应人民群众需求的精神文化产品为目标，促进文化事业全面繁荣和文化产业快速发展。十七大进一步指出，深化文化体制改革，要完善扶持公益性文化事业、发展文化产业、鼓励文化创新的政策，营造有利于出精品、出人才、出效益的环境。十七届六中全会提出，要坚持以科学发展为主题，以建设社会主义核心价值体系为根本任务，以满足人民精神文化需求为出发点和落脚点，以改革创新为动力，对新形势下推进文化改革发展作出全面部署。促进文化繁荣发展，深化文化体制改革，必须坚持解放思想、转变观念，树立新的文化发展观，进一步增强深化改革的自觉性和坚定性，充分认识繁荣发展社会主义先进文化的全局性、战略性意义，深化对文化发展动力、文化发展思路、文化发展格局、文化发展目的的认识，冲破一切妨碍文化发展的思想观念，改变一切束缚文化发展的做法和规定，革除一切影响文化发展的体制机制障碍。深化文化体制改革，促进文化发展，要坚持把社会效益放在首位，坚持把发展公益性文化事业作为保障人民文化权益的主要途径，推动文化事业和文化产业共同发展；要遵循文化发展规律，适应社会主义市场经济发展，加强文化法制建设，一手抓繁荣，一手抓管理，推动文化事业和文化产业全面协调可持续发展。

第五，提升国家文化软实力的思想。文化软实力主要是指一个国家或地区基于文化而具有的凝聚力、生命力、创新力和传播力，以及由此而产生的感召力和影响力。当今世界，综合国力的竞争，越来越表现为经济实力、国防实力和民族凝聚力的竞争，而民族凝聚力和创造力的重要源泉就是文化。文化软实力作为综合国力的重要组成部分，文化在综合国力竞争中的地位和作用更加凸显，比其他力量的影响更具渗透性、持久性、广泛性。从一定意义上说，只有拥有强大的文化软实力，才能占据文化发展的制高点，在激烈的国际竞争中赢得主动。一个国家的文化软实力，取决于这个国家国民的精神状态、意志品质和内在向心力、凝聚力、创造力。改革开放以来，随着中国文化的改革发展，中华文化影响力不断扩大，国家文化软实力显著增强。我国是有着悠久历史和灿烂文明的文化大国，但丰富的文化资源还没有转化为较强的文化软实力。中国文化国际影响力与经济、政治国际影响力还不相称，文化产品输出国角色与物质产品输出国地位还不匹配，维护国家文化安全的任务更加艰巨。提高文化软实力，必须继承中华优秀传统文化，推动哲学社会科学的繁荣发展，以积极的态度对待外来文化，大力推进文化创新，推动中华文化走向世界，不断扩大中华文化国际影响力，形成与我国国际地位相称的文化软实力，切实维护国家文化安全。十七大指出，要弘扬中华文化，建设中华民族共有精神家园。强调，中华文化是中华民族生生不息、团结奋进的不竭动力。十八大进一步指出，增强国家文化整体实力和竞争力。强调，文化实力和竞争力是国家富强、民族振兴的重要标志，要坚持社会主义先进文化前进方向，树立高度的文化自觉和文化自信，向着建设社会主义文化强国宏伟目标阔步前进。

（二）中国特色社会主义文化建设的实践创新

改革开放特别是中共十六大以来，中国共产党始终把文化建设放在党和国家全局工作重要战略地位，坚持物质文明和精神文明两手抓，实行依法治国和以德治国相结合，促进文化事业和文化产业共同发展，推动文化建设不断取得新成就，走出了中国特色社会主义文化发展道路。这条文化发展道路，是中国特色社会主义文化建设实践经验的集中体现，深入回答了文化建设中带有方向性、根本性、战略性的重大问题，指明了文化建设的前进方向和发展路径。

坚持中国特色社会主义文化发展道路，就是要高举中国特色社会主义伟大旗帜，以马克思列宁主义、毛泽东思想、邓小平理论、“三个代表”重要思想和科学发展观为指导，坚持社会主义先进文化前进方向，以建设社会主义核心价值体系为根本任务，培育和践行社会主义核心价值观，以满足人民精神文化需求为出发点和落脚点，以改革创新为动力，发展面向现代化、面向世界、面向未来的，民族的科学的大众的社会主义文化，培养高度的文化自觉和文化自信，提高全民族文明素质，增强国家文化软实力，弘扬中华文化，努力建设社会主义文化强国。

坚持中国特色社会主义文化发展道路，就要把建设社会主义文化强国作为文化改革和发展的奋斗目标。建设社会主义文化强国，就是要着力推动社会主义先进文化更加深入人心，推动社会主义精神文明和物质文明全面发展，不断开创全民族文化创造活力持续迸发、社会文化生活更加丰富多彩、人民基本文化权益得到更好保障、人民思想道德素质和科学文化素质全面提高的新局面，建设中华民族共有精神家园，为人类文明进步作出更大贡献。文化强国是继人才强国、科技强国之后，中国共产党提出的又一重大战略思想，符合中国实际，符合国家发展要求，充分反映了中国共产党在新的历史条件下高度的文化自觉和为实现中华文化繁荣兴盛而不懈奋斗的雄心壮志。

建设社会主义文化强国是一个长期的发展过程。中共十七届六中全会按照全面建设小康社会奋斗目标新要求，提出了到2020年文化改革发展的奋斗目标：社会主义核心价值体系建设深入推进，良好思想道德风尚进一步弘扬，公民素质明显提高；适应人民需要的文化产品更加丰富，精品力作不断涌现；文化事业全面繁荣，覆盖全社会的公共文化服务体系基本建立，努力实现基本公共文化服务均等化；文化产业成为国民经济支柱性产业，整体实力和国际竞争力显著增强，公有制为主体、多种所有制共同发展的文化产业格局全面形成；文化管理体制和文化产品生产经营机制充满活力、富有效率，以民族文化为主体、吸收外来有益文化、推动中华文化走向世界的文化开放格局进一步完善；高素质文化人才队伍发展壮大，文化繁荣发展的人才保障更加有力。

（三）中国特色社会主义文化制度和体制创新

文化制度是指一国通过宪法和法律规范社会文化生活，调整以社会意识形态为核心的各种文化生活的基本原则和规则的总和。文化体制是文化制度在文化发展各领域的具体体现，一般包括机构设置、隶属关系、管理权限和工作规则等方面的体系、制度、方法、形式等。中国特色社会主义文化制度和体制涉及的内容十分广泛，主要包括坚持马克思主义在意识形态领域的指导地位、加强思想道德建设、繁荣发展教育事业和哲学社会科学事业、发展科学文化体育卫生事业、加强文化人才培养，以及文化产品创作生产、载体手段、传播流通、评价激励、规划管理、人员机构等方面的制度和体制。

在新的历史起点上推动社会主义文化大发展大繁荣，关系实现全面建设小康社会奋斗目标，关系坚持和发展中国特色社会主义，关系实现中华民族伟大复兴，必须把深化文化体制改革作为一项重要任务。

丰富健康的文化生活是衡量人们生活质量的重要标志，也是实现人的全面发展的决定性因素。改革开放特别是中共十六大以来，我国文化建设取得了历史性重大成就，为坚持和发展中国特色社会主义提供了强大精神力量。同时也要看到，我国文化领域正在发生广泛而深刻的变革，人民群众对精神文化生活提出了新的更高要求，推进文化改革发展既面临着难得的历史机遇，也面临不少新的矛盾和问题。总体而言，我国文化发展同经济社会发展和人民日益增长的精神文化需求还不完全适应，同推动科学发展、促进社会和谐的要求还不完全适应，同扩大对外开放的新形势还不完全适应，同科学技术迅猛发展的新形势还不完全适应。具体表现在以下四个方面：文化产品和服务，无论是在数量、质量和结构上，还是在引导社会、教育人民功能的发挥上，都还不能很好满足人民群众精神文化需求快速增长的需要；文化事业和文化产业发展整体水平还不够高，对国民经济发展的贡献还不够大，在推动科学发展、加快转变经济发展方式上的作用还没有得到充分发挥；一些制约文化发展的体制机制障碍还没有完全破除，束缚文化发展的传统观念依然存在，文化体制机制还不适应社会主义市场经济体制深入发展的要求；舆论引导能力需要提高，网络建设和管理亟待加强和改进；文化产业的国际竞争力还不强，具有国际影响的文化品牌还不多，中华文化国际影响力需要进一步增强。改变上述不适应的状况，根本的出路在于深化文化体制改革。

深化文化体制改革，必须根据新形势下社会主义文化建设的特点和规律，科学界定文化单位的性质和功能，紧紧围绕加快文化体制机制改革创新、加快构建公共文化服务体系、加快发展文化产业、加强对文化产品创作生产的引导等重要任务，牢牢把握推动文化科学发展这条主线，着力破解文化发展难题，着力转变文化发展方式，促进文化繁荣发展。一是加快构建有利于文化繁荣发展的体制机制。必须牢牢把握正确方向，建立健全党委领导、政府管理、行业自律、社会监督、企事业单位依法运营的文化管理体制和富有活力的文化产品生产经营机制，深化国有文化单位改革，健全现代文化市场体系，创新文化管理体制，发挥市场在文化资源配置中的积极作用，完善文化发展的政策保障机制，创新文化走出去模式，为文化繁荣发展提供强大动力。二是加快构建覆盖城乡的公共文化服务体系，保障人民基本文化权益。坚持政府主导，按照公益性、基本性、均等性、便利性的要求，加强文化基础设施建设，完善公共文化服务网络，构建技术先进、传输快捷、覆盖广泛的现代传播体系，加快城乡一体化发展，保障人民群众的基本文化权益，让群众广泛享有免费或优惠的基本公共文化服务。三是加快发展文化产业，推动文化产业成为国民经济支柱性产业。坚持把社会效益放在首位、社会效益和经济效益相统一，按照全面协调可持续的要求，构建现代文化产业体系，发展壮大传统文化产业，加快发展文化创意、数字出版、移动多媒体、动漫游戏等新兴文化产业，形成公有制为主体、多种所有制共同发展的文化产业格局，推进文化科技创新，扩大文化消费，推动文化产业跨越式发展，使之成为新的经济增长点、经济结构战略性调整的重要支点、转变经济发展方式的重要着力点。四是加强对文化产品创作生产的引导。全面贯彻为人民服务、为社会主义服务的方向和百花齐放、百家争鸣的方针，坚持以人民为中心的创作导向，立足发展先进文化、建设和谐文化，提高舆论引导水平，开展积极健康的文艺批评，完善文化产品评价体系和激励机制，激发文化创作生产活力，提高文化产品质量，热情讴歌改革开放和社会主义现代化建设伟大实践，生动展示我国人民奋发有为的精神风貌和创造历史的辉煌业绩，为人民提供更多更好的精神食粮。

第九章　邓小平与中国特色社会主义社会建设

中国特色社会主义社会建设，是党在新世纪现阶段推进改革开放和社会主义现代化建设、丰富和发展中国特色社会主义的过程中取得的又一重要创新成果。实现科学发展、促进社会和谐的重大战略思想，反映了中国共产党对共产党执政规律、社会主义建设规律、人类社会发展规律认识的进一步深化，丰富和发展了马克思主义关于社会主义社会建设的理论，为实现全面建设小康社会的奋斗目标，不断开创中国特色社会主义事业新局面提供了重要的理论指导。

一、邓小平的民生和社会稳定思想

与中国共产党第一代中央领导集体其他领导人一样，邓小平高度重视民生问题，重视群众生活的改善。十一届三中全会以后，他在领导全党实现工作重心转移、实行改革开放、揭示社会主义本质、确立社会主义现代化发展目标的过程中，从不同角度深刻阐述了民生和社会稳定问题，形成了一系列具有重要价值的思想理论观点和方针政策，为后来党提出构建社会主义和谐社会，加强以民生为重点的社会建设奠定了重要基础。

(一) 邓小平的民生思想

早在十一届三中全会以前，重新出来工作的邓小平在总结党进行社会主义建设的历史经验教训时，就鲜明地指出："我们是社会主义国家，社会主义制度优越性的根本表现，就是能够允许社会生产力以旧社会所没有的速度迅速发展，使人民不断增长的物质文化生活需要能够逐步得到满足。按照历史唯物主义的观点来讲，正确的政治领导的成果，归根结底要表现在社会生产力的发展上，人民物质文化生活的改善上。如果在一个很长的历史时期内，社会主义国家生产力发展的速度比资本主义国家慢，还谈什么优越性？我们要想一想，我们给人民究竟做了多少事情呢？我们一定要根据现在的有利条件加速发展生产力，使人民的物质生活好一些，使人民的文化生活、精神面貌好一些。"① 1978 年 12 月，他在十一届三中全会前召开的中央工作会议闭幕会上的重要讲话中又进一步指出，政治路线解决以后，"看一个经济部门的党委善不善于领导，领导得好不好，应该主要看这个经济部门实行了先进的管理方法没有，技术革新进行得怎么样，劳动生产率提高了多少，利润增长了多少，劳动者的个人收入和集体福利增加了多少。各条战线的各级党委的领导，也都要用类似这样的标准来衡量。这就是今后主要的政治。离开这个主要的内容，政治就变成空头政治，就离开了党和人民的最大利益。"他还明确提出："在经济政策上，我认为要允许一部分地区、一部分企业、一部分工人农民，由于辛勤努力成绩大而收入先多一些，生活先好起来。一部分人生活先好起来，就必然产生极大的示范力量，影响左邻右舍，带动其他地区、其他单位的人们向他们学习。这样，就会使整个国民经济不断地波浪式地向前发展，使全国各族人民都能比较快地富裕起来。"② 并认为这是一个大政策，是一个能够影响和带动整个国民经济的政策。进入 20 世纪 80 年代，邓小平又围绕着"什么是社会主义、怎样建设社会主义"这一基本问题，反复强调社会主义必须大力发展生产力，逐步消灭贫穷，不断提高人民的生活水平。并针

① 《邓小平文选》，2 版，第 2 卷，128 页，北京，人民出版社，1994。

② 同上书，150、152 页。

对“四人帮”鼓吹的宁要穷的社会主义，不要富的资本主义的谬论，强调贫穷不是社会主义，平均主义不是社会主义，两极分化也不是社会主义，社会主义要消灭贫穷。不发展生产力，不提高人民的生活水平，不能说是符合社会主义要求的。在1992年的南方谈话中，他又进一步指出，“走社会主义道路，就是要逐步实现共同富裕。共同富裕的构想是这样提出的：一部分地区有条件先发展起来，一部分地区发展慢点，先发展起来的地区带动后发展的地区，最终达到共同富裕。”① 邓小平还针对可能会出现的贫富差距问题，提出了在20世纪末达到小康水平的时候，就要突出地提出和解决贫富差距问题的设想。邓小平的这些论述为新时期解决民生问题提供了基本思路。与此同时，他还在发展教育、促进就业、落实按劳分配等方面提出了一些重要的思想。

第一，关于优先发展教育问题。邓小平重新出来工作后，就自告奋勇抓科学教育。他首先提出要推翻“四人帮”对教育工作的“两个估计”，明确提出：“应当肯定，十七年中，绝大多数知识分子，不管是科学工作者还是教育工作者，在毛泽东思想的光辉照耀下，在党的正确领导下，辛勤劳动，努力工作，取得了很大成绩。特别是教育工作者，他们的劳动更辛苦。现在差不多各条战线的骨干力量，大都是建国以后我们自己培养的，特别是前十几年培养出来的。如果对十七年不作这样的估计，就无法解释我们所取得的一切成就了。”② 他还强调指出要特别注意调动教育工作者的积极性，尊重教师。“一定要把教育办好。我们要把从事教育工作的与从事科研工作的放到同等重要的地位，使他们受到同样的尊重，同样的重视”③。并明确提出要尊重劳动，尊重人才。新时期，围绕教育发展问题，邓小平提出了一系列重要的方针政策。诸如“教育要面向现代化、面向世界、面向未来”的教育改革与发展的指导方针；培养有理想、有道德、有文化、有纪律的“四有”新人的人才培养标准；并作出恢复高考、恢复学制、恢复职称评定等重要决策。这些重要决策既是为了解决教育发

① 《邓小平文选》，第3卷，373～374页，北京，人民出版社，1993。
② 《邓小平文选》，2版，第2卷，49页，北京，人民出版社，1994。
③ 同上书，50页。

展问题，也涉及解决教育公平问题。

第二，关于促进就业问题。改革开放之初，由于历史和现实的原因，我国面临着严峻的就业形势，农村富余人口转移、军人转业、知青返城以及新增就业人口等问题亟待解决。1978 年，邓小平在一次谈话中明确提出，要开辟新的经济领域，以容纳更多的劳动力。1979 年 10 月，他在省、市、自治区党委第一书记座谈会上的讲话中又就落实政策问题、就业问题、上山下乡知识青年回城市问题进一步指出，“这些都是社会、政治问题，主要还是从经济角度来解决。经济不发展，这些问题永远不能解决。所谓政策，也主要是经济方面的政策。现在北京、天津、上海搞集体所有制，解决就业问题，还不是经济的办法？这是用经济政策来解决政治问题”①。并强调解决这类问题，要想得宽一点，政策上应该灵活一点。这些论述，不仅指明了劳动就业问题的性质，既是经济问题，也是社会问题、政治问题，而且指出了解决这一问题的根本出路是发展经济，采取正确的经济政策。此外，邓小平还就解决就业问题的方针和制度等提出过一些重要的思想，强调要把统筹兼顾作为解决就业问题的基本方针，正确处理经济发展与就业的关系，城镇就业与农村就业的关系，并提出要把提高劳动者素质、增加智力投资、做好干部和工人的培训作为解决就业问题的一项经常性的制度。

第三，关于落实按劳分配问题。邓小平针对过去在分配上存在的平均主义、“大锅饭”问题，明确提出要恢复按劳分配原则，反对平均主义，同时又要注意防止两极分化。1978 年 3 月，他在一次谈话中明确指出：“我们一定要坚持按劳分配的社会主义原则。按劳分配就是按劳动的数量和质量进行分配。根据这个原则，评定职工工资级别时，主要是看他的劳动好坏、技术高低、贡献大小。政治态度也要看，但要讲清楚，政治态度好主要应该表现在为社会主义劳动得好，做出的贡献大。处理分配问题如果主要不是看劳动，而是看政治，那就不是按劳分配，而是按政分配了。总之，只能是按劳，不能是按政，也不能是按资格。”② 并强

① 《邓小平文选》，2 版，第 2 卷，195～196 页，北京，人民出版社，1994。

② 同上书，101 页。

调："贯彻按劳分配原则有好多事情要做。有些问题要经过调查研究，逐步解决。有些制度要恢复起来，建立起来。总的是为了一个目的，就是鼓励大家上进。"① 同年12月，在中央工作会议闭幕会上的讲话中指出："为国家创造财富多，个人的收入就应该多一些，集体福利就应该搞得好一些。不讲多劳多得，不重视物质利益，对少数先进分子可以，对广大群众不行，一段时间可以，长期不行。革命精神是非常宝贵的，没有革命精神就没有革命行动。但是，革命是在物质利益的基础上产生的，如果只讲牺牲精神，不讲物质利益，那就是唯心论。"②

此外，新时期，邓小平还十分关心国家的安定团结和社会稳定，多次强调稳定压倒一切，并形成了改革发展稳定统一的重要战略思想。

(二) 邓小平保持社会稳定的思想

历史经验表明，经济和社会发展离不开稳定的社会环境，解决民生问题也离不开社会稳定。改革开放以后，党的思想理论战线面临着十分复杂的情况，保持党和国家的安定团结，保持社会稳定成为一项十分重要的任务。为此，邓小平于1979年3月在党的理论工作务虚会上的讲话中，第一次明确提出了"坚持四项基本原则"这样一个特定的政治概念，赋予其特定的内涵，并分别进行了系统的阐述。他说："我们要在中国实现四个现代化，必须在思想政治上坚持四项基本原则"，这就是："第一，必须坚持社会主义道路；第二，必须坚持无产阶级专政；第三，必须坚持共产党的领导；第四，必须坚持马列主义、毛泽东思想。"③ 邓小平认为："这四项基本原则并不是新的东西，是我们党长期以来所一贯坚持的。粉碎'四人帮'以至三中全会以来，党中央实行的一系列方针政策，一直是坚持这四项基本原则的"。"尽管如此，中央认为今天还是有很大的必要来强调宣传这四项基本原则。因为现在一方面，党内有一部分同志还深受林彪、'四人帮'极左思潮的毒害，有极少数人甚至散布流言蜚语，攻击中央在粉碎

---

① 《邓小平文选》，2版，第2卷，102页，北京，人民出版社，1994。
② 同上书，146页。
③ 同上书，164～165页。

‘四人帮’以来特别是三中全会以来所实行的一系列方针政策违反马列主义、毛泽东思想；另一方面，社会上有极少数人正在散布怀疑或反对这四项基本原则的思潮，而党内也有个别同志不但不承认这种思潮的危险，甚至直接间接地加以某种程度的支持。虽然这几种人在党内外都是极少数，但是不能因为他们是极少数而忽视他们的作用。事实证明，他们不但可以而且已经对我们的事业造成很大的危害。”① 也就是说，中央之所以要反复强调四项基本原则，正是因为某些人企图动摇这些原则。这是决不许可的。每个共产党员，更不必说党的思想理论工作者，决不允许在这个根本立场上有丝毫动摇。

针对改革开放中出现的新问题，邓小平强调发展是硬道理，但又同时指出：“中国的问题，压倒一切的是需要稳定。没有稳定的环境，什么都搞不成，已经取得的成果也会失掉。”② 邓小平明确提出，社会主义的本质是解放生产力、发展生产力，消灭剥削、消除两极分化，实现共同富裕。邓小平强调，要“两手抓、两手都要硬”，把物质文明和精神文明都搞好，推进经济和社会的可持续发展，这实际上就是要建设一个公平、正义、民主、团结、统一、和谐的社会主义社会。围绕社会稳定，邓小平提出了一系列重要思想，强调一定要维护社会的经济稳定、政治稳定、思想稳定，并把社会稳定作为改革开放和社会主义现代化建设的根本保证。这就为党中央后来提出构建和谐社会奠定了重要的基础。

（三）构建和谐社会思想的提出及其内涵

“和谐”作为一种社会状态，在马克思、恩格斯那里是包括社会主义发展阶段在内的共产主义社会本质的一种概括。马克思把共产主义定义为“人和自然界之间、人和人之间的矛盾的真正解决”③。恩格斯在《政治经济学批判大纲》中也把共产主义称为“人类同自然的和解以及人类本身的和解”。按照马克思、恩格斯的设想，未来社会将在打碎旧的国家机器、

① 《邓小平文选》，2版，第2卷，165～166页，北京，人民出版社，1994。

② 《邓小平文选》，第3卷，284页，北京，人民出版社，1993。

③ 《马克思恩格斯文集》，第1卷，185页，北京，人民出版社，2009。

消灭所有制的基础上，消除阶级之间、城乡之间、脑力劳动和体力劳动之间的对立和差别，极大地调动全体劳动者的积极性，使社会物质财富极大丰富、人民精神境界极大提高，实行各尽所能、各取所需，实现每个人自由而全面的发展，在人与人、人与社会、人与自然之间都形成和谐的关系。列宁在领导苏联进行社会主义建设的过程中，对于建设社会主义社会也提出了一系列重要思想，这些科学设想为构建社会主义和谐社会指明了前进的方向。

从中华人民共和国建立到1957年这个时期，中国共产党领导人民彻底完成了民主革命的任务，建立社会主义社会制度，巩固人民民主专政，国民经济得到了迅速的恢复和发展，文化教育事业取得很大的成就，人民生活水平得到明显提高，就业人数逐年增加，整个社会处于和谐和良性运行状态。中国共产党一方面肯定了当时出现的团结稳定局面，一方面又指出这个社会仍存在矛盾和冲突。毛泽东提出要通过正确处理我国社会经济、政治、国防、外交等方面的十大关系或十大矛盾，把国内外一切积极因素调动起来，为社会主义事业服务的基本方针；提出要客观认识中国的国情，从我国有6亿人口出发，“统筹兼顾，适当安排”，团结一切可以团结的人，为建设社会主义社会这个伟大的事业服务的重要思想；特别是提出应该区分两类不同性质的社会矛盾，正确处理人民内部矛盾，“造成一个又有集中又有民主，又有纪律又有自由，又有统一意志、又有个人心情舒畅、生动活泼，那样一种政治局面”① 的目标。这一时期，中国建立了高度集中的计划经济体制，经济主体和利益主体的多元分化受到严格限制，因此这些矛盾是在控制与服从的关系中解决的，社会在控制与服从的统一中实现了静态的和谐。尽管这种社会控制方式也带来了经济增长和社会发展，但是增长的代价十分巨大。1957年后，我们对社会和谐的追求又陷入了另一个误区，即片面地强调社会的矛盾和斗争，发动了一次又一次的政治运动，企图依靠阶级斗争去推动生产的发展，结果不但使社会发展出现经济与政治关系严重失调，背离了经济建设这一主要任务，而且使社会长

① 《毛泽东著作选读》下册，887页，北京，人民出版社，1986。

期处于敌对和动乱的状态，社会和谐受到严重破坏。

经过改革开放30多年的持续、快速发展，我国已经胜利实现了现代化建设“三步走”战略的前两步战略目标，并正在向第三步战略目标阔步前进，人民生活已经从温饱不足发展到总体小康。然而，我们现在达到的小康还是低水平的、不全面的、发展很不平衡的小康。我国以市场经济为导向的改革以及随之而来的经济快速增长虽然已经解决了很多社会问题，但也使我国社会进入了一个非常复杂、不确定因素增多的时期。这一时期，经济发展带动社会结构、生活方式、行为方式和价值观念等各方面发生变化，与原有的较为统一的社会价值、规范产生了冲突，社会结构的各个部分、各个领域，社会体系的各个层次的变动都出现了不协调性，出现了一系列社会失范现象，形成很多影响社会和谐、稳定的问题。这些问题如果处理不好，就会严重影响社会的和谐稳定和全面建设小康社会的大局。中国共产党要带领人民抓住机遇、应对挑战，把中国特色社会主义伟大事业推向前进，就必须坚持以经济建设为中心，把构建社会主义和谐社会摆在更加突出的地位。

党的十六大是明确提出构建和谐社会的一个起点，十六大提出我们党在21世纪头20年要全面建设的小康社会，就是要实现经济更加发展、民主更加健全、科教更加进步、文化更加繁荣、社会更加和谐、人民生活更加殷实，努力形成全体人民各尽所能、各得其所而又和谐相处的局面。十六大以来，以胡锦涛为总书记的党中央强调要坚持立党为公、执政为民，做到权为民所用、情为民所系、利为民所谋；牢固树立和落实科学发展观，按照“五个统筹”的要求，推进经济社会全面协调可持续的发展；关心群众生活，始终把最广大人民的根本利益作为党和国家工作的出发点和落脚点等。正是在这些理论和实践的基础上，党的十六届四中全会进一步提出了构建社会主义和谐社会的任务，强调形成全体人民各尽其能、各得其所而又和谐相处的社会是巩固执政党的社会基础、实现执政党的历史任务的必然要求，并明确了构建社会主义和谐社会的主要内容。这表明，随着我国经济社会不断发展，中国特色社会主义的总体布局，更加明确地由社会主义经济建设、政治建设、文化建设三位一体发展为社会主义经济建设、政治建设、文化建设、社会建设四位一体。这种新的执政理念既是对中国特色社会主义建设理论的丰富和发展，也符合“人的自由全面发展”这一马克思主义最高命题的逻辑要求，是对马克思主义发展观的继承和创新，是对共产党执政规律、社会主义建设规律、人类社会发展规律认识上的深化。

社会主义和谐社会，实际上是指以人为主体的社会和谐发展状态，它包括人与人之间的和谐、人与社会之间的和谐、人与自然之间的和谐三个方面的基本内涵。

首先，社会主义和谐社会应该是人与人之间关系和谐发展的社会。这既包括个人与个人之间、群体与群体之间的关系，也包括个人与群体之间的关系。人的一切行为皆根源于利益，人与人的关系说到底是利益关系。马克思曾说过：“人们奋斗所争取的一切，都同他们的利益有关。”[①] 恩格斯也指出：“每一既定社会的经济关系首先表现为**利益**。”[②] 这不仅指经济活动，甚至还包括政治活动和思想活动。因为，“‘**思想**’一旦离开‘**利益**’，就一定会使自己出丑”[③]。在人们对自己利益追求的过程中，由于各方面原因，利益占有的多少是不同的，不同阶层的利益有所差别也是正常的。但是，问题在于，人们所获得的利益与自己在社会财富创造中的贡献是否对应？如果不能对应而产生了利益矛盾，社会能不能及时地加以协调？因此，从一定意义上说，人与人之间关系的和谐发展，并不是人与人之间没有矛盾和冲突，而是指人们之间没有根本的利益冲突，能够各尽其能地劳动，各得其所地生活；同样，社会主义和谐社会所包含的人与人之间的利益关系，也不在于人们之间有没有利益矛盾，而在于如何认识和解决这些矛盾。当前，由于社会经济成分、组织形式、就业方式、利益关系和分配方式的日益多样化，人们之间利益的差别表现为多种多样。构建社会主义和谐社会，不仅要能够包容不同利益主体的存在，而且能够通过建设民主法治、公平正义、诚信友爱的社会来化解不同利益主体的复杂多样的矛盾乃至冲突，妥善协调和正确处理人们之间的各种利益关系。

---

① 《马克思恩格斯全集》，中文1版，第1卷，82页，北京，人民出版社，1956。

② 《马克思恩格斯选集》，2版，第3卷，209页，北京，人民出版社，1995。

③ 《马克思恩格斯全集》，中文1版，第2卷，103页，北京，人民出版社，1957。

其次，社会主义和谐社会应该是人与社会之间关系和谐发展的社会。人是社会的主体，各种社会关系是人在社会实践过程中发生和建立起来的。但是，社会关系一旦被建立起来并被固定化、制度化，就会制约和影响人的存在。因此，人的发展与社会的发展总是相互作用、相互制约的，而人和社会的和谐发展也就成为人们追求的理想和目标。现代社会的社会关系是多种多样、错综复杂的。特别是我国正处于社会转型期，各种社会要素不断分化和重组，社会关系更为复杂和多样化，诸如城乡之间、区域结构之间、社会阶层之间关系，以及代际关系等都直接关系到社会的安全运行。虽然，现阶段，人与社会的关系基本上是协调的，但是，矛盾、摩擦甚至冲突也是客观存在的。对这些矛盾如果不及时加以协调和化解，任其尖锐和激化，就有可能导致社会动荡。构建社会主义和谐社会，就要切实维护社会公平和正义，建立健全同构建社会主义和谐社会相适应的体制和机制，使城乡之间、区域之间以及各社会阶层之间和谐相处、共享改革发展的成果，把收入差距控制在社会可以承受的范围之内，使全体社会成员在共同利益的基础上实现劳动合作和利益共享。

再次，社会主义和谐社会也应该是人与自然之间关系和谐发展的社会。从人与自然的关系来看，和谐发展表现为人们在合理利用自然资源过程中创造出更多的社会财富，即社会生产力的提高。社会生产力的不断提高不仅是人们的生活水平得以不断改善的基础，而且也是和谐社会形成和不断发展的基础。发展中的和谐才是真正的和谐。没有发展，人们的生活就难以得到保障和改善，在财富极度匮乏的社会中必然潜伏着许多不稳定的因素，难以形成和谐社会。当然，我们所追求的是高效、低耗、环保、集约型的发展，即人们在利用自然资源发展的过程中，不仅要维护人类自身的利益，而且要维护自然界的平衡，使人类社会系统与自然生态系统和谐相处，协调发展。

二、中国特色社会主义社会建设的基本原则和要求

“社会”的概念有广义和狭义之分，广义的社会是指处于特定区域和

时期，享有共同文化并以物质生产活动为基础的人类生活的共同体。狭义的社会则是指由于共同利益和社会活动而互相联系起来的人群和团体。

“社会建设”在不同语境下也有不同含义。通常所说的构建社会主义和谐社会，是指包括了经济、政治、文化的“大社会”。而社会主义经济建设、政治建设、文化建设和社会建设中的“社会”，则是相对而言的“小社会”。构建社会主义和谐社会，既要从“大社会”着眼，把和谐社会建设落实到经济、政治、文化建设等各项工作中；又要从“小社会”着手，以保障和改善民生为重点，通过发展社会事业、完善社会政策、改进社会管理、增强社会创造活力、促进社会公平正义、维护社会秩序等来推动社会的发展和进步。

2004 年中共十六届四中全会明确提出“构建社会主义和谐社会”的任务和“社会建设”的概念，并把中国特色社会主义建设的总体布局，由原来的经济建设、政治建设、文化建设三位一体，变为包括社会建设在内的四位一体的新格局。2007 年中共十七大报告进一步对加快推进以改善民生为重点的社会建设进行全面部署，对社会建设的任务和政策进行了专章论述。伴随对社会建设认识的逐步深化，社会建设越来越成为各级政府的重要工作任务，成为理论研究的重要内容。十八大强调指出，加强社会建设，是社会和谐稳定的重要保证。必须从维护广大人民根本利益的高度，加快健全基本公共服务体系，加强和创新社会管理，推动社会主义和谐社会建设。加强社会建设，必须以保障和改善民生为重点，加快推进社会体制改革。这就进一步明确了社会建设的基本任务。

（一）社会主义和谐社会的基本特征

关于社会主义和谐社会的基本特征，胡锦涛在 2005 年 2 月中央党校省部级主要领导干部提高建设社会主义和谐社会能力专题研讨班上的重要讲话中指出，我们所要建设的社会主义和谐社会，应该是民主法治、公平正义、诚信友爱、充满活力、安定有序、人与自然和谐相处的社会。

民主法治，就是社会主义民主得到充分发扬，依法治国基本方略得到切实落实，各方面积极因素得到广泛调动；公平正义，就是社会各方面的利益关系得到妥善协调，人民内部矛盾和其他社会矛盾得到正确处理，社会公平和正义得到切实维护和实现；诚信友爱，就是全社会互帮互助、诚实守信，全体人民平等友爱、融洽相处；充满活力，就是能够使一切有利于社会进步的创造愿望得到尊重，创造活动得到支持，创造才能得到发挥，创造成果得到肯定；安定有序，就是社会组织机制健全，社会管理完善，社会秩序良好，人民群众安居乐业，社会保持安定团结；人与自然和谐相处，就是在社会生产发展、人民生活富裕的同时，保持生态环境良好。

社会主义和谐社会的上述六个方面特征是相互联系、相互作用的。这六个方面既包括社会关系的和谐，也包括人与自然关系的和谐，体现了民主与法治的统一、公平与效率的统一、活力与秩序的统一、科学与人文的统一、人与自然的统一。这六个方面，内容十分丰富，既是社会主义和谐社会的基本特征，也是我们构建社会主义和谐社会的总体要求。

准确把握社会主义和谐社会的科学内涵和总体要求，必须正确认识社会主义和谐社会的性质、构建社会主义和谐社会与全面建设小康社会的关系等问题。

首先，我们所要构建的和谐社会是社会主义性质的和谐社会。和谐社会作为一种社会状态，既可以体现在不同的社会形态中，也可以体现在同一种社会形态的不同发展阶段上。我们所要构建的和谐社会，既不同于原始的平均主义的社会和谐，不同于专制集权式的奴隶的和封建的社会和谐，也不同于未来共产主义社会的和谐，而是社会主义的和谐，是要在社会主义初级阶段实现人与人、人与自然、人与社会在动态中的和谐发展，创造一个充满生机和创造活力的社会。构建社会主义和谐社会既是中国共产党的一个治国理想，又是一种治国的方略、治国的机制，同时也是一种治国的结果，是目标与过程的统一。

其次，构建社会主义和谐社会与全面建设小康社会的关系。构建社会主义和谐社会同全面建设小康社会，都属于建设中国特色社会主义这个大范畴，两者相互包含、相辅相成。构建社会主义和谐社会是贯穿中国特色社会主义事业全过程的长期历史任务，也是全面建设小康社会的重大现实课题。十六大提出的全面建设小康社会的目标中，已经包含了“社会更加和谐”的要求。就是说在全面建设小康社会阶段，构建社会主义和谐社会是一项现实的重大任务。同时，构建社会主义和谐社会又是一个更为长期的过程，在实现全面建设小康社会的宏伟目标之后，还要继续为构建更高水平的和谐社会长期奋斗。

再次，社会建设同经济建设、政治建设、文化建设、生态文明建设的关系。在社会主义初级阶段，我们要通过发展社会主义社会的生产力来不断增强和谐社会建设的物质基础，通过发展社会主义民主政治来不断加强和谐社会建设的政治保障，通过发展社会主义先进文化来不断增强和谐社会建设所需要的智力支持和精神动力，通过加强生态文明建设来不断改善和谐社会建设的生态环境。同时又通过和谐社会建设来为经济建设、政治建设、文化建设、生态文明建设创造有利的社会条件。建设社会主义物质文明、政治文明、精神文明、生态文明与构建社会主义和谐社会，五者是有机统一的，它们既有不可分割的紧密联系，又有各自适用的领域。

（二）构建社会主义和谐社会的总体思路和基本原则

我们所要构建的社会主义和谐社会，是在中国特色社会主义的道路上，中国共产党领导全体人民共同建设、共同享有的和谐社会。

构建社会主义和谐社会，必须坚持以马克思列宁主义、毛泽东思想、中国特色社会主义理论体系为指导，坚持党的基本路线、基本纲领、基本经验，按照民主法治、公平正义、诚信友爱、充满活力、安定有序、人与自然和谐相处的总要求，要把保障和改善民生放在更加突出的位置，加强和创新社会管理，以解决人民群众最关心最直接最现实的利益问题为重点，着力发展社会事业、促进社会公平正义、建设和谐文化、增强社会创造活力，走共同富裕道路，推动社会建设与经济建设、政治建设、文化建设、生态文明建设协调发展。按照党的十六大确立的全面建设小康社会的宏伟目标，根据构建社会主义和谐社会的总要求，党的十六届六中全会提出了到2020年构建社会主义和谐社会的目标和主要任务是：社会主义民主法制更加完善，依法治国基本方略得到全面落实，人民的权益得到切实尊重和保障；城乡、区域发展差距扩大的趋势逐步扭转，合理有序的收入分配格局基本形成，家庭财产普遍增加，人民过上更加富足的生活；社会就业比较充分，覆盖城乡居民的社会保障体系基本建立；基本公共服务体系更加完备，政府管理和服务水平有较大提高；全民族的思想道德素质、科学文化素质和健康素质明显提高，良好道德风尚、和谐人际关系进一步形成；全社会创造活力显著增强，创新型国家基本建成；社会管理体系更加完善，社会秩序良好；资源利用效率显著提高，生态环境明显好转；实现全面建设惠及十几亿人口的更高水平的小康社会的目标，努力形成全体人民各尽其能、各得其所而又和谐相处的局面。这九条目标和主要任务分别反映了民主法治、公平正义、诚信友爱、充满活力、安定有序、人与自然和谐相处总要求的各个方面，充实和丰富了全面建设小康社会的内容。

党的十七大在提出夺取全面建设小康社会奋斗目标的新要求时，将上述几个方面的目标和任务进一步概括为："现代国民教育体系更加完善，终身教育体系基本形成，全民受教育程度和创新人才培养水平明显提高。社会就业更加充分。覆盖城乡居民的社会保障体系基本建立，人人享有基本生活保障。合理有序的收入分配格局基本形成，中等收入者占多数，绝对贫困现象基本消除。人人享有基本医疗卫生服务。社会管理体系更加健全。"

党的十八大根据我国经济社会发展实际，在十七大确立的全面建设小康社会目标的基础上进一步提出了社会建设要努力实现的新要求："人民生活水平全面提高。基本公共服务均等化总体实现。全民受教育程度和创新人才培养水平明显提高，进入人才强国和人力资源强国行列，教育现代化基本实现。就业更加充分。收入分配差距缩小，中等收入群体持续扩大，扶贫对象大幅减少。社会保障全民覆盖，人人享有基本医疗卫生服务，住房保障体系基本形成，社会和谐稳定。"

推进中国特色社会主义社会建设必须遵循坚持以人为本、坚持科学发展、坚持改革开放、坚持民主法治、坚持正确处理改革发展稳定的关系、坚持全社会共同建设等基本原则。

第一，必须坚持以人为本。始终把广大人民的根本利益作为党和国家一切工作的根本标准，实现好、维护好、发展好最广大人民的根本利益，不断满足人民日益增长的物质文化需要，做到发展为了人民、发展依靠人民、发展成果由人民共享，促进人的全面发展。这是构建社会主义和谐社会的根本出发点和落脚点。

第二，必须坚持科学发展。切实抓好发展这个党执政兴国的第一要务，统筹城乡发展，统筹区域发展，统筹经济社会发展，统筹人与自然和谐发展，统筹国内发展和对外开放，转变增长方式，提高发展质量，推进节约发展、清洁发展、安全发展，实现经济社会全面协调可持续发展。这是构建社会主义和谐社会的基本要求。

第三，必须坚持改革开放。坚持社会主义市场经济的改革方向，适应社会发展要求，推进经济体制、政治体制、文化体制、社会体制改革和创新，进一步扩大对外开放，提高改革决策的科学性、改革措施的协调性，建立健全充满活力、富有效率、更加开放的体制机制。这是构建社会主义和谐社会的主要动力。

第四，必须坚持民主法治。加强社会主义民主政治建设，发展社会主义民主，实施依法治国基本方略，建设社会主义法治国家，树立社会主义法治理念，增强全社会法律意识，推进国家经济、政治、文化、社会生活法制化、规范化，逐步形成社会公平保障体系，促进社会公平正义。这是构建社会主义和谐社会的重要保证。

第五，必须坚持正确处理改革发展稳定的关系。把改革的力度、发展的速度和社会可承受的程度统一起来，维护社会安定团结，以改革促进和谐、以发展巩固和谐、以稳定保障和谐，确保人民安居乐业、社会安定有序、国家长治久安。这是构建社会主义和谐社会的重要条件。

第六，必须坚持在党的领导下全社会共同建设。坚持科学执政、民主执政、依法执政，发挥党的领导核心作用，维护人民群众的主体地位，团结一切可以团结的力量，调动一切积极因素，形成促进和谐人人有责、和谐社会人人共享的生动局面。这是构建社会主义和谐社会的领导核心和依靠力量。

这六条重要原则从不同的角度，体现了构建社会主义和谐社会的根本要求，明确了社会主义和谐社会建设的领导核心、发展道路、实践主体和根本目的，构成了一个有机整体，形成了比较系统的构建社会主义和谐社会的基本原则。

三、中国特色社会主义社会建设的创新

（一）中国特色社会主义社会建设的理论创新

中国的社会建设是在中国特色社会主义社会建设理论指导下进行的。这一理论内涵十分丰富，涉及经济社会各个领域，涵盖社会建设各个方面，其基本点主要包括以下方面：

一是关于构建和谐社会的思想。社会和谐是社会主义的本质属性。必须按照民主法治、公平正义、诚信友爱、充满活力、安定有序、人与自然和谐相处的总要求，努力构建全体人民共同建设、共同享有的和谐社会。要着眼于促进经济社会协调发展，把社会主义和谐社会建设同社会主义经济建设、政治建设、文化建设和生态文明建设一起，作为中国特色社会主义事业总体布局的重要组成部分统一部署、统一推进。

二是关于正确处理改革发展稳定关系的思想。改革发展稳定，是关系社会主义现代化建设全局的三个重要方面。改革是动力，发展是目的，稳定是前提，三者相互联系、相互促进。要坚持把改革的力度、发展的速度和社会可承受的程度有机统一起来，在社会稳定中推进改革和发展，通过改革和发展促进社会稳定。深化社会体制改革，坚持统筹兼顾、综合配套、协调推进，努力实现社会体制改革与经济体制改革、政治体制改革、文化体制改革相协调，形成共同推进改革的整体合力。

三是关于实现和维护社会公平正义的思想。实现和维护社会公平正义，是马克思主义的基本立场和基本观点，是社会主义制度的本质要求。社会公平正义，就是社会各方面的利益关系得到妥善协调，人民内部矛盾和其他社会矛盾得到正确处理，人民的合法权益得到切实维护和实现等。要在经济发展的基础上，不断促进社会公平正义。

四是关于改善和保障民生的思想。社会主义事业是代表最广大人民的事业，必须始终坚持以人为本，要始终站在最广大人民的立场上，最大限度地激发全社会的创造活力，努力使全体人民学有所教、劳有所得、病有所医、老有所养、住有所居，推动建设和谐社会。

五是关于促进城乡协调发展的思想。中国特色社会主义建设要正确认识和妥善处理工业和农业、城市和农村、城镇居民和农民的关系，逐步解决城乡二元结构矛盾，努力实现城乡共同繁荣。要不断深化对社会主义社会建设规律的认识，在社会主义现代化进程中，促进城乡共同繁荣和共同发展。

六是关于兼顾不同阶层利益的思想。在中国，知识分子是工人阶级中掌握科学文化知识较多的一部分，是先进生产力的开拓者；包括知识分子在内的工人阶级以及广大农民，始终是推动中国先进生产力和社会全面进步的根本力量；在社会变革中出现的民营科技企业的创业人员和技术人员、受聘于外资企业的管理技术人员、个体户、私营企业主、中介组织的从业人员、自由职业人员等社会阶层，都是中国特色社会主义事业的建设者。在经济社会发展过程中，要统筹兼顾社会各阶层群众的利益，充分发挥社会各阶层在推动经济社会发展中的作用。

（二）中国特色社会主义社会建设的实践创新

1. 保障和改善民生

保障和改善民生是中国特色社会主义社会建设的重点。现代意义上的民生概念有广义和狭义之分。广义上的民生是指同人民生活有关的事情，包括直接相关和间接相关的事情，几乎可以延伸到经济、政治、文化、社会以及生态环境等各个领域。狭义上的民生是从社会建设层面着眼，主要是指人民的基本生存和生活状态，以及人民的基本发展机会、基本发展能力和基本权益保护的状况等，具体涉及劳动就业、社会福利、义务教育、基本住房、最低生活保障、社会救助等方面的内容。

当前我国民生问题主要表现为：社会保障水平总体不高，还没有实现城乡完全统筹；教育发展不均衡，教育资源分配不合理；就业的结构性矛盾突出，社会就业压力仍然较大；收入分配差距拉大，利益矛盾加剧等等。这些问题的产生原因：一是，以往二元经济结构造成的城乡差距，特别是城乡教育、医疗卫生、就业、社会保障等差距，仍是当前民生问题存在的重要因素。二是，传统发展理念在经济建设与社会发展的关系上的影响仍然存在，这就往往容易导致注重经济建设，忽视社会建设，使社会建设相对滞后。三是，社会建设的相关政策机制不完善，社会建设的政策机制与社会主义市场经济的要求还不相符合，难以适应经济社会发展的需要。

第一，保障和改善民生是社会建设的价值追求。社会建设以最广大人民群众的根本利益为目的。发展教育事业，促进就业和公平分配，改善医疗卫生条件，完善社会保障，维护社会安定团结等，都是围绕广大人民群众所关心的切身利益而进行的，体现了社会主义的基本价值追求。

第二，保障和改善民生是社会建设的紧迫任务。当前我国正处于历史发展的重要战略机遇期，又是社会矛盾凸显期。在社会建设取得重大进步和巨大成就的同时，社会发展中不平衡、不协调、不可持续问题依然存在，社会建设仍然面临诸多问题，特别是教育、就业、收入分配、社会保障、居民住房等成为最紧迫的问题，这些问题如果得不到切实处理和解决，将会严重影响社会和谐稳定与全面建设小康社会目标的实现。

第三，保障和改善民生是社会建设的根本目的。当前人民群众最关心、最急切需要解决的问题应当成为社会建设的基本着力点。要真心诚意为人民群众做实事、办好事、解难事，真情关心群众疾苦，依法保障人民群众经济、政治、文化、社会等各项权益，切实解决好人民群众最关心最直接最现实的利益问题。

2. 统筹协调社会利益关系

社会矛盾运动是推动社会发展的基本力量。加强社会建设，要遵循经济社会发展的规律，妥善处理人民内部矛盾和其他社会矛盾，协调好各方面的利益关系。

第一，正确处理人民内部矛盾。

人民内部矛盾是在全体人民根本利益一致基础上的矛盾，具体表现在经济、政治和思想文化等各个领域。在改革开放日益深入和社会主义市场经济不断发展的背景下，人民内部矛盾非对抗性的性质没有发生变化，但其内容和表现形式更趋复杂，呈现出一些新的特点。

一是利益矛盾日益凸显。由于经济体制深刻变革、社会结构深刻变动、利益格局深刻调整、思想观念深刻变化，由于发展中不平衡、不协调、不可持续问题短期内难以根本解决，人民内部各种具体利益矛盾难以避免地会经常地大量地表现出来，主要表现为社会不同阶层、不同利益群体之间在收入分配和资源配置方面的差距。

二是矛盾的复杂性增强。人民内部矛盾的复杂性不仅表现为矛盾是由历史、现实、政策和一些具体问题等诸多原因引起的，而且还表现在矛盾主体增多，矛盾关系更加复杂，非对抗性矛盾和对抗性矛盾相互交织、相互影响，解决的难度明显增大等方面。

三是矛盾朝对抗性演变的可能性有所增强。人民内部矛盾是非对抗性矛盾，但若处理不当，就有可能激化矛盾，出现经济问题政治化、内部问题社会化、局部问题扩大化的趋势。特别是在信息网络技术迅猛发展和对外开放的条件下，一些局部性的和具体性的事件，就有可能演变成群体性、政治性事件，同时敌对势力加紧进行各种分裂、渗透、颠覆活动，这些都可能使非对抗性矛盾向对抗性矛盾转化，扰乱社会秩序，危害国家安全，影响社会和谐稳定。

正确处理人民内部矛盾，要着眼于最大限度增加和谐因素、最大限度减少不和谐因素，创造良好社会环境。一是注重从源头上减少矛盾。切实解决好人民群众关心的切身利益问题，主动为人民群众排忧解难。二是注重维护群众权益。正确反映和兼顾不同方面群众的利益，注重维护社会公平正义，依法保护群众权益。三是注重做好群众工作。深入做好组织群众、宣传群众、教育群众、服务群众工作，及时了解群众心声和实际需求。四是建立健全党委领导、政府负责、社会协调、公众参与的社会管理格局，提高基层群众自治组织自我管理、自我服务、自我教育、自我监督能力。

第二，妥善处理各种利益矛盾。

人民内部矛盾是一个由许多矛盾构成的多层次、多领域、多类型的纵横交错的复杂系统。其中，利益矛盾是其他各类人民内部矛盾产生的根源，是影响和制约其他各类矛盾发展的主导性矛盾。改革开放以来，伴随着从计划经济体制向社会主义市场经济体制转变，从单一公有制形式向以公有制为主体、多种所有制经济共同发展转变，从单一的按劳分配制度向以按劳分配为主体、多种分配方式并存的分配制度转变等，我国社会利益关系呈现出一些新特点。

一是利益主体趋于多样化。不但原有的工人、农民和知识分子群体内部发生了变化，而且涌现出一些新的利益阶层，如民营科技企业的创业人员和技术人员、个体户、私营企业主、中介组织的从业人员、自由职业人员等。利益主体的分化，导致利益需求呈现出多样化的特点。

二是利益差距有所扩大。随着利益主体的不断分化，不同主体之间利益差距也呈现出扩大的趋势，突出表现在不同社会成员收入差距呈逐步拉大的趋势。

三是利益冲突有所增强。主要表现为经济利益矛盾突出，围绕土地征收征用、城市建设拆迁、环境保护、企业重组改制和破产等问题，冲突事件不断增多，对抗程度增强，处置难度加大。经济利益冲突引发的矛盾，已成为影响当前社会稳定的重要因素。

当前利益关系出现的新特点，既反映了改革开放以来，广大人民群众在生活水平不断提高的基础上，对自身利益的进一步追求，也使得协调兼顾各方面利益的难度增大。在这种情况下，尤其需要高度重视统筹协调各种利益关系，加强制度建设，妥善处理各种利益矛盾。

一是健全诉求表达机制。拓宽社情民意表达渠道，完善党政领导干部和党代表、人大代表、政协委员联系群众制度，建立全国信访信息系统，搭建各种形式的沟通平台，积极发挥各类媒体的作用，重视各种社会组织在反映诉求、规范行为等方面的作用，使群众表达利益诉求逐步走入制度化、规范化、法制化的轨道。

二是健全利益协调机制。健全利益引导机制，教育和引导人们正确看待当前社会利益分化的现象；健全利益约束机制，通过法律和道德对人们获取利益的行为进行约束；健全利益调节机制，通过税收政策等调控措施，调整利益分配格局，减少不同利益群体之间的不公平感；健全利益补偿机制，着力解决群众反映强烈的利益问题，坚决纠正损害群众利益的行为。

三是进一步完善矛盾调处机制。健全社会舆情汇集和分析机制，完善矛盾纠纷排查调处工作制度，实现人民调解、行政调解、司法调解有机结合和相互衔接，最大限度地缓解社会冲突，减少社会对立，把矛盾化解在基层、解决在萌芽状态。通过完善收入分配制度、规范收入分配秩序，科学有效地调整各种利益关系，努力缩小不同阶层、不同群体的利益差距，减少由此产生的利益矛盾。

四是加强权益保障机制建设。研究制定更多有利于保障公民权益的法律法规和政策制度，建立健全社会保障体系，形成基本覆盖城乡居民的社会保障体系。

第三，维护社会公平正义。

公平指的是一种合理的社会状态，它包括社会成员之间的权利公平、机会公平、过程公平和结果公平。正义是对社会终极价值的追求，是对社会成员的基本道德约束。公平正义，就是社会各方面的利益关系得到妥善协调，人民内部矛盾和其他社会矛盾得到正确处理，社会公平和正义得到切实维护与实现。准确把握公平正义的内涵，必须用历史的、具体的、相对的眼光来分析。

公平正义是历史的。对于公平正义的认识不仅因时因地而变，甚至也因人而异。在不同的历史条件下，人们对公平正义的认识是不同的，没有恒定不变的公平正义的标尺，应该把公平正义放在一定的历史环境中来讨论。

公平正义是具体的。在不同领域，公平正义的内涵也不尽相同。经济领域的公平正义，主要是指市场经济等价交换原则所体现的平等，社会领域公平正义的一个重要方面体现为保障包括老弱病残等弱势群体在内的所有社会成员的基本生存需求。因此，维护社会公平正义，必须针对具体问题和具体人群进行具体的分析。

公平正义又是相对的。公平正义的实现是一个历史过程，其本身就包含着差异和差别。从理论上说，尽管可以明确公平正义的具体含义、原则和评价尺度，但在现实中公平正义的实现却千差万别。从实践上说，公平正义的实现要受到经济政治文化发展的制约，是随着经济社会发展而逐步提高的过程。

在我国，虽然社会主义制度的建立为实现真正意义上的公平正义创造了根本条件，但这并不意味着有了社会主义基本制度，公平正义就会自然实现，它还需要各方面的具体制度来保障。维护社会公平正义，必须逐步建立以权利公平、机会公平、规则公平、分配公平为主要内容的社会公平保障体系，从法律上、制度上、政策上努力营造公平的社会环境，从收入分配、利益调节、社会保障、公民权利保障、政府施政、执法司法等方面采取落实公平的切实措施，推动社会向公平正义的方向发展。

第四，加大收入分配调节力度。

分配公平是社会公平的重要体现，涉及最广大人民群众的根本利益。加大收入分配调节力度，合理调整收入分配关系，优化收入分配结构，缩小收入分配差距，是关系经济发展、政治稳定、社会和谐的大事，是加速推进以改善民生为重点的社会建设的紧迫任务。

改革开放以来，人民群众总体收入水平在不断提高，但在收入分配领域也存在一些不容忽视的问题，主要表现为：城乡之间、地区之间、行业之间的收入差距不断扩大；社会收入分配关系尚未理顺，某些领域分配秩序混乱，存在着不规范收入甚至非法收入；社会保障体系还不健全，社会保障覆盖面不足等。

加大收入分配调节力度，促进社会公平的措施主要有：一是坚持和完善按劳分配为主体、多种分配方式并存的分配制度；二是初次分配和再分配都要处理好效率和公平的关系，再分配更加注重公平；三是努力提高居民收入在国民收入分配中的比重；四是逐步提高最低工资标准，保障职工工资正常增长和支付；五是规范分配秩序，加强税收对收入分配的调节作用，有效调节过高收入，努力扭转城乡、区域、行业和社会成员之间收入差距扩大的趋势。

第五，促进基本公共服务均等化。

基本公共服务均等化，就是要确保国家和社会制定的基本公共服务政策、确立的基本公共服务制度、提供的基本公共服务机会，对全体公民是均等的。促进基本公共服务均等化，就是要缩小民生差距、发展差距和贫富差距，减少社会矛盾，增进社会和谐，根治复杂的经济社会复合问题，为改革发展创造良好的政策环境。

基本公共服务均等化涉及优化政府职能结构、公共财政体制改革、建立健全考核体系等诸多方面，其主要内容包括：义务教育和基本医疗卫生均等化，劳动就业服务和基本社会保障服务均等化，公共性基础设施和生态环境保护服务均等化，生产、消费以及安全服务均等化等。促进基本公共服务均等化的主要途径包括以下几个方面：

一是转变政府职能，创新基本公共服务体制机制。必须转变政府职能，切实履行经济调节、市场监管、社会管理和公共服务四项基本职能，加快推进政企分开、政资分开、政事分开、政府与市场中介组织分开，坚决纠正和防止政府越位、错位和缺位。建立健全规范的基本公共服务需求表达、信息反馈和民主决策机制，建立以政府为主导，市场主体和社会主体有序参与供给的“一主多元”的公共服务供给模式，创新基本公共服务体制机制。

二是加大财政投入。实现基本公共服务均等化，资金保障是关键。必须调整和优化公共财政支出结构，把更多财政资金投向公共服务领域，加大财政在教育、卫生、文化、就业再就业服务、社会保障、生态环境、公共基础设施建设、社会治安等方面的投入，不断增强公共产品和公共服务供给能力，逐步缩小城乡间、区域间的基本公共服务差距，真正实现人人享有基本公共服务的目标。

三是建立基本公共服务监测评价体系。制定科学的基本公共服务综合评价指标体系，加强政府基本公共服务监测评价，把基本公共服务数量和质量指标纳入政府绩效考核体系；建立与之相应的技术支持体系、统计指标体系、数据采集和监测体系，便于监督检查基本公共服务均等化的进展情况；积极引入外部评估机制，建立多元化的绩效评估体系。

3. 推进社会管理创新

社会管理是社会建设的重要内容，是维护社会和谐稳定的必要条件。加强社会建设必须切实解决社会管理存在的问题，不断改革创新社会管理。

社会管理，通常指以政府为主导的包括其他社会组织和公众在内的社会管理主体，在法律、法规、政策的框架内，通过各种方式对社会领域的各个环节进行组织、协调、服务、监督和控制的过程。

社会管理具有阶段性、复杂性和长期性的特点。阶段性，是指社会管理是一个动态变化过程，在不同的历史阶段，社会管理所面临的问题是不一样的，因而呈现出一定的阶段性。复杂性，是指社会管理涉及社会生活的全过程，涉及人民生活的各个方面，涉及不同人群的不同利益诉求，涉及社会管理体制机制的改革创新，呈现出复杂性。长期性，是指社会管理与社会和人类的存在密切相关，其内容和形式将会随着社会生产和社会生活的发展变化而不断创新，是一个长期发展的过程。

当前，中国的社会管理与中国国情和社会主义制度总体上是适应的，但也存在着一些问题，主要表现为：一是社会管理理念还不科学，存在重经济建设、轻社会管理，重管理控制、轻社会服务，重强势群体利益、轻弱势群体保障等问题；二是社会管理体制还不健全，存在着政府管理职能越位、缺位等问题；三是社会管理法律政策还不完善，存在社会管理立法滞后、社会管理执法不公等问题；四是社会管理方法还不适应发展需要，存在社会管理过于行政化、社会管理渠道不畅、社会管理体制新旧转化缺位等问题。

加强和创新社会管理的根本目的是维护社会秩序、促进社会和谐、保障人民安居乐业，为党和国家事业发展营造良好社会环境。社会管理的基本任务包括：协调社会关系、规范社会行为、解决社会问题、化解社会矛盾、促进社会公正、应对社会风险、保持社会稳定等。

社会管理水平是反映社会文明进步的重要尺度，也是执政党的执政能力和国家执行力的重要体现。推进社会管理体制创新，就是要以最大限度地激发社会创造力、最大限度地增加和谐因素、最大限度地减少不和谐因素为目标，不断推进社会管理的理念思路、体制机制和方法手段的创新，探索一条具有中国特色、体现时代特征、与社会主义市场经济相适应的社会管理之路。

一是坚持以人为本，转变管理理念。社会管理，说到底是对人的管理和服务，涉及广大人民群众切身利益，必须始终坚持以人为本、执政为民，切实贯彻党的全心全意为人民服务的根本宗旨。

二是加强和完善社会管理格局。强化政府社会管理职能，强化各类企事业单位社会管理和服务职责，引导各类社会组织加强自身建设、增强服务社会能力，支持人民团体参与社会管理和公共服务，发挥群众参与社会管理的基础作用。加强和完善非公有制经济组织、社会组织管理，明确非公有制经济组织管理和服务员工的社会责任，推动社会组织健康有序发展。

三是加强和完善党和政府主导的维护群众权益机制。统筹协调各方面利益关系，加强社会矛盾源头治理，形成科学有效的利益协调机制、诉求表达机制、矛盾调处机制、权益保障机制，坚决纠正损害群众利益的不正之风，切实维护群众合法权益。

四是加强和完善流动人口和特殊人群管理和服务。建立覆盖全国人口的国家人口基础信息库，建立健全实有人口动态管理机制，完善特殊人群管理和服务政策。

五是加强和完善基层社会管理和服务体系。努力夯实基层组织、壮大基层力量、整合基层资源、强化基础工作，把人力、财力、物力更多投到基层，强化城乡社区自治和服务功能，健全新型社区管理和服务体制。

六是加强和完善公共安全体系。健全食品药品安全监管机制，建立健全安全生产监管体制，完善社会治安防控体系，完善应急管理体制。

（三）中国特色社会主义社会建设的制度和体制创新

社会建设制度是指与国家经济、政治、文化等相对应的社会领域的制度，具有制约、协调、预测、整合等多重功能。中国特色社会主义社会建设在实践中形成了教育制度、劳动就业制度、基本医疗卫生制度、社会保障制度、社会管理制度等一系列制度和体制，为推进社会建设、实现构建社会主义和谐社会总体目标提供了制度保障。

一是教育制度。教育制度是为规范各类教育机构与组织体系及其运行而制定的各种规则和原则的总和，具有传播先进文化、推进社会主义民主政治建设、促进经济科学发展、培养人才、推动自主创新等功能。

二是劳动就业制度。劳动就业制度是为调整劳动和就业社会关系而制定的各种规则和原则的总和，具有个体自由保护、个体价值实现和社会安全保障等功能，对于维护社会稳定、促进社会和谐具有重要作用。

三是基本医疗卫生制度。基本医疗卫生制度是为规范医疗卫生行为而制定的规则和原则的总和。我国基本医疗卫生制度的目标是人人享有基本医疗卫生服务。基本医疗卫生制度必须遵循公益性、公平性和可及性原则。

四是社会保障制度。社会保障制度是为保障全体社会成员的基本生存与生活需要而制定的有关社会福利、社会保险、社会救助、社会优抚和社会安置等一系列规则和原则的总称。社会保障制度对保障公民基本生活需要，增进全体社会成员的物质和文化福利，促进社会和谐稳定，具有重要作用。

五是社会管理制度。社会管理制度是为维护人民群众权益、促进社会公平正义、保持社会良好秩序而制定的各种规则和原则的总和。社会管理创新是社会管理的重要课题，要尽快建立健全与发展中国特色社会主义经济、政治、文化、社会要求相适应的新型社会管理体系，形成社会管理和服务的合力。

第十章　邓小平与中国特色社会主义生态文明建设

党的十七大第一次提出生态文明的科学概念，并把建设生态文明作为实现全面建设小康社会奋斗目标之一。十八大强调，建设生态文明，是关系人民福祉、关乎民族未来的长远大计。必须树立尊重自然、顺应自然、保护自然的生态文明理念，把生态文明建设放在突出地位，融入经济建设、政治建设、文化建设、社会建设各方面和全过程，努力建设美丽中国，实现中华民族永续发展。这就明确地把生态文明建设作为中国特色社会主义建设总体布局的一个重要组成部分。

一、邓小平的节约和生态保护思想

邓小平时代由于历史条件的限制，生态文明建设尚未提到党和国家工作的重要议事议程。但邓小平在坚持以经济为中心进行社会主义现代化建设的过程中，已经结合许多方面的工作提出了要发扬勤俭节约、艰苦奋斗的优良传统，要注意保护生态环境等重要思想，为后来中国特色社会主义生态文明建设理论的建构和实践举措奠定了重要基础。

(一) 邓小平的勤俭节约思想

与毛泽东等其他老一辈革命家一样，邓小平在长期的革命和建设实践中十分重视增产节约，反对铺张浪费，形成了艰苦奋斗勤俭节约的优良传统。早在改革开放前，邓小平就多次提出在社会主义建设中，要特别注意勤俭节约问题。1954 年我国实施第一个五年计划之初，当时担任中央人民政府政务院副总理、中财委副主任兼任财政部部长的邓小平，为保证中央提出的财政收支平衡、消除财政赤字目标的实现，就在全国财政厅局长会议上指出："为了把国家财政放在稳固的基础上，保证社会主义工业建设，必须节减一切可以节减的开支，克服浪费。……今天的问题复杂得很，仅靠几个章程、几个法令、几个办法办事是不行的，要因地制宜。只有大家管财政，大家热心财政，事情才好办。节约也要有积极性，如果没有地方的积极性，就不可能节约，就要发生浪费"①。同年，他在《地方财政工作要有全局观念》一文中又指出："我们国家虽然地大物博，但生产比较落后，财力有限，这就要求财政工作人员要善于节约，善于把钱用到主要方面去。"② 1957 年 4 月，他在《今后的主要任务是搞建设》一文中指出："我们的国家还是一个贫穷的国家，落后的国家。要把这么一个贫穷落后的国家建设成为社会主义的先进的工业国家，需要长期的刻苦的努力。这就是说，需要有勤俭建国的本领"③。同年，他在西安干部会议上再次强调，"我们要提倡增产节约，反对贪大贪新"④。1974 年 11 月，邓小平在同民主也门总统委员会主席鲁巴伊会谈时重申："像我们这样的国家搞建设，一定要在自力更生、勤俭建国的基础上进行。提倡勤俭建国的方针，更能够调动群众的积极性。……勤俭不仅在经济上积累资金建设了自己的国家，而且在政治思想上对群众的影响也是好的。"⑤

邓小平的节约思想内容广泛，包括各个领域和各个方面。在行政机构

---

① 《邓小平文选》，2 版，第 1 卷，197 页，北京，人民出版社，1994。

② 同上书，200 页。

③ 同上书，262 页。

④ 《邓小平年谱（1904—1974）》（下），1355 页，北京，中央文献出版社，2009。

⑤ 《邓小平文集（1949—1974 年）》，下卷，390～391 页，北京，人民出版社，2014。

方面，他指出："节减国家机关经费，精简国家行政机构。这是国家积累工业化资金的一个重要方法。……所以尽可能地减少一切机关的非生产的开支，厉行节约，是我们必须坚持贯彻的原则"[①]。在企业管理方面，他指出："现在我们的企业，特别是中央搞的大企业，浪费现象是很严重的。如果我们会搞的话，完全可以节约很多资金，用比较少的钱，同样建设这样新这样大的企业，同样有这样高的技术水平。"[②] 在青年教育方面，他指出："我们要在社会主义建设的胜利史上写下青年们的光辉的一页，我们就一定要老老实实，勤勤恳恳，戒骄戒躁，克勤克俭，把一切可以团结的力量团结起来，用艰苦的劳动来创造我们的幸福生活。"[③] 在妇女工作方面，他指出："勤俭建国、勤俭持家一定要联起来，只提一个不够。……这就是妇联的特殊工作。当然男同志也要勤俭持家，但宣传以妇联为主，你们向男同志宣传，大姐向大哥宣传。勤俭建国、勤俭持家应经常提倡，是长期要做的工作。"[④] 在军队建设方面，他认为"闹享受，闹待遇，一切都向高级发展，住房子越多越好"[⑤] 是奢的表现，是在追求资产阶级的生活方式，把艰苦奋斗的传统作风丢掉了。

十一届三中全会以后，邓小平作为改革开放和现代化建设的总设计师，在领导中国人民进行改革开放和建设社会主义市场经济的过程中，仍然坚持勤俭节约、艰苦奋斗的思想，并要求将之付诸社会主义现代化建设的实践。

1979 年 3 月，邓小平在讲到党员干部要发扬勤俭节约、艰苦奋斗的优良传统时明确指出："如果党的领导干部自己不严格要求自己，不遵守党纪国法，违反党的原则，闹派性，搞特殊化，走后门，铺张浪费，损公利私，不与群众同甘苦，不实行吃苦在先、享受在后，不服从组织决定，不接受群众监督，甚至对批评自己的人实行打击报复，怎么能指望他们改造

① 中共中央文献研究室编：《建国以来重要文献选编》，第 5 册，311 页，北京，中央文献出版社，1993。

② 《邓小平文选》，2 版，第 1 卷，265 页，北京，人民出版社，1994。

③ 同上书，278～279 页。

④ 同上书，294 页。

⑤ 《邓小平文选》，2 版，第 2 卷，18 页，北京，人民出版社，1994。

社会风气呢!"[①] 他说："有的人追求舒适生活，房子越住越宽敞，越漂亮，越高级。有的人为了自己的方便，可以做出各种违反规章制度的事情。这使我们脱离群众，脱离干部，把风气搞坏了。"[②] 1980 年 1 月，邓小平在讲到提高经济效益时指出："最大的问题还是要杜绝各种浪费，提高劳动生产率，减少不合社会需要的产品和不合质量要求的废品，降低各种成本，提高资金利用率。"[③] 1981 年 9 月和 11 月，邓小平在讲到实现四个现代化的目标时明确提出要提倡艰苦奋斗、勤俭节约。他认为："到本世纪末人均国民生产总值达到一千美元。这对中国来讲是一个雄心勃勃的计划。……我们就是这么一个设想。如果不提倡艰苦奋斗，勤俭节约，这个目标不能达到。"[④] 党的十三大后，邓小平多次强调坚持勤俭节约对于我们实现目标的重要性。他指出："十三大报告中一个很重要的部分，是讲了到建国一百年时的经济发展战略，就是下个世纪中叶，二十一世纪五十年代，中国将发展到一个中等发达国家的水平。……以后的六十二年，我们还要夹着尾巴做人，要很谨慎，并且要艰苦奋斗，艰苦奋斗还是要讲，一点不能疏忽，要勤俭办一切事情，才能实现我们的目标。"[⑤]

1989 年 3 月，邓小平从总结经验教训的角度再次谈到艰苦奋斗、勤俭节约的问题，他指出："在经济得到可喜发展、人民生活水平得到改善的情况下，没有告诉人民，包括共产党员在内，应该保持艰苦奋斗的传统。坚持这个传统，才能抗住腐败现象。所以要加强对人民进行思想政治工作，提倡艰苦奋斗"[⑥]。"艰苦奋斗是我们的传统，艰苦朴素的教育今后要抓紧，一直要抓六十至七十年。我们的国家越发展，越要抓艰苦创业。"[⑦]

改革开放 30 多年来，我国的经济社会发展取得了举世瞩目的巨大成就，但是我们过去走的是依靠高消耗资源、粗放式经营的经济发展之路，

---

① 《邓小平文选》，2 版，第 2 卷，177～178 页，北京，人民出版社，1994。

② 同上书，217 页。

③ 同上书，260～261 页。

④ 《邓小平年谱（1975—1997）》（下），785 页，北京，中央文献出版社，2004。

⑤ 中共中央文献研究室编：《十三大以来重要文献选编》（上），3 页，北京，人民出版社，1991。

⑥ 《邓小平文选》，第 3 卷，290 页，北京，人民出版社，1993。

⑦ 同上书，306 页。

用于支撑经济发展的资源消耗十分严重。同时，我国是一个人口众多，人均资源相对缺乏的国家。虽然资源总储量居世界第3位，但人均占有量仅居第53位，为世界人均占有量的1/2。除此之外，我国资源消耗模式也很不合理。铁、有色、电力、化工等8个高耗能行业单位产品能耗比世界先进水平均高40%以上，单位建筑面积采暖能耗相当于气候相近发达国家的2～3倍，工业用水重复利用率比国外先进水平低15～25个百分点，矿产资源总回收率比国外先进水平低20个百分点。目前，我国城镇化、工业化和现代化进程进入了一个新的加速期，对资源的需求也将快速增长。正是在这一背景下，党中央提出了建设节约型社会的战略决策，并接连出台建设节约型社会的一系列政策措施。

建设节约型社会，其目的在于追求更少资源消耗、更低环境污染、更大经济和社会效益，实现可持续发展。要实现上述目标，节约路径的选择很重要。邓小平重视人才、重视科技的立场对我们节约型社会建设的路径选择很有启迪。邓小平说："靠空讲不能实现现代化，必须有知识，有人才。"① "用非所学的人是大量的，应当发挥他们的作用，不然对国家是最大的浪费"②。可见，邓小平不仅把人才资源放在现代化建设的重要地位，并且对浪费人才的现象深感惋惜。人类发展史上，无数的事实都有力地证明了科学技术上的每一次重大突破，对经济和社会的发展都将产生巨大冲击力。有鉴于此，邓小平明确指出："社会生产力有这样巨大的发展，劳动生产率有这样大幅度的提高，靠的是什么？最主要的是靠科学的力量、技术的力量。"③ 同样，节约型社会的建设也离不开科学技术发展的推动。不论是提高劳动生产率还是提高资源利用率都要充分发挥科学技术的重要作用，这样节约型社会建设才能沿着正确的轨道发展。

（二）邓小平的环境保护思想

中国共产党对生态问题的认识经历了一个过程。新中国成立后，毛泽

---

① 《邓小平文选》，2版，第2卷，40页，北京，人民出版社，1994。

② 同上书，33页。

③ 同上书，87页。

东相继提出了一系列有益生态环保的重要思想，构成了中国共产党生态文明思想的雏形。为了有效地治理水灾水患，毛泽东发出了“一定要把淮河修好”、“要把黄河的事情办好”、“一定要根治海河”等号召，并为此作出了一系列批示；为了植树造林、绿化祖国，他要求“基本上消灭荒地荒山，在一切宅旁、村旁、路旁、水旁，以及荒地上荒山上，即在一切可能的地方，均要按规格种起树来，实行绿化”①；为了解决人口过多造成的土地、粮食等问题，毛泽东曾明确表示：“我是赞成节育的，并且赞成有计划地生育的。”② 1956年制定的《全国农业发展纲要草案》提出，“除了少数民族地区以外，在一切人口稠密的地方，宣传和推广节制生育，提倡有计划地生育子女，使家庭避免过重的生活负担，使子女受到较好的教育，并且得到充分就业的机会”③；为了在全党和全体人民中形成良好的风气，他大力倡导厉行节约、反对浪费的方针，在党员干部中逐步形成了艰苦朴素、清正廉洁的党风政风，在全体人民中形成了艰苦创业、勤俭节约的社会风尚；他还明确认识到应该加强对自然的认识，强调“如果对自然界没有认识，或者认识不清楚，就会碰钉子，自然界就会处罚我们，会抵抗”④。同时，还必须指出，在毛泽东时代，尽管他曾过分夸大人的主观能动作用，比较强调“人定胜天”的思想，并曾提出过“向自然界开战”的口号，但是，主要由于当时中国工业化的总体水平还不够高、经济发展的规模也还不大等原因，因此，人与自然的矛盾尚不够突出。

改革伊始，中国共产党就从经济发展的角度明确提出了要重视生态平衡问题，认识到能源是人类活动的一项基本要求，也是人类物质文明的先决条件，合理地开发和利用资源是今后相当长时间需要认真解决的问题。1982年11月，邓小平为全军植树造林总结经验表彰先进大会题词：“植树造林，绿化祖国，造福后代。”同年12月，又在对林业部关于开展全民义务植树运动情况报告的批语中指出：“这件事，要坚持二十年，一年比一

---

① 《毛泽东文集》，第6卷，509页，北京，人民出版社，1999。

② 《毛泽东年谱（1949—1976）》，第3卷，291页，北京，中央文献出版社，2013。

③ 当代中国研究所：《中华人民共和国史稿》，第2卷，281页，北京，人民出版社、当代中国出版社，2012。

④ 《毛泽东文集》，第8卷，72页，北京，人民出版社，1999。

年好，一年比一年扎实。为例保证实效，应有切实可行的检查和奖惩制度。”① 此后，他在讲到发展战略问题时，又曾明确提出要重视“自然环境保护”的思想，表达了他对生态环境问题的重视。鉴于中国过去在经济发展过程中，由于片面追求经济增长速度，造成自然环境和生态环境破坏的教训，党的十二大提出要“坚决控制人口增长，坚决保护各种农业资源，保持生态平衡”。十三大又进一步把人口控制、环境保护和生态平衡作为关系经济和社会发展全局的重要问题，并提出“在推进经济建设的同时，要大力保护和合理利用各种自然资源，努力开展对环境污染的综合治理，加强生态环境的保护，把经济效益、社会效益和环境效益很好地结合起来”等要求。这就表明，中国共产党已经认识到了人口、资源、环境对经济发展的影响。当然，由于这时党和国家的注意力还主要是放在如何把工作重点转移到以经济建设为中心、实行改革开放、大力发展生产力，以尽快解决人民群众的温饱问题上，对生态文明的认识还未提到应有的高度，也未能完全摆脱以往“人是自然界的主宰”、“人要征服自然”等传统思维定式。

进入20世纪90年代，中国共产党和中国政府逐步认识到可持续发展的极端重要性，开始把生态环境问题提到经济和社会发展重大战略的高度加以认识。中国作为一个发展中的社会主义国家，虽然经济建设取得了重大成绩，但人口众多、自然资源短缺、经济基础和技术能力非常薄弱仍是一个基本现实。由于过去在发展理论和战略选择上受到传统发展观的影响，长期以来只关注经济增长的数量方面，强调速度，忽视效益，社会发展与经济发展不协调，忽视经济发展与人口、资源、环境的协调发展，造成人口基数过大、增长过快，资源浪费、环境污染严重等问题，因此，实施可持续发展对于中国具有更为深远的意义。1995年，中共十四届五中全会正式把实现可持续发展作为一个重大战略。1997年中共十五大再次重申：“我国是人口众多、资源相对不足的国家，在现代化建设中必须实施可持续发展战略。”

① 《邓小平文选》，第3卷，21页，北京，人民出版社，1993。

新世纪新阶段，中国共产党对生态环境发展战略的认识经历了从经济发展战略的重要组成部分到社会发展战略的重要组成部分、再到中国特色社会主义“五位一体”总布局之一的认识过程，实现了对生态环境问题认识的重大转变。中共十六大在规划全面建设小康社会的目标时，提出可持续发展能力不断增强，生态环境得到改善，资源利用效率显著提高，促进人与自然和谐，推动整个社会走上生产发展、生活富裕、生态良好的文明发展道路。这就把对生态文明建设的认识提升到了一个新的境界。中共十七大正式提出了“生态文明”的概念，并把它确定为实现全面建设小康社会奋斗目标的新的更高要求之一。强调指出，坚持节约资源和保护环境的基本国策，关系人民群众切身利益和中华民族生存发展。必须把建设资源节约型、环境友好型社会放在工业化、现代化发展战略的突出位置，落实到每个单位、每个家庭。基本形成节约能源资源和保护生态环境的产业结构、增长方式、消费模式。使生态环境质量得到明显改善，生态文明观念在全社会牢固树立。中共十八大把生态文明建设纳入中国特色社会主义事业总体布局，使生态文明建设的战略地位更加明确。同时，围绕着“生态文明”、“社会主义生态文明”及“生态文明建设”等范畴，形成了“生态文化”、“循环经济”、“绿色经济”、“生态经济”、“低碳经济”等相互联系的重要概念。十八大强调，建设生态文明，是关系人民福祉、关乎民族未来的长远大计。面对资源约束趋紧、环境污染严重、生态系统退化的严峻形势，必须树立尊重自然、顺应自然、保护自然的生态文明理念，把生态文明建设放在突出地位，融入经济建设、政治建设、文化建设、社会建设各方面和全过程，努力建设美丽中国，实现中华民族永续发展。中共十八届三中全会通过的《关于全面深化改革若干重大问题的决定》，又结合全面深化改革的需要，把生态文明制度提到重要地位。全会决定强调指出，建设生态文明，必须建立系统完整的生态文明制度体系，实行最严格的源头保护制度、损害赔偿制度、责任追究制度，完善环境治理和生态修复制度，用制度保护生态环境。

（三）中国特色社会主义生态文明建设的基本理论

生态是指生物之间以及生物与非生物环境之间的相互关系和存在状

态。生态环境问题是中国特色社会主义发展面临的重大问题，也是全球性的重大问题。必须从中国特色社会主义事业长远发展的高度，充分认识生态文明建设的重要意义、基本内容和目标要求。生态文明是人与自然和谐共生、全面协调、持续发展的社会和自然状态。建设生态文明是对传统文明形态特别是工业文明进行深刻反思形成的认识成果，也是在发展物质文明过程中保护和改善生态环境的实践成果。

中国特色社会主义生态文明建设，是以生态文明为核心概念，通过一系列重要思想观点和战略举措建构起来的理论体系。其显著特征表现为：在价值观念上，它凸显了人类作为大自然有机组成部分的地位，要求人类应该以平等的态度对待自然，抛弃传统的“征服自然”的观念，树立“人与自然协调发展”的新观念；在实践途径上，它倡导人类在尊重自然规律的前提下利用、保护和发展自然，选择既满足自身需要而又不损害自然环境的生活方式；在社会关系上，它要求实现人与自然、人与社会的和谐，实现代际、群体之间的环境公平与正义，并强调要促进人与自然和谐持续的发展。生态文明建设理论是中国特色社会主义理论体系的重要组成部分，中国特色社会主义生态文明建设理论是对马克思主义关于生态环境思想的继承和发展，是中国特色社会主义理论体系的重要组成部分。

第一，建设生态文明的思想。建设生态文明是人类文明发展的必然结果，也是人类文明进一步发展的必然要求。自然界是包括人类在内的一切生物的摇篮，是人类赖以生存和发展的基本条件。建设中国特色社会主义，不仅要进行经济建设、政治建设、文化建设、社会建设，而且要进行生态文明建设；不仅要实现生产发展、生活富裕，而且要实现生态良好。党的十八大指出：“我们一定要更加自觉地珍爱自然，更加积极地保护生态，努力走向社会主义生态文明新时代。”① 这就表明，中国特色社会主义生态文明将是自人类社会诞生以来相继创造的原始文明、农业文明和工业文明之后的一种人类文明的新形态。这种新形态文明建设的重要性不仅表现在它与经济建设、政治建设、文化建设和社会建设处于同等重要的战略

① 胡锦涛：《坚定不移沿着中国特色社会主义道路前进　为全面建成小康社会而奋斗》，41页，北京，人民出版社，2012。

地位，而且突出体现在它还要“融入经济建设、政治建设、文化建设、社会建设各方面和全过程”①。中国共产党提出生态文明的发展理念，是对人类以往文明形态的一种超越。近代以来几百年工业文明的发展，为人类社会创造了巨大的物质财富，大大提升了人们认识自然和改造自然的能力，使人类在很多时候改变了在自然面前束手无策的被动局面。然而，在传统工业文明理念的引导下，人类对自然的索取和挑战已经达到了无以复加的地步。频繁多发的严重自然灾害和全球性的生态危机，是自然对以往工业文明的报复。它向人类社会昭示：地球再也经不起以往发展模式的破坏，传统工业文明已经走到尽头。

第二，统筹人与自然和谐发展的思想。在推进中国特色社会主义建设中，必须统筹好促进经济发展与保护自然的关系，实现人与自然的和谐发展。生态文明是人与自然和谐发展的文明。目前人类所面临的生态环境问题，说到底是由于人们在传统发展观指导下，片面追求人类自身需要的满足而没有充分考虑到生存空间环境的承载能力、没有统筹协调好人类与自然环境及资源之间的关系，进而导致的人与自然关系紧张乃至恶化的局面，是以人类为中心发展模式的必然结果。生态文明的本质，就是认定生态环境是人类一切社会经济发展的基础，所有的发展都要从这个基础的承载能力出发，不顾生态基础承载能力的盲目发展，最终只能是得不偿失。建设生态文明所要解决的正是这种因为过多地强调人而忽视自然的发展理念所导致的一系列问题。正确认识人类在自然界中的地位，统筹协调好人类与自然环境之间的关系，科学认识和正确运用自然规律，合理利用自然资源，保护和优化生态环境，实现人与自然和谐相处，是人类充分认识自身和自然界发展客观规律的体现，也是构建社会主义和谐社会的一项重大任务，是共产主义者为了达到自己的最终奋斗目标——实现人的自由而全面的发展而必然要作出的努力。

第三，实施可持续发展的思想。可持续发展的概念，是在传统发展模式严重制约经济发展和社会进步的背景下产生的。第二次世界大战结束以

---

① 胡锦涛：《坚定不移沿着中国特色社会主义道路前进 为全面建成小康社会而奋斗》，39页，北京，人民出版社，2012。

后，世界大多数国家都确立了以经济增长为核心的社会发展观，即传统的经济增长发展观。这种发展观以国民生产总值或国民收入的数量增长为目标。然而，一味追求经济增长造成了资源和能源的大量消耗和浪费，带来了严重的环境污染，危及人类自身的安全与健康。严峻的社会现实使人们从对传统工业化和经济增长成就的陶醉中惊醒，一种新的综合发展观开始形成。1989 年第 15 届联合国环境署理事会通过了《关于可持续发展的宣言》，其核心思想是：健康的经济发展应当建立在生态可持续能力、社会公正和人们参与以及自身发展决策的基础上，其目标是既要使人类的各种需要得到满足，又要保护资源和生态环境，并不对后代人的生存和发展构成威胁。中国作为一个发展中的社会主义国家，经济建设取得了重大成绩，但人口众多、自然资源短缺、经济基础和技术能力非常薄弱是一个基本现实。特别是由于受到传统发展观的影响，我国长期以来只重视经济增长的数量方面，强调速度，忽视经济效益，忽视产品结构和产品质量；社会发展与经济发展不协调；忽视经济发展与人口、资源、环境的协调发展，造成人口基数过大、增长过快，资源浪费、环境污染严重等问题。因此，实施可持续发展，对于我们这样一个发展中国家来说，有着更为深远的意义。实施可持续发展的战略，要求我们必须坚持经济社会发展要有长远的战略眼光，既要考虑当前经济社会发展的需要，又要考虑子孙后代的发展需要；既要遵循经济规律，又要遵循自然规律；既要讲究经济社会效益，又要讲究生态环境效益，坚决防止急功近利的短期行为，实现经济社会的永续发展。

第四，建设资源节约型、环境友好型社会的思想。建设资源节约型、环境友好型社会，是深入贯彻落实科学发展观，促进社会和谐的内在要求。发展的根本目的是不断满足人民群众各方面的需求，提高人民的生活质量和水平，促进人的全面发展。社会和谐包括人与人、人与社会、人与自然的和谐。如果片面追求经济发展，导致经济发展与能源资源矛盾尖锐，生态严重破坏，人们的生活环境恶化和生活质量下降，就背离了科学发展观的要求；如果对自然过度索取，对生态环境污染破坏，必然导致人与自然的紧张，反过来将破坏人与人、人与社会的和谐。建设资源节约型、环境友好型社会，从根本上说，是由我国的基本国情决定的。我国是人口众多发展相对落后的发展中国家，人均资源紧缺、环境承载力较弱。改革开放以来，我国经济社会发展取得了举世瞩目的成就，环境保护工作也在不断得到加强。但由于经济增长基本还是建立在高消耗、高污染的传统发展模式上，出现了比较严重的环境污染和生态破坏，发达国家上百年工业化过程中分阶段出现的环境问题在中国集中出现，环境与发展的矛盾日益突出。这就决定了必须把节约资源和保护环境作为我国的一项基本国策，处理好经济建设、人口增长与资源利用、生态环境保护的关系，坚决禁止掠夺自然、破坏自然的做法，坚决摒弃先污染后治理、先破坏后恢复的做法。同时，要加快转变经济发展方式，把节能减排作为促进科学发展的重要抓手，加快形成节约能源资源和保护生态环境的产业结构、增长方式、消费模式，努力建设环境友好型社会。

第五，走文明发展道路的思想。任何社会的发展，不论人们是否自觉地认识到，实际上都是生产、生活和生态统一的有机整体。生产发展是社会文明发展的基础环节，离开生产发展，社会进步就会失去前提，生活富裕也不可能实现；生活富裕是社会发展的重要载体，只有不断提高整个社会的物质和精神生活水平，使社会财富得到合理分配，社会成员共享发展成果，人类文明才能不断进步；生态良好是发展的应有回报，只有遵循经济规律和自然规律、合理利用自然资源、保护和优化生态环境，实现人与自然和谐相处，人类文明才能得到永续发展。改革开放以来，由于我国经济增长过度依赖资源消耗的传统发展模式，一些地方的发展甚至以牺牲环境为代价，因而造成了比较严重的环境污染和破坏。特别是随着我国工业化、信息化、城镇化、市场化、国际化深入发展和人口不断增加，能源、水、土地、矿产等资源不足的问题越来越突出。坚持文明发展道路，是应对资源环境问题、实现可持续发展的必然要求，是关系中华民族生存和长远发展的根本大计。走文明发展道路，就是要把文明发展的理念贯彻到社会生产、生活和生态各个领域，依靠科技进步，探索代价小、效益好、排放低、可持续的新路子。也就是在经济社会发展过程中，要坚持把推进生产发展、实现生活富裕、保持生态良好有机统一起来，坚持以生产发展为基础，以生活富裕为目的，以生态良好为条件，走生产发展、生活富裕、生态良好的文明发展道路，努力实现社会经济系统和自然生态系统的良性循环，实现社会进步和人的全面发展。

二、中国特色社会主义生态文明建设的目标任务和基本要求

党的十七大提出了到2020年生态文明建设的目标：基本形成节约能源资源和保护生态环境的产业结构、增长方式、消费模式；循环经济形成较大规模，可再生能源比重显著上升；主要污染物排放得到有效控制，生态环境质量明显改善；生态文明观念在全社会牢固树立。十八大进一步明确表述了这一目标：资源节约型、环境友好型社会建设取得重大进展；主体功能区布局基本形成，资源循环利用体系初步建立；单位国内生产总值能源消耗和二氧化碳排放大幅下降，主要污染物排放总量显著减少；森林覆盖率提高，生态系统稳定性增强，人居环境明显改善。并将这一目标高度概括为：建设美丽中国，实现绿色发展、循环发展、低碳发展。

（一）生态文明建设的基本目标和任务

建设中国特色社会主义生态文明，从根本上说就是要坚持走生产发展、生活富裕、生态良好的文明发展道路，促进经济社会发展与人口资源环境相协调，建设资源节约型、环境友好型社会，并积极应对全球生态环境和气候问题。

第一，促进经济社会发展与人口资源环境相协调。这是建设中国特色社会主义生态文明的重要目标和任务，也是解决生态环境问题的必然要求。中国人口众多，又处于经济社会高速发展时期，尽管从总量上看中国是世界上资源比较丰富的国家之一，但按人均水平又是一个资源十分稀缺的国家，未来发展面临着巨大的资源压力。历史的和现实的因素综合在一起，构成了中国资源环境的基本国情。发达国家上百年工业化过程中分阶段出现的各种资源环境问题在当代中国集中出现，成为制约中国经济社会

发展的突出问题。主要有：耕地总量和人均占有量不断减少，部分重要矿产资源保障能力不足，石油、铁矿石等进口量和对外依存度迅速提高；一些地方粗放利用和破坏浪费土地、矿产资源的现象还比较突出；主要污染物排放总量大，环境突发事故增多，环境隐患增加；水资源供需矛盾尖锐，饮水安全问题突出，相当一部分城市水源污染严重；环境噪声扰民问题突出，核与辐射安全隐患不容忽视；等等。这些问题造成了巨大的经济损失，影响了正常的生产、生活秩序，影响了群众的身心健康，一些与环境污染相关疾病的死亡率或患病率持续上升。人口多是中国的一个基本国情。经过长期努力，中国在控制人口方面取得了巨大成绩，但人口数量众多这一特点并没有改变；人口的自然增长率虽然不高，但由于人口基数庞大，每年新增的绝对人数仍然庞大，人口整体素质还不高，受过高等教育的人口比例明显低于发达国家，对经济社会发展构成了很大的压力；人口的地域分布不平衡、人口的年龄结构不平衡、人口老龄化的趋势加快等问题日益凸显。协调好经济发展与人口的关系，实现人口长期均衡发展，是贯彻控制人口数量、提高人口质量基本国策的要求。经济发展的根本目的是不断提高人民的生活水平和质量，实现经济社会的永续发展。资源环境与以人为本、关注民生问题直接相关联，资源的使用是否具有可持续性，环境的保护是否能够为人民提供良好的生产生活条件，都关系到人民群众的切实利益，关系到人民群众的生活质量和幸福指数。经济发展不能只顾眼前的经济增长速度，或者只顾局部利益而牺牲长远利益和全局利益。当经济发展与节约资源和保护环境发生矛盾和冲突时，必须把节约资源、保护环境放在优先考虑的位置，实现经济发展指导思想上的根本性转变。实现节约资源、保护环境的基本要求，就要科学认识和正确运用自然规律，学会按照自然规律办事，更加科学地利用自然为人们的生活和经济社会发展服务。为此，就要加大节能环保投入，发展环保产业，开发和推广节约、替代、循环利用和治理污染的先进适用技术，发展清洁能源和可再生能源；坚决禁止掠夺自然、破坏自然的做法；坚持保护优先、开发有序，进行合理的功能区划；坚持预防为主、综合治理，采取更加有效的措施，努力解决影响经济社会发展特别是严重危害人民健康的突出问题；加强建设项目规划的环境影响评价，坚决防止产生新的污染；加快制定和完善环境保护的法律法规和标准，提高环境监管执法能力，建立健全生态补偿机制，增强公众保护生态环境的自觉意识，在全社会形成爱护生态环境、保护生态环境的良好风尚。

第二，建设资源节约型、环境友好型社会。这是解决生态环境问题，实现文明发展的必然选择，也是其主要目标。资源节约型社会，是指以能源资源高效率利用的方式进行生产、以节约的方式进行消费为特征的社会体系。它不仅体现了经济增长方式的转变，更是一种全新的发展模式。它要求在生产、流通、消费的各个领域，在经济社会发展的各个方面，以节约使用能源资源和提高能源资源利用效率为核心，以节能、节水、节材、节地、资源综合利用为重点，以尽可能少的资源消耗，获得尽可能大的经济和社会效益，从而保障经济社会的可持续发展。环境友好型社会，是人与自然和谐发展的社会，通过人与自然的和谐来促进人与人、人与社会的和谐。具体来说，它是一种以人与自然和谐相处为目标，以环境承载能力为基础，以遵循自然规律为核心，以绿色科技为动力，倡导环境文化和生态文明，追求经济、社会、环境协调发展的社会体系。建设资源节约型、环境友好型社会，是根据中国国情和可持续发展要求作出的正确选择。建设资源节约型、环境友好型社会的基本途径：一是实施可持续发展战略。把经济的发展、生活水平的提高和实现可持续发展有机统一起来，正确处理经济建设、人口增长与资源利用、生态环境保护的关系，坚决禁止掠夺自然、破坏自然的做法，坚决摒弃先破坏后治理、边治理边破坏的做法，实行最严厉的环境保护措施。二是推动节能减排。通过加大节能环保投入，发展环保产业，开发和推广节约、替代、循环利用和治理污染的先进适用技术，发展清洁能源和可再生能源。努力解决影响经济社会发展特别是严重危害人民健康的突出问题，重点抓好水污染防治、城乡饮用水源安全保障、城市大气污染治理、土壤污染治理等。改善城乡人居环境，促进生态修复。三是发展循环经济。以提高资源产出效率为目标，加快资源循环利用产业发展，推进生产、流通、消费各环节循环经济发展。加强矿产资源综合利用，鼓励产业废弃物循环利用，推进资源再生利用产业化。开发应用源头减量、循环利用、再制造、零排放和产业链接技术，推广发展循环经济的典型模式。四是加强宣传教育。推进生态文明建设需要得到全社会的广泛关注、共同参与和大力支持。通过加强宣传、教育和培训，大力弘扬人与自然和谐相处的价值观，增强公众保护生态环境的自觉意识，牢固树立生态文明与可持续发展理念，提倡从我做起，使生态文明建设成为每个家庭和每个公民的自觉行动。五是完善体制机制。节约资源、保护环境不仅要解决发展观念的认识问题，还必须在实践中形成促进可持续发展的体制机制。通过进一步完善有利于节约能源资源和保护生态环境的法律和政策，建设科学合理的能源资源利用体系，在宏观规划、制定政策、经费投入上体现节约资源和保护环境的明确导向，为可持续发展提供强有力的制度保障和政策支持。

第三，积极应对全球生态环境和气候问题。全球生态环境，特别是气候问题，关系全人类的生存和发展，越来越成为国际经济政治发展的一个重大问题，也必然影响到各国生态文明建设目标任务的确定。在全球环境和气候问题上，发达国家欠下了许多的历史债务，发展中国家也遇到了严峻的现实挑战。在全球生态环境，特别是气候问题上，发达国家与发展中国家形成尖锐对立。发展中国家认为，全球气候变化主要是发达国家自工业革命以来温室气体排放的累积效应所致，必须追溯历史责任并在此基础上进行减排分配；而发达国家则强调主要发展中国家必须明确承担大幅度减排的义务，以此来分解发达国家的负担。发达国家的主张是不公正的。这一主张无视发达国家对全球气候变化的历史责任，无视发展中国家的发展阶段和经济技术承受能力，其用意是加大发展中国家的发展成本，延缓或遏制发展中国家的发展，以图巩固和保持发达国家在经济技术上包括环保技术上的优势。这种行为理所当然地遭到大多数发展中国家的抵制。解决全球环境和气候问题必须加强全球合作。环境问题具有公共性、后发性和不可逆性，一旦产生环境危害，往往很难控制，最终将危及全球所有国家。保护环境是全人类面临的共同使命。世界各国都应认识解决全球环境和气候问题的必要性和紧迫性。坚持“共同但有区别的责任”这一国际上公认的解决全球气候问题的基本准则，在环境利益和责任特别是历史责任和现实责任分配方面作出安排。世界各国都应根据自身发展水平，承担共同但有区别的责任；应本着对人类、对未来高度负责的态度，尊重历史，立足当前，着眼长远，务实合作，在世界范围内促进可持续发展。中国始终是解决全球环境问题、应对全球气候变化十分重要的建设性力量。中国作为发展中的社会主义国家，在全球环境和气候问题上始终承担着自己应负的责任。中国政府积极实施可持续发展战略，积极建设资源节约型、环境友好型社会，实现经济发展与人口、资源、环境相协调，走生产发展、生活富裕、生态良好的文明发展道路，为保护全球环境和控制全球气候变化作出了积极贡献。中国政府坚持同国际社会加强合作，发布了《中国应对气候变化国家方案》，在"十二五"规划中，将应对气候变化和绿色低碳发展放到更重要的位置，体现了中国负责任的精神。

（二）推进生态文明建设的基本原则

大力推进生态文明建设，必须坚持社会主义的基本方向，立足当代中国的基本国情，尊重生态文明建设的自身规律。

第一，生态文明建设必须坚持社会主义方向。社会主义制度是更好地推进生态文明建设的制度保障。马克思主义认为，社会主义制度的建立，是彻底解决人与自然之间矛盾和冲突的根本前提。科学社会主义的基本原理，是马克思和恩格斯在深刻揭露当代资本主义的罪恶与腐朽、矛盾与缺陷的基础上形成的，它内含着马克思、恩格斯对人类以往文明的深刻反思。在社会主义社会，人们的利益从根本上来说是一致的，这就不会发生由于人们利益的分化和冲突而从根本上阻碍生态文明建设进程的情况。马克思曾经指出："这种共产主义，作为完成了的自然主义，等于人道主义，而作为完成了的人道主义，等于自然主义，它是人和自然界之间、人和人之间的矛盾的**真正**解决"①。尽管社会主义还只是共产主义的初级阶段，但是在决定社会性质的最主要的基本特征方面，社会主义和共产主义之间并没有本质的区别。生态文明建设所要求的基本前提，只有在社会主义制度

① 《马克思恩格斯文集》，第1卷，185页，北京，人民出版社，2009。

下，依靠人民民主专政的国家政权和强大的社会主义性质的经济才能提供和保障；而社会主义的继续发展，也迫切要求大力推进生态文明建设，以保障人与自然和谐相处和共生共荣。社会主义制度在中国的确立，是近代以来中国历史发展的必然。历史已经并将继续证明，只有社会主义才能救中国，只有中国特色社会主义才能发展中国。生态文明与社会主义是内在紧密地联系在一起的，推进生态文明建设与发展中国特色社会主义是紧密结合、相互推动、相得益彰的。推进生态文明建设的最终目的就是为了更好地建设和发展中国特色社会主义。

第二，生态文明建设必须立足中国的基本国情。生态文明建设是依据当代中国经济、政治、文化和社会发展的客观形势提出来的一个重大任务。推进生态文明建设，必须坚持从中国仍处于并将长期处于社会主义初级阶段的基本国情出发，用生态文明的新理念指导改革、发展和建设的实际，进而谋求人与自然、人与人、人与社会之间矛盾问题的根本解决。尽管生态问题没有国界，生态危机所带来的危害已影响到全世界，生态问题毫无疑问的应该是全人类共同的问题，但各个民族国家在考虑问题和制定政策时都必然首先从本国和本民族的利益出发，着眼本国的实际，采取有利于自己发展的政策和举措，即使如生态危机这样对整个人类生存和发展具有明显危害的问题也不能例外。在推进生态文明建设的过程中，我们既要考虑全人类的共同利益，更要考虑中华民族自身的利益，脱离中国实际情况开展生态文明建设，不仅不利于我们正确地认识和从根本上解决生态环境恶化问题，也不利于解决因生态环境问题引起的社会矛盾，只会白白消耗得来不易的经济建设成果，削弱自身的持续发展能力。这就要求我们，既要充分认识到大力推进生态文明建设的重要性，又要保持清醒和理智的头脑，在“共同但有区别”的原则下同国际社会一道为解决全球性生态问题作出自己力所能及的贡献。

第三，生态文明建设必须尊重生态文明的发展规律。马克思主义认为，人与动物的最大区别就是人具有主观能动性，这是人的最可贵之处。但是，人的这种主观能动性并不是可以随意发挥的，它必须以充分认识和尊重自然界和社会发展的客观规律为前提。人必须尊重自然、顺应自然，才能最终实现与自然界的和谐。如果违背了自然和社会发展的客观规律，那就必然会受到客观规律的惩罚。尊重生态文明发展的规律，就要认真总结人类与自然关系的历史经验，汲取以往人类文明发展的积极成果。马克思指出："人们自己创造自己的历史，但是他们并不是随心所欲地创造，并不是在他们自己选定的条件下创造，而是在直接碰到的、既定的、从过去承继下来的条件下创造。"① 生态文明作为继原始文明、农业文明和工业文明之后的一种新的文明形态，不可能完全脱离原有的文明基础，必然要求我们正确对待人类以往的文明成果，遵循文明发展的客观规律。我们在推进生态文明建设的过程中，必须对以往出现的文明形态采取正确的态度，历史地、全面地看待其成果和问题，具体问题具体分析，既要敢于抛弃其错误的东西，又要善于吸收其积极的成果，防止从根本上违背生态文明建设自身规律的各种片面性的思想和行为。

第四，生态文明建设必须融入经济、政治、文化、社会建设各方面和全过程。十八大提出要把生态文明建设放在突出地位，融入经济建设、政治建设、文化建设、社会建设各方面和全过程，这既体现了我国社会主义现代化建设战略布局演进的新要求，也充分体现了生态文明建设的实质。大力推进生态文明建设，不仅首先要做好资源和环境等方面的工作，而且必然要涉及生产方式和生活方式的根本性变革，进而使生态文明的理念、原则和目标融入和贯穿到社会主义现代化建设的各个领域，使之在人与自然的和谐发展中发挥更大的作用。把生态文明建设融入经济建设，就要建立以循环经济为核心的生态经济体系，积极发展生态农业、生态工业和现代服务业，努力倡导绿色消费，走出一条科技先导型、资源节约型、生产清洁型、生态保护型的经济发展路子；把生态文明建设融入政治建设，就要大力推进政治体制改革，不断扩大人民民主，推进依法治国，建设法治国家和法治政府，推进生态法治建设，使生态立法、执法和司法更加有利于生态文明建设，使人权得到切实尊重和保障；把生态文明建设融入文化建设，就要大力发展生态文化产业和事业，发展生态哲学、生态伦理学、

① 《马克思恩格斯选集》，2版，第1卷，585页，北京，人民出版社，1995。

生态经济学、生态法学等学科，不断提高全社会的生态意识、生态观念、生态思维和生态生产能力；把生态文明建设融入社会建设，就要坚持以人为本的发展理念，坚持执政为民，重视增加居民收入和改善民生，努力实现发展成果由人民共享，努力缩小收入差距和实现社会公平，积极反对腐败，建设一个人民安居乐业、社会民主公正、政府清正廉洁、国家繁荣兴旺的和谐盛世。

（三）推进社会主义生态文明建设的总体要求和重要举措

党的十八大提出，生态文明建设要“坚持节约资源和保护环境的基本国策，坚持节约优先、保护优先、自然恢复为主的方针，着力推进绿色发展、循环发展、低碳发展，形成节约资源和保护环境的空间格局、产业结构、生产方式、生活方式，从源头上扭转生态环境恶化趋势，为人民创造良好生产生活环境，为全球生态安全作出贡献”[①]。这是党和政府对生态文明建设提出的总体要求，围绕这一总要求，十八大要求必须着力做好以下几项工作：

第一，优化国土空间开发格局。国土是生态文明建设的空间载体，是我们生存和发展的空间，必须珍惜每一寸国土。随着我国人口总量的持续增长、工业化和城镇化进程的加快、经济发展规模的迅速扩张，有限的国土空间要承载规模更大、强度更高的经济社会活动。根据国家人口和计划生育委员会在《国家人口发展战略研究报告》中的预测，到2033年，中国人口总量将达到峰值15亿人左右，按照70%的城镇化率计算，到时候城镇人口将在10亿左右，比2012年6.7亿的城镇人口多3.3亿人。国务院发展研究中心的预测表明，到2020年中国经济总量将达到72.83万亿元，2030年达到133.69万亿元，分别是2010年的1.8倍和3.3倍。未来一二十年，在我国资源环境压力已较大的背景下，如何在有限的国土空间合理布局，以承载人口增长、经济扩张带来的高强度的经济活动，使我国生态脆弱和环境恶化的地区得到保护与改善，实现可持续发展，关系到国家的

① 胡锦涛：《坚定不移沿着中国特色社会主义道路前进　为全面建成小康社会而奋斗》，39页，北京，人民出版社，2012。

长治久安。我国国土空间在有力支撑了经济快速发展和社会进步的同时，也出现了一些必须高度重视和需要着力解决的突出问题。主要表现在：耕地减少过多过快，生态系统功能退化，资源开发强度大，环境问题凸显，空间结构不合理，绿色生态空间减少过多。为此，党的十八大提出了“优化国土空间开发格局”的具体目标要求，强调“要按照人口资源环境相均衡、经济社会生态效益相统一的原则，控制开发强度，调整空间结构，促进生产空间集约高效、生活空间宜居适度、生态空间山清水秀，给自然留下更多修复空间，给农业留下更多良田，给子孙后代留下天蓝、地绿、水净的美好家园”①。并提出加快实施主体功能区战略，推动各地区严格按照主体功能定位发展，构建科学合理的城市化格局、农业发展格局、生态安全格局，提高海洋资源开发能力，发展海洋经济，保护海洋生态环境，坚决维护国家海洋权益，建设海洋强国等一系列重大举措。

第二，全面促进资源节约。节约资源是保护生态环境的根本之策。十八大对促进资源节约作出全面部署，确定了资源节约的主要方向和重点：一是要节约集约利用资源，推动资源利用方式的根本转变。资源是增加社会生产和改善居民生活的重要支撑，节约资源的目的并不是减少生产和降低居民消费水平，而是使生产相同数量的产品能够消耗更少的资源，或用相同数量的资源能够生产更多的产品、创造更高的价值，使有限资源能够更好地满足人民群众物质文化生活需要。转变资源利用方式，推动资源高效利用，是节约利用资源的根本途径。为此，必须通过科技创新和技术进步深入挖掘资源利用效率，促进资源利用效率不断提升，大幅降低能源、水、土地等资源消耗强度；同时，又要把节约能源放在全面促进资源节约工作的突出位置，大力推动能源生产和消费革命，控制能源消费总量，加强节能降耗，支持节能低碳产业和新能源、可再生能源发展，确保国家能源安全。二是加强资源保护。我国的矿产资源、水、耕地、森林等自然资源都是相对紧缺的。十八大明确提出，要加强水源地保护和用水总量管理，推进水循环利用，建设节水型社会。严守耕地保护红线，严格土地用

---

① 胡锦涛：《坚定不移沿着中国特色社会主义道路前进　为全面建成小康社会而奋斗》，39页，北京，人民出版社，2012。

途管制。加强矿产资源勘查、保护、合理开发。三是发展循环经济，促进生产、流通、消费过程的减量化、再利用、资源化，加快形成覆盖全社会的资源循环利用体系。

第三，加大自然生态系统和环境保护力度。良好的生态环境是人和社会持续发展的根本基础。习近平认为，山水林田湖是一个生命共同体，人的命脉在田，田的命脉在水，水的命脉在山，山的命脉在土，土的命脉在树。用途管制和生态修复必须遵循自然规律，如果种树的只管种树、治水的只管治水、护田的单纯护田，很容易顾此失彼，最终造成生态的系统性破坏。建设生态文明，必须实施重大生态保护和修复工程，增强生态产品生产能力，推进荒漠化、石漠化、水土流失综合治理，扩大森林、湖泊、湿地面积，保护生物多样性。加快水利建设，增强城乡防洪抗旱排涝能力。加强防灾减灾体系建设，提高气象、地质、地震灾害防御能力。坚持预防为主、综合治理，以解决损害群众健康突出的环境问题为重点，强化水、大气、土壤等污染防治。坚持共同但有区别的责任原则、公平原则、各自能力原则，同国际社会一道积极应对全球气候变化。

第四，加强生态文明制度建设。党的十八大首次提出保护生态环境必须依靠制度的观点。制度带有根本性、全局性、稳定性和长期性。制度是维护生态文明的重要保障，体制机制问题也不容忽视。十八大强调，要把资源消耗、环境损害、生态效益纳入经济社会发展评价体系，建立体现生态文明要求的目标体系、考核办法、奖惩机制。并具体提出，要建立国土空间开发保护制度，完善最严格的耕地保护制度、水资源管理制度、环境保护制度；深化资源性产品价格和税费改革，建立反映市场供求和资源稀缺程度、体现生态价值和代际补偿的资源有偿使用制度和生态补偿制度；加强环境监管，健全生态环境保护责任追究制度和环境损害赔偿制度；加强生态文明宣传教育，增强全民节约意识、环保意识、生态意识，形成合理消费的社会风尚，营造爱护生态环境的良好风气。十八届三中全会进一步指出，建设生态文明，必须建立系统完整的生态文明制度体系，强调要用最严格的源头保护、损害赔偿、责任追究、生态修复等制度，以及严格的生态执法和司法，切实保护生态环境。

三、生态文明建设的重大理论和实践意义

中国特色社会主义生态文明建设是对马克思主义关于生态环境思想的继承和发展，是中国特色社会主义理论与实践的重要组成部分。大力推进社会主义生态文明建设，对于建设美丽中国、实现全面建成小康社会的伟大目标，实现中华民族伟大复兴的中国梦具有十分重要的理论和实践意义。

（一）生态文明建设的理论价值和意义

生态文明建设，是中国特色社会主义理论与实践的重要组成部分，丰富和发展了马克思主义人与自然关系的思想。马克思认为，自然界是人类物质生产实践活动的内在要素，任何经济社会形态的存在与发展，都必须以自然界为基础，自然界和劳动共同创造了财富。作为人类认识和改造的对象，自然界是“劳动本身的要素”①，自然资源和劳动力一起，共同构成了形成财富的两个最原始的要素。马克思指出，“**人直接地是自然存在物**。”②“人靠自然界**生活**。这就是说，自然界是人为了不致死亡而必须与之处于持续不断地交互作用过程的、人的**身体**。所谓人的肉体生活和精神生活同自然界相联系，不外是说自然界同自身相联系，因为人是自然界的一部分。”③ 恩格斯也指出：“人本身是自然界的产物，是在自己所处的环境中并且和这个环境一起发展起来的”④；“我们每走一步都要记住：我们统治自然界，决不像征服者统治异族人那样，决不是像站在自然界之外的人似的，——相反地，我们连同我们的肉、血和头脑都是属于自然界和存在于自然之中的”⑤。这就是说，人与自然的关系问题，是人们在生产和生活实践中面临的首要问题，也是马克思和恩格斯生态思想的主题。一

---

① 《马克思恩格斯全集》，中文1版，第42卷，114页，北京，人民出版社，1979。
② 《马克思恩格斯全集》，中文2版，第3卷，324页，北京，人民出版社，2002。
③ 《马克思恩格斯选集》，2版，第1卷，45页，北京，人民出版社，1995。
④ 《马克思恩格斯选集》，2版，第3卷，374～375页，北京，人民出版社，1995。
⑤ 《马克思恩格斯选集》，2版，第4卷，383～384页，北京，人民出版社，1995。

方面，自然界是人类生活的物质基础和人类实践活动的对象，人类要想持续生存与发展，就必须改造自然界，从事生产活动；另一方面，正是在改造自然界的生产和生活实践中，人才使自己的类本质得到确认。马克思、恩格斯强调，人们在认识自然的过程中要兼顾主观和客观两个尺度，如果只从主体尺度出发而忽略了客观尺度，就会形成人类中心主义，导致资本主义式的掠夺性的开发，引起生态环境的恶化。因此，人们对客观世界的改造只能是建立在尊重自然和自然规律的基础上的。那种凭借自己的主观意志一味以自己为中心而不考虑自然环境的承载能力的行为最终必然会受到自然界的无情惩罚。作为一个相互依赖、相互作用的有机整体，人与自然只有和谐相处，才能实现持续发展，共生共荣。

中国特色社会主义生态文明建设理论，极大地丰富和发展了马克思主义关于人与自然有机统一的重要思想，同时也弘扬了中国古代的生态哲学思想。在中国古代，人们习惯于将人与自然的关系称作天人关系，所谓的“天人合一”，说的就是人与自然和谐相处，实现人与自然合而为一、融为一体的理想状态。中国古代的很多思想家也都认为人是自然界的一部分。深入理解和掌握中国特色社会主义生态文明建设理论，对于坚持马克思主义的生态文明思想，抛弃传统的人与自然关系的旧观念，树立“人与自然协调发展”的新观念，无疑具有重要的理论价值和意义。

（二）生态文明建设的实践价值和意义

党的十八大将“大力推进生态文明建设”作为中国特色社会主义整体战略布局的重要组成部分单独提出并加以阐述，这表明中国共产党对社会主义建设规律和人类社会发展规律的认识已经达到了一个新的阶段，它适应了我国社会主义现代化进程的客观需要，是基于中华民族长远发展的正确战略选择，因而具有极为重要的实践意义。

第一，大力推进生态文明建设，是人类社会发展的一种趋势，也是中国应对生态环境挑战、实现科学发展的战略选择。

建设生态文明是国际社会共同关心的普遍问题，是人类社会发展的一种必然趋势。1972 年 6 月在瑞典首都斯德哥尔摩举行的世界第一次人类环境会议、1992年7月在巴西首都里约热内卢举行的联合国环境与发展大会、2009年12月在丹麦首都哥本哈根举行的世界气候大会，成为世界各国齐心协力应对生态环境恶化问题的重要标志。生态问题没有国界。生态危机所导致的恶劣后果，任何国家都难以幸免。在努力改善人与自然关系、实现人与自然和谐发展的过程中，任何国家都不能置身事外。近些年来，西方资本主义国家涌现的生态社会主义和生态学马克思主义等社会思潮集中反映了这种关注。绿党主张人是自然界的一部分，人是立于自然之中而不是跃居自然之上的，人类应该合理地利用和开发有限的自然资源，发展生态经济，强调维护和实现生态系统的平衡，反对破坏生态系统的人类行为。生态社会主义思潮认为，人类只有一个赖以生存和发展的世界，而今的生态危机是属于全球化的没有国界的全球性危机，保护生态环境是全人类共同的责任和使命，也是全人类的共同利益所在，世界各国人民应该携起手来，同舟共济，共同治理全球生态环境问题，造福自身及子孙后代。生态学马克思主义则认为导致当今全球性生态危机的原因是多方面的，但主要是由于资本主义生产方式的产生和发展，指出人类走出生态危机的根本出路就是建立"稳态"的社会主义经济模式，主张应当立足实际，重新研究生态学与马克思主义的关系问题。上述思潮都不同程度地将维护生态环境、创造人与自然和谐相处局面作为自己的奋斗目标。适应世界各国保护环境、维护生态，追求人与自然和谐共处的潮流，反思自己在发展中产生的问题，实现科学发展、和谐发展，也就成为中国共产党提出生态文明建设战略思想的国际背景。

建设生态文明，对于我国应对日益严峻的资源和生态环境问题，更加具有直接的现实意义。中国拥有世界上21%的人口，而在能源以及其他重要战略资源储备总量方面却只占世界储备总量相当小的份额。长期以来，我们追求经济发展的高速度，但又始终没有处理好人口、资源与环境的协调问题，并且经济发展方式粗放，导致我国现在已经成为世界上资源最为短缺、污染最为严重、生态环境最为恶化的国家之一。一方面，发展中大国和人均资源短缺已经成为我国社会发展中的突出问题。我国石油的对外依存度已经上升到56.7%，重要矿产资源的对外依存度也在快速上升，多年平均缺水量已达536亿立方米，2/3甚至以上的城市缺水，其中110座城市严重缺水，耕地也已逼近18亿亩红线。① 另一方面，我国单位产品资源能源消耗量却比西方发达国家高出许多，这无疑更加大了我国在资源和环境方面面临的压力。生态环境直接影响到人们的身体健康和生活质量，不断恶化的生态环境如大气污染、水污染、水土流失现象严重等必然会激起人民群众的不满，引发社会问题，从而影响到我国社会主义现代化建设的大局。破解在发展中产生的诸多难题，需要新的发展理念和新的发展战略，科学发展观的提出，使党对中国特色社会主义发展战略布局的认识更加全面和深入，生态文明建设战略思想的提出成为一种必然。建设生态文明有利于克服资源短缺、环境污染和生态破坏造成的矛盾，实现节约发展、清洁发展、安全发展；有利于在保护自然与生态的基础上为经济社会可持续发展创造良好条件，为人民群众的生产生活创造良好环境。同时，经过改革开放30多年来的发展，我国的经济总量已经跃升至世界第二位，"社会生产力、经济实力、科技实力迈上一个大台阶，人民生活水平、居民收入水平、社会保障水平迈上一个大台阶，综合国力、国际竞争力、国际影响力迈上一个大台阶，国家面貌发生新的历史性变化"②。这又为党和国家提出并深入贯彻实施生态文明建设战略奠定了必要的物质和技术基础。

第二，大力推进生态文明建设，对于全面建成小康社会具有极为重要的战略意义。我们所要努力建成的全面小康社会，应该是经济、政治、文化、社会和生态协调发展的社会，应该是不同社会阶层和不同地区的所有社会成员的生活水平和生活质量有整体性提升、不同阶层不同地域的社会成员的收入水平差距日渐缩小的社会，应该是以人为本思想全面贯彻、人的素质全面提高、实现人的全面发展的社会，应该是注重实现经济发展与人口、资源、环境相协调的能够可持续发展的社会。党的十八大立足我国经济社会发展的实际，在十六大和十七大确立的全面建设小康社会目标的基础上，对我们正在努力全面建设的小康社会提出了新的要求，即经济持

---

① 参见《十八大报告辅导读本》，319页，北京，人民出版社，2012。

② 胡锦涛：《坚定不移沿着中国特色社会主义道路前进　为全面建成小康社会而奋斗》，6～7页，北京，人民出版社，2012。

续健康发展，人民民主不断扩大，文化软实力显著增强，人民生活水平全面提高，资源节约型、环境友好型社会建设取得重大进展。这些要求与生态文明所主张的人与自然、人与人以及人与社会的和谐共生、良性循环与全面发展不谋而合。我们正在进行的中国特色社会主义建设是由经济建设、政治建设、文化建设、社会建设和生态建设等方面共同组成的一个整体，以往我们比较注重经济建设、关注物质文明的实现和满足是对的，但对其他方面的建设，尤其是生态文明的建设未能给予足够的重视，却是不能原谅的。一个时期以来，在事实上形成的唯经济增长、唯 GDP 论的导向下，生态环境恶化、生态文明建设滞后日益突出。如果我们不能尽快地加强生态文明建设，社会主义现代化建设中其他方面的建设势必受到影响，甚至最终关系到全面建成小康社会目标的实现，直接影响到人民群众实现小康的层次和水平。因此，大力推进生态文明建设，对我们实现全面的、高水平的小康具有重要意义。

第三，大力推进生态文明建设，对于建设美丽中国、实现中华民族永续发展具有深远的价值和意义。建设生态文明，是关系中华民族生存和发展的根本大计。建设中国特色社会主义生态文明，从根本上说就是要坚持走生产发展、生活富裕、生态良好的文明发展道路，促进经济社会发展与人口资源环境相协调，建设以资源环境承载力为基础、以自然规律为准则、以可持续发展为目标的资源节约型、环境友好型社会。“努力建设美丽中国，实现中华民族永续发展”① 是党的十八大立足我国经济社会发展的全局，准确把握我国在新世纪新阶段实现继续发展所面临的有利条件和严峻挑战提出的宏伟目标。所谓美丽中国，既是人与自然和谐相处、共生共荣的中国，也是人与人及人与社会融洽相处、和谐发展的中国。建设美丽中国必须促进人与自然和谐相处。以往在工业文明理念指导下产生的问题，已经不能再用传统工业文明的思路去加以解决，必须转变发展思路。以生态文明建设为契机，大力发展生态技术，放弃传统工业生产“资源—产品—废弃物”的先污染、后治理的发展方式，采取“资源—产品—再生

---

① 胡锦涛：《坚定不移沿着中国特色社会主义道路前进　为全面建成小康社会而奋斗》，39页，北京，人民出版社，2012。

资源”的边发展边治理的新思路，必将促进生产与生态的良性循环，有利于在新的基础上实现人与自然的和谐相处和经济社会的持续发展。建设美丽中国更要处理好人与人及人与社会之间的关系。传统工业文明的发展方式不仅导致自然界对人的报复，造成了人与自然关系的紧张，如造成自然不再给人类新鲜的空气、洁净的用水和没有公害的食品；而且也引发了人与人、人与社会关系的紧张，资本主义制度加剧了工业文明发展方式所造成的贫富分化和诚信缺失。在我国现实社会主义制度下，由于允许多种所有制经济存在和发展、让市场在资源配置中发挥决定性作用，以及地区发展不平衡等原因，传统工业文明发展方式及其理念所造成的贫富分化、诚信缺失、地区差异加大现象仍会存在和发展。如不迅速采取有效措施改变现状，也会引发深层的社会危机，进而影响到改革、发展、稳定大局。因此，大力推进以保护生态环境，发展循环经济，实现人与自然、人与人、人与社会和谐共生为基本宗旨的生态文明建设，对统筹解决我们在发展中产生的人与人以及人与社会之间的各种矛盾问题也具有重要意义。

第十一章　邓小平与中国特色社会主义国防和军队建设

国防和军队建设关系国家安危和发展全局，富国和强军是发展中国特色社会主义、实现中华民族伟大复兴的两大基石。早在 20 世纪 50 年代，毛泽东在设计社会主义现代化建设总体布局时，已经把国防现代化作为社会主义现代化总体布局的重要组成部分，提出要实现工业、农业、国防和科学技术四个现代化。十一届三中全会以后邓小平等高度重视并大力加强国防和军队建设，继承和发展了毛泽东军事思想。十七大明确指出："国防和军队建设，在中国特色社会主义事业总体布局中占有重要地位。"十八大强调，建设与我国国际地位相称、与国家安全和发展利益相适应的巩固国防和强大军队，是我国现代化建设的战略任务。这一战略定位，不仅丰富完善了中国特色社会主义事业的总体布局思想，而且提升了国防和军队建设的战略地位。

一、邓小平的国防和军队建设思想

邓小平不仅是我国改革开放和社会主义现代化建设的总设计师，也是新时期军队和国防现代化建设的总设计师。邓小平、江泽民、胡锦涛关于新时期军队和国防建设的思想，是对毛泽东军事思想的继承和发展，也是中国特色社会主义理论体系的重要组成部分。

（一）新时期国防和军队建设思想的形成

从1975年初邓小平任中央军委副主席兼总参谋长，到1978年十一届三中全会之前，是这一思想在拨乱反正中反复酝酿、初步形成的阶段。邓小平以无产阶级革命家的非凡勇气和高度智慧，排除了“四人帮”的干扰和破坏，清除“左”倾错误的流毒和影响，通过对军队的整顿，恢复毛泽东军事思想的本来面目，提出适应新时期建军要求的新思想，为坚持和发展毛泽东军事思想奠定了基础。

1975年1月，邓小平在周恩来因病住院后，担任了党中央副主席、国务院副总理、中央军委副主席兼中国人民解放军总参谋长等职务，开始主持中央党政军日常工作。1月25日，他在总参团以上干部会议上，发表了《军队要整顿》的重要讲话。他严肃指出了当时军队中存在的一些严重问题，如“军队臃肿”、“闹派性”、“军队纪律很差”等，强调对军队要加以整顿，“要按照毛泽东同志制定的军事路线、建军原则，好好地清理一下”①。很明显，邓小平所讲的军队要整顿，就是要使军队的各项工作都重新回到毛泽东思想的正确轨道上来。7月14日，邓小平在中央军委扩大会议上再次发表重要讲话。他本着实事求是的原则又一次明确指出，我们这支军队由于林彪一伙的破坏，“确实存在不少问题”。“军队整顿的任务”就是要改变“肿、散、骄、奢、惰”的面貌。而整顿必须从领导班子着手，使各级领导权掌握在党性强、作风正、团结好的人的手中。并着重强调，军队的高级干部“把军队带好了，我们党的一套优良传统就能保持好，军队就会非常团结、非常有战斗力”②。这次旨在拨乱反正、恢复我军光荣传统的整顿工作，在短时间内收到了明显效果。但是，后来由于遇到了挫折而停了下来。在所谓的“批邓、反击右倾翻案风”运动中，邓小平再次受到错误批判，不久又被撤销了党内外的一切职务。

---

① 《邓小平文选》，2版，第2卷，3页，北京，人民出版社，1994。

② 同上书，24页。

"四人帮"反革命集团被粉碎之后，党的十届三中全会决定恢复邓小平党内外的一切职务。邓小平复出后，首先着手进行具有决定意义的思想路线上的拨乱反正。这实质上是1975年整顿的深化和继续。为了真正地坚持、恢复毛泽东思想的指导地位，邓小平坚定地批评了"两个凡是"的错误方针，强调"两个凡是"不符合马克思列宁主义，必须"把毛泽东思想当作体系来看待"，完整准确地理解和掌握毛泽东思想。在解决思想路线问题的同时，邓小平进一步探索了国防现代化的问题。1977年8月，他在中央军委座谈会上指出：只有解决了林彪、"四人帮"对军队的破坏问题，才能谈到国防现代化问题。并且重申，解决这些问题，必须从调整各级领导班子入手，同时要切实把教育训练提高到战略地位。为此，他提倡部队本身要苦学、苦练，掌握现代化战争知识；同时，还要通过办院校以解决干部指挥现代化战争能力不够的问题。同年12月，邓小平在中央军委全体会议上的讲话中强调，要抢时间搞好军队建设。虽然只要我们坚持人民战争，用现有装备也可战胜敌人，虽然"国防的现代化，只有建立在国家整个工业以及农业发展的基础上才有可能"①，但是"一定要争取有更多的时间，把装备搞上去，把部队的教育训练搞好，这样可以减少不必要的牺牲"②。因此，要"在现有的国力下加速改进军队的装备"③。这次中央军委会议在军队建设方面通过了九个决定和条例，如《关于加强部队教育训练的决定》、《关于加强军队组织纪律性的决定》、《关于加速我军武器装备现代化的决定》等，为军队建设增加了新的内容。

总之，在这一阶段，邓小平通过致力于军队整顿和对指导思想的拨乱反正，研究国防和军队建设面临的新情况和新问题，恢复了毛泽东的军事思想，为新时期军队建设思想的形成奠定了基础、开辟了道路。

从1978年12月党的十一届三中全会，到1989年辞去中央军委主席职务，邓小平在推进改革开放和社会主义现代化建设的过程中，形成了比较系统的新时期国防和军队建设的思想，极大地丰富了毛泽东军事思想的理

① 《邓小平文选》，2版，第2卷，78页，北京，人民出版社，1994。
② 同上书，77页。
③ 同上书，78页。

论宝库。

1978年12月召开的党的十一届三中全会是新中国成立以来党的历史上的重大转折，也是人民军队建设史上的重大转折。为适应新时期的形势变化，邓小平在国防和军队现代化建设方面，作出了许多重大决策，提出了许多重大方针、原则。1979年7月，邓小平在接见海军常委扩大会议全体同志的讲话中，强调军队要讲质量，讲真正的战斗力，搞少而精的、真正顶用的，并提出思想路线、政治路线的实现要靠组织路线来保证。同年11月，邓小平在中央党、政、军机关副部长以上干部会上作报告时又指出，高级干部要带头发扬党的优良传统，要认真选好接班人，军队的高级机关"也要选一点比较年轻的干部"①。

1980年3月，邓小平在军委常委扩大会议上，发表了《精简军队，提高战斗力》的讲话，重点讲了"消肿"、改革体制、训练、加强政治思想工作以提高战斗力的问题。他指出，"消肿"可以把省下来的钱用于更新装备，有利于干部更新。体制同"消肿"是一个问题的两个方面。在不打仗的情况下，部队军事素质的提高就得靠训练。从战士入伍那一天起，就要注意对其加强政治思想方面的工作。同年10月，邓小平还论述了积极防御的问题。强调要立足现有武器作战，军队改革要逐步去做，要搞点合成军并注意抓合成军训练。同时强调，要处理好国防建设和经济建设的关系。1981年3月，邓小平在同总政领导的谈话中，提出要反对错误思想倾向，有"左"反"左"，有右反右。并且肯定了总政提出的"四有、三讲、两不怕"，认为这个口号很好。

在1981年6月召开的党的十一届六中全会上，邓小平当选为中央军委主席。同年9月19日，邓小平在华北某地检阅军事演习部队时，发表了《建设强大的现代化正规化的革命军队》的重要讲话。在这一纲领性的文献中，邓小平深刻阐述了我军在新时期的地位和作用，提出了新时期我军建设的总目标和总任务。邓小平强调，为了把我军建设成为一支强大的现代化、正规化的革命军队，一定要坚持四项基本原则，一定要在国民经济

① 《邓小平文选》，2版，第2卷，223页，北京，人民出版社，1994。

不断发展的基础上改善武器装备，一定要进一步搞好军队内部和外部关系，一定要努力提高现代化条件下诸军兵种协同作战的能力，一定要加强作风培养，一定要扎扎实实做好反侵略战争的准备，为保卫世界和平、为保卫祖国领土安全、为实现祖国统一大业作出新的贡献。

此后，邓小平又提出了新时期军队建设的一系列重大决策和重要的理论原则。如关于实现我军装备现代化的途径和方法，关于新时期军队调整的方针，关于军队体制改革的重要内容，以及关于加强国防建设，等等。1984 年 11 月，邓小平在军委座谈会上阐述了军队建设和改革的几个重要问题。指出领导班子年轻化，是个最大的改革，必须抓紧搞。提出我们的根本制度是退休制度。“消肿”始终是军队的一个很大的问题。“消肿”可以腾出更多的钱搞建设。“肿”主要在各级领导机构。减 100 万，主要从这里减。减人要同体制改革相结合。军队要服从改革开放的大局。军队各方面都和国家建设有关系，可以腾出力量支援国民经济发展；国力增加了，改善、更新军队装备就容易了。培养军地两用人才，也是个顾全大局的问题。1985 年 5—6 月，邓小平在中央军委扩大会议上所作的重要讲话中，一方面强调，粉碎“四人帮”以后，特别是党的十一届三中全会以后，我们对国际形势的判断和我们的政策有两个转变：一是对战争与和平的认识有了变化，改变了原来的战争迫在眉睫的看法，认为在一个比较长的时间内不发生世界大战是可能的。因为世界和平力量的增长超过了战争力量的增长。二是我们的对外政策有个最主要的改变，由“一条线”改变为奉行独立自主的外交路线和对外政策。强调要重视国防现代化。指出四个现代化中就有一个国防现代化，“但是，四化总得有先有后。军队装备真正现代化，只有国民经济建立了比较好的基础才有可能”①。所以，军队要忍耐几年。在现有经济条件下，“要立足于自己搞科学研究，自己设计出好的飞机、好的海军装备和陆军装备”，“先把经济搞上去，一切都好办。现在就是要硬着头皮把经济搞上去，就这么一个大局，一切都要服从这个大局”②。邓小平的这一讲话，实际上是对党的十一届三中全会以来国防和军

① 《邓小平文选》，第 3 卷，128 页，北京，人民出版社，1993。

② 同上书，129 页。

队建设思想的一个总体概括，确定了我军建设指导思想的战略性转变。邓小平对新的历史条件下国防和军队建设面临新问题的探索，以及他所提出的一系列新的理论观点，成为新时期国防和军队建设思想形成的重要标志。

1989年春夏之交发生的政治风波过后，邓小平于6月9日接见首都戒严部队军以上干部，并发表了重要讲话。在这一讲话中，他从国际和国内政治斗争的高度，阐述了四项基本原则与资产阶级自由化斗争的长期性，指明了这种斗争在一定条件下不可避免地将采取激烈的形式，并指出处理这件事对我军是一次很严峻的政治考验。他说："实践证明，我们的解放军考试合格。"[①]"解放军是人民的子弟兵"，"人民子弟兵真正是党和国家的钢铁长城"[②]。同年11月，邓小平在会见参加中央军委扩大会议全体同志时的讲话中又说："我确信，我们的军队能够始终不渝地坚持自己的性质。这个性质是，党的军队，人民的军队，社会主义国家的军队。"[③] 并希望大家在以江泽民为核心的党中央和中央军委的领导下，把我们的军队建设得更好，为捍卫我国的独立和主权，捍卫我国的社会主义事业，捍卫我们党十一届三中全会以来制定的一系列路线、方针、政策，作出更多重大的贡献。

（二）新时期国防和军队建设思想的丰富和发展

世纪之交，以江泽民为核心的党的第三代中央领导集体和以胡锦涛为总书记的党中央，在提出"三个代表"重要思想和科学发展观等重大战略思想、深化对中国特色社会主义探索的过程中，逐步确立了经济、政治、文化和社会建设协调发展的中国特色社会主义事业总体布局，并把国防和军队建设纳入这一总体布局之中，进一步丰富和发展了邓小平新时期国防和军队建设思想。关于国防建设，江泽民强调，必须坚持邓小平提出的以经济建设为中心、国防建设服从国家经济建设大局的思想，同时努力加强

---

① 《邓小平文选》，第3卷，303页，北京，人民出版社，1993。

② 同上书，304页。

③ 同上书，334页。

国防建设，把国防和军队的现代化建设筹划好，使国防建设在国家财力增加的基础上不断有所发展，形成国防建设和经济建设相互促进、协调发展的机制。强调国防和军队建设，是全党和全国各族人民的共同事业。依靠人民建设军队、建设国防是我们的优良传统。要按照“平战结合、军民结合、寓兵于民”的方针，完善国防动员体制，提高国防动员能力，加强民兵和预备役部队建设，发展高技术条件下人民战争的战略战术。关于军队建设，江泽民特别强调有两个问题需要高度关注：一个是在复杂的国际环境中，我军能不能跟上世界军事发展的趋势，打赢未来可能发生的高技术战争，切实捍卫国家的主权、安全和统一；一个是在社会主义市场经济和对外开放条件下，我军能不能保持人民军队的性质、本色和作风，始终成为党绝对领导下的革命军队。强调要紧紧围绕这两个历史性课题，坚持以毛泽东军事思想、邓小平新时期军队建设思想为指导，全面贯彻“三个代表”重要思想，按照政治合格、军事过硬、作风优良、纪律严明、保障有力的总要求，坚定不移地走中国特色的精兵之路，从严治军，依法治军，加速推进军事斗争准备，加强军队的革命化、现代化、正规化建设。

党的十六大提出，建立巩固的国防是我国现代化建设的战略任务，是维护国家安全统一和全面建设小康社会的重要保障。要坚持国防建设与经济建设协调发展的方针，在经济发展的基础上推进国防和军队现代化。党的十七大进一步强调，必须站在国家安全和发展战略全局的高度，统筹经济建设和国防建设，在全面建设小康社会进程中实现富国和强军的统一。胡锦涛指出，新世纪新阶段，军队要全面履行党和人民赋予的历史使命，必须坚持以毛泽东军事思想、邓小平新时期军队建设思想、江泽民国防和军队建设思想为指导，把科学发展观作为国防和军队建设的重要指导方针，贯彻新时期军事战略方针。习近平强调，建设一支听党指挥、能打胜仗、作风优良的人民军队，是党在新形势下的强军目标。在这些思想的指导下，我国的国防和军队建设迈出了新的步伐，取得了重大进步，在中国特色社会主义建设中发挥了更加重要的作用。

（三）中国特色社会主义国防和军队建设思想的重大意义

中国特色社会主义的国防和军队建设思想的形成与发展，具有重要的理论和实践意义。它丰富和发展了马克思列宁主义、毛泽东军事思想，为新时期我国的国防和军队建设提供了重要的指导思想；在这一思想的指导下，我国的国防和军队建设取得了重大的进步，有力地保障了改革开放和社会主义现代化建设的顺利进行。

1. 中国特色社会主义国防和军队建设思想的理论意义

战争与和平问题，是马克思主义战争理论的重要组成部分，也是无产阶级政党制定内外政策的基本依据。早在20世纪50年代，毛泽东在阐明战争与和平的关系时就指出，战争与和平既相互排斥，又相互联系，在一定条件下互相转化，并明确提出了由于帝国主义战争威胁的存在，新的世界战争的可能性依然存在，但是，只要和平民主力量获得大的发展和全世界人民觉悟得到提高，世界战争又是有可能避免的。事实证明，毛泽东这一论断是正确的。然而，后来由于受一系列主客观因素的影响，毛泽东又过分地强调了帝国主义战争的不可避免性，夸大了世界大战爆发的现实危险性，一度使我国的国防建设和军队建设转到立足“早打、大打、打核战争”的临战状态。

党的十一届三中全会以后，邓小平基于对国际形势的冷静观察和深入思考，果断改变了过去关于“战争不可避免，而且迫在眉睫”的观点，提出了“在较长时间内不发生大规模的世界战争是有可能的，维护世界和平是有希望的”① 科学论断，作出了军队建设指导思想实行战略转变的重大决策，并结合新的历史条件，坚持毛泽东人民军队建军原则、人民战争战略思想和国防建设根本方针，坚持毛泽东确立的一整套好的制度、传统和作风，坚持运用毛泽东军事思想的立场、观点和方法，系统提出了新时期加强军队革命化、现代化、正规化建设的一系列重要观点和方针原则，使毛泽东军事思想获得了新的重大发展，为人民军队革命化、现代化、正规化建设和国防现代化建设指明了方向，奠定了中国特色社会主义国防和军队建设思想的基础。

以江泽民为核心的党的第三代中央领导集体，在世界多极化、经济全

① 《邓小平文选》，第3卷，127页，北京，人民出版社，1993。

球化、信息化不断发展，新军事革命蓬勃兴起，我国加快改革开放步伐，建设和发展社会主义市场经济的崭新背景下，创造性地坚持和运用毛泽东军事理论、邓小平新时期军队建设思想的基本立场、观点和方法，紧密结合新的实践，研究新情况，解决新问题，总结新经验，探索新规律，科学阐明了新的历史条件下国防和军队建设的地位与作用、目标任务、指导方针、总体思路、根本途径、战略步骤、发展动力以及政治保障等问题，使中国特色社会主义国防和军队建设理论成为一个比较完整的体系。

新世纪新阶段，胡锦涛深刻分析国际国内形势的新变化，提出要坚持把科学发展观作为加强国防和军队建设的重要指导方针，实现国防和军队建设又好又快发展；适应时代发展要求和我国安全形势变化，有效履行新世纪新阶段我军历史使命；大力弘扬我军听党指挥、服务人民、英勇善战的优良传统；依靠科技进步实现战斗力生成模式的转变；把推动部队建设与促进官兵全面发展有机统一起来；统筹国防建设和经济建设，积极探索军民结合、寓军于民的新途径和新办法等重要观点，进一步丰富和发展了国防和军队建设理论体系。

中国特色社会主义国防和军队建设理论，是马克思主义中国化的重要理论成果，是对毛泽东军事思想的继承和发展，它回答了在新的历史条件下怎样建设国防、怎样认识和处理国防建设和经济建设的关系，建设什么样的军队、怎样建设军队，以及怎样应对未来可能发生的战争等问题，是推进国防和军队建设的重要指导思想。

2. 中国特色社会主义国防和军队建设思想的实践意义

改革开放 30 多年来，在不断丰富和创新的中国特色社会主义国防和军队建设理论的指导下，我军实现了军事战略指导思想上的历史性转变，走上了一条中国特色的现代化国防和军队建设健康发展的道路。伴随着改革开放的伟大进程，我国的国防和军队建设实现了历史性跨越。

第一，思想政治建设不断加强。中国人民解放军与西方国家军队最大的不同，就是我们有共产党的领导、有思想政治工作这个特有优势。党对军队的绝对领导，是人民军队建军之初就确立的一条基本原则。新中国成立后，党成为执政党，军队成为国家机器的重要组成部分。如何确保人民军队军魂永驻、性质不变、宗旨不易，是党始终高度关注的问题。在新的历史时期，面对纷繁复杂的国际国内形势，人民军队弘扬听党指挥、服务人民、英勇善战的光荣传统，坚持党对军队绝对领导的根本原则和制度，坚持政治工作的生命线地位，大力培育当代军人的核心价值观，确保人民军队经受住了各种考验，始终保持了坚定正确的政治方向。不管国防和军队建设面临的形势和任务怎样变化，无论国际国内环境如何错综复杂，党对军队绝对领导的根本原则与制度始终没有改变，人民军队始终忠于党、忠于人民、忠于国家、忠于社会主义，成为党巩固执政地位的中坚力量，成为社会主义祖国的钢铁长城。

第二，现代条件下防卫作战能力大幅跃升。新时期人民军队十分注重适应形势的发展，依据国家安全的需要，加强现代化建设和军事斗争准备。随着世界战争形态的演变，中国共产党适时地把军事斗争准备的基点转移到打赢信息化条件下的局部战争上来，实现了军事战略指导方针的与时俱进。与国家信息化建设的步伐相适应，尚处在机械化、半机械化阶段的人民军队，开始了向建设信息化军队的转型，中国军人的文化素养和科技素质也不断实现跨越。随着和平年代军事训练地位的提升，军事训练逐渐成为部队战斗力生成的基本途径，人民解放军通过近似实战的信息化条件下的军事训练和演练，应对多种安全威胁、完成多样化军事任务的能力稳步提升，有力地维护了国家主权、安全和领土的完整。

第三，体制编制不断优化。新中国成立之初，人民军队总员额550万人，后来最多时曾达到600多万人。30多年前，人们曾用“臃肿”来形容当时军队的状况。30多年来，经过多次调整、改革、裁减，军队总员额已经降低到目前的200多万人，各军兵种部队比例趋于合理，部队编成结构得到优化。从编制体制的精干、高效到训练手段的基地化、模拟化、网络化，从人才队伍建设的革命化、年轻化到大力实施人才战略工程，今天的中国人民解放军已经发展成为一支规模适度、结构合理、机构精干、指挥灵便、战斗力强的精锐之师。

第四，武器装备水平实现历史性跨越。新中国成立之初，人民解放军陆军的装备大多是从敌人手中缴获的“杂牌”，建立不久的海军、空军，装备数量很少，性能也很落后。经过60多年的建设，特别是近30多年的发展，人民军队的武器装备不断升级换代。我们现在是天上有军事卫星和先进战机，地面有新型主战坦克、各种火炮和导弹，海上有先进舰艇和潜艇，可以说西方发达国家拥有的各类武器装备，我国已经基本上都有了，而且不少装备的性能达到或接近世界先进水平。这是非常了不起的成就，既体现了军队现代化水平的提升，也反映了国家科技实力的巨大变化。

第五，国防动员建设全面推进，国防动员能力显著增强，国防动员体系在平时服务、急时应急中发挥了特殊的优势和作用。三军一体、军民兼容、平战结合，与军队内部减少保障层次、优化资源配置、精减保障人员同步，我军借助地方力量、依托社会资源推行保障体制市场化、社会化进程也取得了新的进展。

总之，中国特色社会主义国防和军队建设思想，作为中国特色社会主义理论体系的重要组成部分，继承和发展了毛泽东军事思想。在这一思想的指引下，我们正确地解决了在新的历史条件下如何建设国防和军队这一重大课题，为社会主义现代化建设提供了强大的依靠力量和重要保障。实践证明，国防和军队建设取得的一切成就和进步，都是认真学习和实践中国特色社会主义国防和军队建设理论的结果。

二、中国特色社会主义国防和军队建设的地位

（一）军队和国防现代化是国家现代化建设的重要组成部分

党的十七大指出："国防和军队建设，在中国特色社会主义事业总体布局中占有重要地位。"① 这一重要论断，进一步明确了国防和军队建设的战略定位，深刻揭示了加强国防和军队建设对坚持和发展中国特色社会主义的重大意义。

① 《中国共产党第十七次全国代表大会文件汇编》，40页，北京，人民出版社，2007。

长期以来，中国共产党在领导社会主义建设的实践中，总是站在国家安全和发展战略全局的高度来谋划国防和军队建设。以毛泽东为核心的党的第一代中央领导集体，在探索社会主义建设道路，设计社会主义现代化总体布局时，就把国防现代化作为社会主义现代化总体布局的重要组成部分，提出要实现工业、农业、国防和科学技术四个现代化。以邓小平、江泽民为核心的第二代、第三代中央领导集体，在开辟中国特色社会主义道路、不断深化对中国特色社会主义的探索和研究的过程中，逐步确立了经济、政治、文化建设协调发展的中国特色社会主义事业总体布局，并把国防和军队建设纳入这一总体布局中。以胡锦涛为总书记的党中央提出科学发展观和构建社会主义和谐社会等重大战略思想，中国特色社会主义事业总体布局又有了新的拓展。中国共产党在领导人民推进经济、政治、文化、社会、生态文明建设的同时，高度重视并大力加强国防和军队建设。加强国防和军队建设，是发展中国特色社会主义的战略任务，是维护中国特色社会主义发展道路的内在要求，是推进社会主义经济建设、政治建设、文化建设、社会建设、生态文明建设的重要保障。

（二）中国人民解放军是建设中国特色社会主义的重要力量

中国人民解放军是中国共产党领导的人民武装，是人民的子弟兵，是建设中国特色社会主义的重要力量。中国人民解放军的唯一宗旨是紧紧地和人民站在一起，全心全意为人民服务。新中国成立特别是社会主义制度建立后，中国人民解放军在巩固国防、抵抗侵略、保卫祖国、保卫人民的和平劳动、参加国家社会主义建设事业、努力为人民服务等方面，均发挥了非常重要的作用。新的历史时期，邓小平反复强调：我军要“始终不渝地坚持自己的性质。这个性质是，党的军队，人民的军队，社会主义国家的军队。……我们的军队始终要忠于党，忠于人民，忠于国家，忠于社会主义”①。中国人民解放军作为保卫祖国的钢铁长城与建设中国特色社会主义的重要力量，在中国特色社会主义事业发展全局中，具有十分重要的

① 《邓小平文选》，第3卷，334页，北京，人民出版社，1993。

地位。

首先，中国人民解放军是人民民主专政的坚强柱石。新中国建立后，人民军队一直担负着对外反侵略、对内反颠覆的历史使命，在巩固人民民主专政的过程中发挥了重要的作用。在社会主义初级阶段，虽然阶级斗争已经不是我国社会的主要矛盾，但它在一定范围内依然存在，并且在某种特定的条件下还有可能激化。为了维护国家统一和社会稳定，为了切实保障人民的民主权利，巩固人民民主政权，对极少数敌对分子实行必要的专政，必须使人民军队担负起国家机器的主要支柱和人民利益忠实捍卫者的神圣职责。

其次，中国人民解放军是捍卫社会主义祖国的钢铁长城。当今世界，尽管和平与发展是主题，世界大战一时还打不起来，但国际形势依然复杂多变，某些大国推行霸权主义和强权政治，干涉别国内政，甚至以武力相威胁，引发战争的根源还远未消除。为了维护国家的独立和主权，为了争取经济建设的和平环境，为了保证社会主义现代化建设的顺利进行，必须保持一支强大的国防力量。只有建设一支与我们国家地位相适应的强大军队，才能可靠地保卫国家，为改革开放和经济建设提供强有力的安全保障。

再次，中国人民解放军是社会主义现代化建设的重要力量。邓小平指出："军队各个方面都和国家建设有关系，都要考虑如何支援和积极参加国家建设。"① 搞好军队现代化建设，增强我国的国防实力，是全面增强国家综合国力的重要内容，是加快社会主义现代化建设和全面建设小康社会的重要保障。新时期，人民军队服从和服务于国家经济建设大局，积极支持和参加国家建设，成为实现社会主义现代化建设的重要力量。

（三）新世纪新阶段人民军队的历史使命

军队的历史使命，是一支军队在一定历史时期所承担的基本任务的总概括，它规定着一支军队的发展方向、奋斗目标和指导原则。新世纪新阶

① 《邓小平文选》，第3卷，99页，北京，人民出版社，1993。

段，胡锦涛根据时代发展和国家安全形势的变化，提出了人民军队要为党巩固执政地位提供重要的力量保证，为维护国家发展的重要战略机遇期提供坚强的安全保障，为维护国家利益提供有力的战略支撑，为维护世界和平与促进共同发展发挥重要作用的重要思想。

第一，人民解放军要为巩固党的执政地位提供重要的力量保证。新的历史条件下，中国共产党面临着巩固执政地位、完成执政使命的重大历史考验。人民军队作为人民民主专政的坚强柱石和巩固党的执政地位的中坚力量，对于巩固党的执政地位具有特殊重要的意义。为此，必须毫不动摇地坚持党对军队绝对领导的根本原则和制度，不断加强军队的革命化、现代化、正规化建设，确保军队能够胜利完成各种斗争任务，始终成为党的军队、人民的军队、社会主义国家的军队。

第二，人民解放军要为维护国家发展的重要战略机遇期提供坚强的安全保障。目前我国面临的发展战略机遇期来之不易，维护和用好这个战略机遇期更要付出艰苦努力。人民军队必须把国家主权和安全放在第一位，履行好维护国家主权、统一和稳定的神圣职责，为创造一个有利于全面建设小康社会、加快推进社会主义现代化的长期稳定的社会环境作出应有贡献。

第三，人民解放军要为维护国家利益提供有力的战略支撑。随着以信息化为核心的世界科学技术和军事变革的发展，我国安全利益逐渐超出传统的领土、领海、领空范围，不断向陆、海、空、天、电扩展和延伸。人民解放军所担负的维护国家利益的使命更为艰巨。人民军队不仅要关注和维护国家生存利益、发展利益，而且要关注和维护更为广泛的国家安全利益。只有这样，才能为国家利益的拓展和延伸提供坚强保障。

第四，人民解放军要为维护世界和平与促进共同发展发挥重要作用。在经济全球化日益深入发展的形势下，我国与世界的联系日益紧密和广泛。作为一个发展中的大国，我们坚持走和平发展道路，既通过维护世界和平发展自己，又通过自身发展维护世界和平。军队履行好维护世界和平与促进共同发展的使命，既符合我国人民的根本利益，也符合世界各国人民的共同利益；既是对世界和平的贡献，也是对全面建设中国特色小康社会的贡献。

“为党巩固执政地位提供重要的力量保证”，是军队使命的核心，反映了我军是党绝对领导下的人民军队的政治属性和军事服从政治的根本要求；“为维护国家发展的重要战略机遇期提供坚强的安全保障”，是军队使命的主体，反映了我军担负的根本职能和完成党的中心任务对军队建设提出的时代要求；“为维护国家利益提供有力的战略支撑”，是军队使命的拓展，反映了我国安全和发展利益变化对军队履行职能提出的新任务；“为维护世界和平与促进共同发展发挥重要作用”，是军队使命的延伸，反映了我国和平发展、维护大国地位对军事力量建设的客观要求。这一科学概括，既与党的三代领导核心关于军队使命的重要思想一脉相承，又具有鲜明的时代特点和新的思想内涵，是对马克思主义关于军队使命学说的继承和发展，是面向信息化时代的重大军事理论创新成果。

三、中国特色社会主义国防和军队建设的创新

（一）国防建设指导思想的转变

国防建设指导思想，是指对国防建设的环境、任务、目标、途径等重大问题的基本认识和基本观点，它规定了国防建设的方向和原则，是国防建设各项工作的基本依据。正确地分析和把握国际局势的现状及其发展趋势，对战争与和平问题作出科学分析，是制定国防建设指导思想的前提。

20世纪50年代，中国领导人认为，尽管国际上存在着帝国主义阵营的战争威胁，但制止战争的和平力量发展很快，新的世界大战短期内打不起来。毛泽东在中共七届三中全会上的书面报告中明确指出：“帝国主义阵营的战争威胁依然存在，第三次世界大战的可能性依然存在。但是，制止战争危险，使第三次世界大战避免爆发的斗争力量发展得很快，全世界大多数人民的觉悟程度正在提高。只要全世界共产党能够继续团结一切可

能的和平民主力量，并使之获得更大的发展，新的世界战争是能够制止的。”① 刘少奇在党的八大政治报告中进一步提出：“由于社会主义的、民族独立的、民主的、和平的势力，在第二次世界大战以后，有了空前的发展，而帝国主义侵略集团的积极进行扩张、反对和平共处、准备新的世界战争的政策，愈来愈不得人心。在这种情况下，世界局势不能不趋向于和缓，世界的持久和平已经开始有了实现的可能”②。但是，20 世纪 60 年代初，由于国际形势和我国周边安全形势紧张等原因，特别是美苏称霸、互为对手，却都公然视我为敌，对我国形成夹击之势，严重威胁我国的安全，这促使党对战争与和平问题的看法逐步趋于严峻。1964 年 10 月，毛泽东在一项批示中提出我们的国防建设必须立足于战争，从准备早打、大打、打核战争出发，积极备战。此后，立足于“早打、大打、打核战争”成为我国国防建设的战略指导思想，国防工业大搞“山、散、洞”，军队长期处于临战状态，严重地影响了国防和军队的长远建设。

从 70 年代后期开始，邓小平实事求是地分析了国际形势，对战争与和平问题进行了新的探讨。1977 年 12 月，邓小平在中央军委全体会议上的讲话中首先提出“我们有可能争取多一点时间不打仗”的观点。1980 年 3 月，他又指出：“冷静地判断国际形势，多争取一点时间不打仗还是可能的。”③ 这种认识改变了原来那种认为世界大战不可避免，而且迫在眉睫的不切实际的看法。1985 年，中央军委根据邓小平的建议作出了国防建设指导思想实行战略性转变的决策，即把国防建设从过去立足于“早打、大打、打核战争”的临战状态，转到和平建设的轨道上来，充分利用今后一个较长时期内大仗打不起来的和平环境，在服从国家经济建设大局的前提下，处理好国防建设与经济建设的关系，有计划、有步骤地加强以现代化为中心的根本建设，增强我军在现代战争条件下的自卫能力。

邓小平关于我国国防建设指导思想实行战略转变的基本依据是国际形势的变化和国家建设重点的转移。从国际形势和时代主题来看，邓小平运

① 《建国以来毛泽东文稿》，第 1 册，390～391 页，北京，中央文献出版社，1987。
② 《刘少奇选集》下册，255～256 页，北京，人民出版社，1985。
③ 《邓小平文选》，2 版，第 2 卷，285 页，北京，人民出版社，1994。

用政治和经济相统一的观点，认真分析了世界格局，认为国际形势趋于缓和，和平与发展成为当代世界的两大战略问题。尽管战争的危险性依然存在，但世界大战不再是迫在眉睫和不可避免的了，争取较长时期的世界和平是可能的。同时，随着人类文明的不断进步，运用和平方式解决国际争端已成为人类文明进步的总要求，战争不再是解决冲突和争端的唯一手段。从国内形势和工作大局来看，党和国家的工作重心已经从过去长期"以阶级斗争为纲"转移到经济建设上来，经济建设成为社会主义现代化建设总体布局的中心，也要求国防建设的指导思想必须进行相应的调整。如果国防建设的指导思想仍然处在临战状态，经济建设就不可能不受干扰，经济建设的中心地位就很难保证。国防建设指导思想的战略性转变，是一个划时代的战略性转变，是为保证经济建设这个大局地位不动摇、加速国防现代化建设而采取的重大措施，是一个最优选择。围绕这一新的巨大变化，党在国防建设以及国防建设与经济建设关系等问题上，先后提出了国防建设要服从和服务于国家经济建设大局、要随着经济的发展而努力加强国防建设、要统筹经济建设和国防建设等创新观点。强调把经济建设搞上去和建立强大的国防这两大战略任务从根本上来说是统一的，但需要结合我国社会主义初级阶段国情的变化来不断正确地认识、把握和处理。

第一，坚持以经济建设为中心，保持经济的持续发展，大大增强国家的经济实力，是解决包括国防现代化在内的所有问题的基础，也是我们提高国际竞争力，顶住霸权主义和强权政治的压力，维护国家独立和主权的关键所在。国防建设要紧密配合这个大局，而不能妨碍和影响这个大局。邓小平指出："现在需要的是全国党政军民一心一意地服从国家建设这个大局，照顾这个大局。这个问题，我们军队有自己的责任，不能妨碍这个大局，要紧密地配合这个大局，而且要在这个大局下面行动。……大局好起来了，国力大大增强了，再搞一点原子弹、导弹，更新一些装备，空中的也好，海上的也好，陆上的也好，到那个时候就容易了。"① 江泽民也指出：国防建设和军队建设"必须以国家经济建设为依托，坚持以经济建设

① 《邓小平文选》，第3卷，99～100页，北京，人民出版社，1993。

为中心，服从国家经济建设大局，体谅国家的困难”①。

第二，在集中力量进行经济建设的同时，努力加强国防建设，使国防建设在国家财力增加的基础上不断有所发展。国防现代化是我国社会主义现代化事业的重要组成部分，国防建设和军事斗争准备，必须能够确保国家的利益与安全。如果不随着经济的发展而努力加强国防建设，提高军队武器装备的现代化水平，一旦发生战争，我们就可能陷于被动，就难以有效地维护国家安全。江泽民明确指出：“军费要在国民经济发展的基础上逐年有所增加，使部队的武器装备和生活条件逐步得到改善，使国防建设与保障国家安全的需要相适应。在国家的综合实力中，经济实力是最基础的力量，但如果不随着经济的发展及时把一部分经济实力转化为军事实力，不形成与经济实力相协调和与国防建设需要相符合的不断壮大的军事实力，我们就不能有力地保证国家安全。这一点，对于我们这样一个幅员辽阔的社会主义大国来说，始终是十分重要和千万要加以注意的”②。

第三，建立国防建设和经济建设互相促进、协调发展的机制。江泽民提出，要站在战略的高度，把国防和军队的现代化建设筹划好，全面贯彻国防建设与经济建设两头兼顾、协调发展的方针。胡锦涛强调，新世纪新阶段，要统筹经济建设和国防建设，在全面建设小康社会的过程中实现富国和强军的统一，就要根据科学发展观的要求，从国家发展的总体战略出发，合理确定国防和军队建设布局，通过推进国家经济社会发展，为国防和军队现代化建设提供更充裕的物质和技术条件；通过加强国防和军队现代化建设，为国家发展提供更加坚强的安全保障和战略支持，使富国与强军相互促进、共同发展，使国防和军队现代化进程与国家现代化进程相一致。

（二）人民军队建设的创新

中国人民解放军是执行革命政治任务的武装集团，是人民民主专政的坚强柱石，是捍卫社会主义祖国的钢铁长城，是建设中国特色社会主义的

①② 《江泽民文选》，第2卷，465页，北京，人民出版社，2006。

重要力量。在新时期，为了使军队更好地担负起保卫国家领土、领空、领海主权和海洋权益，维护祖国统一和安全的神圣使命，邓小平明确提出了新时期我军建设的根本任务和总目标，即把我军建设成为一支强大的现代化、正规化的革命军队。就是说，我们的军队必须是党领导下的，以全心全意为人民服务为唯一宗旨，坚持四项基本原则，具有崇高的理想和严格的纪律，具有爱国主义和国际主义精神，能够压倒一切敌人、战胜一切困难的革命军队；必须是用优良武器装备武装起来，掌握先进军事科学理论和军事技术，具有现代条件下自卫作战能力的现代化军队；必须是统一指挥、统一制度、统一编制、统一纪律、统一训练的诸军兵种密切协同动作的正规化军队。革命化、现代化、正规化三个方面互相联系、互相促进，构成了新时期我军建设的鲜明特色。据此，江泽民提出了“政治合格、军事过硬、作风优良、纪律严明、保障有力”的总要求。进入新世纪新阶段，胡锦涛围绕国防和军队建设科学发展这一主题，着重指出，军队的革命化、现代化、正规化建设是统一的整体，必须全面加强、协调推进。并郑重提出，中国人民解放军要为党巩固执政地位提供重要的力量保证，为维护国家发展的重要战略机遇期提供坚强的安全保障，为维护国家利益提供有力的战略支撑，为维护世界和平与促进共同发展发挥重要作用。“三个提供、一个发挥”的概括，进一步明确了人民军队的基本任务，拓展了人民军队的职能，规定了人民军队建设的发展方向、奋斗目标和指导原则，是对人民军队历史使命的新的科学定位，具有丰富而深刻的内涵。新时期人民军队建设的理论创新，就集中表现在对上述建军原则和要求的系统阐述上。

第一，建设一支具有中国特色的现代化、正规化的革命军队，必须把革命化建设放在首位。革命化体现了我军现代化的性质，是区别于其他军队的根本标志。人民解放军是“党的军队，人民的军队，社会主义国家的军队”。弘扬我军优良传统，永葆人民军队的性质、本色和作风，使我军始终成为党绝对领导下的人民军队，是革命化建设的重大历史任务，是革命化建设的核心，也是搞好军事训练、后勤保障以至整个军队现代化建设的重要基础。把革命化放在全军各项建设的首位，首先必须坚持党对军队的绝对领导，这是我军建设的根本原则。在党和军队的关系问题上，党历来坚持党指挥枪的原则，强调军队要听党的话，今天仍然是这样。坚持党对军队的绝对领导，是我军根本的建军原则和特有的政治优势，是确保党从思想上、政治上、组织上牢牢掌握部队的关键，是我军永远不变的军魂。坚持党对军队的绝对领导，必须坚持用中国特色社会主义理论体系武装全军，深入进行军队历史使命、理想信念、战斗精神和社会主义核心价值体系教育，大力弘扬听党指挥、服务人民、英勇善战的优良传统；必须着力加强军队党的建设，加强干部队伍和领导班子建设，努力培育有理想、有道德、有文化、有纪律的革命军人；必须保持坚定正确的政治方向，坚持深入进行党的基本路线、基本纲领、基本方针政策的教育，坚决维护、认真贯彻、模范执行党的路线、方针、政策；必须坚持人民军队的根本宗旨，进一步加强军政军民团结，巩固和发展军政军民关系；必须充分尊重广大官兵的主体地位和创造精神，巩固和发展人民军队团结、友爱、和谐、纯洁的内部关系。在改革开放和发展社会主义市场经济的条件下，军队要更加重视加强和改进思想政治工作，在精神文明建设方面走在全社会的前列。

第二，建设一支具有中国特色的现代化、正规化的革命军队，必须以现代化建设为中心。现代化是军队建设的中心，是军队战斗力水平的最直接的反映。新时期我军现代化建设处在机械化任务尚未完成、同时又面临信息化任务的特殊历史时期。军队建设的主要矛盾就在于现代化水平与打赢信息化条件下局部战争的要求还不相适应，军事能力与履行军队历史使命的要求还不相适应。军队的全部工作都要围绕现代化来展开。军队的现代化建设包括武器装备、军事人才、后勤保障、体制编制和军事理论的现代化等基本内容。武器装备的现代化，是军队现代化的物质基础和主要标志，现代科学技术的飞跃发展和广泛应用，引起了武器装备的巨大变革，我们一定要坚持少而精、质量第一的方针，努力发展国防科研事业，使科研走在国防工业的前面，有重点、有计划地发展武器装备，搞真正顶用的东西；搞现代化建设，决定性的因素是培养和造就具有坚定的共产主义理想和信念、掌握现代军事科学知识和技能的人，在不打仗的条件下，军队主要是靠教育训练提高战斗力，要把教育训练提高到战略地位；随着军队现代化、正规化建设的发展，对后勤工作的要求越来越高，后勤工作的任务越来越重，后勤工作也出现了许多新情况、新问题，要有适应新时代的一系列制度和解决办法，精打细算，把钱真正用到提高战斗力上；体制的现代化，是要实行精兵政策，把重点放在改善武器装备和提高人的素质上，并进行科学的编组，使人和武器装备更好地结合起来，在精兵、合成、高效等方面有较大进步；现代军事科学理论，是军队现代化建设的先导，加强军事科学理论研究已成为提高军队战斗力的重要途径；科学技术特别是以信息技术为主要标志的高新技术的迅猛发展及其在军事领域的广泛应用，深刻改变了战斗力要素的内涵，从而深刻改变着战斗力生成模式。军队建设现代化，要坚持科技强军，按照建设信息化军队、打赢信息化战争的战略目标，加快机械化和信息化复合发展，积极开展信息化条件下的军事训练，全面建设现代后勤，加紧培养大批高素质的新型军事人才，切实转变战斗力生成模式。

第三，建设一支具有中国特色的现代化、正规化的革命军队，必须进行正规化建设。从严治军是古今中外治军之道的精要所在，依法治军是现代军队建设的一般规律。我军作为无产阶级的新型人民军队，无论是战争年代还是和平时期，都以纪律严明著称于世。毛泽东在新中国成立之初就明确提出军队要实行统一的指挥、统一的制度、统一的编制、统一的纪律、统一的训练，加强组织性、计划性、准确性和纪律性。进入改革开放新时期，邓小平强调治军要严、要讲法制，并把正规化纳入军队建设的总目标中，赋予从严治军全局性的意义。江泽民汲取我军建设的历史经验和正规化建设的新鲜经验，紧紧抓住从严治军不放松，提出了一系列重要思想和举措，并以法规形式确立了“坚持从严治军、依法治军”的方针。搞好军队的正规化建设，就是要坚持依法治军，从严治军，提高部队的科学管理，走法律化、制度化的道路。依法治军、从严治军是军事领域贯彻党依法治国方略的必然要求。坚持依法治军，有法可依是前提，为此必须完善军事法规，加强科学管理，通过广泛深入的法治教育，使广大官兵遵纪守法的自觉性和依法办事的能力得到提高。坚持从严治军，就是要严明军队的政治纪律、组织纪律、军事纪律和群众纪律，严格纪律的基本要求是一切行动听指挥，坚决执行命令，做到令行禁止，保持军队高度的集中统一。提高科学管理水平，是军队建设中一项根本性、全局性的基础工作，是巩固和提高部队战斗力的重要保证。加强部队管理，以适应现代化建设的需要，是加强质量建设，提高战斗力的重大举措。

总之，建设现代化、正规化的革命军队，必须适应世界军事发展新趋势和我国发展新要求，积极推进中国特色的军事变革，推进军事理论、军事技术、军事组织、军事管理的创新，调整改革军队体制编制和政策制度，逐步形成一整套既有中国特色又符合现代军队建设规律的、科学的组织模式、制度安排和运作方式。

（三）军事战略方针上的创新

现代信息技术在战争中的地位更加突出，对我国安全构成重大威胁的未来战争，很可能将是信息技术条件下的局部战争。把军事斗争准备的基点由应对一般条件下的局部战争转到打赢现代信息技术条件下的局部战争上来，这一方针明确了新形势下我军军事斗争准备的目标和任务，抓住了我军建设的主要矛盾，是对积极防御战略思想的重大发展。

积极防御的战略方针，就是把防御原则提升到指导战争全局的地位，作为指导战争全局的总原则，或者说，就是以积极的攻势行动粉碎敌人进攻的防御作战。它是指导战争的准备、实施和一切作战行动的基本依据。积极防御的战略方针，是中国革命战争的总的战略方针，是毛泽东军事战略思想的主要内容，在中国革命战争中发挥了重要的指导作用。新中国成立后，我们的军事战略方针也一直是积极防御。新的历史时期，邓小平强调，我们的战略方针是积极防御，以国家利益为最高准则来处理问题。我们是社会主义国家，永远不称霸，永远不去侵略别国。我们加强军队和国防现代化建设，完全是为了防御。新时期党对积极防御战略方针的继承和发展主要表现为战略方针的适用范围更宽广了，内容更丰富了。积极防御战略方针不仅是指导军队作战的方针，而且是党和国家用以指导整个反侵略战争过程的总的战略方针，是我们进行国防建设，包括战争准备、武装力量建设、军事理论研究的基本依据。

第一，实行积极防御的战略方针，从根本上讲，是由我们社会主义国家的性质所决定的。我国是社会主义国家，无论过去、现在还是将来，都不谋求世界或地区范围内的霸权，不参加任何军事集团，不进行任何形式的军备竞赛，更不会发动战争去侵略别的国家。我们加强国防和军队现代化，完全是为了防御。我国实行积极防御的战略方针不是权宜之计，而是根本性的国策，即使将来中国的国防实力大大增强了，我们的方针也还是积极防御。我们不同任何国家或国家集团结盟，不参加任何军事集团；反对任何形式的霸权主义、强权政治和侵略扩张行为；主张通过协商，和平解决国与国之间的分歧和争端，反对诉诸武力或以武力相威胁。我国国防政策的基本目标是巩固国防，抵御外敌入侵，捍卫国家领土、领空、领海主权和海洋权益，维护国家统一和安全。正是从这种社会主义的立场出发，我国从来就把反对霸权和实行防御性战略，看作自己在安全保障方面唯一正确的战略选择。

第二，实行积极防御的战略方针，是保卫社会主义现代化建设的需要。在当前和今后相当长的时期内，我国社会主义现代化建设仍将在复杂多变的国际环境中进行，必须把人民解放军建设成为强大的现代化、正规化、革命化的军队，不断增强国防实力，为改革开放和经济建设提供坚强有力的安全保障。这决定了我们的防御不能是被动挨打的“消极防御”，而应该是“积极防御”，就是说，坚持“人不犯我，我不犯人；人若犯我，我必犯人”的自卫立场和战略上后发制人的原则。在任何情况下我们都不对别的国家进行侵略和扩张，但是我们将采取坚决而积极的军事行动保护自己，保卫国家安全和利益不受侵犯。为此，就必须在积极防御战略方针的指导下，加强国防建设和军队建设，加强战争准备，力争推迟战争的爆发，为我国现代化建设争取尽可能多的和平时间和有利的国际环境。

第三，实行积极防御的战略方针，是打赢高技术条件下局部战争的要求。随着世界形势的发展和高科技的发展，高技术局部战争应运而生，成为现代战争的基本形态。在这种情况下，对我国安全构成重大威胁的未来战争，不可避免地将是高技术局部战争。据此，我们必须把军事斗争准备的基点，放在打赢可能发生的高技术局部战争上。坚持积极防御的军事战略方针，把战争准备的基点放在打赢高技术条件下的局部战争上，从根本上讲，就是要坚持人民战争的战略思想。在现代高科技条件下，人民战争仍然是我们克敌制胜的法宝。人民战争思想的基本精神是在战争问题上实行彻底的群众路线，坚决依靠、充分发动和广泛组织人民群众参加或支援战争，把战争的胜利建立在人民群众力量的基点上。由于这一基本精神深刻地揭示和反映了革命的正义战争的内在本质和规律性，对革命的正义战争必然具有稳定和长期的指导作用，而这种指导作用从本质上是不会随着科学技术条件的变化而变化的。正如江泽民所指出的："紧紧依靠最广大人民群众，是我军最深厚的力量源泉。无论武器装备如何发展，战争形态如何变化，人民战争都是我们克敌制胜的法宝。我们要结合新的历史条件和新的实践，坚持和创造性地发展人民战争的思想。"①

（四）积极推进中国特色军事变革

当今世界正进行一场以信息化为本质和核心的新军事变革。信息技术在军事领域的广泛应用，带来了众多的智能化武器装备，使传统武器装备的作战效能成倍增长，并使各种武器装备和作战单位联结成一个有机的体系，从而要求军队组织结构也相应进行变革。各发达国家都把信息化作为新世纪军队现代化建设的主要目标。迎接世界新军事变革的挑战，必须积极推进中国特色军事变革。

第一，按照信息化的要求，积极创新发展军事理论。军事理论的创新发展，是国防和军队建设领域一切创新发展的前提和先导。新世纪新阶段，要着眼于我军建设内外环境的深刻变化，进一步搞清楚军队建设的基础和现状，搞清楚影响和制约军队建设的重点和难点问题，搞清楚军队建设的发展方向和主要任务，继续探索和解决在新的历史条件下建设什么样的军队、怎样建设军队的问题；密切关注世界安全形势和世界军事发展趋势，认真研究现代战争的制胜规律，坚持人民战争的战略思想，发展信息

---

① 《江泽民文选》，第2卷，276页，北京，人民出版社，2006。

化条件下人民战争的战略战术。

第二，着力培养和造就一大批新型军事人才。迎接世界新军事变革的挑战，关键在人才建设。没有一大批思想政治素质和军事素质优良的新型军事人才，就无法掌握新的武器装备，无法创造和运用新的战法，也就不可能赢得未来战争的胜利。把人才培养作为军队现代化建设的根本大计既是当务之急，又是长治之策。要采取超常措施，大力选拔培养优秀年轻干部，努力造就一大批高素质的复合型指挥人才、智囊型参谋人才和专家型科技人才，为军队现代化建设和军事斗争准备提供可靠的人才保证。

第三，继续对我军的体制编制进行改革，使之更趋合理。从当前世界军事发展的动向看，我军体制编制不合理的问题是比较突出的，体制编制的调整改革要继续积极稳妥地进行。体制编制科学合理，可以更好地吸纳高科技发展的成果，充分发挥人才的积极性、创造性，提高领导、指挥和管理效率，优化整个军队的系统功能，实现人和武器的最佳结合。体制编制改革总的说来，就是要朝着规模适度、结构合理、指挥灵便的方向努力，要有利于加强集中统一领导，有利于军队的教育训练和管理，有利于未来作战的需要。

第四，围绕建设信息化军队、打赢信息化战争的目标，加快机械化和信息化复合发展。要抓住国家加快经济和社会信息化发展的机遇，在加强军队机械化建设的同时，加快军队信息化建设；要致力于武器的电子火控系统和作战神经中枢的指挥自动化系统的建设，同时对现有武器装备进行信息化改造，以信息化带动机械化，最大限度地发挥后发优势，努力争取我军现代化的跨越式发展。

第五，坚定不移地走中国特色的精兵之路。走有中国特色的精兵之路，是解决我军建设面临的主要矛盾的需要，是国家经济建设大局的需要，是打赢高技术条件下局部战争的需要。走有中国特色的精兵之路，就是要紧紧围绕建设一支现代化正规化革命军队这个总目标，体现“精兵、利器、合成、高效”的原则，进一步收缩摊子，优化结构，加强管埋，通过提高质量来提高部队战斗力。

第十二章　邓小平与中国特色社会主义国家统一战略

一、邓小平“一国两制”的科学构想

“一个国家、两种制度”是邓小平为和平解决台湾、香港和澳门问题，实现祖国完全统一而提出的一项具有远见卓识的战略构想和基本方针，是中国特色社会主义理论体系的重要组成部分。党的十四大把这一构想精辟概括为：“在一个中国的前提下，国家的主体坚持社会主义制度，香港、澳门、台湾保持原有的资本主义制度长期不变，按照这个原则来推动祖国和平统一大业的完成。”① 这一科学构想，既体现了实现祖国统一、维护国家主权的原则性，又充分考虑了香港、澳门、台湾的历史和现实，体现了高度的灵活性，具有重大的理论和现实意义。香港和澳门回归祖国，标志着中国人民在完成祖国统一大业的道路上迈出了坚实的步伐。新世纪新阶段，在“和平统一、一国两制”基本方针和各项政策的推动下，海峡两岸关系有了很大发展。

① 《江泽民文选》，第1卷，221页，北京，人民出版社，2006。

(一)“一个国家、两种制度”构想的形成

“一国两制”的科学构想，首先是从解决台湾问题的构想中提出来的。中国共产党人始终把实现祖国统一作为一项神圣的历史使命，坚定不移地推进祖国的统一大业，积极探索实现国家统一的方式和途径。早在20世纪50年代中期，毛泽东、周恩来就提出进行第三次国共合作、和平解放台湾的设想，后来被周恩来概括为“一纲四目”，并于1963年初通过张治中给陈诚的信转达给台湾当局。所谓“一纲”，是指“只要台湾回归祖国，其他一切问题悉尊重总裁（指蒋介石。——引者注）与兄意见妥善处理”。所谓“四目”则包括：“台湾回归祖国后，除外交必须统一于中央外，所有军政大权人事安排等悉由总裁与兄全权处理；所有军政及建设费用，不足之数，悉由中央拨付；台湾之社会改革，可以从缓，必俟条件成熟，并尊重总裁与兄意见协商决定，然后进行；双方互约不派人进行破坏对方团结之事。”① 并多次向台湾当局提出结束军事对峙的办法，建议举行谈判，实行和平解决。但是，由于某些外国势力的干预和国民党当局的错误政策，上述主张未能付诸实践，两岸长期处于对峙状态，祖国统一进程受到严重阻碍。与此同时，毛泽东、周恩来等领导人对于香港、澳门问题的解决也有所考虑。港澳问题与台湾问题性质不同，它是由殖民主义者强加在中国人民头上的不平等条约所造成的。解决这类问题是属于恢复行使中国主权的问题。中华人民共和国诞生后，中国政府曾一再声明，不承认强占港澳地区的不平等条约，在适当时机将恢复行使对港澳地区的主权。长期以来，由于种种原因，解决港澳问题的条件尚未成熟。中国没有收回港澳的主权，而是采取了“长期打算，充分利用”的方针。毛泽东、周恩来等的上述设想虽然在当时未能实现，但却具有重要的启示意义，它实际上成为后来邓小平等提出“和平统一、一国两制”科学构想的思想来源和理论准备。

党的十一届三中全会后，由于重新确立了实事求是的思想路线，实现

① 逄先知、金冲及主编：《毛泽东传（1949—1976）》（上），881页，北京，中央文献出版社，2003。

了工作重心的转移，社会主义现代化建设全面展开，这在客观上要求有一个长期稳定的和平环境。而紧接着中美两国在美国同台湾“断交、废约、撤军”的原则下正式建交。中美关系的正常化，又为“一国两制”构想的形成和发展，提供了广阔的现实背景。

早在1978年11月，邓小平在会见缅甸总统吴奈温时就提出：在解决台湾问题时，我们会尊重台湾的现实。比如，台湾的某些制度可以不动，美日在台湾的投资可以不动，那边的生活方式可以不动。但是要统一。① 这里的三个“不动”，核心是制度问题。1979年1月，在中美建交的同时，全国人大常委会发表《告台湾同胞书》，指出台湾当局一贯坚持一个中国的立场，反对台湾独立。这就是我们共同的立场，合作的基础。希望台湾当局以民族利益为重，对实现祖国统一的事业作出宝贵的贡献。并表示在解决台湾问题时，将尊重台湾现状和台湾各界人士的意见，采取合情、合理的政策和办法，不使台湾人民蒙受损失。同时，《告台湾同胞书》还就结束海峡两岸间的军事对峙状态，实现“三通”（通商、通航、通邮）提出了具体的建议和措施。《告台湾同胞书》体现了中国共产党和中国政府对台湾回归祖国的大政方针、基本立场和基本态度。随后，邓小平在访问美国时，又强调指出：“中国政府在解决台湾问题的时候，一定考虑到台湾的现实，重视台湾人民的意见，实行合情合理的政策。”② 公开表达了“一国两制”的最初设想。

1981年9月30日，全国人大常委会委员长叶剑英向新华社记者发表谈话，代表中央政府提出了解决台湾问题、实现祖国统一的九条方针，建议举行国共两党对等谈判，实现第三次合作，共同完成祖国统一大业；提出国家实现统一后，台湾可作为特别行政区，享有高度的自治权，并可保留军队，中央政府不干预台湾地方事务；明确肯定国家实现统一后，台湾现行社会、经济制度不变，生活方式不变，同外国的经济、文化关系不变，私人财产、房屋、土地、企业所有权、合法继承权和外国投资不受侵

---

① 参见《邓小平关于建设有中国特色社会主义的论述专题摘编》，304页，北京，中央文献出版社，1992。

② 《邓小平年谱（1975—1997）》（上），479页，北京，中央文献研究出版社，2004。

犯。这些主张实际上已经将“一国两制”构想具体化了。正如邓小平所说，上述政策“虽然没有概括为‘一国两制’，但实际上就是这个意思”①。

1982年9月24日，邓小平在会见英国首相撒切尔夫人时，全面阐述了中国政府对香港问题的基本立场，指出：“这里主要有三个问题。一个是主权问题；再一个问题，是一九九七年后中国采取什么方式来管理香港，继续保持香港繁荣；第三个问题，是中国和英国两国政府要妥善商谈如何使香港从现在到一九九七年的十五年中不出现大的波动。”关于主权问题，强调这“不是一个可以讨论的问题。现在时机已经成熟了，应该明确肯定：一九九七年中国将收回香港”。关于继续保持香港繁荣问题，强调这“根本上取决于中国收回香港后，在中国的管辖之下，实行适合于香港的政策。香港现行的政治、经济制度，甚至大部分法律都可以保留，当然，有些要加以改革。香港仍将实行资本主义，现行的许多适合的制度要保持”②。在这里，实际上已经形成了“一国两制”的思想。同年12月颁布的新的《中华人民共和国宪法》，对特别行政区作出了专门规定，从而为在统一的中华人民共和国内建立不同制度的特别行政区提供了法律依据。

1983年6月，邓小平在会见美国新泽西州西东大学杨力宇教授时，又系统地提出大陆和台湾和平统一的设想，即“祖国统一后，台湾特别行政区可以有自己的独立性，可以实行同大陆不同的制度。司法独立，终审权不须到北京。台湾还可以有自己的军队，只是不能构成对大陆的威胁。大陆不派人驻台，不仅军队不去，行政人员也不去。台湾的党、政、军等系统，都由台湾自己来管。中央政府还要给台湾留出名额”③。1984年2月，邓小平在会见美国一所大学的代表团时，又进一步指出：“统一后，台湾仍搞它的资本主义，大陆搞社会主义，但是是一个统一的中国。一个中国，两种制度。”④并申明这种方式同样适用于香港。这是对“一国两制”

① 《邓小平文选》，第3卷，102页，北京，人民出版社，1993。

② 同上书，12～13页。

③ 同上书，30页。

④ 同上书，49页。

的最初概括。正是在上述基础上，1984 年 6 月，邓小平在与香港工商界访京团和香港知名人士谈话时，正式提出并全面阐述了“一个国家、两种制度”的科学构想。

“一国两制”不是从主观愿望出发而凭空臆造的产物，而是有其理论和现实依据的科学构想。它的提出、发展和完善，充满了马克思主义的辩证唯物主义和历史唯物主义的基本精神，体现了中国共产党实事求是的思想路线。

首先，“一国两制”的构想充分体现了实事求是的思想路线。实事求是是马克思列宁主义、毛泽东思想的精髓，也是中国共产党的根本思想路线。“一国两制”正是以实事求是的思想路线为指导，从中国大陆及台湾、香港和澳门地区的实际情况出发而提出来的。

邓小平认为，实现“一个国家、两种制度”的构想是我们从中国自己的情况出发来考虑的。中国大陆和香港、澳门、台湾有着不同的历史和现实情况。从港、澳、台方面看，由于历史的原因，那些地区实行的是资本主义制度。经过长期的发展，那些地区的生产水平、人均收入都高于大陆。港、澳、台人民渴望民族的统一，但不愿意改变本地区现行的社会制度和生活方式。从祖国大陆方面看，在全国上下大力推进改革开放和社会主义现代化的今天，保存港、澳、台地区的资本主义制度也有利于大陆的经济发展。以上这些情况，决定了我们必须实事求是地寻找解决港、澳、台问题以实现祖国统一的现实途径。“一国两制”构想就是在这种情况下提出来的。正如邓小平在谈到香港问题时所说，我们解决香港问题要使中国、英国、香港地区三方面都能接受，如果用社会主义来统一，香港居民不会接受，英国也不会接受。勉强接受了，也会造成混乱的局面。即使不发生武力冲突，香港也将成为一个萧条的香港、后遗症很多的香港。所以，就香港问题而言，三方面都能接受的只能是“一国两制”，允许香港继续实行资本主义，保留自由港和国际金融中心的地位，除此之外没有其他办法。同样，“一国两制”也完全适用于解决台湾问题。大陆、台湾要实现和平统一，既不能用大陆的社会主义吞掉台湾，也不能用台湾的“三民主义”吞掉大陆，而只能在一个国家的前提下实行两种制度。只有这样，才符合海峡两岸、国共两党的共同利益。以邓小平为代表的中国共产党人正是从中国大陆实行社会主义制度，港、澳、台实行资本主义制度这一现实情况出发，充分考虑了各方面的具体实际，才以彻底唯物主义的态度，提出了“一国两制”的构想。这是一切从实际出发、实事求是的马克思主义思想路线在祖国统一伟大实践中的具体运用。

其次，“一国两制”的构想体现了和平共处的原则。和平共处原则最先是由列宁提出来的。十月革命后，列宁为了巩固和发展世界上第一个社会主义国家，提出不同社会制度的国家可以和平共处的思想。他指出，“俄罗斯社会主义联邦苏维埃共和国希望同各国人民和平相处，把自己的全部力量用来进行国内建设”①。列宁这一思想后来成为社会主义国家处理与其他不同社会制度国家关系的一个指导方针。早在 20 世纪 50 年代，中国共产党和中国政府就将这一思想运用于中国的对外关系之中。1954 年，周恩来在访问印度、缅甸时，代表我国政府同印度、缅甸政府倡导了著名的和平共处五项原则。今天，和平共处五项原则已经被越来越多的国家所接受，成为处理国与国之间关系的基本准则。邓小平认为，处理国与国之间关系，和平共处五项原则是最好的方式。其他方式，如“大家庭”方式、“集团政治”方式、“势力范围”方式，都会带来矛盾，激化国际局势。进入 70 年代以后，中国共产党人和中国政府又把处理国际关系的和平共处的原则，进一步发展为处理国内关系、解决国内政治问题的原则。邓小平指出：“和平共处的原则不仅在处理国际关系问题上，而且在一个国家处理自己内政问题上，也是一个好办法”②。把和平共处思想用于处理一个国家内部不同地区的关系问题，对于中国来说，更具有现实性和可行性。这是因为，中国是发展中国家，一方面，面临争取和维护世界和平的国际任务；另一方面，又面临和平统一祖国的国内任务。要实现祖国统一，就要解决历史上遗留下来的港、澳、台问题。这个问题如何解决，关系重大。众所周知，香港问题曾是中英关系中的一个热点，台湾问题则是中美关系中的主要障碍。这些问题如果处理不好，对各方面都不利，不但

① 《列宁全集》，中文 2 版，第 37 卷，354 页，北京，人民出版社，1986。

② 《邓小平文选》，第 3 卷，97 页，北京，人民出版社，1993。

可能造成国家关系中的紧张状态，甚至可能导致冲突和战争。这样，势必给世界和平和中国的现代化建设带来消极的影响。因此，解决香港、台湾问题的出路只有一个，即实行“一个国家、两种制度”。用“一个国家、两种制度”的办法来解决中国的统一问题，这也是一种和平共处，是一国内部两种不同社会制度之间的和平共处。实行“一国两制”，大陆实行社会主义，港、澳、台实行资本主义，两种制度在统一的中华人民共和国内并存与和平共处，这是和平共处原则在祖国统一问题上的创造性运用和发展。

最后，“一国两制”的构想充分体现了爱国主义的基本精神。在保持现行社会制度的基础上实现祖国的和平统一，是包括港、澳、台同胞在内的全体中国人民的共同心愿，也符合国家和民族的根本利益。“一国两制”构想正视和达观地对待大陆与港、澳、台现行的政治制度、意识形态等方面的差异，以统一祖国、振兴中华为最终目的，充分体现了爱国主义精神，以爱国主义为政治基础和前提。在“一国两制”构想之下，无论是实行社会主义制度的大陆，还是实行资本主义制度的台湾、香港和澳门，都要以整个民族利益为重，热爱祖国，维护整个国家的独立和统一。在一个主权国家内的两种制度，不应处于互相对立、互相敌视的状态，而应互相支持、互相合作，共同促进民族和国家的繁荣富强。这样，爱国主义就自然成为维系生活在两种社会制度下的整个中国人民的团结、巩固和发展国家统一、振兴中华的共同政治基础。正如邓小平所指出的，我们要解决中国的统一问题，这首先是个民族问题，民族的感情问题。凡是中华儿女，都希望中国能统一，那种分裂状况是违背民族意志的。“爱国者的标准是，尊重自己民族，诚心诚意拥护祖国恢复行使对香港的主权，不损害香港的繁荣和稳定。只要具备这些条件，不管他们相信资本主义，还是相信封建主义，甚至相信奴隶主义，都是爱国者。我们不要求他们都赞成中国的社会主义制度，只要求他们爱祖国，爱香港。”① 这一原则同样适用于台湾和澳门。

---

① 《邓小平文选》，第3卷，61页，北京，人民出版社，1993。

(二)“一个国家、两种制度”科学构想的发展

1987年11月，台湾当局开放台湾居民赴大陆探亲，海峡两岸同胞近38年的隔绝状态终于被打破。1988年1月，蒋经国去世，李登辉继任台湾当局领导人，对台湾政治体制作出结构性大调整，推动所谓“本土化”、“台湾化”和“去中国化”，推行“两个中国”的分裂政策，使“台独”势力膨胀，“台独”思潮蔓延。

进入20世纪90年代以后，一方面，海峡两岸关系的发展出现了良好的势头。两岸人员往来以及科技、教育、文化、体育等各个领域的交流进一步加强，两岸经济往来更加密切。1992年，海峡两岸关系协会与台湾海峡交流基金会达成各自以口头方式表述“海峡两岸均坚持一个中国原则”的“九二共识”，在此基础上开启了两岸事务性商谈。1993年4月海协会会长汪道涵和海基会董事长辜振甫在新加坡成功举行了“汪辜会谈”，签署了《汪辜会谈共同协议》等四项协议，标志着两岸关系迈出了历史性的重要一步。另一方面，台湾当局领导人拒不接受“一个中国的原则”，插手台湾事务的外国势力和“台独”势力，仍在继续从事分裂祖国的活动。两岸关系跌宕起伏，经历着复杂的发展变化。

在这种情况下，以江泽民为核心的党的第三代中央领导集体一再重申，我们坚定不移地按照“和平统一、一国两制”的方针，积极促进祖国统一。中国共产党愿意同中国国民党尽早接触，以便创造条件，就正式结束两岸敌对状态、逐步实现和平统一进行谈判。1995年1月30日江泽民在全国政协新春茶话会上发表了《为促进祖国统一大业的完成而继续奋斗》的重要讲话，就推动祖国和平统一进程提出了著名的“八项主张”。八项主张表明了党解决台湾问题的决心和诚意，体现了对台方针政策的一贯性、连续性，指明了发展两岸关系的方向，是完成祖国统一大业的纲领性文件。

第一，坚持一个中国的原则，是实现和平统一的基础和前提。中国的主权和领土绝不容许分割。任何制造“台湾独立”的言论和行动，都应坚决反对；主张“分裂分治”、“阶段性两个中国”等，违背一个中国的原

则，也应坚决反对。

第二，对于台湾同外国发展民间性经济文化关系，我们不持异议。但是，我们反对台湾以搞“两个中国”、“一中一台”为目的的所谓“扩大生存空间”的活动。一切爱国的台湾同胞和有识之士都会认识到，进行这类活动并不能解决问题，反而会使“台独”势力更加肆无忌惮地破坏和平统一的进程。

第三，进行海峡两岸和平统一谈判，是我们的一贯主张。在和平统一谈判的过程中，可以吸收两岸各党派、团体有代表性的人士参加。在一个中国的前提下，什么问题都可以谈。作为第一步，双方可先就“在一个中国的原则下，正式结束两岸敌对状态”进行谈判，并达成协议。在此基础上，共同承担义务，维护中国的主权和领土完整，并对今后两岸关系的发展进行规划。

第四，努力实现和平统一，中国人不打中国人。我们不承诺放弃使用武力，绝不是针对台湾同胞，而是针对外国势力干涉中国统一和搞“台湾独立”的图谋的。我们完全相信台湾同胞、港澳同胞和海外侨胞理解我们的这一原则立场。

第五，大力发展两岸经济交流与合作，以利于两岸经济共同繁荣，造福整个中华民族。继续加强两岸同胞的相互往来和交流，增进了解和互信。两岸直接通邮、通航、通商，是两岸经济发展和各方面交往的客观需要，也是两岸同胞利益之所在，完全应当采取实际步骤加速实现直接“三通”。

第六，中华各族儿女共同创造的五千年灿烂文化，始终是维系全体中国人的精神纽带，也是实现和平统一的一个重要基础。两岸同胞要共同继承和发扬中华文化的优秀传统。

第七，两千一百万台湾同胞，不论是台湾省籍还是其他省籍，都是中国人，都是骨肉同胞、手足兄弟。要充分尊重台湾同胞的生活方式和当家作主的愿望，保护台湾同胞的一切正当权益。

第八，我们欢迎台湾当局的领导人以适当身份前来访问；我们也愿意接受台湾方面的邀请，前往台湾。可以共商国是，也可以先就某些问题交换意见，就是相互走走看看，也是有益的。

江泽民的讲话得到了海峡两岸人民的普遍拥护，受到海外侨胞以及国际舆论的广泛赞扬，对推动两岸关系的发展，早日实现祖国的和平统一产生了深远影响。

1995年，台湾当局领导人李登辉赴美进行制造“两个中国”的分裂活动。1999年，他又抛出所谓的“两国论”，为民进党上台执政助力。2000年，民进党陈水扁上台以来，延续李登辉的分裂路线，否认“九二共识”，推行“渐进式台独”，并于2002年8月悍然抛出所谓“一边一国论”，严重破坏了两岸关系的发展。

2002年11月，党的十六大高度概括了台湾局势和两岸关系形势的重大变化和主要特征，重申坚持“和平统一、一国两制”的基本方针和现阶段发展两岸关系、推进祖国和平统一进程的八项主张，强调“坚持一个中国原则，是发展两岸关系和实现和平统一的基础”，坚决反对任何旨在制造“台湾独立”、“两个中国”、“一中一台”的言行，呼吁“在一个中国原则的基础上，暂时搁置某些政治争议，尽早恢复两岸对话和谈判”，宣示了全党和全国人民完成祖国统一大业的坚定决心。党的十八大以来，以习近平为总书记的党中央，根据台湾局势和两岸关系的新变化，提出了“两岸一家亲”理念，进一步丰富和发展了“和平统一、一国两制”的科学构想。

二、中国特色社会主义的国家统一战略

“一国两制”是一个全新的概念。这一新的概念，具有十分深刻而又简明的科学内涵。概括起来就是在一个中国的前提下，国家的主体坚持社会主义制度，同时允许一些特殊的地区实行资本主义制度。即在统一的中华人民共和国内，大陆实行社会主义制度，香港、澳门、台湾保持原有的资本主义制度长期不变。“和平统一、一国两制”作为一个完整的战略概括，其基本内容就是在一个中国的前提下，通过和平的方式实现祖国统一，国家的主体坚持社会主义制度，同时在香港、澳门、台湾保持原有的资本主义制度长期不变。全面准确把握“和平统一、一国两制”的方针，

首先必须全面把握这一方针的核心要求和基本目标，即维护国家主权、安全、发展利益，保持香港、澳门、台湾长期繁荣稳定。其次必须把坚持一国原则和尊重两制差异、维护中央权力和保障特别行政区高度自治权、发挥祖国大陆坚强后盾作用和提高特别行政区自身竞争力以及尽最大努力实现和平统一和不承诺放弃武力有机结合起来，任何时候都不能偏废。

第一，坚持一个中国原则。这是“和平统一、一国两制”构想的核心，是发展两岸关系和实现祖国和平统一的基础和前提。“一国”就是要维护中央依法享有的权力，维护国家主权、安全、发展利益。世界上只有一个中国，台湾、香港、澳门都是中国的重要组成部分，中国的主权和领土完整不容分割。在国际上代表全中国人民的唯一合法政府，只能是中华人民共和国政府。中华人民共和国的最高权力机关是全国人民代表大会，中央人民政府设在北京。尽管两岸至今尚未统一，但大陆和台湾同属一个中国的事实从未改变，国家领土和主权从未分割，也不容分割。两岸双方应恪守反对“台独”、坚持“九二共识”的共同立场，增进维护一个中国框架的共同认知，在此基础上求同存异。对台湾任何政党，只要不主张“台独”、认同一个中国，我们都愿意同对方交往、对话、合作。中国政府坚决反对任何旨在分裂中国主权和领土完整的言行，坚决反对“台独”分裂图谋。中国人民绝不允许任何人任何势力以任何方式把台湾从祖国分割出去。“台独”分裂行径损害两岸同胞共同利益，必然走向彻底失败。

第二，实施两制并存。就是在坚持一国原则前提下，国家的主体坚持社会主义制度，同时在香港、澳门、台湾保持原有的资本主义制度长期不变。邓小平指出：“‘一国两制’也要讲两个方面。一方面，社会主义国家里允许一些特殊地区搞资本主义，不是搞一段时间，而是搞几十年、成百年。另一方面，也要确定整个国家的主体是社会主义。否则怎么能说是‘两制’呢？那就变成‘一制’了。”① 在统一的中华人民共和国里，占全国总人口的绝大多数、占全国土地面积绝大部分的大陆地区，是这个统一国家的主体，坚定不移地实行社会主义制度；台湾、香港、澳门作为这个统一国

① 《邓小平文选》，第3卷，219页，北京，人民出版社，1993。

家不可缺少和不可分割的组成部分，实行资本主义制度。在统一的中华人民共和国里，大陆的社会主义制度和台湾、香港、澳门的资本主义制度长期共存、共同发展，谁也不吃掉谁，大家都对中华民族的发展作出贡献。

第三，港、澳、台地区实行高度自治。就是在一个中国的前提下，要保障作为特别行政区的香港、澳门、台湾依法享有不同于中国其他省、市、自治区的高度自治权，支持行政长官和特区政府依法施政。除外交事务和防务由中央政府管理外，特别行政区拥有行政管理权、立法权、独立的司法权和终审权；特别行政区依法自行制定经济、贸易、金融货币、教育、科技和文化等方面的政策，继续同各国各地区及有关国际组织保持和发展经济文化关系；特别行政区保持财政独立，实行独立的税收制度，中央政府不征税；特别行政区人民的各项合法权利和自由，外国在这里的经贸活动和投资利益等，都依法受到保护。台湾特别行政区还可以保留自己的军队，中央政府不派军队到台湾去，也不派其他人员驻台。不仅台湾、香港、澳门同胞现有各种权益将得到切实尊重和维护，而且他们希望获得的其他权益也将得到充分实现，真正实现当家作主的夙愿，充分行使选择社会制度和生活方式的权利，更加广泛、直接地参与管理国家大事。

第四，尽最大努力实现和平统一，但不承诺放弃武力。通过和平谈判方式实现祖国统一，这是中国共产党的一贯立场和既定方针，和平统一最符合包括台湾同胞在内的中华民族的根本利益，也有利于维护亚太地区的和平与稳定。中国作为一个主权国家，可以采取自己认为必要的一切手段包括军事手段，来维护本国主权和领土的完整。邓小平指出："我们坚持谋求用和平的方式解决台湾问题，但是始终没有放弃非和平方式的可能性，我们不能作这样的承诺。如果台湾当局永远不同我们谈判，怎么办？难道我们能够放弃国家统一？当然，决不能轻易使用武力，因为我们精力要花在经济建设上，统一问题晚一些解决无伤大局。但是，不能排除使用武力，我们要记住这一点，我们的下一代要记住这一点。这是一种战略考虑。"① 江泽民、胡锦涛也反复强调，我们主张用和平的方式实现祖国的统

① 《邓小平文选》，第 3 卷，86～87 页，北京，人民出版社，1993。

一，同时我们不能作出放弃使用武力的承诺。我们不承诺放弃使用武力，决不是针对台湾同胞，而是针对外部敌对势力干涉中国统一和台湾分裂势力搞“台独”图谋的。

第五，用“和平统一、一国两制”的方式实现祖国的完全统一，是中国共产党和中国政府长期坚持的基本方针和基本国策。祖国的完全统一，是祖国繁荣富强和民族伟大复兴的基础，是海内外中华儿女的共同心愿，是中华民族的根本利益所在。为了实现这一宏伟愿望，几代中国共产党人进行了艰辛的探索，“和平统一、一国两制”不是权宜之计，需要我们从各方面不懈努力。我们要持续推进两岸交流合作。深化经济合作，厚植共同利益；扩大文化交流，增强民族认同；密切人民往来，融洽同胞感情；促进平等协商，加强制度建设；探讨国家尚未统一特殊情况下的两岸政治关系，作出合情合理安排；商谈建立两岸军事安全互信机制，稳定台海局势；协商达成两岸和平协议，开创两岸关系和平发展新前景。

两岸同胞同属中华民族，是血脉相连的命运共同体，理应相互关爱信赖，共同推进两岸关系，共同享有发展成果。凡是有利于增进两岸同胞共同福祉的事情，我们都会尽最大努力做好。我们要切实保护台湾同胞权益，团结台湾同胞维护好、建设好中华民族共同家园。只要全体中华儿女携手努力，就一定能在同心实现中华民族伟大复兴进程中完成祖国统一大业。

“和平统一、一国两制”的战略构想，是马克思主义基本原理同中国新的历史时期具体实际相结合的产物，是无产阶级革命发展史上的伟大创举，是对马克思列宁主义、毛泽东思想的创造性运用和发展，是中国特色社会主义理论和实践的重要内容。用“和平统一、一国两制”的办法实现祖国统一，是一个全新的、大胆的构想。邓小平指出：“我们的社会主义制度是有中国特色的社会主义制度，这个特色，很重要的一个内容就是对香港、澳门、台湾问题的处理，就是‘一国两制’。这是个新事物。这个新事物不是美国提出来的，不是日本提出来的，不是欧洲提出来的，也不是苏联提出来的，而是中国提出来的，这就叫做中国特色。”① “和平统一、

① 《邓小平文选》，第3卷，218页，北京，人民出版社，1993。

一国两制”的战略构想是中国共产党丰富的政治经验和政治智慧完美运用的集中体现，用“一国两制”的办法实现祖国的和平统一，开创了中国特色的国家统一和民主政治建设新道路。它必将赢得全体中国人民的尊重，在中国政治发展史上将享有应有的地位。“和平统一、一国两制”的战略构想的实现，必将会形成推动历史前进的巨大合力，增强中华民族的整体实力，并将进一步显示建设中国特色社会主义事业的生命力、吸引力和凝聚力。

三、中国特色社会主义国家统一战略的实施及其重大意义

“和平统一、一国两制”的构想最初是为解决台湾问题而提出来的，首先运用于解决香港和澳门问题。“和平统一、一国两制”方针在香港、澳门的实践取得了举世公认的成功。与此同时，台海两岸关系也取得了重大进展。

（一）中国特色社会主义国家统一战略的实施

香港、澳门问题是历史上殖民主义侵略遗留下来的问题。香港是英国殖民主义者通过向中国发动侵略战争，强迫清政府先后签订《南京条约》、《北京条约》、《展拓香港界址专条》等不平等条约而强占的。澳门是葡萄牙殖民主义者通过向中国发动侵略战争，强迫清政府签订不平等的《中葡北京条约》而强占的。新中国成立初期，党对解决香港、澳门问题进行了积极的探索，采取暂时不动、待时机成熟时再收回的策略。对于这一历史遗留下来的问题，将在条件成熟时通过谈判予以和平解决，未解决之前维持现状。1960 年党中央进一步将上述立场归结为“长期打算、充分利用”的工作方针。

进入 20 世纪 80 年代，中英两国为香港回归问题正式开始了接触和谈判。根据“和平统一、一国两制”的构想，中国和英国之间关于香港问题的谈判，从 1982 年 9 月英国首相撒切尔夫人访华起，至 1984 年 9 月两国

代表草签关于香港问题的联合声明，其间进行了22轮艰苦的谈判。针对英国方面先后提出的所谓三个条约有效论、区别对待新界与港九地区、以主权换治权等主张，中国政府坚持主权问题不容讨论的原则，进行了有理有利有节的斗争。

1982年9月，邓小平在会见英国首相撒切尔夫人时强调指出："关于主权问题，中国在这个问题上没有回旋余地。坦率地讲，主权问题不是一个可以讨论的问题。现在时机已经成熟了，应该明确肯定：一九九七年中国将收回香港。就是说，中国要收回的不仅是新界，而且包括香港岛、九龙。""如果中国在一九九七年，也就是中华人民共和国成立四十八年后还不把香港收回，任何一个中国领导人和政府都不能向中国人民交代，甚至也不能向世界人民交代。"①

1984年9月，中英双方达成协议，草签了《关于香港问题的联合声明》及三个附件。同年12月19日，中英两国政府领导人在北京正式签署了《中华人民共和国政府和大不列颠及北爱尔兰联合王国政府关于香港问题的联合声明》及三个附件，宣布中华人民共和国将于1997年7月1日对香港恢复行使主权；中国政府将根据宪法第三十一条的规定，在香港设立直辖于中央政府的特别行政区，同时保持香港的制度和生活方式不变。1985年5月27日，中英两国政府互换批准书，中英联合声明正式生效，香港问题和平解决的大局已定。

1990年4月，七届全国人大三次会议正式批准《中华人民共和国香港特别行政区基本法》。基本法既坚持了国家统一、主权和领土完整，又明确规定香港作为特别行政区保持原有的资本主义制度。1997年7月1日，中英两国政府举行了香港政权交接仪式，中国政府恢复对香港行使主权，香港回到了祖国的怀抱。香港回归祖国，是"和平统一、一国两制"构想的重要成果。

在中英就解决香港问题谈判的过程中，澳门回归祖国的各项准备工作也在积极有序地进行。1984年10月3日，邓小平在会见港澳同胞国庆观

---

① 《邓小平文选》，第3卷，12页，北京，人民出版社，1993。

礼团成员时说：澳门问题的解决，想用香港的方式。随后，在会见澳门中华总商会会长马万祺时，他又进一步指出："澳门问题也将按照解决香港问题那样的原则来进行，'一国两制'、'澳人治澳'、五十年不变"①。

中英签署关于香港问题的联合声明不久，邓小平在会见来访的葡萄牙总统埃亚内斯时指出，中葡之间没有吵架的问题，只存在一个澳门问题，这个问题在1979年两国建交时已经达成谅解，只要双方友好磋商，是不难解决的。1985年5月，中国政府和葡萄牙政府就举行谈判解决澳门问题达成协议。谈判的重点是"何时移交管治权"、"用什么方式移交管治权"等问题。从1986年6月到1987年3月，中葡两国先后举行了四轮会谈。

1987年4月13日，《中华人民共和国政府和葡萄牙共和国政府关于澳门问题的联合声明》在北京正式签署，宣布中国政府将于1999年12月20日对澳门恢复行使主权并设立澳门特别行政区。1993年3月31日，八届全国人大一次会议审议通过了《中华人民共和国澳门特别行政区基本法》，为澳门的顺利回归提供了坚实的法律基础。1999年12月20日，中葡两国政府举行澳门政权交接仪式，历经400多年沧桑的澳门重新回到祖国的怀抱。澳门回归祖国，是"和平统一、一国两制"构想的又一重要成果，是中华民族的又一盛事。它标志着外国人占据和统治中国领土的历史彻底结束，标志着中国人民在完成祖国统一大业的道路上又迈出了重要一步。

香港和澳门回归以来，"一国两制"方针全面付诸实践，取得了举世公认的成功。中央政府和特别行政区政府全面准确贯彻"一国两制"、"港人治港"、"澳人治澳"、高度自治的方针，既维护了国家主权、安全、发展利益，又保持了香港、澳门长期繁荣稳定。

第一，中央政府严格依照基本法办事，不断完善与基本法实施相关的制度和机制，坚定支持特别行政区行政长官和政府依法施政，带领港澳各界人士集中精力发展经济，切实有效改善民生，循序渐进推进民主，包容共济促进和谐，促进港澳同胞的大团结，防范和遏制外部势力对港澳事务的干涉，"港人治港"、"澳人治澳"、高度自治变成了生动现实。

---

① 《邓小平年谱（1975—1997）》（下），1001页，北京，中央文献出版社，2004。

第二，在中央政府和祖国内地大力支持下，特别行政区政府同广大港澳同胞团结奋进，克服了亚洲金融危机、“非典”疫情和国际金融危机等带来的严重困难和挑战，维护了香港、澳门社会稳定，实现了经济复苏，港澳各项事业取得长足进步，使港澳各界人士感受到了伟大的祖国是港澳保持繁荣稳定的坚强后盾。

第三，港澳同祖国内地走上了优势互补、共同发展的宽广道路。中央政府出台了一系列支持港澳、促进内地与港澳经济共同发展的政策措施。内地与港澳各领域的交流合作不断深入，经贸关系更加紧密。促进了两地经济发展和民生改善，巩固了香港国际金融、贸易、航运中心等地位，促进了香港新兴优势产业的提升和澳门经济的适度多元发展，为国家同世界各国的经济、科技、文化交流合作发挥了重要纽带和桥梁作用，促进了内地的改革和开放。港澳同胞不仅用自己的聪明才智和辛勤劳动实现了港澳地区的发展，也为祖国现代化建设作出了重要贡献。

党的十八大指出，进入新世纪，港澳台工作进一步加强。香港、澳门保持繁荣稳定，同内地交流合作提高到新水平，香港、澳门走上了同祖国内地优势互补、共同发展的宽广道路，“一国两制”实践取得举世公认的成功，得到不断丰富。十八大强调，中央政府对香港、澳门实行的各项方针政策，根本宗旨是维护国家主权、安全、发展利益，保持香港、澳门长期繁荣稳定。全面准确贯彻“一国两制”、“港人治港”、“澳人治澳”、高度自治的方针，必须把坚持一国原则和尊重两制差异、维护中央权力和保障特别行政区高度自治权、发挥祖国内地坚强后盾作用和提高港澳自身竞争力有机结合起来，任何时候都不能偏废。

与此同时，两岸关系实现重大转折，实现两岸全面双向“三通”，签署实施两岸经济合作框架协议，形成两岸全方位交往格局，开创了两岸关系和平发展的新局面。十八大强调，解决台湾问题、实现祖国完全统一，是不可阻挡的历史进程。和平统一最符合包括台湾同胞在内的中华民族的根本利益。实现和平统一首先要确保两岸关系和平发展。必须坚持“和平统一、一国两制”方针，坚持发展两岸关系、推进祖国和平统一进程的八项主张，全面贯彻两岸关系和平发展重要思想，巩固和深化两岸关系和平发展的政治、经济、文化、社会基础，为和平统一创造更充分的条件。

（二）“一个国家、两种制度”科学构想的重大意义

邓小平指出：“我们的社会主义制度是有中国特色的社会主义制度，这个特色，很重要的一个内容就是对香港、澳门、台湾问题的处理，就是‘一国两制’。这是个新事物。这个新事物不是美国提出来的，不是日本提出来的，不是欧洲提出来的，也不是苏联提出来的，而是中国提出来的，这就叫做中国特色。”① “一国两制”的战略构想，是马克思主义基本原理同中国新的历史时期具体实际相结合的产物，是社会主义发展史上的伟大创举，是对马克思列宁主义、毛泽东思想的创造性运用和发展。这一战略构想，不但为我国和平统一祖国开辟了正确的道路，提供了最佳的方略，而且为当今时代历史条件下解决国际争端，促进世界和平与发展，提供了新经验、新途径，有着十分重大的理论意义和实践意义，在国际国内产生了深远的影响。

1. “和平统一、一国两制”战略构想的理论意义

用“和平统一、一国两制”的方式实现祖国统一，是中国共产党从本国实际出发，创造性地运用马克思主义基本原理提出的一个科学构想，其理论意义主要表现在以下三个方面：

首先，“一国两制”构想丰富和发展了马克思主义的国家学说。“一国两制”作为一种关于国家总体结构的新构想，是中国共产党人在新的实践中对马克思主义国家学说的丰富和发展。社会主义国家应该采取什么样的国家政权组织形式？马克思设想应该采取共和国的形式。列宁在实践中创造了苏维埃制度，作为实行无产阶级专政的形式。毛泽东在我国建立了人民民主专政的国家政权，形成了人民代表大会制度和单一制的国家结构形式。“一国两制”则是一个全新的构想，在传统的单一制国家结构形式里，政治制度是单一的，如我国的人民民主专政，国家机构形式是单一的，地方政府都是在中央政府的统一领导下，按照统一的法律、法规和政令施

① 《邓小平文选》，第3卷，218页，北京，人民出版社，1993。

政。按照“一国两制”的构想，在我国这样一个主权统一的国家内存在着两种社会制度，就使国家的行政区划结构既有普通的行政区、民族自治行政区、中央直辖市，又有新创设的特别行政区。而且，与国家总体结构内存在不同种类的行政区这一情况相对应，还有不同行政区的具体权限、具体职能、具体作用等区别。在我国社会主义国家总体结构运行机制的全局要求和控制下，发挥其各自的具体机制功能和具体属位的作用，从而使整个国家凭借国家总体机制与各行政区属位功能的配合，协调而稳健地发展。这对于像我们这样一个在地理位置、生产力发展水平、社会各方面发展速度等方面非常复杂和参差不齐的国家来说，是很有意义的。

其次，“一国两制”构想丰富和发展了和平共处的原则。和平共处是社会主义国家用以处理不同社会制度国家之间相互关系的一个基本原则。这一基本原则是列宁根据俄国十月革命后世界上出现第一个社会主义国家和资本主义国家两种社会制度并存的情况，以及俄国存在和发展的实际需要而首次提出来的。20 世纪 50 年代初期，随着世界上出现了一系列的社会主义国家，在不同社会制度的国家之间需要更新、更大的原则、规范来制约和调节相互之间关系的新情况，中国共产党审时度势提出了和平共处五项原则，为我国作为新的社会主义国家的全面的对外政策奠定了基础，使和平共处原则和思想体现出前所未有的国际意义。到了 80 年代，邓小平创造性地提出了“一个国家、两种制度”的战略构想，把和平共处原则由处理不同社会制度国家相互关系的领域，引向处理一个主权国家内的不同制度的地区之间的关系这样一个更新的领域。这样一来，“一国两制”的思想就不但使关于和平共处的基本原则的实践功能发挥到了更新的深度和广度，而且使其本身作为和平共处原则的具体运用，在理论阐发和延续上具有继往开来的创新意义，从而为和平共处思想增添了新的内涵。

再次，“一国两制”构想丰富和发展了马克思列宁主义、毛泽东思想关于统一战线的理论和策略，是对中国共产党的统一战线理论的更为广泛的运用和发展。一方面，它具体体现了中国共产党的统一战线由过去的以革命阶级、革命民众的大联合和以革命为旗帜的革命的统一战线，转变为今天的以民族大团结、国家大统一和以爱国主义为旗帜的爱国统一战线。

另一方面，它大大扩展了我国新时期爱国统一战线的对象和范围，体现了促成中华民族伟大复兴所依靠的爱国力量的壮大、发展和在新基础上的更为广泛的力量组合。实行“一国两制”的根本目的，是为了实现祖国的和平统一。在爱国统一战线中，既包括了大陆这一主体部分社会主义制度下的全体工人、农民和其他社会主义劳动者，也包括了资本主义的台湾、香港、澳门地区以及海外侨胞中全体拥护祖国统一的爱国者，体现了中华民族为实现祖国和平统一、实现民族伟大复兴的一切爱国力量的广泛组合。

2.“和平统一、一国两制”战略构想的实践意义

“一国两制”战略构想的实践意义不仅表现在它为解决中国复杂的国家统一问题提供了最佳选择，找到了有效的途径，而且表现在它还为和平解决国际上复杂的历史遗留问题提供了良好的范例。

首先，“一国两制”构想，开辟了用和平方式统一祖国的新途径。它有助于保持港、澳、台地区的稳定和繁荣，对各方都有利。港、澳、台的资本主义是中国大地上的资本主义，可以使我们在本国利用局部的资本主义特区，来促进和加速全面的社会主义建设。港、澳、台的资本主义特区，能为我们发挥观察、传递世界最新动态的“窗口”作用。我们可以利用港、澳、台的特殊地位和条件，从资本主义世界引进资金、技术和管理经验，加速我国的现代化进程。像一切资本主义制度一样，港、澳、台的资本主义制度也有其固有的、不可能自己克服的缺点，即它必然要受世界资本主义市场经济波动的影响，经济繁荣不稳固；它的生产关系最终必将容纳不下生产力的发展；人民不能当家作主，社会政治基础不牢，等等。要在一定程度上解决这些问题，就必须注入新的动力。港、澳、台将作为我国享有高度自治权的特别行政区的重要角色，同我国其他沿海城市相互配合与协作，这不但有利于实行内联外放，打开国际市场，而且有利于港、澳、台利用大陆雄厚的人力、物力资源和广阔的市场，缓解自身矛盾。基于以上情况，考虑到历史和现状，由于港、澳、台的资本主义现时还能容纳生产力的发展，因此，通过“一国两制”实现国家统一，可以促进港、澳、台的繁荣，对促进大陆的现代化建设也极为有利。实践已经并将继续证明“一国两制”是迄今为止实现祖国统一的最合理、最现实的途

径，它不但能尽快地促进祖国的和平统一，而且统一后也能够维持统一局面的长期性，保证国家的长治久安。

其次，“一国两制”构想为解决国际争端和世界遗留问题开辟了新的途径。当今的世界并不平静，各种矛盾和冲突此起彼伏，连绵不断。和平问题仍是当今世界所面临的一个重大问题。“一国两制”构想的提出和实践，为世界各国提供了国家间解决历史遗留问题的一个成功范例。用“一国两制”的办法解决国家间、民族间的争端，可以消除许多“热点”、“爆发点”，稳定世界局势。中英两国政府、中葡两国政府根据“一国两制”设想，分别和平解决了香港问题和澳门问题之后，世界各国朝野人士纷纷发表感想，表示赞赏。例如前联合国秘书长佩雷斯·德奎利亚尔就曾说过：“在紧张和对抗不幸地笼罩着世界上许多地区的时候，对香港未来地位的谈判取得成功，将毫无疑问地被认为是在当前国际关系中，有效的、静悄悄外交的一项极为突出的范例。”参加联合声明草签的英方代表团团长、英国驻华大使理查德·伊文思也说：“联合声明体现了一个国家，两种制度这个富有想象力的构想，并且证明了和平谈判是解决历史遗留下来的问题的最好办法。”英国外交大臣杰弗里·豪说，这种和平解决历史争端的方法，可以“为全世界树立合作的榜样”。“一国两制”方式之所以会受到世界舆论的普遍欢迎和赞赏，主要是因为“一国两制”这种和平解决方式深得人心，符合世界上绝大多数爱好和平的人的利益。当今世界上还存在许多争端，一些国家、民族之间的冲突甚至是战争，给当事国人民带来了巨大的痛苦和灾难。究竟怎样才能正确解决世界上的各种争端问题，是否只有用战争这种形式、以武力相逼才能解决矛盾和冲突？这是每一个爱好和平的国家和人民经常思考的问题。我国政府用“一国两制”科学构想圆满地解决了香港和澳门问题，拓宽了人们的眼界，使人们看到了一个比较理想的选择。它说明，当今世界上任何有争议的地区，只要各当事国或有关方面能以维护世界和平、振兴各国经济为重，采取“一国两制”式的和平商讨方针，就能找到消除战争、缓和局势、解决争端、促进世界和平的新途径。

与此同时，“一国两制”构想也为当今世界上处于分裂状态国家的和平统一，提供了一种新的模式。同我国需要和平统一祖国一样，当前在世界范围内还有一些国家尚处于分裂状态，人民不幸、痛苦，渴望早日实现祖国统一。但是，如何实现统一，有着两种不同的选择：一种是战争方式，一种是和平统一方式。历史经验证明，和平统一方式要比战争方式好。如果各方都同意用和平方式统一祖国，那么就不难从诸多方式中找到一种最能为各方所接受的具体方式。我国政府以"一国两制"构想为指针，和平解决了香港、澳门问题，这对其他国家和平统一祖国方式的探索也产生了不可低估的影响。

总而言之，"一国两制"构想为解决国际争端和世界遗留问题，实现国家和平统一开辟了新的途径，提供了有益的经验，它越来越被国际社会所广泛理解和接受，显示出其强大的生命力。它的意义，已远远超出了中国的范围，在全世界都能感受到其影响。"一国两制"是中国人民对世界的一个重要的贡献。

第十三章　邓小平与中国特色社会主义外交和国际发展战略

一、邓小平的外交和国际发展战略思想

任何思想的形成都有赖于一定的现实条件，邓小平的外交和国际发展战略思想的形成是与国际国内形势发展变化的客观现实以及他本人的外交实践密切相关的。离开这些背景条件，我们就很难把握邓小平外交和国际发展战略思想的基本精神实质。

（一）邓小平外交和国际发展战略思想的形成

第二次世界大战结束以来国际国内形势的发展变化，是邓小平外交和国际发展战略思想形成的客观依据。众所周知，19 世纪末 20 世纪初，资本主义发展到帝国主义阶段。帝国主义的垄断的经济实质，决定了帝国主义国家之间的矛盾不可调和；帝国主义国家政治经济发展不平衡，决定了它们之间为争夺市场、原料产地和投资场所进行战争；而帝国主义战争又为无产阶级革命创造了有利的条件和时机，使得处于帝国主义体系薄弱环节上的国家有可能通过无产阶级革命，率先实现社会主义。列宁曾据此提

出战争和革命是当时世界的特征和主题，世界进入了帝国主义和无产阶级革命的时代。第二次世界大战以前的世界历史证实了列宁的论断。正是在此期间，某些帝国主义国家发动了人类历史上迄今为止最大的两次世界战争。同时，战争也引发了无产阶级革命在世界较大范围发生，并导致一批社会主义国家的先后问世。

但是，第二次世界大战结束以后，特别是20世纪60年代末以来，世界形势发生了重大变化。世界上虽然发生了一百多次的局部战争和地区冲突，包括帝国主义国家挑起和发动的侵略战争在内，可以说战争连绵不断，但是，帝国主义国家之间的战争并没有发生，帝国主义国家内部，尤其是发达资本主义国家内部并没有发生无产阶级的革命。长期的相对和平是战后世界发展的实际状况，构成了20世纪末期世界发展的趋势。维护世界和平，成为世界各国人民共同关心的重大问题。要求一切国家为维护世界和平作出努力，要求采用和平的方式解决国际争端，要求有关国家裁减军备、全面禁止和销毁核武器等呼声不断高涨。和平运动已在世界范围内蓬勃展开。与此同时，战后世界经济发展突飞猛进，人类的物质文明和精神文明都达到了前所未有的水平。世界各国，无论是资本主义国家还是社会主义国家，都普遍地将经济发展作为自己的基本国策，经济因素已在整个当代国际关系中占据了重要的地位。任何国家要想发展，都必须通过发展对外关系，把本国的经济发展同世界经济的发展联系起来，闭关自守无异于自取灭亡。显然，和平与发展已成为具有世界意义的潮流。

与国际形势的种种变化相联系的是中国国内的变化。1949年中华人民共和国成立，结束了中国半殖民地半封建的历史。到1956年底，我国又基本完成了对生产资料私有制的社会主义改造，建立了社会主义制度。在作为中国共产党集体智慧结晶的毛泽东思想的指引下，我国的社会主义建设取得了巨大成就。当然，由于指导思想上的“左”的错误的干扰等主客观原因，我国的社会主义建设也曾遭到严重破坏。十一届三中全会以后，党和国家实现了工作重点的根本转变。在改革开放和现代化建设的大潮中，我国在和平共处五项原则的基础上发展同世界上所有国家的友好关系，通过吸引外资，吸取其他国家和民族的先进文明成果，促进了我国经济建设的健康发展。

国际国内形势的变化是邓小平外交和国际发展战略思想形成的大背景，与此相关的还有一个重要的方面，就是邓小平本人在建国以后长期的外交实践。中华人民共和国成立特别是50年代中期以后，邓小平作为党和国家的主要领导人之一，参与了我国许多国际战略的制定和实施工作。比如在处理中苏关系问题上，邓小平就起到了不可低估的作用。1956年和1957年，他作为中共代表团成员访苏；1961年11月，他和刘少奇率中共代表团，参加在莫斯科举行的81国共产党、工人党代表会议与十月革命43周年庆典，并进行友好访问；1963年7月，他作为中共代表团团长率团赴莫斯科，与苏共代表团就现代世界发展、国际共产主义运动和中苏关系等重大原则问题，阐述了各自的观点和立场。在此期间，他顶住苏共"老子党"的重重压力，坚持独立自主的原则，不屈服于苏联，受到毛泽东的多次称赞。苏联解体后，邓小平认为这是在社会主义代替资本主义的历史进程中难以完全避免的规律性现象。在邓小平全方位开放、独立自主、和平共处的战略思想指导下，我国政府积极与原苏联各加盟共和国恢复和建立联系，开展贸易，互惠互利，收到了良好的效果。又如，他曾直接参与中国与美国关系正常化的谈判，并作为新中国成立以来第一位正式访问美国的中国国家领导人，对发展中美两国关系作出了重大贡献。

作为中国改革开放和现代化建设的总设计师，邓小平的外交和国际发展战略思想，在十一届三中全会以后中国对外关系的实践中，得到了全面的丰富和发展。这些战略思想闪烁着马克思主义战略的光辉，体现着鲜明的时代特色，是我国新时期外交工作的正确指南。

邓小平外交和国际发展战略思想的形成大致可分为三个阶段。

第一阶段，从50年代中期邓小平担任中共中央总书记到1966年"文化大革命"发生以前。这一阶段，邓小平作为党和国家的主要领导人之一，接见和参加接见了众多的国际友人，为更好地宣传中国，加强与别国、别党的友好合作作出了贡献，并开始形成自己的外交和国际发展战略思想。1965年6月，邓小平在会见锡共领导人桑穆加塔桑时曾指出，适合于本国情况的战略和策略、纲领和要求，只能由各国党自己搞。每一个党都必须把马克思列宁主义的普遍真理同本国的革命实践、本国的实际情况结合起来，才能够制定正确的战略和策略，才能赢得革命的胜利。后来，邓小平对这一思想又作了深入的阐述，从而形成了关于各国党之间独立自主、完全平等、互相尊重、互不干涉内部事务的四项原则。这四项原则后来在党的十二大上得到全面系统的阐述，成为中国共产党处理同一切国家政党之间关系的基本准则。

需要指出的是，邓小平此时开始形成的一些外交和国际发展战略思想，是和毛泽东外交思想的发展相适应的。当然，邓小平也有他本人对中国和世界形势的敏锐洞察，使自己的思想开始带有一定的个性特征。

第二阶段，从 1973 年 3 月至 1976 年 4 月。这一阶段，“文化大革命”初期被打倒的邓小平第二次复出，重新走上中央领导岗位。1974 年 4 月，他率领中国代表团赴美出席第六届联合国大会特别会议，并代表中国政府在大会上发言，阐明了中国政府关于在和平共处五项原则基础上建立国际经济新秩序的主张，首次在国际范围内宣布和阐明了毛泽东关于“三个世界”的理论，赢得了广泛的响应。此后，邓小平多次提到“三个世界”理论，认为“三个世界”理论是我们外交工作的指导思想，并根据这一理论，提出了新时期中国对外政策的基本方针和主要内容。

第三阶段，1978 年十一届三中全会以来。这是邓小平外交和国际发展战略思想形成发展的最重要的时期。此间邓小平提出了一系列崭新的外交和国际发展战略思想，创造性地发展了毛泽东思想关于外交战略的理论。如：提出“和平与发展是当代世界两大主题”，应把争取世界和平作为我们外交活动的主要目标，坚持独立自主的和平外交政策；指出和平共处五项原则是解决和处理国家间矛盾与问题的最好方式，要在和平共处五项原则的基础上建立国际政治经济新秩序；强调应在独立自主、完全平等、互相尊重、互不干涉内部事务四项原则的基础上处理同各国共产党和其他政党的关系，等等。正是在这些思想的指导下，中国和世界上许多国家恢复和建立了外交关系，创造了对我国现代化建设十分有利的国际环境。

实践证明，十一届三中全会以后，邓小平形成的一系列重大的外交和国际发展战略思想，是毛泽东外交战略思想在新时期的继续和发展，是建设中国特色社会主义理论的重要组成部分。

（二）邓小平外交和国际发展战略思想的主要内容

邓小平的外交和国际发展战略思想有着十分丰富的内容，其基本点可概括为五个方面。

1. 维护我国的独立和主权，促进世界的和平与发展

邓小平根据对国际形势的最新判断，果断地调整了我国的对外政策，改变了一个时期以来奉行的反对苏联霸权主义的“一条线”战略，更加明确地提出了独立自主的和平外交政策。邓小平明确指出：“我们奉行独立自主的正确的外交路线和对外政策，高举反对霸权主义、维护世界和平的旗帜，坚定地站在和平力量一边，谁搞霸权就反对谁，谁搞战争就反对谁。所以，中国的发展是和平力量的发展，是制约战争力量的发展。”① “中国的对外政策是独立自主的，是真正的不结盟。”② 概括邓小平的上述思想，可以说，维护我国的独立和主权，促进世界的和平与发展，是中国外交政策的基本目标。

实现这一目标，首要的是坚持独立自主。独立自主就是要由本国人民决定自己国家的事情，因此是和反对霸权主义联系在一起的。只有维护我国的独立自主，才能始终保持国家在世界上的分量。独立自主原则要求我们：一是要不信邪、不怕压、不怕威胁，把国家的主权和安全放在第一位。针对西方国家对我国施加的种种压力，邓小平坚定指出：“任何外国不要指望中国做他们的附庸，不要指望中国会吞下损害我国利益的苦果。”③ 这充分表现了我们党维护国家独立自主的决心。二是政策自立，即从国家利益出发来决定取舍，而决不是看别人的脸色行事。正如邓小平所说：“我们不能坐到别人的车子上去。”④ 中国既不打别人的牌，也不允许别人打中国牌。我们不参加任何集团，同谁都来往，同谁都交朋友。三是

---

① 《邓小平文选》，第3卷，128页，北京，人民出版社，1993。
② 同上书，57页。
③ 同上书，3页。
④ 同上书，156页。

永远不称霸。这是我们国家的社会主义性质所要求的。我们是第三世界国家，我们将永远站在第三世界一边，将来发展富强起来，也仍然属于第三世界，永远不欺负别人。

实现中国外交战略的基本目标，必须始终坚持互相尊重主权和领土完整、互不侵犯、互不干涉内政、平等互利、和平共处的五项原则，在此基础上同所有国家发展友好合作关系。邓小平指出："处理国与国之间的关系，和平共处五项原则是最好的方式。其他方式，如'大家庭'方式，'集团政治'方式，'势力范围'方式，都会带来矛盾，激化国际局势。总结国际关系的实践，最具有强大生命力的就是和平共处五项原则。"① 这就很好地说明了坚持和平共处五项原则的重要性。在这里，重要的一点，就是不能让社会制度和意识形态的差异成为发展国家关系的障碍。这方面我们曾有过深刻的教训。因此，邓小平还曾意味深长地强调："考虑国与国之间的关系主要应该从国家自身的战略利益出发。着眼于自身长远的战略利益，同时也尊重对方的利益，而不去计较历史的恩怨，不去计较社会制度和意识形态的差别，并且国家不分大小强弱都相互尊重，平等相待。这样，什么问题都可以妥善解决"②。

2. 强调和平与发展是当代世界的两大问题

坚持独立自主的和平外交政策，为中国社会主义现代化建设争取和平的国际环境，确定我国外交政策的基本目标，都基于我们对当代世界形势和时代特征的认识。邓小平以实事求是的创造性精神和高度的理论勇气，提出了和平与发展是当代世界两大问题的论断。他指出："现在世界上真正大的问题，带全球性的战略问题，一个是和平问题，一个是经济问题或者说发展问题。"③

"和平与发展是当代世界的两大问题"这一命题，主要包含两个方面的内容：一是和平与发展已经成为世界各国人民的共同要求。十一届三中全会以前，我们一直强调战争的危险，认为新的世界大战不可避免。在这

---

① 《邓小平文选》，第3卷，96页，北京，人民出版社，1993。

② 同上书，330页。

③ 同上书，105页。

种估计中，主要依据理论上的推断，较多地看到了超级大国的相互对峙的影响，而较少地注意到维护和平、要求和平的因素的作用。实际上，制约战争的力量和因素不仅广泛存在，而且迅速发展，世界和平力量的增长超过了战争力量的增长。真正支持战争的力量是不多的。70—80年代“打世界大战只有两个超级大国有资格，别人没有资格，中国没有资格，日本没有资格，欧洲也没有资格”①。现在，两极对抗已经消失，世界向多极发展，更加缩小了世界大战发生的可能性。相反，各国人民都越来越认识到，国家能不能在世界上立足，归根到底要取决于经济发展。所以，邓小平得出结论：“对于总的国际局势，我的看法是，争取比较长期的和平是可能的，战争是可以避免的。”② 二是和平与发展仍是摆在世界各国人民面前尚未解决的大问题。从和平的角度看，虽然世界大战有可能避免，但由于世界由两极向多极化发展，各种力量重新分化组合，新的格局尚在形成之中，导致了各种新矛盾、新冲突的产生，民族矛盾、领土争端和宗教纷争在一些国家和地区凸现出来，有的还直接演化为局部战争。因此，国际形势仍然是动荡不安的。从经济发展的角度看，由于受各种历史的、社会的、经济的、政治的原因制约，许多发展中国家不但未能得到发展，经济状况反而更加恶化，富国越富、穷国越穷的矛盾更加突出，国与国之间的差距越拉越大。所以说，世界和平与发展这两大问题，至今一个也没有解决。实际上，两大问题又密切关联。发展问题不解决，和平问题的解决就会受到影响。这是因为，许多问题和冲突往往是由经济发展的不平衡引起的，而经济要发展又要求有和平的国际环境。此外，发展还意味着和平力量的增强，世界越发展，和平的力量就越大。认清和平与发展这两个当代世界的大问题，我们外交政策的正确性就有了充分的保证。

3. 积极推动和平、稳定、公正、合理的国际新秩序的建立

邓小平在正确分析时代特征、明确外交目标的前提下，强调中国作为一个大国，应该积极参与国际事务，负起应负的责任。他指出：“世界上现在有两件事情要同时做，一个是建立国际政治新秩序，一个是建立国际

① 《邓小平文选》，第3卷，104页，北京，人民出版社，1993。

② 同上书，233页。

经济新秩序”①。中国“在国际问题上无所作为不可能，还是要有所作为。作什么？我看要积极推动建立国际政治经济新秩序”②。这为我们规定了在国际领域中的基本任务。

建立国际新秩序，是针对正在发生巨大变化的国际形势提出来的。我们所主张的国际政治新秩序，就是要改变由一两个超级大国主宰世界的局面，结束霸权主义和强权政治，促进国家之间平等、友好的关系；我们所主张的国际经济新秩序，就是要改变发达国家和发展中国家之间实际上不平等的经济关系，通过对话逐步建立起平等互利合作的关系，同时加强第三世界国家之间的合作与交流。建立国际新秩序的最主要的原则，应该是不干涉别国的内政，不干涉别国的社会制度。因此，现在确实需要以和平共处五项原则作为新的国际政治经济秩序的准则。

以和平共处五项原则为准则，就不允许以霸权为手段来达到目的。既不能自以为是，要求世界上所有国家都按西方发达国家的观念来看问题，也不能要求它们都照搬发达国家的政治、经济模式，更不能干涉别国内政，在别国制造动乱。某些西方国家对别国进行武力威胁，或在经济上以损害他国利益来谋取自己利益的行为，都无助于国际政治经济新秩序的建立。邓小平深刻指出：“现在出现的新的霸权主义、强权政治，是不能长久维持的。少数国家垄断一切，这种形式过去多少年没有解决任何问题，今后也不能解决任何问题。”③ 世界各国都有自己的利益，相互之间发生一些矛盾是免不了的。但是，只要坚持以和平共处五项原则为基础，通过协商来和平解决国与国之间的政治和经济争端，国际新秩序就是能够建立的。中国将一如既往地为此而努力。

4. 坚持处理党与党之间关系的四项原则

如何正确处理中国共产党与各国共产党和其他政党的关系，是国际共产主义运动中的一个重大问题，也是国际政治活动中的一个重大问题。在这个问题上，我们党在过去几十年中，既有成功的经验，也有深刻的教

---

① 《邓小平文选》，第3卷，282页，北京，人民出版社，1993。

② 同上书，363页。

③ 同上书，360页。

训。十一届三中全会后，以邓小平为代表的党的第二代中央领导集体，通过总结历史经验，确定了独立自主、完全平等、互相尊重、互不干涉内部事务的四项原则。它已成为中国共产党发展同其他各国政党关系的依据，并且已被实践证明是完全正确的原则。

在四项原则中，最重要的是独立自主的原则。这和对外交往中首先要维护国家独立自主的意义是相同的。毫无疑问，中国共产党发展同其他国家政党之间的关系，是社会主义现代化建设和改革开放的需要，但发展关系不能丢掉独立自主的原则，丢了它，发展关系就失去了意义。根据我们党的经验，邓小平概括了党际关系方面独立自主原则的主要内容。其一，独立自主必须是能够本着实事求是的精神，把马克思主义的基本原理同本国的具体实际相结合，从本国实际出发选择自己的革命和建设道路，既不能丧失主见，以别人的命令和指示行事，也不能照搬照抄别国党的现成经验和模式。在这个前提下，才谈得上对别国党经验的学习与借鉴。其二，独立自主就是一个国家的政党要本着对本国人民负责的精神决定问题、处理事务，而不是对某个外国党或中心负责。邓小平明确表示，我们“不赞成有什么‘中心’”①。其三，独立自主必须正确看待爱国主义与国际主义的关系，把二者统一、一致起来。既要支持世界各国人民，又要立足于本国的发展。因为党在国际方面能否尽到责任，首先取决于能否把我们国内的事情办好。这些内容，都使独立自主原则具体化了。

完全平等的原则同样具有十分重要的意义。各国的政党无论强弱大小，其地位在党际交往中都应是完全平等的。各国政党之间不应当有领导党和被领导党的关系，不应当有什么“老子党”、“儿子党”。苏联共产党的“老子党”作风曾给国际共产主义运动带来严重的消极后果。所以，邓小平说：“我们反对‘老子党’，这一点我们是反对得对了。”② 实践证明，离开完全平等的原则是不可能形成良好的、正常的党际关系的。

各国党之间互相尊重，既是地位完全平等的体现，又是发展党际关系的前提。互相尊重最主要的是要尊重对方的选择和经验，不要对别的党随

①② 《邓小平文选》，第3卷，237页，北京，人民出版社，1993。

意说三道四，批评指责。邓小平再三强调：“有一点最重要，就是任何大党、中党、小党，都要相互尊重对方的选择和经验，对别的党、别的国家的事情不应该随便指手画脚”①。尊重别的党的经验，就是尊重它们独立自主作出的决策。我们尊重别人的独立自主，别人才会尊重我们的独立自主。从这个意义上说，互相尊重又是独立自主原则的延伸。

互不干涉内部事务，也是正确处理党际关系的一条重要原则。在邓小平的论述中，这条原则与前三条是紧密联系相辅相成的，同时，它本身也包含丰富的内容：它包括不允许别国党干涉我们党的内部事务，也包括我们党不干涉别国党的内部事务。邓小平强调：“我们反对人家对我们发号施令，我们也决不能对人家发号施令。这应该成为一条重要的原则。”② 此外，这条原则还包括，我们反对通过党的关系去干涉对方国家的内政，也反对利用党的双边关系去损害其他党和任何第三者。从这些丰富的内容可以看出，我们坚持互不干涉内部事务原则不是一句空话，而是要认真去做的。

5. 确定我国对外关系的重要指导方针

20 世纪 80 年代末 90 年代初，是整个世界格局发生剧烈变化的时期，其中一个最重要的方面，就是国际共产主义运动遭受严重挫折，各社会主义国家纷纷出现危机，一些国家甚至改旗易帜，放弃科学社会主义。在这种情况下，中国往何处去，是我们党面临的一个极其重大的问题。邓小平放眼全局，高瞻远瞩，深刻阐明了对复杂国际形势的态度。他指出：“对于国际局势，概括起来就是三句话：第一句话，冷静观察；第二句话，稳住阵脚；第三句话，沉着应付。不要急，也急不得”③。他强调：“第三世界有一些国家希望中国当头。但是我们千万不要当头，这是一个根本国策。”“中国永远不称霸，中国也永远不当头”④。冷静观察、稳住阵脚、沉着应付、决不当头，这“十六字方针”是当前乃至今后我国对外关系的重

① 《邓小平文选》，第 3 卷，236 页，北京，人民出版社，1993。
② 《邓小平文选》，2 版，第 2 卷，319 页，北京，人民出版社，1994。
③ 《邓小平文选》，第 3 卷，321 页，北京，人民出版社，1993。
④ 同上书，363 页。

要指南。

冷静观察，就是要正确看待形势，正确认识世界社会主义事业的挫折。在苏联、东欧相继演变或解体，这些国家的共产党纷纷垮台之际，邓小平以伟大革命家的战略眼光洞察这些问题，深刻指出："从一定意义上说，某种暂时复辟也是难以完全避免的规律性现象"①。他坚信社会主义终将战胜资本主义。他认为，世界上发生的变化，对我们并非完全是坏事，而是困难和机遇并存。"对国际形势还要继续观察，有些问题不是一下子看得清楚，总之不能看成一片漆黑，不能认为形势恶化到多么严重的地步，不能把我们说成是处在多么不利的地位。实际上情况并不尽然。世界上矛盾多得很，大得很，一些深刻的矛盾刚刚暴露出来。我们可利用的矛盾存在着，对我们有利的条件存在着，机遇存在着，问题是要善于把握。"② 所以，邓小平强调："要冷静、冷静、再冷静，埋头实干，做好一件事，我们自己的事。"③

稳住阵脚，就是在冷静观察的基础上，站稳脚跟，摆正自己的位置。1989 年春夏之交的政治风波过后，针对西方发达国家的反华鼓噪，邓小平坚定地指出：世界上最不怕孤立、最不怕封锁、最不怕制裁的就是中国。"中国人民不怕孤立，不信邪。不管国际风云怎么变幻，中国都是站得住的"④。中国永远不会接受别人干涉内政。这是看问题、做事情的基点。

沉着应付，是面对复杂国际形势确定我们对策的指导思想。它实际上包含了两个方面的要求：一是在国际方面，既坚持不屈服于西方国家的压力，又不放过任何发展的机会。正像邓小平指出的那样："尽管东欧、苏联出了问题，尽管西方七国制裁我们，我们坚持一个方针：同苏联继续打交道，搞好关系；同美国继续打交道，搞好关系；同日本、欧洲国家也继续打交道，搞好关系。这一方针，一天都没有动摇过。"⑤ 二是在国内事务方面，正确处理反和平演变与抓经济建设的关系。不能把反和平演变与发

① 《邓小平文选》，第 3 卷，383 页，北京，人民出版社，1993。
② 同上书，354 页。
③ 同上书，321 页。
④ 同上书，329 页。
⑤ 同上书，359 页。

展经济对立起来。要看到，苏联、东欧发生问题，最根本的原因还是经济没搞上去，使社会主义失去了吸引力。所以，最终说服不相信社会主义的人要靠我们的发展。为此，邓小平强调："综观全局，不管怎么变化，我们要真正扎扎实实地抓好这十年建设，不要耽搁。"①

决不当头，是对我们党过去几十年活动的经验和教训进行深刻总结后得出的结论。中国历来不主张自己当头，也不希望有什么党、什么国家来当我们的头。但是，由于各种复杂的因素，过去有一段时间我们也当过反对"修正主义国家"和"修正主义党"的头。事实证明，当这种头并不是明智的选择。因为这使我们卷入意识形态的争论而耽误了许多宝贵的时间，错过了发展机会，付出的代价是很大的。因此，我们尤其需要把"决不当头"作为重要的指导方针。邓小平说得好："这个头我们当不起，自己力量也不够。当了绝无好处，许多主动都失掉了。"② 从一定意义上说，不当头，是用实际行动来表明中国是维护世界和平的重要力量。邓小平深刻表达了这一点："社会主义中国应该用实践向世界表明，中国反对霸权主义、强权政治，永不称霸。中国是维护世界和平的坚定力量。"③

"十六字方针"对于指导我们党在国际政治舞台上的实践，已经显示出巨大的威力。

二、中国特色社会主义外交和国际发展战略

20 世纪 80 年代末 90 年代初，东欧剧变、苏联解体，标志着存在 40 多年的两极格局的终结，国际形势发生了战后最为深刻的变化。世界多极化和经济全球化的趋势成为当今国际形势最显著的特征。所谓世界多极化，是指在一定时期内对国际关系有重大影响的国家和国家集团之间互相作用而形成的世界格局的一种发展趋势，是对主要政治力量在全球实力分

① 《邓小平文选》，第 3 卷，354 页，北京，人民出版社，1993。

② 同上书，363 页。

③ 同上书，383 页。

布状态的一种集中反映。早在 1990 年 3 月，当苏联动荡但尚未解体的时候，邓小平就曾指出："美苏垄断一切的情况正在变化。世界格局将来是三极也好，四极也好，五极也好，苏联总还是多极中的一个，不管它怎么削弱，甚至有几个加盟共和国退出去。所谓多极，中国算一极。"[①] 这一论述，既作出了新的格局尚未形成的判断，又指出了世界格局多极化的发展趋势。所谓经济全球化，是指随着社会生产力的不断发展，世界各国、各地区经济，包括生产、流通和消费等领域相互联系、相互依赖、相互渗透，以前那些由于民族、国家、地域等因素所造成的阻碍日益减少，世界经济愈来愈成为一个不可分割的、全球范围的有机整体的过程。经济全球化是当代世界经济的重要特征之一，也是世界经济发展的趋势。随着两极格局的结束，经济全球化趋势也更为凸显。

冷战结束后，面对世界多极化和经济全球化的趋势以及高科技迅速发展所带来的复杂多变的国际局势，以江泽民为核心的党的第三代中央领导集体相继提出，要正确把握世界多极化和经济全球化的发展趋势，维护世界和平，促进共同发展；始终不渝地奉行独立自主的和平外交政策；反对霸权主义和强权政治，维护国家的独立、主权和尊严；在和平共处五项原则的基础上建立国际政治经济新秩序；进一步加强同发展中国家的团结与合作；努力发展大国间长期稳定的友好合作关系；尊重世界多样性，本着相互尊重、求同存异的精神处理国际事务，促进国际关系民主化等重要思想，丰富和发展了邓小平的外交和国际战略思想。这一时期，我国外交工作经过坚持不懈的努力，通过对话、协商和谈判，解决或缓和了与其他国家之间长期存在的一些分歧和争端，为稳定国际关系，维护地区和世界和平作出了重大贡献。

新世纪新阶段，以胡锦涛为总书记的党中央主动顺应维护世界和平、促进共同发展的时代潮流，积极应对世界多极化、经济全球化和科技进步的发展趋势，始终坚持独立自主的和平外交政策，继续按照和平共处五项原则和其他公认的国际关系准则，与世界所有国家发展友好互利合作，为

---

① 《邓小平文选》，第 3 卷，353 页，北京，人民出版社，1993。

推动建设持久和平、共同繁荣的和谐世界作出新的贡献。事实表明，中国在参与国际事务时更富有建设性，更注意切实地承担起大国的责任，中国外交的各个方面更加协调，多边外交已经与大国外交、周边外交和第三世界外交有机地融合为一体。

党的十八大指出，人类只有一个地球，各国共处一个世界。历史昭示我们，弱肉强食不是人类共存之道，穷兵黩武无法带来美好世界。要和平不要战争，要发展不要贫穷，要合作不要对抗，推动建设持久和平、共同繁荣的和谐世界，是各国人民的共同愿望。我们主张，在国际关系中弘扬平等互信、包容互鉴、合作共赢的精神，共同维护国际公平正义。平等互信，就是要遵循联合国宪章宗旨和原则，坚持国家不分大小、强弱、贫富一律平等，推动国际关系民主化，尊重主权，共享安全，维护世界和平稳定。包容互鉴，就是要尊重世界文明多样性、发展道路多样性，尊重和维护各国人民自主选择社会制度和发展道路的权利，相互借鉴，取长补短，推动人类文明进步。合作共赢，就是要倡导人类命运共同体意识，在追求本国利益时兼顾他国合理关切，在谋求本国发展中促进各国共同发展，建立更加平等均衡的新型全球发展伙伴关系，同舟共济，权责共担，增进人类共同利益。强调，中国将继续高举和平、发展、合作、共赢的旗帜，坚定不移致力于维护世界和平、促进共同发展。

中国特色社会主义外交和国际发展战略，充分体现了中国人民热爱和平的真诚愿望和不懈追求，向全世界表明了中国始终不渝坚持独立自主和平外交、推动世界和平发展的庄严承诺，展现了中国共产党人的世界眼光、宽广胸怀、战略思维和外交能力，提高了中国在国际社会中的地位，为不断开创我国外交工作的新局面，切实发挥我国在国际上的作用奠定了重要的基础。

中国特色社会主义外交和国际发展战略内容十分丰富，既包括了新时期为维护国家主权、安全、发展利益所应该采取的外交政策和国际战略，包括了在新的国际环境下对自己发展道路的战略选择，也包括了中国共产党和中国政府对推动和平发展的基本态度。

（一）坚持独立自主的和平外交政策

中国共产党一贯坚持独立自主的原则立场，并使之随着国际形势的变化和我国外交实践的发展，得到了不断完善，形成完整的思想。

十一届三中全会以后，邓小平根据他对国际形势的最新判断，果断地调整了我国的对外政策，改变了一个时期以来奉行的反对苏联霸权主义的“一条线”战略，更加明确地提出了独立自主的和平外交政策。邓小平明确指出：“我们奉行独立自主的正确的外交路线和对外政策，高举反对霸权主义、维护世界和平的旗帜，坚定地站在和平力量一边，谁搞霸权就反对谁，谁搞战争就反对谁。所以，中国的发展是和平力量的发展，是制约战争力量的发展。”① “中国的对外政策是独立自主的，是真正的不结盟。”② 概括邓小平的上述思想，可以说，维护我国的独立和主权，促进世界的和平与发展，是中国外交政策的基本目标。

要实现这一目标，首要的是坚持独立自主。独立自主就是要由本国人民决定自己国家的事情，因此它是和反对霸权主义联系在一起的。只有维护我国的独立自主，才能始终保持国家在世界上的分量。独立自主原则要求我们：一是不信邪、不怕压、不怕威胁，把国家的主权和安全放在第一位。针对西方国家对我国施加的种种压力，邓小平坚定指出：“任何外国不要指望中国做他们的附庸，不要指望中国会吞下损害我国利益的苦果。”③ 这充分表现了中国共产党维护国家独立自主的决心。二是政策自立，即从国家利益出发来决定取舍，而绝不是看别人的脸色行事。正如邓小平所说：“我们不能坐到别人的车子上去。”④ 中国不打别国牌，也不允许别人打中国牌。我们不参加任何集团，同谁都来往，同谁都交朋友。三是永远不称霸。这是由我国的社会主义性质所要求的。我们是第三世界国家，我们将永远站在第三世界这一边，将来富强起来，也仍然属于第三世界，永远不欺负别人。

实现中国外交战略的基本目标，必须始终坚持互相尊重主权和领土完整、互不侵犯、互不干涉内政、平等互利、和平共处的五项原则，在此基

① 《邓小平文选》，第3卷，128页，北京，人民出版社，1993。
② 同上书，57页。
③ 同上书，3页。
④ 同上书，156页。

础上同所有国家发展友好合作关系。和平共处五项原则是以主权国家一律平等作为根本出发点，对国际关系中首先是双边关系中必须遵循的基本原则进行的高度概括。这五项原则是一个有机统一、不可分割的整体。其中，互相尊重主权和领土完整是先决条件和基础，是构成五项原则的核心。和平共处五项原则包含了处理国家之间的政治、经济等各方面关系的原则。邓小平指出："处理国与国之间的关系，和平共处五项原则是最好的方式。其他方式，如'大家庭'方式，'集团政治'方式，'势力范围'方式，都会带来矛盾，激化国际局势。总结国际关系的实践，最具有强大生命力的就是和平共处五项原则。"① 这就很好地说明了坚持和平共处五项原则的重要性。在这里，重要的一点就是不能让社会制度和意识形态的差异成为发展国家关系的障碍。这方面我们曾有过深刻的教训。因此，邓小平还曾意味深长地强调："考虑国与国之间的关系主要应该从国家自身的战略利益出发。着眼于自身长远的战略利益，同时也尊重对方的利益，而不去计较历史的恩怨，不去计较社会制度和意识形态的差别，并且国家不分大小强弱都相互尊重，平等相待。这样，什么问题都可以妥善解决"②。

实现中国外交战略的基本目标，必须进一步明确中国共产党发展同其他各国政党关系的基本原则。如何正确处理中国共产党与各国共产党和其他政党的关系，是国际共产主义运动中的一个重大问题，也是国际政治活动中的一个重大问题。在这个问题上，中国共产党在过去几十年中，既有成功的经验，也有深刻的教训。在新的历史时期，以邓小平为核心的党的第二代中央领导集体，通过总结历史经验，确定了独立自主、完全平等、互相尊重、互不干涉内部事务的四项原则。在这四项原则中，最重要的是独立自主的原则。这和对外交往中首先要维护国家独立自主的意义是相同的。毫无疑问，中国共产党发展同其他国家政党之间的关系，是社会主义现代化建设和改革开放的需要，但发展关系不能丢掉独立自主的原则，丢了它，发展关系就失去了意义。十八大指出，中国坚持在和平共处五项原则基础上全面发展同各国的友好合作。我们将改善和发展同发达国家关

① 《邓小平文选》，第3卷，96页，北京，人民出版社，1993。

② 同上书，330页。

系，拓宽合作领域，妥善处理分歧，推动建立长期稳定健康发展的新型大国关系。我们将坚持与邻为善、以邻为伴，巩固睦邻友好，深化互利合作，努力使自身发展更好惠及周边国家。我们将加强同广大发展中国家的团结合作，共同维护发展中国家正当权益，支持扩大发展中国家在国际事务中的代表性和发言权，永远做发展中国家的可靠朋友和真诚伙伴。我们将积极参与多边事务，支持联合国、二十国集团、上海合作组织、金砖国家等发挥积极作用，推动国际秩序和国际体系朝着公正合理的方向发展。我们将扎实推进公共和人文外交，维护我国海外合法权益。我们将开展同各国政党和政治组织的友好往来，加强人大、政协、地方、民间团体的对外交流，夯实国家关系发展的社会基础。

改革开放以来的我国对外交往的实践充分证明，坚持独立自主的原则立场，不仅符合中国人民的根本利益，有利于维护国家的主权和安全，有利于广交朋友，防止受制于人，在世界上庄重地为我国树立了一个爱好和平、制约战争的形象，增强了中国在国际舞台上的地位和作用，而且有利于推动世界多极化的发展趋势，保持世界战略力量的平衡，促进世界和平与发展，为我国改革开放和社会主义现代化建设的顺利进行创造了良好的国际环境。

（二）坚定不移地走和平发展道路

实现和平发展，是中国人民的真诚愿望和不懈追求。坚持走和平发展道路，是改革开放以来中国共产党和中国政府根据国内外形势的变化所作出的重大战略抉择。邓小平曾明确地指出：我们主张和平的社会主义。进入新世纪新阶段，以胡锦涛为总书记的党中央，根据国际局势的变化和中国特色社会主义事业面临的新形势和新任务，提出了中国走和平发展道路的要求。2004 年 8 月，胡锦涛在第十次驻外使节会议上发表重要讲话，强调中国要高举和平、发展、合作的旗帜，坚持和平发展的道路，争取和平稳定的国际环境来发展自己，又以自己的发展来促进世界的和平与进步。2005 年 12 月，国务院新闻办公室发表《中国的和平发展道路》白皮书，首次以政府文告的形式，系统阐述了中国的和平发展道路的内涵：一是争取和平的国际环境发展自己，又以自身的发展促进世界和平；二是依靠自身力量和改革创新实现发展，同时坚持对外开放；三是顺应经济全球化发展趋势，努力实现与各国的互利共赢和共同发展；四是坚持和平、发展、合作，与各国共同致力于建设持久和平与共同繁荣的和谐世界。走和平发展道路的实质就是通过维护世界和平来发展自己，又通过自身的发展来促进世界和平。十八大强调，中国将始终不渝走和平发展道路，坚定奉行独立自主的和平外交政策。我们坚决维护国家主权、安全、发展利益，决不会屈服于任何外来压力。我们根据事情本身的是非曲直决定自己的立场和政策，秉持公道，伸张正义。中国主张和平解决国际争端和热点问题，反对动辄诉诸武力或以武力相威胁，反对颠覆别国合法政权，反对一切形式的恐怖主义。中国反对各种形式的霸权主义和强权政治，永远不称霸，永远不搞扩张。中国将坚持把中国人民利益同各国人民共同利益结合起来，以更加积极的姿态参与国际事务，发挥负责任大国作用，共同应对全球性挑战。

走和平发展的道路，是在我国国内发展战略和国际战略基础上对中国总体国家战略的高度概括，它是一条既符合中国国情又适应时代特征、既同经济全球化相联系又独立自主地建设中国特色社会主义、既抓住世界和平的机遇来发展自己又以自身的发展去促进世界和平的发展之路。

一个国家选择什么样的道路实现发展，是各种因素综合作用的结果。中国坚持走和平发展道路，是中国共产党和中国政府对时代大势的宏观驾驭，以及对历史和现实的准确把握，凝结着中华民族的优秀品格和自强精神。

首先，走和平发展道路，是社会主义制度的必然要求，是基于中国自身根本利益的选择。社会主义制度决定了中国的发展不能靠对外侵略和掠夺，而只能选择和平发展的道路。邓小平曾指出："我们搞的是有中国特色的社会主义，是不断发展社会生产力的社会主义，是主张和平的社会主义。"① 这就是说，中国要发展，必须坚持社会主义的基本制度和原则。我

① 《邓小平文选》，第3卷，328页，北京，人民出版社，1993。

们实行对外开放，但主要是依靠自己的力量，不靠扩张，不靠损害他国利益来谋求自身的发展。中国发展的根本目的是为人民谋福祉，提高人民的物质文化生活水平，而不是为了争霸世界；发展不仅要造福中国人民，还要造福世界人民。同时，中国是一个拥有13亿多人口、面临众多难题的最大的发展中国家。中国要实现现代化、实现全体人民的共同富裕，需要一代又一代人的努力奋斗。在这一历史进程中，我们需要稳定的国内环境，也需要和平的国际环境。坚持走和平发展道路，是中国实现国家富强、人民幸福的必由之路，符合中国人民和世界人民的根本利益。中国的发展不会妨碍任何人，也不会威胁任何人，只会有利于世界的和平、稳定、繁荣。社会主义中国现在要走和平发展道路，将来强大了还要走和平发展道路。

其次，中国坚定不移地走和平发展道路，是基于中国历史文化传统的必然选择。在世界历史上，中华民族关于“和”的思想产生得最早、内涵最为丰富、影响也最为深远。中华民族是一个热爱和平的民族，中华文化是一种和平的文化。渴望和平、追求和谐，始终是中国人民的精神特征。新中国成立以来，中国共产党始终坚持在和平共处五项原则的基础上发展同世界各国的友好关系，成为维护世界和平的坚定力量。我们始终坚持把中国人民的利益同世界各国人民的共同利益结合起来，坚信中国的发展有利于世界和平力量的增长。

最后，中国坚定不移地走和平发展道路，是基于当今世界发展潮流的必然选择。任何国家要实现自己的发展目标，都必须顺应世界发展大趋势。当今世界，求和平、促发展、谋合作是各国人民的共同心愿，也是不可阻挡的时代潮流。中国长期坚持奉行独立自主的和平外交政策，其宗旨就是维护世界和平、促进共同发展。改革开放以来，中国根据国际形势发展变化的趋势，多次公开阐明：中国过去不称霸，现在不称霸，将来强大了也不称霸。中国的发展不会对任何人构成威胁，只会给世界带来更多的发展机遇和更为广阔的市场。中国将始终不渝地高举和平、发展、合作的旗帜，坚定不移地走和平发展道路，同世界各国人民一道，共同推进人类和平与发展的崇高事业。

（三）推动建设持久和平与共同繁荣的和谐世界

早在20世纪80年代末90年代初，针对当时的国际形势，邓小平就指出："世界上现在有两件事情要同时做，一个是建立国际政治新秩序，一个是建立国际经济新秩序。"[①] 中国"在国际问题上无所作为不可能，还是要有所作为。作什么？我看要积极推动建立国际政治经济新秩序"[②]。这就为我们规定了在国际领域中的基本任务。邓小平强调，我们所主张的国际政治新秩序，就是要改变由一两个超级大国主宰世界的局面，结束霸权主义和强权政治，促进国家之间平等、友好的关系；我们所主张的国际经济新秩序，就是要改变发达国家和发展中国家之间实际上不平等的经济关系，通过对话逐步建立起平等、互利、合作的关系，同时加强第三世界国家之间的合作与交流。建立国际新秩序的最主要的原则，应该是不干涉别国的内政，不干涉别国的社会制度。邓小平深刻指出："现在出现的新的霸权主义、强权政治，是不能长久维持的。少数国家垄断一切，这种形式过去多少年没有解决任何问题，今后也不能解决任何问题。"[③] 世界各国都有自己的利益，相互之间发生一些矛盾是免不了的。但是，只要坚持以和平共处五项原则为基础，通过协商来和平解决国与国之间的政治和经济争端，国际新秩序是能够建立的。中国将一如既往地为此而努力。

"推动建设持久和平、共同繁荣的和谐世界"，是党的十六大以来提出的一个新的重要观点，表达了我们坚持和平发展的基本立场。"和谐世界"这一新的理念是与毛泽东、邓小平、江泽民的国际战略思想一脉相承的，是对中国长期奉行的独立自主的和平外交政策的升华和发展。它坚持了和平共处五项原则，发展了中国一贯主张建立公正、合理国际新秩序的观点，融合了中国积极倡导的互信、互利、平等、协作的新安全观，涵盖了近年来中国提出的互利、共赢、可持续的新发展观和尊重多样性、相互包容的新文明观。建设和谐世界的核心和主要目标是实现世界的持久和平与

---

① 《邓小平文选》，第3卷，282页，北京，人民出版社，1993。

② 同上书，363页。

③ 同上书，360页。

普遍繁荣。党的十七大指出，为了推动建设持久和平与共同繁荣的和谐世界，世界各国应该恪守国际法和公认的国际关系准则，弘扬民主、和睦、协作、共赢的精神，在政治、经济、文化、安全和环保等多个方面真诚互助、共同努力。其一，政治上相互尊重、平等协商，共同推进国际关系民主化，这是推动建设和谐世界的政治保证；其二，经济上相互合作、优势互补，共同推动经济全球化朝着均衡、普惠、共赢方向发展，这是推动建设和谐世界的经济基础；其三，文化上相互借鉴、求同存异，尊重世界的多样性，共同促进人类文明繁荣进步，这是推动建设持久和平、共同繁荣和谐世界的文化前提；其四，安全上相互信任、加强合作，坚持用和平方式而不是战争手段解决国际争端，共同应对全球安全威胁，共同维护世界和平与稳定，这是推动建设持久和平、共同繁荣和谐世界的重要保障；其五，环保上相互帮助、协力推进，共同呵护整个人类赖以生存的地球家园，建设一个人与自然和谐的、可持续发展的世界，这是推动建设持久和平、共同繁荣和谐世界的自然基础。

推动建设和谐世界既是一个长期的奋斗目标，也是一项紧迫的外交课题，需要世界各国携起手来、共同努力。中国作为和谐世界的倡导者，不仅在理论上提出和谐世界新理念，而且在双边、多边外交活动中积极实践，不断推动和谐世界的建设，努力践行和谐世界理念。

三、中国特色社会主义外交和国际发展战略的实施及其重大意义

中国特色社会主义外交和国际发展战略思想的形成与实施，具有重大的理论意义和实践意义，它在理论上继承和发展了列宁、毛泽东关于社会主义国家外交和国际战略的思想，在实践上为我国新时期的外交工作提供了正确的指南，在这一重要思想的指导下，我国外交工作取得了一系列重大成就。

（一）中国特色社会主义外交和国际发展战略的创新发展

中国特色社会主义外交和国际发展战略思想适应时代特点与我国国

情，突破了社会主义国家传统的外交理论，为社会主义国家外交理论增添了新的内容，开辟了新的思路。

第一，科学认识和把握当今时代特征，为确定新时期外交政策提供了重要的基础。在新的历史时期，邓小平基于对当代国际形势的深入观察和了解，正确把握了世界发展的大趋势，改变了原来认为战争的危险已经迫近的看法，提出和平与发展是当今世界的两大战略问题的重要观点，为党准确把握当今时代特征、实现国际战略转变，奠定了基础；提出争取较长时间的和平是可能的重要判断，为我国充分利用和平的国际环境来发展自己、迅速增强综合国力提供了现实的可能。正是在这些正确思想的指导下，我国政府确定了更加务实、灵活的外交政策，在国际事务中争取了主动、发挥了更大的作用。

第二，把维护国家的主权和安全放在首位，确立了国家利益高于一切的现实主义的外交战略原则。邓小平在新时期把实事求是的思想路线贯彻到外交领域，明确提出外交领域不以社会制度划界，也不进行意识形态的争论，而把维护国家主权和安全、维护国家根本利益放在首位。强调任何国家，无论其国家的社会制度怎样，意识形态如何，我们都要同它们“在和平共处五项原则的基础上从容地发展关系，包括政治关系，不搞意识形态的争论”①。即不以社会制度和意识形态的异同为标准确定国家关系的亲疏，而应以国家根本利益为重来处理对外关系，面对现实，在国际交往中趋利避害，为世界和平与发展作贡献。从这一点来讲，中国特色社会主义的外交和国际战略思想，极大地突破了以往社会主义外交理论中以社会制度和意识形态划界的传统观念，把爱国主义与国际主义有机地统一于社会主义国家的外交实践中。

第三，提出了一系列现实、灵活的政策和策略，为社会主义国家外交理论宝库增添了新的内容。由于复杂的历史原因，我国有港、澳、台问题，有与一些国家的领土争端问题，还有与其他国家共产党之间意识形态的分歧和争论问题。如何处理这些问题呢？邓小平采取了非常现实和灵活

① 《邓小平文选》，第3卷，353页，北京，人民出版社，1993。

的态度，本着以国家根本利益为重的原则，制定了一系列灵活的策略。如提出用“一国两制”的办法解决港、澳、台问题；用“搁置争议、共同开发”的政策来解决部分领土争端问题；用“结束过去、开辟未来”的政策来解决意识形态的争论问题；提出在和平共处五项原则基础上建立国际新秩序的主张，等等。这一系列现实、灵活的政策和策略，为解决国际关系的一些难题和死结提供了新的思路。这是实施和平共处五项原则、促进世界和平与发展的新思路，是对和平解决国际领土争端、稳定世界局势的一大贡献。这些新的思路，为我国社会主义现代化建设事业创造了有利的周边环境，开辟了国际合作的新领域。同时，也在理论上丰富和发展了社会主义国家外交和国际发展战略的理论。

（二）中国特色社会主义外交和国际发展战略的实践及其意义

中国特色社会主义外交和国际发展战略思想在我国外交工作中已经和正在发挥着重大的指导作用。在这一思想的正确指导下，我国的对外关系得到明显改善，取得了许多重大进展。

第一，我国同周边国家的关系得到了很大改善和发展，以前使人感到紧张的一些边界热点问题已逐渐消失。过去一个时期，中印关系曾相当紧张，经过多年的努力，现已大为改善，实现了两国关系的正常化；中苏关系在历经20多年的紧张对峙后，20世纪80年代末也实现了两国关系的正常化；苏联解体后，我国又同原苏联各加盟共和国很快恢复和建立了关系，进行经济、文化等方面的友好合作；中国与越南、蒙古、老挝等国之间的关系均得到恢复和正常发展；同新加坡建立了正式的外交关系，同印度尼西亚恢复了中断近23年的外交关系；并同大韩民国建立了正式外交关系。我国同菲律宾、尼泊尔、不丹、锡金（今为印度的锡金邦）等国家的关系，也在原来的基础上又有了许多新的发展。不仅如此，我国还与俄罗斯建立了面向21世纪的战略协作伙伴关系，与俄罗斯和中亚有关国家签署了边境地区加强军事领域信任协定，与东盟国家建立了全面对话的伙伴关系，与印度签署了在边境实际控制线地区军事领域建立信任措施的协定。我国同周边国家的睦邻友好关系，正处在新中国成立以来的最好时期。这就为我们集中精力进行现代化建设提供了安定的周边环境。

第二，我国同发达国家之间的关系也有明显的改善和发展。由于我国不再以意识形态的对立而是以是否有利于世界和平、有利于中国现代化建设作为处理同发达国家关系的新基点，因此，同西方许多发达国家之间在各方面的合作不断加强，从而使我们从这些发达国家那里获得了许多有益的科学技术、先进的管理经验、先进的知识和人才，以及对我国现代化建设十分有用的大量资金。由于我们坚定不移地奉行独立自主的和平外交政策，坚持原则性与灵活性相结合的策略原则，我们与美国、日本等发达国家之间的关系也在经历了制裁与反制裁的斗争后得到改善和发展，并实现了中美两国首脑最高会谈，与美国建立了建设性的战略伙伴关系。

第三，中国作为联合国安理会常任理事国之一，积极参与联合国和地区性组织的多边外交活动。我国政府积极参加并推动了签署《全面禁止核试验条约》的进程。尤其重要的是，中国坚定地同广大第三世界国家站在一起，坚持原则、伸张正义、维护和平、促进发展，共同为实现联合国宪章的宗旨、贯彻联合国宪章的原则，进行了不懈的努力，取得了可喜的成果。在一些重大国际问题的处埋上，中国发挥着越来越重要的作用。

第四，中国共产党改善与发展了同其他国家政党的关系。在邓小平关于处理党际关系四项原则的指导下，中国共产党在世界各国共产党的范围内，改善和加强了同一些党已有的友好关系，恢复了同一些党已经中断的关系，还同一些党建立了新的关系。此外，中国共产党还同一些发达国家的社会党、社会民主党、工党建立了关系，同第三世界国家的民族主义政党也建立了不同形式的联系，进行了广泛的接触。

总之，正是由于我们坚定不移地贯彻中国特色社会主义外交和国际发展战略思想，坚持独立自主的和平外交政策，各项外交工作积极开展，同各国的交流合作广泛加强，在国际事务中发挥了重要的建设性作用，我们才为社会主义现代化建设赢得了宝贵的时间，创造了有利的外部条件，并进而为全面推进中国特色社会主义事业提供了良好的国际环境。

第十四章　邓小平与中国特色社会主义依靠力量

一、邓小平“依靠力量”思想的形成

社会主义事业是千百万群众的事业，没有亿万群众的充分发动、参与和创造性的实践，是不会取得成功的。邓小平建设中国特色社会主义理论，归根到底是根据最广大人民群众的利益和愿望，总结、概括了群众的实践和创造而形成的。这一理论向实践的转化，又必须紧紧依靠广大人民群众的艰苦努力。只有坚定地相信和依靠人民群众，调动广大群众的积极性、创造性，才能完成建设中国特色社会主义的宏伟事业。

（一）中国特色社会主义依靠力量思想形成的依据

人民群众是历史的创造者，无论是革命还是建设，都必须依靠广大人民群众的力量。在民主革命时期，以毛泽东为代表的中国共产党人把马克思主义关于人民群众的基本观点运用于中国革命的具体实践，紧紧依靠广大人民群众进行革命斗争，并在党内形成了一切为了群众，一切依靠群众，从群众中来，到群众中去的领导方法和工作方法，培育了密切联系群众的优良传统和作风。在改革开放和社会主义现代化建设的新时期，以邓小平为代表的党的第二代中央领导集体坚持和发扬了群众路线的优良传统，继续坚定不移地贯彻党的群众路线，进一步密切了党和人民群众的血肉联系。邓小平提出的关于社会主义依靠力量的理论，就是在新的历史时期坚持和发扬党的群众路线的具体体现。

1. 中国特色社会主义依靠力量思想形成的理论依据

中国共产党是中国工人阶级的先锋队，是中国各族人民利益的忠实代表。全心全意为人民服务，同人民群众密切联系，是我们党区别于其他政党的显著标志之一。我们党的这一性质和任务，决定了群众路线是我们党在一切工作中实行正确的思想、政治、组织路线的根本工作路线。

首先，群众路线是中国共产党的根本的政治路线。党的政治路线，是党在一定历史时期为完成一定的政治任务而确定的总路线、总政策。它是无产阶级和广大劳动人民利益的集中体现。党的一切正确的政治路线都是通过群众路线产生，并通过群众路线而实现的。党在制定自己的纲领、路线、方针和政策时，是以最大多数人民群众的最大利益为最高准则的。广大人民群众的社会实践，为党的正确领导提供了最丰富、最生动的客观条件和实践基础。毛泽东、邓小平都反复强调，中国共产党人必须学会马克思列宁主义的领导艺术，善于把党的政策变成群众的自觉行动，让群众知道自己的利益、自己的任务和党的纲领、路线、方针、政策，并在群众斗争的实践中，使党的纲领、路线、方针和政策受到检验，得到丰富和发展。党的政治路线在不同历史时期具有不同的内容，但从制定到贯彻实行，都经历了从群众中来，到群众中去的过程，它的根本点是党的群众路线。

其次，群众路线是中国共产党的根本的组织路线。党的组织路线是为政治路线服务的，是实现政治路线的根本保证。党的组织路线是根据政治路线的要求规定的关于组织工作的根本方法和准则，它以贯彻民主集中制的组织原则为核心，反映了党的领导者与被领导者，党的上级组织与下级组织，党员个人与党的整体，党的中央和各级组织与党员群众之间的正确关系，因而也就反映了党内的群众路线。我们党的一切组织和一切工作，都是密切地与群众相结合，坚持党的群众路线的。

再次，群众路线是中国共产党的基本领导方法。毛泽东指出："在我党的一切实际工作中，凡属正确的领导，必须是从群众中来，到群众中去。这就是说，将群众的意见（分散的无系统的意见）集中起来（经过研究，化为集中的系统的意见），又到群众中去作宣传解释，化为群众的意见，使群众坚持下去，见之于行动，并在群众行动中考验这些意见是否正确。然后再从群众中集中起来，再到群众中坚持下去。如此无限循环，一次比一次地更正确、更生动、更丰富。"① "从群众中集中起来又到群众中坚持下去，以形成正确的领导意见，这是基本的领导方法。"② 毛泽东的这些论述，科学地总结了党领导群众的经验，完整地提出和阐明了群众路线的领导方法和工作方法。

从群众中来，到群众中去的领导方法和工作方法，是马克思主义认识论基本原理在实际工作中的具体运用和生动体现。从群众中来的过程，也就是"从感性认识而能动地发展为理性认识"的过程；到群众中去的过程，也就是"从理性认识而能动地指导革命实践"的过程。从群众中来，到群众中去的无限循环，也就是实践、认识、再实践、再认识的无穷往复。我们说群众路线的基本方法是科学的领导方法，不仅因为它是以承认人民群众是历史的创造者为根本前提的，坚持了一切为了群众，一切依靠群众的根本立场，而且更重要的还在于，它是建立在辩证唯物主义认识论的基础上，正确地解决了主观和客观、认识和实践、领导和群众之间的辩证关系，是实现革命和建设中主观和客观相一致、理论和实践相统一、领导和群众相结合的重要保证。

总之，"一切为了群众，一切依靠群众"，"从群众中来，到群众中去"，是中国共产党把马克思主义关于人民群众是历史创造者的原理系统运用于党的全部活动中形成的根本路线，是中国共产党的优良传统。在新的历史时期，以邓小平为代表的中国共产党人在坚持党的群众路线的基础上，在理论上提出了社会主义依靠力量的思想，这是对马克思主义关于人民群众创造历史的原理在新的历史条件下的创造性运用和发展。

---

① 《毛泽东选集》，2版，第3卷，899页，北京，人民出版社，1991。

② 同上书，900页。

2. 中国特色社会主义依靠力量思想形成的实践依据

中国共产党领导的广大人民群众，是我国劳动者的主体，也是社会发展实践的主体。社会发展首先应考虑大多数人，考虑作为社会财富主要创造者的广大人民群众。大力发展生产力，使我国尽快摆脱贫穷落后的面貌，成为一个现代化的富强、民主、文明的社会主义国家，既是社会主义发展的本质要求，也是广大人民群众的迫切愿望。邓小平认为，改革开放和社会主义现代化建设的任务极其艰巨复杂，“党只有紧紧地依靠群众，密切地联系群众，随时听取群众的呼声，了解群众的情绪，代表群众的利益，才能形成强大的力量，顺利地完成自己的各项任务”①。把充分反映和代表广大人民群众的根本利益与广泛调动广大人民群众的积极性和创造性紧密结合起来，把群众作为我们力量的源泉，把群众路线和群众观点作为我们的传家宝，这种鲜明的人民性，正是邓小平理论的显著特征，也是这一理论能够赢得广大人民群众拥护和支持，在广大人民群众心中扎根的真正原因所在。

首先，建设中国特色社会主义，反映了人民群众最根本的利益，与党的性质、宗旨和指导思想是一致的。中国共产党是中国工人阶级的先锋队，同时又是中国人民和中华民族的先锋队的性质，决定了党必须把全心全意为人民服务作为自己的唯一宗旨。党除了代表、维护工人阶级和最广大人民群众的利益，没有自己的特殊利益，为人民谋利益是党的全部活动的出发点和归宿。建设中国特色社会主义理论和路线，符合中国最广大人民群众的利益和要求，是以现阶段我国人民的最根本的利益为出发点和归宿的。邓小平认为，不在发展生产力的基础上提高人民生活水平，就不符合社会主义的本质要求。由此出发，他还把是否有助于人民的富裕幸福，是否有利于提高人民的生活水平，作为衡量各项工作是非得失的根本标准，把解决人民的温饱问题和教育、就业问题作为改革开放的出发点和基本依据。他把在经济上发展社会主义生产力，逐步改善人民群众的生活，政治上发扬人民民主，保证全体人民真正享有包括通过各种有效形式管理国家在内的各项公民权利，思想文化上建设社会主义精神文明三项任务联

① 《邓小平文选》，2版，第2卷，342页，北京，人民出版社，1994。

系在一起，作为党和国家当前和今后一个时期社会主义建设的任务和奋斗目标。这样，就使党的全心全意为人民服务的宗旨在建设中国特色社会主义伟大事业中得到了最充分的体现。

其次，建设中国特色社会主义，必须充分依靠广大人民群众，调动广大人民群众的积极性和创造性。建设中国特色社会主义是一项与人民群众利益紧密相关的事业，只有得到最广大人民群众的广泛参与才有可能获得成功。这样，就必须调动群众的积极性。邓小平认为，这些年来搞改革的一条经验，就是要调动基层和工人、农民、知识分子的积极性。调动积极性的方法，一是发展生产力，提高人民生活水平，这是调动人民积极性的“最中心的环节”；二是进行政治体制改革，下放权力，使农民真正享有生产经营的自主权，使工人、知识分子参与管理，实现管理民主化。群众的积极性真正调动起来了，党的路线、方针、政策才能真正贯彻下去，坚持下去，社会主义现代化建设才真正有希望。

（二）中国特色社会主义依靠力量理论的形成发展

所谓社会主义事业依靠力量的理论，是指党在社会主义建设新时期，依靠哪些阶级、阶层、社会群体和个人，如何调动一切积极因素建设社会主义现代化国家的问题。改革开放和社会主义现代化建设的全部活动与整个进程，都必须全心全意地依靠工人阶级，依靠广大农民，这是毫无疑问的。问题是怎么看待知识分子和其他社会阶层。早在十一届三中全会以前，邓小平就在全国科学大会上的讲话中，重申知识分子“绝大多数已经是工人阶级和劳动人民自己的知识分子，因此也可以说，已经是工人阶级自己的一部分”①，把知识分子明确作为社会主义事业的依靠力量，进而改变党在过去长期对知识分子实行“团结、教育、改造”的方针，采取了“政治上充分信任、工作上放手使用、生活上关心照顾”的新政策，这就完成了对知识分子问题上长期存在的“左”的错误的拨乱反正，壮大了社会主义建设的依靠力量。1979 年，邓小平在全国政协五届二次会议上又首

① 《邓小平文选》，2 版，第 2 卷，89 页，北京，人民出版社，1994。

次指出：我国资本家阶级的绝大多数人，已经成为自食其力的劳动者，我国各民主党派已经成为各自所联系的一部分社会主义劳动者和一部分拥护社会主义的爱国者的政治联盟。从而又打破了在阶级关系方面的另一禁区，即对原工商业者、民主党派和爱国侨胞的政策问题。从邓小平在党的十二大强调指出的“我们党提出的各项重大任务，没有一项不是依靠广大人民的艰苦努力来完成的”①，到江泽民在党的十四大对邓小平关于社会主义建设事业依靠力量的理论作出精辟概括，即“必须依靠广大工人、农民、知识分子，必须依靠各民族人民的团结，必须依靠全体社会主义劳动者、拥护社会主义的爱国者和拥护祖国统一的爱国者的最广泛的统一战线”②，中国特色社会主义依靠力量的理论伴随着改革开放和社会主义现代化建设的全面展开和深入发展而逐渐形成。

进入21世纪，江泽民提出“三个代表”重要思想，进一步指出，建设中国特色社会主义，是我国各族人民实现自己利益、创造美好生活的共同事业，是亿万人民群众广泛参与的创造性事业。我们全部工作的出发点和落脚点，就是不断实现好、维护好、发展好最广大人民的根本利益。党的一切工作，必须以最广大人民的根本利益为最高标准，任何时候都必须坚持尊重社会发展规律与尊重人民历史主体地位的一致性。胡锦涛继而提出科学发展观，强调必须坚持以人为本，尊重人民主体地位，发挥人民首创精神，保障人民各项权益，走共同富裕道路，促进人的全面发展，做到发展为了人民、发展依靠人民、发展成果由人民共享。习近平强调：“中国梦归根到底是人民的梦，必须紧紧依靠人民来实现，必须不断为人民造福。”③ 中国特色社会主义依靠力量理论由此不断得到丰富和发展。

二、中国特色社会主义依靠力量的基本内容

社会主义依靠力量的理论是邓小平理论的一个重要的组成部分。江泽

① 《邓小平文选》，第3卷，4页，北京，人民出版社，1993。

② 《江泽民文选》，第1卷，220～221页，北京，人民出版社，2006。

③ 《习近平谈治国理政》，40页，北京，外文出版社，2014。

民对社会主义的依靠力量作了高度的理论概括，他强调指出："必须依靠广大工人、农民、知识分子，必须依靠各族人民的团结，必须依靠全体社会主义劳动者、拥护社会主义的爱国者和拥护祖国统一的爱国者的最广泛的统一战线。"上述"三个依靠"的思想，简明而准确地概括出了邓小平关于社会主义依靠力量理论的基本内涵。

（一）中国特色社会主义必须依靠广大工人、农民和知识分子

工人、农民和知识分子是我国社会主义劳动者的主体，是建设社会主义的基本力量。进行社会主义现代化建设，必须充分调动我国广大工人、农民和知识分子的积极性，把他们作为主要的依靠力量。

第一，社会主义现代化建设必须依靠广大工人。

工人阶级是社会化大生产的产物，它同先进的生产力和社会化大生产相联系，没有私人占有的生产资料，最富有组织性和纪律性，是最先进、最有前途的阶级。在旧中国，工人阶级尽管人数较少，产生较晚，但由于它是中国社会中最先进、最有前途的阶级，因而能成为中国革命的领导阶级。在生产资料私有制的社会主义改造完成后，我国工人阶级的地位发生了很大变化，由一无所有的雇佣劳动者成为共同占有生产资料的社会主义劳动者，由被剥削被压迫阶级变成为国家领导阶级。在我国社会主义建设时期，工人阶级的自身状况也发生了很大变化。一是工人阶级的数量大大增长，由建国初期的800万人，增加到20世纪80年代末期的1.3亿多人。二是工人队伍的文化水平有了很大提高。20世纪80年代后期，我国职工中具有高中毕业以上文化程度的占42.86%，初中毕业的占43.02%，二者相加已占了职工队伍的绝大多数。同时，由于改革开放，工人阶级队伍的构成也呈现出新的特点。除了传统的全民所有制和城镇集体所有制企业的职工以外，乡镇企业的职工以及外商投资企业、私营企业的职工也成为工人队伍中的一部分。尽管我国职工队伍的数量、构成等方面发生了新的变化，但工人阶级在国家政治生活中和经济建设中的领导地位和主导作用并没有改变。实行改革开放，进行现代化建设，解放和发展生产力，使生产关系更加适应生产力的发展，符合工人阶级的根本利益，因此能够充分调

动广大工人群众的积极性，激发他们的工作热情。工人阶级不仅是改革和建设的领导力量，也是最基本的推动力量。邓小平高度重视发挥工人阶级在社会主义现代化建设中的主力军作用，多次强调必须坚持和落实党的“全心全意依靠工人阶级”的方针，并反复申明了坚持这一方针的极端重要性。

全心全意依靠工人阶级，是事关全局的方针，有着具体的内容和要求。邓小平认为，要全心全意依靠工人阶级，就必须充分照顾到工人阶级的利益，维护工人阶级的国家主人翁地位。国有企业、集体企业以及公有产权占主导地位的企业职工既是国家的主人，也是企业的主人，应使他们充分享有依法行使民主管理、民主监督的权利。邓小平十分重视职工的这种权利，强调指出：“我们所有的企业必须毫无例外地实行民主管理，使集中领导和民主管理结合起来”。“企业的重大问题要经过职工代表大会或职工大会讨论。企业的领导干部要在大会上听取职工意见，接受职工的批评和监督。”① 这是调动工人群众积极性的重要途径之一。非公有制经济的企业职工，其政治地位依然是国家的主人，是领导阶级中的一部分。广大工人阶级在改革开放和社会主义现代化建设中起了重大作用。党要全心全意地依靠工人阶级，还必须切实加强在工人群众中的工作，在广大职工中经常进行工人阶级优良传统的教育，增强他们的主人翁责任感和使命感，引导他们不断提高政治觉悟和科学文化素质，把工人阶级队伍建设成为一支具有共产主义理想和道德，具有现代化科学知识和严格纪律的强大的阶级队伍，更好地发挥工人阶级在社会主义现代化建设中的领导作用。

第二，社会主义现代化建设必须依靠广大农民。

农民历来占我国人口的大多数，是工人阶级的天然盟友和可靠的同盟军。中国革命和建设的实践证明，巩固的工农联盟是党的事业取得胜利的前提条件和重要保证。在革命战争年代，我们党长期战斗在农村，通过工人与农民的牢固联盟，战胜了强大的敌人，夺取了全国政权。在民主革命任务完成后，我们党又依靠工农联盟，完成了对农业、手工业和资本主义工商业的社会主义改造，取得了社会主义革命的胜利，在中国确立了社会

① 《邓小平文选》，2 版，第 2 卷，137 页，北京，人民出版社，1994。

主义制度。随着国家工业化的发展，农民的状况也有了很大变化，但农民仍占全国人口的80%以上，是社会主义建设的主要依靠力量之一。党的十一届三中全会以来，我国农村发生了历史性的变化。在党的领导下，强烈要求改变贫困落后状态的广大农民，表现了可贵的创业革新精神，充分发挥了自己的主动性、创造性，创造出家庭联产承包责任制这种新的生产经营方式，实现了由自给、半自给的自然经济向商品经济的转变，由单一的农业经济向多种经营的综合型经济的转变。广大农民的生活得到了改善、提高。随着乡镇企业的出现，小城镇的兴起，多种经营及种植业、养殖业商品率的提高，农民阶级内部结构发生了很大变化，十几年来，农村已有1亿多劳动力转移到农村第二、三产业中去。农民内部结构的变化，有利于生产力的发展，农村改革取得的巨大成就，为现代化建设和城市改革奠定了物质基础，提供了宝贵的经验，“农村改革的经验使我们相信城市改革能够搞好”①。

邓小平十分重视农民在改革开放中的作用，高度评价了农民在改革中迸发出来的积极性和创造性。他认为，由于生产经营的自主权完全下放给农民，调动了农民的积极性。有了这种积极性，才能有家庭联产承包、乡镇企业等新事物的出现。邓小平指出：“农村改革中，我们完全没有预料到的最大的收获，就是乡镇企业发展起来了，突然冒出搞多种行业，搞商品经济，搞各种小型企业，异军突起。这不是我们中央的功绩。”“如果说在这个问题上中央有点功绩的话，就是中央制定的搞活政策是对头的。这个政策取得了这样好的效果，使我们知道我们做了一件非常好的事情。这是我个人没有预料到的，许多同志也没有预料到，是突然冒出这样一个效果。”②

邓小平之所以如此重视农村经济改革，把农村经济改革作为整个经济体制改革的突破口，主要是因为农业问题、农民问题关系到国家发展的大局。他指出：“中国人口的百分之八十在农村，如果不解决这百分之八十的人的生活问题，社会就不会是安定的。工业的发展，商业的和其他的经济活动，不能建立在百分之八十的人口贫困的基础之上”③。为发展全社会

① 《邓小平文选》，第3卷，78页，北京，人民出版社，1993。
② 同上书，238页。
③ 同上书，117页。

的生产力，为改变农民低水平的生活状况，必须首先在农村进行经济体制的改革。基于这种考虑，邓小平时刻关注着农村改革的发展，及时总结改革中涌现的新鲜经验并加以推广，及时指出改革下一步发展的目标。他指出，搞好农村经济，巩固农村改革的成果，必须高度重视农业，坚持把农业的发展放在首位。要根据生产力发展的要求，积极支持和引导农民进行改革；积极支持和帮助农民大力发展乡镇企业，逐步扩大集体经济实力；帮助农民学习科学文化知识，提高农民文化素质，推动农业科技的进步。同时，要切实保障农民群众的物质利益和民主权利，减轻农民负担，不断提高农民的生活水平。农村各项工作都要坚持一切从实际出发，经过调查研究，作出正确决定，防止一刀切。上述工作真正落到实处，农民才能在建设中国特色社会主义的事业中发挥更大的作用。

第三，社会主义现代化建设必须依靠广大知识分子。

科学技术是第一生产力，经济的发展、社会的进步都离不开科学技术，而科学技术的发展主要是依靠广大的知识分子。我国知识分子作为中国工人阶级中掌握科学文化知识较多的一部分，作为先进生产力的开拓者和教育科学文化工作的基本力量，在改革开放和现代化建设中承担着重大的历史责任，是党领导现代化建设的一支重要的依靠力量。中国共产党历来重视知识分子在革命和建设中的地位和作用。新中国成立以来，党和政府在团结和培养知识分子方面做了大量工作。但是，在一段时间内，由于党在指导思想上犯了“左”的错误，在对待知识分子问题上也出现了严重失误，把大多数知识分子划入了资产阶级的范畴，过多强调了对知识分子世界观的改造，忽视了他们在社会主义建设中的作用。1978 年 3 月，邓小平在全国科学大会上宣布知识分子已是工人阶级的一部分。从此，歧视和否定知识分子的倾向才真正开始得到纠正。邓小平认为，正确认识科学技术是生产力，正确认识为社会主义服务的脑力劳动者是劳动人民的一部分，是实现四个现代化，大大发展生产力的“两个前提”。依靠知识分子，推动科技进步，已成为推进社会主义现代化建设事业的关键性因素和不可缺少的前提条件。从这个角度出发，邓小平强调要在全社会形成一种尊重知识、尊重人才的风气，提出打破常规，破格选拔、培养杰出的人才，并把培养出一批具有世界第一流水平的科学技术专家作为科学教育战线的重要任务。为完成这个任务，党和国家努力创造更加有利于知识分子施展聪明才智的良好环境，下决心采取了一系列重大政策和措施，积极改善知识分子的工作、学习和生活条件，对有突出贡献的知识分子给予重奖，并形成了规范化的奖励制度。在政治上对知识分子给予充分信任，同时积极引导，严格要求，使他们承担起工人阶级的历史使命，在建设中国特色社会主义事业中发挥更大的作用。

第四，新的社会阶层是中国特色社会主义事业的建设者。

改革开放以来，我国社会关系最受关注的变化，就是出现了民营科技企业的创业人员和技术人员、受聘于外资企业的管理技术人员、个体户、私营企业主、中介组织的从业人员、自由职业人员等新的社会阶层。社会阶层构成的这种新变化，是改革开放以来中国社会结构转型的一个重要内容，它根源于中国社会生产方式的新发展。生产力的发展和经济结构的调整使得原有的就业结构发生了很大的变化，社会的劳动分工越来越细，第一产业在国民经济总产值中的比重逐步下降，第二、第三产业在国民经济总产值中的比重不断上升，大批被分流出来的职工和农民纷纷转移到新的工作岗位中，出现了民营科技企业的创业人员和技术人员、中介组织的从业人员、自由职业人员等社会阶层；单一的公有制经济向以公有制经济为主体、多种所有制经济共同发展的所有制结构的转变，使原来在公有制经济单位中的从业人员转而从事非公有制经济工作，产生了个体户、私营企业主、受聘于外资企业的管理技术人员等社会阶层。

改革开放以来形成的新的社会阶层都是中国特色社会主义事业的建设者。新的社会阶层是在党和国家改革开放政策的允许下出现的，是在社会主义公有制和社会主义上层建筑主导国家政治、经济生活的总的条件下存在和发展的，他们中的大多数人是从工人、农民、知识分子和干部队伍中分化出来的。在党的路线、方针、政策指引下，这些新的社会阶层中的广大人员，通过诚实劳动和工作，通过合法经营，为发展社会主义社会的生产力和其他事业作出了贡献，也应成为社会主义事业的依靠力量。正确处理党的基本依靠力量与新的社会阶层的关系必须遵循以下两个原则：一是平等的原则。在思想观念上，我们既要承认工人、农民、知识分子的主体地位，也要明确工人、农民、知识分子和新的社会阶层都是中国特色社会主义事业的建设者。在实践中，对党的主要依靠力量和新的社会阶层要一视同仁，使他们享有同等的政治权利和经济权利，不搞阶级歧视和政治分层，对符合党员条件的社会成员，不论出身和社会职业，都可以吸收入党。二是和谐的原则。工人、农民、知识分子和新的社会阶层虽然存在着不同的利益要求，在个人财产的数量上也存在着较大的差别，但是，他们之间不存在不可调和的利益冲突。祖国富强、人民富裕和中华民族的伟大复兴，是他们的共同利益和共同追求。党要在建设中国特色社会主义的总目标下凝聚各种社会力量，加强各个社会阶层的团结，同舟共济、求同存异，妥善处理各个阶层的利益矛盾，领导各社会阶层齐心协力地为建设中国特色社会主义事业奋斗。

（二）中国特色社会主义必须依靠各族人民的团结

我国是统一的多民族的社会主义国家。民族平等、民族团结和各民族的共同繁荣，是关系到国家命运的一个重大问题。建设中国特色社会主义，必须依靠各民族人民的团结，充分发挥各民族人民的积极性和创造性。

依靠各民族人民的团结，必须高度重视解决民族问题，巩固和发展社会主义的民族关系。所谓民族问题，是指民族关系中存在的矛盾和问题。在剥削制度下，民族问题包括两个方面：一方面是民族压迫、民族剥削以及由此而引起的民族不平等和民族斗争；另一方面是指各民族在经济、文化、教育、风俗习惯、语言文字等方面的差别和事实上的不平等。民族问题不等于阶级问题，但在剥削制度下，民族问题又是和阶级问题联系在一起的。民族压迫实质上是阶级压迫，民族斗争实质上是阶级斗争。因为民族内部是划分阶级的。新中国成立以后，我国各民族人民经过民主改革和社会主义改造，走上了社会主义道路，并结成了平等、团结、互助的新型民族关系，历史上的民族压迫和民族剥削已被消灭。但是，我国社会主义社会仍将长期存在着民族问题。由于我国还处在社会主义初级阶段，历史上形成和遗留下来的各民族在经济、文化等方面事实上的不平等，还没有也不可能在短期内消除，各族人民在物质文化生活方面还存在着差别。当然，我国社会主义制度下的民族问题同剥削制度下的民族问题在性质上是不同的，已经基本上不是阶级矛盾和阶级斗争问题，而是各民族人民内部的矛盾，是各族人民在根本利益一致基础上的矛盾。正确处理和解决社会主义时期的民族矛盾，是巩固和加强各民族的团结，实现各民族共同繁荣，建设中国特色社会主义的重要条件和保证。邓小平作为党的第一代中央领导集体的重要成员和第二代中央领导集体的代表，特别是作为我国改革开放和社会主义现代化建设的总设计师，一贯重视解决民族问题。他多次强调解决民族问题、做好民族工作的重大意义，并阐明了解决民族问题必须从民族地区实际出发，坚持"实事求是"、"老老实实"的态度，采用调查研究的工作方法。早在1950年7月，邓小平在欢迎赴西南地区的中央民族访问团大会上的讲话中就着重指出："西南的国境线从西藏到云南、广西，有几千公里，在这么长的边境上，居住的绝大多数是少数民族。少数民族问题解决得不好，国防问题就不可能解决好。"① 在西南局任职时，邓小平为解决西南地区少数民族问题，不仅自己注重调查研究，而且热情鼓励学者和各方面代表深入实际，调查研究少数民族的情况。在调查研究的基础上，根据西南民族地区的历史和现状，为做好民族工作，提出了解决民族问题的正确原则和工作态度。他指出："我们对少数民族地区确定了一个原则，就是在汉族地区实行的各方面的政策，包括经济政策，不能照搬到少数民族地区去，要区分哪些能用，哪些修改了才能用，哪些不能用。要在少数民族地区研究出另外一套政策，诚心诚意地为少数民族服务。"② 又说："我们的工作态度是实事求是，老老实实。""就是在尊重少数民族风俗习惯方面，也要老老实实"。"我们做政治工作，经济工作，文化工作，都应该采取这种态度。"③ 他还根据当时的形势和特点，提出一定要从实际出发，处理好西南地区的民族关系和阶级关系。他特别强调必须结合民族地区的具体实际，做好各项民族工作，反对一刀切，反对一味地

① 《邓小平文选》，2版，第1卷，161页，北京，人民出版社，1994。
② 同上书，167页。
③ 同上书，170页。

蛮干，要坚持走群众路线的工作方法。在新的历史时期，邓小平根据我国社会主义初级阶段的具体实际，进一步完善了做好民族工作、解决民族问题的基本原则和方法，强调处理社会主义时期的民族问题，必须从我国社会主义初级阶段的实际出发，承认各民族的差别，尊重少数民族的特点和传统习惯，坚持各民族一律平等的原则。邓小平的上述思想，是我们在新时期解决民族问题，增进各民族团结的理论指南。

社会主义时期解决民族问题的基本原则，是坚持民族平等、民族团结和各民族共同繁荣。新中国成立以来，我们党和国家非常重视把坚持民族平等、民族团结和各民族共同繁荣作为解决民族问题的基本原则，并依据马克思列宁主义关于民族问题的基本原理，从我国的历史、民族关系和民族分布状况等方面的情况和特点出发，把实行民族区域自治作为实现民族平等、加强民族团结、解决国内民族问题的一项长期的基本政策。民族区域自治体现了国家充分尊重和保障各少数民族管理本民族内部事务权利的精神，体现了国家坚持实行各民族平等、团结和共同繁荣的原则。十一届三中全会以后，邓小平在认真总结新中国成立以来民族工作实践的基础上，进一步发展了民族区域自治的理论。为保障民族区域自治的实行，邓小平把巩固完善区域自治同民主法制建设紧密联系在一起。1984 年，全国人民代表大会制定并颁布了《中华人民共和国民族区域自治法》。各省、直辖市、自治区也先后制定了与之配套的法规体系。所有这些，既是对我国社会主义民主法制建设的健全和加强，也是对我国民族区域自治政策的发展和补充。1987 年 10 月，邓小平在同外宾谈话时说："解决民族问题，中国采取的不是民族共和国联邦的制度，而是民族区域自治的制度。我们认为这个制度比较好，适合中国的情况"①。实践证明，实行民族区域自治，既能保证少数民族在自己的聚居区内实现当家作主的权利，又能维护祖国的统一和增强各民族的团结。

在新时期，搞好民族工作，最重要的是要积极创造条件，加快少数民族地区经济的发展。十一届三中全会后，邓小平在把是否有利于发展生产

---

① 《邓小平文选》，第 3 卷，257 页，北京，人民出版社，1993。

力作为衡量一切工作的根本标准的前提下，创造性地提出以经济建设为中心，坚持改革开放，加快发展，加速民族地区社会主义现代化的进程，促进民族地区共同富裕、共同繁荣的一系列论断。他多次强调，党在新时期民族工作上的中心任务，就是加快发展民族地区的社会主义经济建设，要抓住当今时代“和平与发展”两大潮流赋予我国难得的发展机遇，把加快民族地区的发展当成压倒一切的任务；用促进社会生产力发展的办法“来促进各民族共同发展”；他还把“发展”作为判断民族地区民族政策正确与否的一个标志。认为民族地区要发展，就必须坚持改革开放。真正兴旺发达的民族是开放的民族，闭关自守只能落后挨打。他把改革开放、搞活经济看作我们的强国之路，看作民族地区解放生产力、发展生产力的重大举措。党和国家为了加速民族地区各项事业的发展，确立了一系列有利于民族地区发展、有利于改革开放的重要方针、政策和措施。如坚持国家继续在财力、物力、人力等方面给少数民族地区以扶持和帮助的倾斜政策和扶贫政策；继续大力发展民族地区科教、文化事业的政策；把经济开发同智力开发结合起来，实行分类指导、重点照顾，加大改革开放的力度，开展多形式、多渠道、多层次横向联合、边境贸易和对外开放的政策；努力建立和健全民族地区社会主义市场经济体制的政策，等等。这些都是邓小平一贯倡导的“改革开放”、“生产力标准”、“发展才是硬道理”的指导思想在民族问题上的具体体现。

发展少数民族地区的经济，实现各民族的共同繁荣，是一项长期的艰巨的任务。我国各少数民族地区的经济文化等各项事业虽然有了很大的发展，但由于历史和地域等方面的原因，我国大多数少数民族的经济发展程度还普遍低于汉族，各民族的生活水平还存在着较大差异。因此，在加快民族地区的经济发展方面，还需要我们做更多的工作。邓小平指出，我们帮助少数民族地区发展的政策是坚定不移的；实行民族区域自治，不把经济搞好，那个自治就是空的；我们对少数民族地区的政策是着眼于使这些地区发展起来。这是一个真正体现民族平等的政策，是引导各民族走向繁荣的政策。只要我们坚持以经济建设为中心，认真贯彻党的民族政策，不断加强各民族的团结，中国特色社会主义事业就有了胜利的保证。

（三）中国特色社会主义必须依靠最广泛的爱国统一战线

统一战线是无产阶级及其政党在不同的历史时期，为实现一定的战略目标，团结本阶级各个阶层和政治派别，并同其他阶级、阶层、政党以及一切可能团结的力量，在共同利益基础上结成的联盟。中国革命和建设的经验证明：在中国共产党领导下，团结一切可以团结的力量，结成广泛的统一战线，是我们战胜困难，夺取胜利的强大武器。在新民主主义革命时期，统一战线是我们克敌制胜的三大法宝之一。我们党正是依靠工人阶级同农民阶级的联盟，联合城市小资产阶级和民族资产阶级，结成了强大的统一战线，战胜了国内外敌人，取得了中国革命的胜利。新中国成立后，我国统一战线在恢复国民经济、巩固人民民主专政、进行社会主义改造和社会主义建设的过程中，继续发挥了重大的作用。尤其是在对资本主义工商业进行社会主义改造中，我们党把社会主义改造和统一战线相结合，对民族资产阶级实行和平改造和赎买政策，取得了历史性的伟大胜利，走出了一条具有中国特色的社会主义改造道路。

党的十一届三中全会以后，邓小平坚持和发展了毛泽东关于统一战线的思想，根据国内阶级关系的根本性变化和党的工作重心的战略转移，创造性地提出了新时期爱国统一战线的理论。这一理论的主要内容是：以党的基本路线为指导，以社会主义初级阶段的理论为依据，建立以共产党为领导的，以工农联盟为基础的，包括全体社会主义劳动者、拥护社会主义的爱国者和拥护祖国统一的爱国者在内的最广泛的统一战线，为社会主义事业服务。

新时期爱国统一战线与以往的统一战线相比，其阶级结构和内部关系发生了重大变化。对此，邓小平作了精辟的分析。他在全国政协五届二次会议上指出："我国的社会阶级状况发生了根本的变化。我国工人阶级的地位已经大大加强，我国农民已经是有二十多年历史的集体农民。工农联盟将在社会主义现代化建设的新的基础上更加巩固和发展"①。资产阶级作为一个阶级已不存在，因为"我国的资本家阶级原来占有的生产资料早已

① 《邓小平文选》，2版，第2卷，185～186页，北京，人民出版社，1994。

转到国家手中，定息也已停止十三年之久。他们中有劳动能力的绝大多数人已经改造成为社会主义社会中的自食其力的劳动者”①。他们作为劳动者，正在为社会主义现代化建设事业贡献力量。我国知识分子的情况也发生了根本的变化，“我国广大的知识分子，包括从旧社会过来的老知识分子的绝大多数，已经成为工人阶级的一部分，正在努力自觉地为社会主义事业服务”②。我国各民主党派“都已经成为各自所联系的一部分社会主义劳动者和一部分拥护社会主义的爱国者的政治联盟，都是在中国共产党领导下为社会主义服务的政治力量”③。台湾同胞、港澳同胞和海外侨胞心向祖国，爱国主义觉悟不断提高，他们在实现统一祖国大业、支援祖国现代化建设和加强国际反对霸权主义斗争方面，日益发挥着重要的积极作用。

上述分析说明了我国新时期统一战线的新发展，即由原来的工人阶级同农民阶级和其他劳动人民的联盟，工人阶级同资产阶级及其他可以团结的非劳动人民的联盟，发展成为“工人阶级领导的、工农联盟为基础的社会主义劳动者和拥护社会主义的爱国者的广泛联盟”④。这种广泛的爱国联盟，既有工人、农民、知识分子，又有民主人士、无党派知名人士、非党知识分子干部、起义投诚的原国民党军政人员、原工商业者、少数民族上层人物、爱国的宗教领袖人物、去台人员的家属和亲属、港澳同胞和台湾同胞、归国侨胞和海外侨胞及个体工商业者等一切热爱祖国的人们。在全国政协五届三次会议上，邓小平又把这个联盟的性质补充概括为“拥护祖国统一的爱国者”的广泛联盟。

爱国统一战线的性质，是以拥护社会主义为基础的。首先，它的战略目标和根本任务规定了它必定是社会主义的，即要把我国建设成现代化的社会主义强国。而就其组成来说，统一战线成员的大多数是社会主义的劳动者和拥护社会主义的爱国者，即统一战线主体是社会主义的。同时，统一战线内部还包括拥护祖国统一但不一定赞成社会主义或对社会主义还有怀疑的爱国者在内。我们一定要适应社会主义初级阶段的发展要求，努力巩固和发展最广泛的爱国统一战线，使海内外中华儿女为实现中国的现代

---

①②③ 《邓小平文选》，2版，第2卷，186页，北京，人民出版社，1994。

④ 同上书，187页。

化和中华民族的伟大复兴而达到新的团结和联合。爱国统一战线的任务就是："调动一切积极因素，努力化消极因素为积极因素，团结一切可以团结的力量，同心同德，群策群力，维护和发展安定团结的政治局面，为把我国建设成为现代化的社会主义强国而奋斗。"①

巩固和发展新时期爱国统一战线，必须坚持和完善共产党领导的多党合作与政治协商制度，使各民主党派共同为开创我国现代化建设的新局面而奋斗。在新时期，人民政协作为爱国统一战线的组织，既是共产党领导下的实现多党合作的社会主义民主制度的组织形式，也是党与非党联盟长期合作的组织形式。邓小平非常重视人民政协的作用，他指出："人民政协是发扬人民民主、联系各方面人民群众的一个重要组织。中国的社会主义现代化建设事业，继续需要政协就有关国家的大政方针、政治生活和四个现代化建设中的各项社会经济问题，进行协商、讨论，实行互相监督，发挥对宪法和法律实施的监督作用。"② 这是对新时期人民政协性质和作用的重要概括。在共产党领导下实行多党合作，是我国政治制度的一个特点和优点，也是新时期爱国统一战线的一个重要内容。在坚持"长期共存、互相监督、肝胆相照、荣辱与共"方针的基础上，共产党领导的多党合作还需要进一步发展和完善，使政治协商和民主监督进一步经常化和制度化，更充分调动和发挥民主党派、无党派民主人士和爱国人士的积极性和创造性，使新时期爱国统一战线在建设中国特色的社会主义事业中发挥更大的作用。

三、中国特色社会主义依靠力量的凝聚及其重大意义

作为邓小平建设中国特色社会主义理论的一个重要组成部分，社会主义依靠力量的理论的提出，无论在理论上还是在实践上，都具有重要的意义。

---

①② 《邓小平文选》，2版，第2卷，187页，北京，人民出版社，1994。

第一，依靠力量的理论是对马克思主义群众观点的继承和发展。马克思主义从人类历史进步和无产阶级解放的立场，揭示了人民群众是历史的创造者，是推动历史发展的决定力量的真理。毛泽东说："人民，只有人民，才是创造世界历史的动力。"① 人民群众是社会进步中最活跃、最革命的因素——生产力的主体部分，是物质财富和精神财富的直接的主要的创造者，他们的根本利益与社会发展的客观规律具有内在的一致性。建设中国特色的社会主义，代表了中国社会主义历史发展的正确方向，符合广大人民群众的根本利益，能够最大限度地调动广大人民群众的积极性和创造性。因此，邓小平关于社会主义依靠力量的理论，正是以马克思主义关于人民群众是历史的创造者的观点为理论基础的，是在新的历史条件下对马克思主义群众观点的继承和发展。

第二，依靠力量的理论是对我们党的群众路线的进一步丰富和发展。邓小平关于社会主义依靠力量的理论与毛泽东思想中的群众路线理论有着一脉相承的渊源关系。作为中国共产党第一代中央领导集体的重要成员之一，邓小平在长期的革命和建设实践中，对群众路线——我们党最根本的政治路线和组织路线在历史创造中的巨大威力，有着深刻的认识和体会。在他成为第二代中央领导集体的代表后，在亲自指导起草的《关于建国以来党的若干历史问题的决议》中，把"毛泽东思想的活的灵魂"概括为"实事求是、群众路线和独立自主"三个基本方面，并将我们党的群众路线概括表述为"一切为了人民，一切依靠人民；从群众中来，到群众中去"。由此可见，邓小平对群众路线不仅予以高度重视，而且对其要旨也有着深刻的理解和把握。

"一切为了人民，一切依靠人民"的思想，具体表现在邓小平领导改革开放，建设中国特色社会主义的伟大实践中。他提出的社会主义依靠力量的理论，不仅充分说明了建设中国特色的社会主义是与广大人民群众的利益密切相关的事业，而且充分说明了人民群众在建设中国特色社会主义历史进程中的重要作用。把工人、农民、知识分子为主体的人民群众作为

---

① 《毛泽东选集》，2版，第3卷，1031页，北京，人民出版社，1991。

共产党领导的社会主义建设事业的依靠力量，这不仅是对党的群众路线的光荣传统在新的历史时期的继承和发扬，而且是对群众路线基本内容的进一步丰富和发展。

第三，依靠力量的理论为把建设中国特色社会主义事业不断推向前进找到了根本的力量源泉。建设中国特色的社会主义是一项艰巨而伟大的事业，这项事业能否顺利发展，直接关系到我们党和国家的兴衰成败，关系到 21 世纪中华民族的历史命运。这就要求作为执政党的中国共产党在新的历史时期必须回答要依靠谁去完成这项事业的问题。只有从战略的高度解决了“靠什么人”的问题，党领导的建设中国特色的社会主义事业才能找到根本的动力。在新的历史时期，广大工人、农民和知识分子承担着现代化建设的重要任务，他们亲手创造着大量的物质产品和精神产品，是社会主义物质文明和精神文明建设的主力军。历史的事实也反复证明，党要成就伟大的事业，必须紧密团结和依靠绝大多数工人、农民和知识分子，争取他们的广泛支持和参与，充分调动他们的积极性和创造性。

邓小平关于社会主义依靠力量理论的提出，为把中国特色社会主义事业不断推向前进找到了根本的力量源泉，提供了充分的动力保证。只要我们党牢牢地坚持“三个依靠”，团结和带领全国各族人民同心同德、共同奋斗，建设中国特色社会主义的伟大事业就一定能够顺利完成。

第十五章　邓小平与中国特色社会主义领导核心

一、邓小平对“领导核心”观点的坚持发展

中国共产党是中国工人阶级的先锋队，是中国各族人民利益的忠实代表，是中国革命和社会主义事业的领导核心。中国特色社会主义事业是改革创新的事业。党要站在时代前列带领人民不断开创事业发展新局面，必须以改革创新精神加强自身建设，始终成为中国特色社会主义事业的坚强领导核心。社会主义社会是在改革中不断前进的社会，共产党作为社会主义事业的领导核心应该是在改革中不断创新的党。十一届三中全会以来，邓小平为把党建设成为中国特色社会主义的领导核心，从各个方面不懈努力，坚持和发展毛泽东建党思想，形成了内容丰富的新时期党的建设理论，从加强党的执政地位与提高党的执政能力两个方面的统一上，确立了党在整个建设中国特色社会主义事业中的“解决一切问题的关键”地位。

（一）“领导核心”观点的提出

早在民主革命进行的过程中，毛泽东就反复说明了，中国人民要革命，要建立一个以社会主义为前途的新中国，就必须在中国建立和建设一个马克思主义的无产阶级政党。1939 年 12 月，他在《中国革命和中国共产党》一文中，在分析了近代中国社会性质、特点和中国革命基本问题的

基础上，明确指出：“领导中国民主主义革命和中国社会主义革命这样两个伟大的革命到达彻底的完成，除了中国共产党之外，是没有任何一个别的政党（不论是资产阶级的政党或小资产阶级的政党）能够担负的。而中国共产党则从自己建党的一天起，就把这样的两重任务放在自己的双肩之上了”①。1945 年 4 月，在党的七大的政治报告中，毛泽东进一步指出：“三次革命的经验，尤其是抗日战争的经验，给了我们和中国人民这样一种信心：没有中国共产党的努力，没有中国共产党做中国人民的中流砥柱，中国的独立和解放是不可能的，中国的工业化和农业近代化也是不可能的。”② 在这里，实际上已经有了党是中国革命和社会主义事业领导核心的思想。1948 年 11 月，毛泽东在为纪念十月革命 31 周年所写的《全世界革命力量团结起来，反对帝国主义的侵略》一文中，从总结世界无产阶级社会主义革命历史经验的高度提出：“既要革命，就要有一个革命党。没有一个革命的党，没有一个按照马克思列宁主义的革命理论和革命风格建立起来的革命党，就不可能领导工人阶级和广大人民群众战胜帝国主义及其走狗。”③ 强调中国自从有了共产党，革命的面目就起了变化，就焕然一新。

中华人民共和国成立后，党进入了领导人民进行社会主义革命和社会主义建设的阶段。党的地位发生了历史性变化，成为领导全国政权的执政党。为了确保中国共产党对于新生的国家政权的领导，确立党在社会主义建设中的领导地位，毛泽东在 1954 年 9 月召开的第一届全国人民代表大会第一次会议的开幕词中，在提出我们的总任务是为建设一个伟大的社会主义国家而奋斗的同时，又提出了“领导我们事业的核心力量是中国共产党。指导我们思想的理论基础是马克思列宁主义”④ 的重要论断。此后，他又多次强调，中国共产党是全中国人民的领导核心，没有这样一个核心，社会主义事业就不能胜利。党在领导全国人民进行全面社会主义建设的前 10 年，尽管走过一些弯路，出现过一些失误，但仍然依靠自己的力

① 《毛泽东选集》，2 版，第 2 卷，652 页，北京，人民出版社，1991。
② 《毛泽东选集》，2 版，第 3 卷，1097～1098 页，北京，人民出版社，1991。
③ 《毛泽东选集》，2 版，第 4 卷，1357 页，北京，人民出版社，1991。
④ 《毛泽东文集》，第 6 卷，350 页，北京，人民出版社，1999。

量，克服了困难和挫折，取得了社会主义建设的重大成就，较好地发挥了社会主义事业领导核心的作用。“文化大革命”10年，党、国家和人民之所以会遭到建国以来最严重的挫折和损失，原因固然很多，但党的领导地位遭到严重削弱，党的建设遭到了严重破坏是一个重要原因。正是有鉴于此，粉碎“四人帮”反革命集团后，邓小平在拨乱反正中，才反复强调必须坚持党对社会主义事业的领导，并进一步阐明了党在社会主义现代化建设中的领导核心作用。

（二）“领导核心”观点的坚持和发展

十一届三中全会之后不久，邓小平就针对当时出现的否定党的领导地位的错误倾向，明确指出：“在中国，在五四运动以来的六十年中，除了中国共产党，根本不存在另外一个像列宁所说的联系广大劳动群众的党。没有中国共产党，就没有社会主义的新中国。”① 离开了中国共产党，别的政治力量不可能组织社会主义的经济、政治、军事和文化，不可能组织四个现代化。1980年，他又进一步指出：“我们这个党是马列主义、毛泽东思想的党，是领导社会主义事业、领导无产阶级专政的核心力量，是无产阶级的、有社会主义和共产主义觉悟的、有革命纪律的先进队伍。”强调“没有党的领导，就没有一条正确的政治路线；没有党的领导，就没有安定团结的政治局面；没有党的领导，艰苦创业的精神就提倡不起来；没有党的领导，真正又红又专、特别是有专业知识和专业能力的队伍也建立不起来”。总之，从根本上说，没有党的领导，就没有了社会主义事业不断发展的根本前提，“就没有现代中国的一切”②。他还指出，当然，“我们党也犯过严重错误，但是错误总还是由我们党自己纠正的，不是别的力量来纠正的”③。“中国由共产党领导，中国的社会主义现代化建设事业由共产党领导，这个原则是不能动摇的；动摇了中国就要倒退到分裂和混乱，就不可能实现现代化”④。党

① 《邓小平文选》，2版，第2卷，170页，北京，人民出版社，1994。
② 同上书，266页。
③ 同上书，267页。
④ 同上书，267～268页。

的十二大根据邓小平的论述把“中国共产党是中国工人阶级的先锋队，是中国各族人民利益的忠实代表，是中国社会主义事业的领导核心”这一概括写入了党章。随着社会主义现代化事业的发展，以江泽民为代表的党中央领导集体，又根据邓小平新时期党的建设理论，围绕在改革开放和现代化建设条件下，建设一个什么样的党、怎样建设党的问题提出：把党建设成为用邓小平理论武装起来，全心全意为人民服务，思想上政治上组织上完全巩固，能够经受住各种风险，始终走在时代前列的马克思主义政党，并使之成为中国先进生产力的发展要求、中国先进文化的前进方向、中国最广大人民根本利益的忠实代表，成为领导全国各族人民建设中国特色社会主义的坚强核心。

党的十六大修改的党章规定：中国共产党是中国工人阶级的先锋队，同时是中国人民和中华民族的先锋队，是中国特色社会主义事业的领导核心，代表中国先进生产力的发展要求，代表中国先进文化的前进方向，代表中国最广大人民的根本利益。党的最高理想和最终目标是实现共产主义。十七大、十八大修改后的党章都沿用了这一规定。

从“党是中国人民的中流砥柱”、“中国人民的领导核心”到“党是无产阶级专政的核心力量”、“中国社会主义事业的领导核心”，再到“建设中国特色社会主义的坚强核心”，其中蕴含着党对自己所担负的历史任务、历史使命，党在自己所领导的社会主义事业中的地位的不断深入的思考。在当代世界风云变幻的条件下，在当代中国改革开放和现代化建设的伟大变革中，坚持党的工人阶级先锋队的性质，认清党作为领导全国人民进行中国特色社会主义事业的坚强核心的地位，具有非常重要的现实意义。

二、中国特色社会主义领导核心建设理论的基本内容

中国共产党作为中国特色社会主义领导核心作用的发挥，是党在新时期不断提高领导水平和执政水平、提高拒腐防变和抵御风险能力，巩固执政地位、实现执政使命必须解决好的重大课题。新时期，邓小平加强党的

建设理论具有丰富的内容，从宏观上说，包括两大部分：一是关于加强与改善党的领导、坚持党的执政地位的思想；二是关于加强党的建设的思想。这两大部分是紧密联系的，前者侧重说明党为什么能够成为领导核心，后者则侧重怎样才能使党更好地发挥这一核心的作用。

（一）建设中国特色的社会主义必须坚持加强和改善党的领导

在新时期，邓小平从不同角度论述了坚持和加强党的领导对于建设中国特色社会主义的至关重要的作用。

首先，中国共产党代表着中国社会主义的发展方向。邓小平指出："自有国际共产主义运动以来，就证明了没有无产阶级的政党就不可能有国际共产主义运动。自从十月革命以来，更证明了没有共产党的领导就不可能有社会主义革命，不可能有无产阶级专政，不可能有社会主义建设。"① 中国的社会主义是在半殖民地半封建社会的基础上建立和发展起来的，这决定了实现现代化，赶超发达国家，没有上百年甚至更长时间是不行的。党领导人民进行的社会主义现代化建设，是建立在社会主义公有制为主体、多种经济形式并存的经济基础之上的，其目标是建设高度的社会主义物质文明、精神文明和高度的社会主义民主，巩固和完善社会主义制度，保证劳动人民当家作主，使全体社会成员共同富裕，为过渡到共产主义创造物质和精神条件。这种现代化，只有共产党的领导才能实现。

其次，中国共产党是中国特色社会主义的正确路线、方针和政策的制定者。有中国特色社会主义建设的顺利进行和健康发展，要求党必须制定适合中国国情的正确路线、方针和政策，必须有符合实际和切实可行的社会发展计划。十一届三中全会以来，以邓小平为代表的党的第二代中央领导集体，坚决果断地进行了拨乱反正，重新恢复了党的马克思主义的思想路线、政治路线和组织路线，在认真总结建国以来社会主义建设经验教训的基础上，运用马克思列宁主义、毛泽东思想的基本立场、观点和方法，认真深入地考察了中国现实国情，制定了符合中国国情特点的路线、方针

① 《邓小平文选》，2版，第2卷，169页，北京，人民出版社，1994。

和政策，逐步形成了建设有中国特色的社会主义理论，从而实现了马克思主义在中国的第二次历史性飞跃。在建设中国特色社会主义理论和党的基本路线的指引下，我国的社会主义现代化建设和改革开放取得了举世瞩目的辉煌成就。实践证明：中国共产党是一个坚持马克思列宁主义与中国实际相结合、具有很高的理论水平和政策水平的成熟的马克思主义政党，是能够领导中国的现代化走向成功的党。

再次，只有坚持党的领导，才能充分调动和发挥广大人民群众的积极性和创造性，同心同德地进行社会主义现代化建设。我国是一个拥有十几亿人口的大国。邓小平指出："在中国这样的大国，要把几亿人口的思想和力量统一起来建设社会主义，没有一个由具有高度觉悟性、纪律性和自我牺牲精神的党员组成的能够真正代表和团结人民群众的党，没有这样一个党的统一领导，是不可能设想的，那就只会四分五裂，一事无成。"① 历史已经证明，没有中国共产党就没有新中国。同样，没有中国共产党也就不会有现代化的社会主义中国。如果没有这个党的领导，没有这个党在长期斗争中同人民群众形成的血肉联系，没有这个党在人民中间所进行的艰苦细致的卓有成效的工作和由此而享有的崇高威信，那么我们的国家就必然由于种种内外原因而四分五裂，我们民族和人民的前途就可能被断送。

最后，只有坚持党的领导，才能巩固和发展安定团结的政治局面。进行改革开放和社会主义现代化建设，必须有一个安定团结的政治局面，必须有一个良好的社会秩序。十一届三中全会以来，经过拨乱反正，我国已经形成了一个安定团结的局面，各项工作能够正常而有秩序地进行。但是，不安定的因素依然存在。这些因素有的来自国内外敌对势力的颠覆破坏活动和各种刑事犯罪活动，有的来自人民内部矛盾。人民内部矛盾如果处理不当，也可能造成不安定因素。因此，要维护安定团结的政治局面，保证社会主义现代化建设的顺利进行，就必须严格区分和正确处理两类不同性质的矛盾。既要防止把阶级斗争加以扩大化的倾向，又要防止抹杀阶级斗争仍将存在的倾向；既要对少数破坏社会主义事业的坏分子实行有效

---

① 《邓小平文选》，2版，第2卷，341～342页，北京，人民出版社，1994。

的专政，又要通过正确的政策和各项有效的措施对大量存在的人民内部矛盾加以妥善解决。而所有这些，只有在党的领导下才有可能完成。

为了坚持和加强党的领导，必须努力改善党的领导，这是邓小平在改革开放和社会主义现代化建设中提出的一个十分重要的思想。

改善党的领导是在新时期坚持和加强党的领导的内在要求。坚持党的领导与改善党的领导，是辩证统一的关系。改善党的领导正是为了更好地坚持党的领导。邓小平强调，只有适应新形势，改善党的组织状况、领导工作状况和领导制度，改善党对经济工作的领导，才能真正坚持党的领导，提高党的威信。他还指出，党的领导主要是政治、思想和组织领导。政治领导是党的领导的最主要方面，思想领导是政治领导、组织领导的重要前提和基础，组织领导则是政治领导和思想领导的重要保证。

首先，要改善党对经济工作的领导，保证中央经济工作指导思想和方针政策的贯彻执行。在新时期，经济建设是党的中心工作，党必须把主要精力放到经济建设上来，这是加强党的领导的要求，也是改善党的领导的需要。经济建设是关系全局的大事，党的一切工作都必须紧紧围绕着经济建设这个中心，领导全国人民一心一意搞现代化建设，实现社会主义现代化的宏伟目标。

其次，要改进党的领导方式和方法。党必须实行科学的民主的决策，制定和执行正确的路线、方针和政策。坚持和加强党的领导，并不意味着党要事无巨细地包揽一切。改善党的领导，就是要改变过去那种党政不分、党管一切的现象。党的领导，主要是制定和执行正确的政治路线，通过科学的民主的决策过程，制定出正确的政策和方针，做好宣传教育和组织工作，带领全国人民投身社会主义建设事业。为此，党组织在发挥自己的政治、思想、组织领导职能的同时，必须划清党自身和国家政权及其他组织的职能，保证国家的行政机关、经济文化组织和人民团体积极主动地、独立负责地、协调一致地工作，切实保证国家政权和其他组织发挥各自的职能作用。党还必须加强对工会、共青团、妇联等群众组织的领导，团结广大群众为实现党的纲领共同奋斗。

再次，要改进党的工作作风。党在工作中要注意加强同人民群众的联系。党在一切工作中，必须走群众路线，防止和克服由于执政党的地位而容易产生的脱离群众的主观主义、官僚主义作风，保证党的方针政策的科学正确和行之有效。同时，党必须在宪法和法律允许的范围内进行活动。党在各方面的工作中都要严格依法办事，党的组织、党的领导人不能以言代法，更不能破坏宪法和法律。只有这样，才能维护宪法和法律的尊严，使党的组织和党员干部能够更好地接受人民群众的监督，保障人民群众当家作主的权利，忠实地为人民的利益而奋斗。

最后，要改革党和国家的领导制度。十一届三中全会以来，党中央为克服党和国家在领导体制上存在的官僚主义、权力过分集中、家长制、干部领导职务终身制和特权思想等缺陷和弊端，提出并着手改革党和国家的领导制度，这是改善党的领导的一个带根本性的重大问题。政治上，制定了一系列的法律、法令和条例，使民主制度化、法律化。组织上，逐步废除领导职务的终身制，实行党的集体领导。干部制度上，实行各级领导干部的革命化、年轻化、知识化、专业化，对干部提出了更严格的要求。党和国家领导制度的改革，对于提高各级党政部门的工作效率，增强党的战斗力和凝聚力，促进社会主义现代化建设，具有重大意义。

（二）坚持和加强党的领导必须加强党的建设

邓小平认为，加强党的建设是我们取得中国革命胜利的基本经验，也是一个重要法宝。在新的历史时期，我们党作为执政党，肩负着历史的重任，经受着时代的考验，必须发扬优良传统，加强自身建设，不断提高领导水平，把党建设成为用邓小平建设中国特色社会主义理论武装起来的马克思主义政党。

第一，紧紧围绕党在新时期“一个中心、两个基本点”的基本路线进行党的建设。

十一届三中全会以后，以邓小平为代表的中国共产党人在深刻总结历史经验和当前实践的基础上，找到了一条建设中国特色社会主义的道路，并且制定了党在社会主义初级阶段的基本路线，即以经济建设为中心，坚持四项基本原则，坚持改革开放，自力更生、艰苦创业，为把我国建设成为富强、民主、文明的社会主义现代化强国而奋斗。概括起来讲就是“一个中心、两个基本点”。邓小平多次强调，新时期党的建设必须紧密联系党的基本路线来进行，否则，社会主义事业就不能前进，党的建设也不可能搞好。

紧紧围绕党的基本路线的要求来建设党，一是要使广大党员和干部明确以经济建设为中心，大力发展生产力，是党的基本路线的核心内容，党的建设工作不能离开这个中心，而应该通过加强和改善党的领导，提高党员的素质来保证这一中心任务的实现。只有发展生产力，才能逐步满足人民不断增长的物质文化生活的需要，才能为社会主义奠定强大的物质基础，才能从根本上有力地回击资本主义制度向社会主义制度的挑战。二是要使广大党员和干部准确理解、全面掌握坚持四项基本原则和坚持改革开放这两个基本点及其相互关系，自觉地反对任何一种企图把二者对立或割裂开来的错误倾向。邓小平指出，在当今世界，建设社会主义必须实行改革开放，否则就不能进一步发展生产力，不能发挥社会主义的优越性和吸引力，不能使社会主义得到巩固、发展和完善。同时，改革开放又必须以坚持四项基本原则为前提和基础，否则就必然会导致资本主义化。全面正确地贯彻党的基本路线，还必须注意和防止“左”的和右的两种错误倾向，正确开展党内反错误倾向的斗争。三是要通过教育，使广大党员和干部警惕并正确地处理一定范围内存在的阶级斗争，发扬社会主义民主，加强社会主义法制，坚持人民民主专政，维护国家和社会的稳定，为社会主义建设和改革创造良好的环境。

围绕党的基本路线建设党，就是要使党始终保持先进性，并不断增强党在全社会的影响力和凝聚力，成为社会主义现代化事业健康发展并取得胜利的坚强领导核心。这不仅是新时期党的建设的根本任务，也是新时期加强党的建设的主题。

第二，加强党的建设，要始终把思想建设放在首位。

加强党的思想建设，就是要用马克思列宁主义、毛泽东思想武装全党，增强执行党的基本路线的自觉性和坚定性，树立共产主义理想，坚定社会主义信念，贯彻全心全意为人民服务的根本宗旨。

注重加强思想理论建设是我们党加强自身建设的一贯原则。对此，毛泽东曾强调指出："掌握思想教育，是团结全党进行伟大政治斗争的中心环节。如果这个任务不解决，党的一切政治任务是不能完成的"①。每当革命任务发生历史性转变时，我们党都把思想理论建设作为党的建设的首要任务来抓，强调用马克思主义理论统一全党，这是我们党的优良传统，也是一条成功的基本经验。

党的建设要把思想建设放在首位，否则作为领导力量的党便会感到思想理论的贫乏，就难以把握正确的方向，更不可能制定出正确的方针和政策，也就难以成功地实现自己的领导责任。所以，邓小平强调，党的各级干部，首先是领导干部，要重视马克思主义的理论学习，以加强我们工作中的原则性、系统性、预见性和创造性。他指出："我们现在要建设有中国特色的社会主义，时代和任务不同了，要学习的新知识确实很多，这就更要求我们努力针对新的实际，掌握马克思主义基本理论。因为只有这样，才能提高我们运用它的基本原则基本方法，来积极探索解决新的政治经济社会文化基本问题的本领，既把我们的事业和马克思主义理论本身推向前进，也防止一些同志，特别是一些新上来的中青年同志在日益复杂的斗争中迷失方向。"②

邓小平指出，我们党的各级领导干部不能长期安于当外行，要钻进去，逐渐成为内行。为此，除了要努力学习马克思列宁主义、毛泽东思想，把马克思主义的普遍原理同我国实现四个现代化的具体实践结合起来，提高政治水平，还要努力学习科学文化知识。着重抓紧三个方面的学习：一是学习经济学，二是学习科学技术，三是学习管理。学习好，才可能领导好高速度、高水平的社会主义现代化建设，全面地正确地执行党的各项方针政策。所以，提高广大党员干部的科学文化素质，也是加强党的思想建设的一个重要任务。

第三，加强组织建设是党的建设的重要环节。

加强党的组织建设，就是要坚持和健全民主集中制，加强和改进党的

① 《毛泽东选集》，2版，第3卷，1094页，北京，人民出版社，1991。

② 《邓小平文选》，第3卷，146～147页，北京，人民出版社，1993。

基层组织建设，培养和选拔德才兼备的领导干部。

民主集中制是在民主基础上的集中和在集中指导下的民主相结合，它是党的根本组织制度和领导制度，是马克思主义认识论和群众战线在党内生活和组织建设中的运用。实行民主集中制，就是要努力造成又有集中又有民主，又有纪律又有自由，又有统一意志又有个人心情舒畅、生动活泼的政治局面。十一届三中全会以来，邓小平多次强调要坚持和健全民主集中制。他指出，我们需要集中统一的领导，但是必须有充分的民主，才能做到正确的集中。坚持和健全民主集中制，必须充分发扬党内民主，切实保障各级党组织和党员的民主权利。党的各级领导要认真听取党组织和党员的批评意见，善于集中广大党员的智慧，保证党的决策的正确和有效实施。坚持和健全民主集中制，必须坚持个人服从组织，少数服从多数，下级服从上级，全党服从中央的组织原则，加强党的纪律性，反对自由主义、个人主义和无政府主义。加强党的团结，每个党员特别是领导干部都要服从大局，与党中央保持政治上的一致。只要全党同心同德，步调一致，我们的事业就有了胜利的保证。

党的基层组织是党的全部工作和战斗力的基础。党的路线、方针和政策要通过基层党组织来贯彻执行，所以，把基层党组织建设成为团结和带领群众进行改革和建设的战斗堡垒，对于加强党的组织建设具有十分重要的作用。加强基层党组织的建设，一是要适应改革开放的新形势，建立和健全基层党组织的各项工作制度。二是要切实加强对党员的教育和管理，建设一支坚决贯彻执行党的基本路线，献身改革开放和现代化建设，带领群众为经济发展和社会进步作出贡献的党员队伍。党的基层组织建设应遵循的指导方针是：必须紧紧围绕党的基本路线，为党的中心任务服务，用完成本单位工作的实际效果来检验基层党组织的工作；必须用改革的精神研究新情况、解决新问题，运用已有的成功经验并进行革新和创造，改进基层党组织的活动内容和工作方式；必须严格党内生活，严肃党的纪律，弘扬正气，反对歪风，保持党员队伍的先进性和纯洁性，增强基层党组织解决自身矛盾的能力；必须立足于经常性工作，常抓不懈，既要制定切实可行的长期规划，又要抓紧解决当前的突出问题。有了巩固和健全的基层组织，我们党才有巩固的基础，才能经受住各种风浪的考验。

干部队伍建设，历来是党的建设一个极为重要的问题。干部队伍的素质对于党的路线的贯彻执行具有决定的意义。邓小平强调，加强领导班子建设，培养和选拔德才兼备的各级领导干部，是保证党的路线的连续性和国家长治久安的根本大计。他指出："中国的事情能不能办好，社会主义和改革开放能不能坚持，经济能不能快一点发展起来，国家能不能长治久安，从一定意义上说，关键在人。"① 他认为，政治路线确立以后，要由人来具体地贯彻执行。但是，"由什么样的人来执行，是由赞成党的政治路线的人，还是由不赞成的人，或者是由持中间态度的人来执行，结果不一样。这就提出了一个要什么人来接班的问题"②。他强调要按照"革命化、年轻化、知识化、专业化"的标准，选拔德才兼备的干部。这样才能使干部适应新形势、新任务的要求，经得起执政和改革开放的考验，为党的基本路线的贯彻执行提供重要的组织保证。

第四，执政党的党风是关系党生死存亡的重大问题。

在新的历史条件下，加强党的作风建设就是要坚持党的宗旨，继承党的优良传统，发扬党的理论联系实际、密切联系群众、批评与自我批评相结合的作风。

执政党的党风问题，是关系党的生死存亡的重大问题。改革开放以来，从主流看，我们党的党风是好的，党的路线、方针、政策符合群众利益，得到了广大人民群众的拥护和支持。但同时也必须看到，这些年来党内以权谋私、贪污受贿、违法犯罪等现象呈上升趋势；有的党政机关和党员领导干部官僚主义、命令主义、主观主义、形式主义的工作作风有所发展；对具体工作的指导和某些具体政策措施上的失误也屡见不鲜。所有这些现象，都不同程度地损坏了党的形象，削弱着党同人民群众的血肉联系，妨碍党的路线、方针和政策的贯彻执行，甚至已成为一个影响安定团结、影响改革和建设的严重社会问题和政治问题。历史和现实告诉我们这样一个道理：得民心者，得天下；失民心者，失天下。党群关系的好坏，

---

① 《邓小平文选》，第 3 卷，380 页，北京，人民出版社，1993。

② 《邓小平文选》，2 版，第 2 卷，191 页，北京，人民出版社，1994。

直接关系到党和国家的盛衰兴亡。党内的这种状况已引起党中央的高度重视。邓小平在改革开放之初，就多次提醒全党，要反对干部队伍中的不正之风和特殊化，警惕各种腐败思想的侵袭。以后他又多次强调，端正党风是端正社会风气的关键，我们的国家越发展，越要抓艰苦创业，克服腐败现象。在1992年视察南方谈话中，他更特别指出："在整个改革开放过程中都要反对腐败。对干部和共产党员来说，廉政建设要作为大事来抓。"①

消除腐败现象，要解决思想问题，也要解决制度问题。要制定各种相应的制度和条例，并组织专门的机构进行必要的监督检查，同时要注意提高党员和干部队伍的思想政治素质。因为，腐败现象的产生，归根到底是党性不纯的表现，是党员、干部的世界观、人生观、价值观发生了问题。一个党员干部，如果丢掉了全心全意为人民服务的宗旨，不把自己看作人民的公仆，而把自己看作人民的主人，搞特殊化，就势必引起群众的强烈不满，损害党的威信，并使自己逐渐走上腐化堕落的道路，最终为党和人民所抛弃。党内发生腐败现象又必然会削弱党的作用的发挥和党的力量的巩固。

第五，加强党的建设一定要重视制度建设。

邓小平阐述了关于执政党进行制度建设的重要意义。他指出，在领导活动中起着主要作用的有人和制度这两个因素，人的因素是一个十分重要的方面，但是制度的因素更为重要。"制度好可以使坏人无法任意横行，制度不好可以使好人无法充分做好事，甚至会走向反面。即使像毛泽东同志这样伟大的人物，也受到一些不好的制度的严重影响，以至对党对国家对他个人都造成了很大的不幸"。"不是说个人没有责任，而是说领导制度、组织制度问题更带有根本性、全局性、稳定性和长期性。"② 因此，他号召全党高度重视关系到党和国家是否改变颜色的制度问题。

邓小平还分析了我们在制度建设方面存在的问题，规定了制度建设的基本任务。他认为，党在制度建设方面存在的主要问题，一是没有自觉地、系统地建立各种制度，制度很不完备、很不受重视；二是已经形成的

---

① 《邓小平文选》，第3卷，379页，北京，人民出版社，1993。

② 《邓小平文选》，2版，第2卷，333页，北京，人民出版社，1994。

一些制度，有的已不适应今天形势的需要。因此，制度建设面临的基本任务是改革那些不好的和过时的制度，建立起包括领导制度、干部制度、党内生活制度、监督制度等在内的科学的制度体系。

关于党的领导制度，邓小平指出，这方面的主要任务是解决权力过分集中，兼职、副职过多和党政不分、以党代政问题。他还提出要破除长期以来形成的传统观念，即认为只有党委制或党委领导下的行政首长负责制才是党的领导的体现，明确指出保证监督作用也是党的领导的一种方式，提出在企事业单位实行行政首长负责制的任务。

关于党的干部制度，邓小平指出，这方面的主要任务是健全干部选举、招考、任免、考核、弹劾、轮换、职务任期以及离休、退休等一整套制度，废除实际存在的干部领导职务终身制，逐步形成优秀人才能够脱颖而出、富有生机与活力的用人机制。

关于党内生活制度，邓小平指出，党领导人民制定了宪法和法律，党必须在宪法和法律的范围内活动。党章是最根本的党规党法，各级党组织和每个党员都要按党章办事。健全党的各级代表大会制度、党内选举制度、党的组织生活制度、集体领导和个人分工负责相结合的制度，保证党内生活的民主化，克服家长制作风，消除个人凌驾于组织之上、组织成为个人的工具的现象，健全民主集中制，使其成为严格的制度。

关于监督制度，邓小平强调，要完善党内监督制度，把党内监督同群众监督、舆论监督、民主党派和无党派人士的监督结合起来，把自上而下和自下而上的监督结合起来，逐步形成强有力的监督体系。对于党的各级领导人来说，最重要的是党委委员内部的相互监督。

关于党的组织制度，邓小平强调要健全民主集中制的基本制度，它的实质和核心是把民主集中制贯彻到党的活动的各个领域中去，使之具体化、制度化。因此，他号召，每一个共产党员，特别是党的领导干部，都应该全面地掌握民主集中制的基本理论，充分认识加强党的制度建设的重大意义，提高贯彻执行民主集中制原则及各项具体制度的自觉性，为把党建设成为一个具有健全制度的、充满生机和活力的党，作出自己的积极努力。

（三）中国特色社会主义领导核心建设理论的丰富发展

20世纪80年代末90年代初，国际上发生的一系列政权更迭、政党衰亡的重大事件，特别是苏东国家的共产党在执政多年后丧失了执政地位并顷刻间瓦解，把如何加强执政党建设这个问题突出地摆到了人们面前。

以江泽民为核心的党的第三代中央领导集体，围绕“建设什么样的党、怎样建设党”的问题继续进行探索，取得了一系列重大的理论成果，丰富和发展了邓小平新时期党建理论。江泽民强调，在新的历史条件下加强党的建设，重点是要把握好党的历史方位，以改革的精神加强和改进党的建设，切实解决好提高党的领导水平和执政水平、提高拒腐防变和抵御风险能力这两大历史性课题。他提出了关于中国共产党是中国工人阶级的先锋队、同时是中国人民和中华民族的先锋队的思想，关于坚持立党为公、执政为民的思想，关于坚持把加强党的思想理论建设放在首位、不断推进马克思主义的中国化的思想，关于加强党的执政能力建设、改革和完善党的领导方式和执政方式的思想，关于坚持民主集中制、以党内民主带动人民民主的思想，关于大力培养忠诚于马克思主义、坚持走中国特色社会主义道路、会治党治国的政治家的思想，关于领导干部一定要讲学习、讲政治、讲正气的思想，关于始终保持党同人民群众的血肉联系、不断增强党的阶级基础和扩大党的群众基础的思想，关于治国必先治党、治党务必从严的思想，关于反对腐败是关系党和国家生死存亡的严重政治斗争的思想等等，为把党建设成为思想上、政治上、组织上完全巩固，能够经受住各种风险，始终走在时代前列，领导全国人民建设中国特色社会主义的马克思主义政党，指明了前进方向和现实途径。

党的十六大以来，以胡锦涛为总书记的党中央面对新世纪新阶段党的建设面临的机遇和挑战明确提出，党的先进性建设是马克思主义政党生存、发展、壮大的根本性建设，必须把党的执政能力建设和先进性建设作为主线，以改革创新精神全面推进党的建设新的伟大工程，使党始终成为立党为公、执政为民，求真务实、改革创新，艰苦奋斗、清正廉洁，富有活力、团结和谐的马克思主义执政党。围绕这个目标，党中央科学把握世情、国情、党情的发展变化对党的建设提出的新要求，对新世纪新阶段加强和改进党的建设提出了一系列重要的思想。

党的十八大强调，我们党担负着团结带领人民全面建成小康社会、推进社会主义现代化、实现中华民族伟大复兴的重任。党坚强有力，党同人民保持血肉联系，国家就繁荣稳定，人们就幸福安康。十八大以来，习近平总书记在群众路线教育实践活动总结大会上，把全面从严治党从党的建设普遍性要求提升为党的建设全局性战略性长远性指导方针，并作出了具体的战略部署，党建工作出现新局面。

三、中国特色社会主义领导核心建设的重大意义

政党是代表一定阶级、阶层和社会集团的利益，由其中最积极的成员组成，具有特定的政治纲领和政策主张，采取共同行动，为参与、取得和维护政权展开政治活动的政治组织。政党建设，就是政党以特定的理论、纲领、组织原则，为扩大自己所代表的阶级、阶层和社会集团影响，增强党的组织凝聚力和提高党员政治素质，保持自身生机和活力，最终实现其政治目标而进行的理论和实践活动。无产阶级政党是以马克思主义作为指导思想，以实现共产主义为最高理想，由工人阶级中的先进分子组成，以民主集中制为组织原则组织起来的、具有严密组织性纪律性的新型政党组织。中国共产党自成立以来，就坚持把马克思主义同中国具体实际相结合，高度重视和加强自身建设，因而使党始终保持了先进性和纯洁性，保证了党对中国人民革命、建设、改革事业的正确领导。实践一再证明，没有中国共产党作为中国革命、建设和改革的领导核心，就没有中国革命的胜利，就没有新中国和社会主义制度的建立，就没有中国特色社会主义。

（一）新世纪新阶段党的建设面临的新课题新考验

中国共产党要团结带领人民在新的历史起点上继续前进，必须认真分析和把握党的建设面临的形势和任务，不断加强和改进党的建设。

中国共产党历经革命、建设和改革，已经从领导人民为夺取全国政权而奋斗的党，成为领导人民掌握全国政权并长期执政的党；已经从受到外部封锁和实行计划经济条件下领导国家建设的党，成为对外开放和发展社会主义市场经济条件下领导国家建设的党。这反映了党对自身历史方位转变的深刻把握，是加强和改进新形势下党的建设的根本前提和依据。

在世情、国情、党情发生深刻变化的情况下，提高党的领导水平和执政水平、提高拒腐防变和抵御风险能力，面临许多前所未有的新情况新问题新挑战，执政考验、改革开放考验、市场经济考验、外部环境考验是长期的、复杂的、严峻的。

一是执政考验。历史经验表明，无产阶级政党夺取政权不容易，长期执政更不容易。新时期，提高党的领导水平和执政水平，面临着许多新的重大课题：面对社会主义民主政治的深入发展，如何坚持科学执政、民主执政、依法执政，创新执政理念、转变执政方式，为人民掌好权、执好政；面对人们思想活动独立性、选择性、差异性日益增强，如何巩固马克思主义在意识形态领域的指导地位；面对我国社会空前变革中社会阶层分化、价值观念多样、利益诉求多元、社会矛盾凸显的情况，如何激发全社会的创造活力，把各方面力量凝聚起来，有效维护社会稳定、促进社会和谐，等等。所有这些，都对中国共产党执政提出了新的要求。

二是改革开放考验。新时期，中国共产党担负着坚持和发展中国特色社会主义、实现中华民族伟大复兴的艰巨历史使命。改革开放和社会主义现代化是一场新的伟大革命，党要领导和推进这场革命，自身必须坚强有力。面对深化改革过程中日益呈现出的矛盾和问题，面对可以预料和难以预料的复杂局面，排除来自“左”和右的各种干扰，坚定不移地继续推进改革开放，进一步解放和发展生产力，是党执政面临的重大课题和根本任务。

三是市场经济考验。中国的社会主义市场经济是一种新型的市场经济，建立社会主义市场经济体制没有现成的经验可以借鉴，只能在实践中艰辛探索，建立和不断完善社会主义市场经济体制，必然会遇到许多难以解决的问题。如何正确处理好政府和市场的关系，使市场在资源配置中起决定性作用，如何更好发挥政府作用，发挥社会主义制度的优越性，如何在发挥市场积极作用的同时，克服其消极影响，解决经济领域中的交换原则反映到政治生活领域乃至党内生活中来而出现的拜金主义、享乐主义、极端个人主义等问题，如何使党既能领导好社会主义市场经济，又能始终保持自己的先进性和纯洁性等等，都使党面临着重大考验。

四是外部环境考验。中国的发展离不开世界。在世界多极化、经济全球化深入发展的背景下，中国的前途命运日益紧密地同世界的前途命运联系在一起。党要领导好国内建设，不能忽视外部环境的影响，也离不开对世界形势发展变化的准确判断。当前，我国发展的外部环境总体上是有利的，但也要看到，随着各国综合国力竞争和各种力量较量的更趋激烈，世界范围内的不稳定不确定因素日益增多，也给我国发展带来了新的机遇和挑战。如何以敏锐的眼光洞悉发展先机，始终保持清醒头脑，统筹国内国际两个大局，牢牢掌握发展的战略主动权，如何既积极参与国际经济合作和竞争，又有效抵制西方敌对势力的渗透破坏，维护国家安全，为中国的改革和发展创造良好外部环境，也是党面临的重大考验。

党的建设是党领导的伟大事业不断取得胜利的重要法宝。新中国成立特别是改革开放以来，中国共产党根据自身历史方位和中心任务的变化，不断提高领导水平和执政水平、提高拒腐防变和抵御风险能力，取得巨大成就。当前，党的建设状况、党的领导水平和执政水平、党员队伍素质总体上同党肩负的历史使命是适应的。同时，党内也存在不少不适应新形势新任务新要求、不符合党的性质和宗旨的问题，精神懈怠的危险，能力不足的危险，脱离群众的危险，消极腐败的危险，更加尖锐地摆在全党面前，落实党要管党、从严治党的任务比以往任何时候都更为繁重、更为紧迫。

（二）中国特色社会主义领导核心建设的创新

改革开放以来，中国共产党围绕建设什么样的党、怎样建设党这个重大课题，不断总结和运用自身建设正反两方面经验，借鉴世界上一些执政党兴衰成败的经验教训，形成了一系列创新成果，丰富和发展了马克思列宁主义、毛泽东思想关于执政党建设的理论，其基本点包括：

一是推进党所领导的伟大事业与党的建设伟大工程相结合的思想。把推进党领导的伟大事业同推进党的建设伟大工程紧密结合起来，是党在领导革命、建设和改革中取得的一条宝贵经验。紧紧围绕和服务党所领导的伟大事业，围绕党在一定历史时期的中心任务，按照党的政治路线进行党的建设，凝聚全党和全国人民的力量和智慧，是建设富强民主文明和谐的社会主义现代化国家、坚持和发展中国特色社会主义的根本保证。

二是把思想理论建设放在党的建设首位的思想。加强党的思想理论建设，是中国共产党依据中国国情和党的自身建设的基本特点的一个重要创新。坚持党的思想路线，坚持真理、修正错误，不断推进马克思主义中国化、时代化、大众化，推进用马克思主义中国化最新成果武装全党、教育人民，建设学习型、服务型、创新型的马克思主义执政党，提高全党的马克思主义水平，提高运用科学理论改造主观世界和客观世界的能力，使党的理论和实践始终体现时代性、把握规律性、富于创造性。

三是加强党的执政能力建设和先进性、纯洁性建设的思想。这是党在新时期总结长期执政和发展社会主义市场经济条件下加强自身建设经验教训所取得的最新成果。以执政能力建设和先进性建设为主线，坚持科学执政、民主执政、依法执政，着力提高党总揽全局、协调各方的能力和水平，建设高素质干部队伍，凝聚各方面人才和力量，充分发挥党委的领导核心作用、基层党组织战斗堡垒作用、共产党员先锋模范作用，使党始终成为中国先进生产力发展要求、中国先进文化前进方向、中国最广大人民根本利益的代表。

四是以改革创新精神加强党的建设思想。坚持用时代发展要求审视自己、以改革创新精神提高和完善自己，不断推进党的建设实践创新、理论创新、制度创新，建立健全以党章为根本、以民主集中制为核心的制度体系，不断提高党的建设科学化水平，保障党的团结统一，增强党的创造活力。

五是党要管党、从严治党的思想。治国必先治党、治党务必从严，实行党建工作责任制，坚持严格要求、严格教育、严格管理、严格监督，开展批评和自我批评，严肃党的纪律，从关系人心向背和党的生死存亡的战略高度加强党风廉政建设，坚决纠正损害群众利益的不正之风，不断解决党内存在的问题，提高管党治党水平，始终保持党的先进性和纯洁性。

中国共产党的执政党建设理论，坚持和发展了马克思主义关于无产阶级政党建设的思想，体现和深化了对共产党执政规律、社会主义建设规律、人类社会发展规律的认识，是加强和改进新形势下党的建设的重要指导思想。

（三）坚持与发展中国特色社会主义领导核心建设理论

邓小平指出：关于党的学说，“马克思、恩格斯讲得不多，列宁有个完整的建党的学说”。“把列宁的建党学说发展得最完备的是毛泽东同志。”“正是因为毛泽东同志在延安整风中建立了完整的建党学说，并且用这个学说来教育我们全党、全军和人民，使我们建立了这么一个好的党，所以才取得抗日战争、解放战争的彻底胜利。建国以后，党内生气勃勃、生动活泼。毛泽东同志的建党学说以后又有新的发展。”① 这一评价，既揭示了毛泽东党建思想与马克思列宁主义党的学说之间继承与发展的内在联系，又肯定了毛泽东党建思想对于中国党的建设、革命发展、社会进步的巨大历史作用。

在国际共产主义运动的历史上，马克思、恩格斯最先提出了建立无产阶级政党的思想。他们认为，工人阶级在反对有产阶级联合权力的斗争中，只有组织成为与有产阶级建立的一切旧政党对立的独立政党，即共产党，才能作为一个阶级来行动。在《共产党宣言》中，他们指出，这个党“不是同其他工人政党相对立的特殊政党”，“没有任何同整个无产阶级的利益不同的利益”，“不提出任何特殊的原则，用以塑造无产阶级的运动”。这个党同其他工人政党不同的地方只是：“一方面，在无产者不同的民族的斗争中，共产党人强调和坚持整个无产阶级共同的不分民族的利益；另一方面，在无产阶级和资产阶级的斗争所经历的各个发展阶段上，共产党

① 《邓小平文选》，2版，第2卷，44页，北京，人民出版社，1994。

人始终代表整个运动的利益”。“因此，在实践方面，共产党人是各国工人政党中最坚决的、始终起推动作用的部分；在理论方面，他们胜过其余无产阶级群众的地方在于他们了解无产阶级运动的条件、进程和一般结果。”① 马克思、恩格斯不仅提出和论证了无产阶级要取得革命胜利，必须建立一个由无产阶级“最先进的部分”所组成的无产阶级政党的必要性，而且在为建立这样一个政党的长期斗争实践中，通过为这样一个党所撰写的宣言、章程、纲领等文件，阐明无产阶级政党的性质、指导思想、纲领、策略原则、组织原则等，从而创立了马克思主义党的学说。

列宁在领导俄国无产阶级革命的过程中，依据俄国的社会历史条件，创造性地发展了马克思主义创始人关于党的建设的思想，形成了完整的无产阶级政党建设的学说。其主要内容包括：党是用马克思主义理论武装起来的工人阶级的先进部队；党是按照民主集中制原则组织起来的有组织有纪律的部队；党是工人阶级的战斗司令部，是无产阶级联合的最高形式，它的全部活动的目的就是要领导工人阶级和人民群众夺取政权，建设社会主义，实现共产主义；党必须不断加强同广大人民群众的密切联系；党的团结和统一是党的事业胜利的基本条件，党内不允许有派别组织和派别活动的存在；党必须对所有党员实行严格的纪律；党必须敢于批评自己的错误，并用自我批评的精神教育党员和干部，等等。这些思想，系统地解决了无产阶级政党建设的思想基础、组织基础、策略基础及党内生活的准则等党的建设的基本问题，以其完整的理论体系，极大地丰富了马克思主义党的学说，为无产阶级政党的建设与发展指明了正确的方向。

以毛泽东为代表的中国共产党人，在领导中国人民革命和社会主义建设的实践中，依据马克思列宁主义党的学说的基本原理与中国共产党的建设的实践相结合的原则，在总结中国共产党建设实践经验的基础上，对中国共产党建设的基本特点以及党的思想建设、政治建设、组织建设和作风建设问题作了完整、系统的概括，形成了作为毛泽东思想科学体系重要组成部分的毛泽东党建思想，为中国共产党的自身建设和发展提供了正确的

---

① 《马克思恩格斯选集》，2版，第1卷，285页，北京，人民出版社，1995。

理论指导。毛泽东党建思想在许多方面发展了马克思列宁主义党的学说。其主要内容包括：强调应特别着重于从思想上建设党，把党的思想建设放在党的建设的首位，经常以无产阶级思想改造和克服各种非无产阶级思想，用马克思主义理论武装全体党员；强调必须坚持中国共产党对中国革命和建设的领导，正确认识和确定党的领导的原则、方法和条件；强调必须正确处理党的建设同党的政治路线的关系，党的建设是与党的政治路线紧密相联的，党的政治路线正确与否，决定党的前进与后退，而党的组织巩固与发展了，党的建设搞好了，才能更正确地贯彻党的政治路线；强调巩固党的组织的关键在于认真贯彻执行民主集中制原则，依靠党内的民主集中制发挥全党的积极性，同时，根据“德才兼备”标准和“任人唯贤”的路线，培养选拔干部，造就宏大的干部队伍；强调应在全党倡导理论和实践相结合的作风、和人民群众紧密地联系在一起的作风以及批评和自我批评的作风，把党的作风建设放在党的建设的显著位置上；强调党在执政以后务必要继续保持谦虚谨慎、戒骄戒躁和艰苦奋斗的作风，防止资产阶级思想的侵蚀。毛泽东的党建思想，成功地解决了在半殖民地半封建的东方大国，在无产阶级人数很少、农民和小资产阶级占人口大多数、党长期在农村领导农民进行土地革命和人民战争、同资产阶级处于又联合又斗争的特殊历史条件下，如何建设一个具有广大群众性的、思想上政治上组织上巩固的马克思主义的无产阶级政党的极其艰巨的任务；同时，也基本上解决了党在执政条件下，应如何保持党的工人阶级先锋队的性质和党的领导地位的问题。这是毛泽东对马克思主义党的学说的杰出贡献，也奠定了其在马克思主义党的学说发展史上的历史地位。

当然，1957 年以后，由于党在指导思想上长期受到“左”的错误的干扰，毛泽东在党的建设的理论和实践上也发生了严重错误，并产生了极其严重的不良后果。

在新的历史时期，以邓小平为代表的党的第二代中央领导集体对党的建设的重大贡献，不仅表现在他致力于在拨乱反正中加强与改善党对社会主义事业的领导，努力恢复和坚持毛泽东党建思想的基本原理，在党的思想、政治、组织、作风建设上提出了诸如完整准确地理解和掌握毛泽东思想科学体系，确立毛泽东思想指导地位，把全党的工作重心从“以阶级斗争为纲”转移到社会主义现代化建设上来，在党内生活和国家政治生活中，要真正实行民主集中制和集体领导的原则，恢复和发扬以实事求是、群众路线为主要内容的党的优良传统和作风等重要的思想，从而把党的建设重新引上马克思主义的轨道，而且表现在，他从社会主义建设与改革的实际出发，把马克思列宁主义、毛泽东思想关于党的建设的学说，创造性地运用于新时期党的建设的实际，完整地提出了新时期马克思主义的思想路线、政治路线和组织路线，提出了党的建设必须紧紧围绕党在新时期“一个中心、两个基本点”的基本路线进行的原则，反复强调要加强与改善党的领导，巩固党的执政地位，要健全党的民主集中制，加强党的制度建设，要坚持干部“四化”方针，加强领导班子建设，要正确处理党内矛盾，巩固和增强党的团结，提高党的战斗力；要经受执政、改革开放与发展社会主义市场经济的考验，提高全党加强党风建设和廉政建设的自觉性，要按照独立自主的原则发展共产党与其他国家政党之间的关系。这些体现新时期党的自身建设需要的新观点、新理论以及卓有成效的建党实践，极大地丰富和发展了毛泽东的党建学说，形成了具有相对完整体系的新时期党建理论，有力地指导了新时期党的建设的实践不断取得新的成就。

毫无疑义，认真学习、准确理解和掌握马克思列宁主义、毛泽东思想的党建学说，特别是邓小平新时期党建理论，对于完成党的建设这一新的伟大工程，充分发挥党在解决当代中国一切问题的“关键”之作用，具有十分重要的意义。

图书在版编目（CIP）数据

邓小平与中国特色社会主义/田克勤，李婧著. —北京：中国人民大学出版社，2016.1
（高校马克思主义理论教学与研究文库）
ISBN 978-7-300-22120-5

Ⅰ.①邓… Ⅱ.①田…②李… Ⅲ.①邓小平理论-中国特色社会主义-教学研究-高等学校 Ⅳ.①A849.164

中国版本图书馆CIP数据核字（2015）第273576号

高校马克思主义理论教学与研究文库
邓小平与中国特色社会主义
田克勤 李 婧 著
Deng Xiaoping yu Zhongguo Tese Shehui Zhuyi

出版发行	中国人民大学出版社		
社　　址	北京中关村大街31号	**邮政编码**	100080
电　　话	010－62511242（总编室）		010－62511770（质管部）
	010－82501766（邮购部）		010－62514148（门市部）
	010－62515195（发行公司）		010－62515275（盗版举报）
网　　址	http://www.crup.com.cn		
	http://www.ttrnet.com（人大教研网）		
经　　销	新华书店		
印　　刷	天津中印联印务有限公司		
规　　格	165 mm×230 mm　16开本	**版　　次**	2016年1月第1版
印　　张	29.25 插页1	**印　　次**	2018年9月第2次印刷
字　　数	430 000	**定　　价**	78.00元
